"다 이루었다"

21세기에 다시 읽는 요한이 전한 영생의 말씀
요한복음 제3권

"다 이루었다"

21세기에 다시 읽는 요한이 전한 영생의 말씀
요한복음 제3권

강영석 지음

아침향기

청교도의 전통을 계승하는 설교

김 영 욱 박사
(아세아연합신학대학원대학교 총장)

　본래 이민 목회가 어렵고 바쁜 사역인데 동료 강 영석 목사님이 요한복음 강해설교집을 내면서 저에게 추천사를 부탁해 왔습니다. 강 목사님과 저는 60년대 신학교 동문수학 벗이며 미국 이민시절 목회 현장에서 만난 동역자이기도 합니다. 신학교 수학시절 강 목사님과 저는 같은 기숙사를 사용하였는데 강 목사님은 굉장히 학구적이고 명랑한 성품을 지녔던 분으로 기억하고 있습니다.

　신학 연구와 목회를 겸하면서 준비한 요한복음 강해설교 시리즈를 펴신 것은 대단히 귀한 일이라 사려 됩니다. 매우 적절한 일이기도 하구요. 이민교회는 교인들이 경제적 안정을 우선적으로 생각함으로 자연히 기복주의 신앙과 설교에 매력을 느낌으로, 설교자 또한 거기 부응하느라 애쓰는 것을 볼 수 있습니다.

　그러나 강 영석 목사님은 기복적 설교나 교회의 물량주의적 비대의 유혹을 멀리해 왔습니다. 신대륙에서 믿음의 탑을 쌓아올렸던 청교도처럼 성경의 진리와 교훈을 증거 하기에 전력투구하던 일을 기억합니다.

그의 요한복음 강해설교 시리즈 세 번째 "다 이루었다"에서 위의 사상이 확연하게 표출되고 있습니다. 특별히 다음과 같은 중요한 점을 분명히 강조해 주었습니다.

1) 기독교의 구원은 삼위일체 하나님의 사역이라는 점입니다.

기독교 구원이 하나님과 인간의 협력 사역이 아니라 삼위일체 하나님의 단독 사역인 것을 선명하게 드러냅니다. 성부 하나님이 구원을 계획하시고 성자 하나님께서 구원을 성취하시고 성령 하나님께서 그 구원을 택한 백성에게 적용하시는 사실을 밝히 보여 줍니다.

2) 기독교의 구원은 역사적 사건이라는 점입니다.

죄인을 구원하시기 위한 예수 그리스도의 고난과 부활은 꾸며낸 이야기나 전설이 아니고 인간 역사속에서 일어난 사건임을 강조함과 동시에 하나님의 영원한 예정의 성취라고 증거 합니다.

예수님의 성전에서의 마지막 기도, 무리들의 반대 운동, 가룟 유다의 배반 사건, 제자들의 부인과 떠남의 사건, 안나스 앞에서 재판 받으심, 가야바 앞에 서심, 헤롯 앞에서 재판 받으심, 빌라도 앞에서 사형선고를 받으심, 십자가를 지시고 운명하심, 무덤에 매장되심, 삼 일만에 부활하심을 빠짐없이 언급하고 설명한 것은 저자가 예수 그리스도만이 역사적인 메시야임이 확실함을 보여주기 위함이었습니다.

3) 기독교의 구원은 하나님 중심의 삶(God-centered life)의 동인이 된다는 점입니다.

그리스도인의 삶의 중심과 철학이 신본주의라야 한다고 명백히 전합니다. 하나님으로부터 구원을 받은 자들의 삶은 하나님을 기뻐하며 하나님을 영원히 즐거워하는 삶이라고 선언합니다.

본 설교집 "다 이루었다"가 기독교 구원의 핵심을 발견하고 인간의 참된 삶의 가치와 목표를 발견하는 텍스트가 되기를 기원합니다.

사도 요한은 공관복음의 기자들이 지나쳤던 것을 수집하였고, 그들이 빠뜨린 것을 요한복음에서 말하고 있습니다. 공관 복음서 기자들은 역사만 보여주었으나, 요한은 역사의 신비까지 보여주고 있습니다. 요한은 요한복음이 공관복음서와 대립되거나, 그것들을 시정하려고 한 것이 아니라, 보충하려고 한 것입니다. 요한복음이 외견상 차이가 있는 것처럼 보이는 것은, 오히려 성육신하신 하나님의 아들의 무한히 풍부하신 생애를 표현하는 것입니다. 요한 이전의 복음서 기자들은 예수님의 육신적인 일들을 더 많이 기록한 것을 볼 수 있으나, 요한복음은 영적인 일들, 곧 복음적인 삶과 정신을 기록하고 있습니다. 우리는 예수 그리스도의 거룩하고 신성한 일들을 요한복음에서 더 확실히 볼 수 있습니다.

교부 클레멘트(Clement)는 일찍이 요한복음을 영적복음서라고 하였습니다. 초대 교부들은 요한복음을 '하늘 문을 여는 열쇠이며, 거기서 우리가 들을 수 있는 첫 음성은 더 높이 더 가까이 오라는 하나님의 음성' 이라고 하였습니다.

요한복음은 신약에서 그 유례를 볼 수 없을 정도로 단순한 문체로 되어 있는 역사이면서 교리적 목적을 가진 책입니다. 가장 단순한 어조로 기록되어 있으면서도 가장 심오한 진리를 내포하고 있습니다. 주님께서 하나님의 말씀으로 오셔서, 그가 가르치시고 전하시며 활동하시는 일체의 일이 모두 다 하나님의 말씀이요, 계시라고 하여 그를 가리켜 하나님의 말씀이라고 하였습니다.

사도 요한은 그리스도의 인성을 부인하는 케린터스(Cerinthus)의 가현설(假現設)과 투쟁하였고, 예수님의 신성을 반대하는 에비온파(Ebionism)와 늙기까지 싸우고 교회를 진리의 기둥과 터 위에 순수하게 세워나갔습니다.

요한은 이 책의 기록목적을 이렇게 밝혔습니다. "오직 이것을 기록함은 너희로 예수께서 하나님의 아들 그리스도이심을 믿게 하려 함이요 또 너희로 믿고 그 이름을 힘입어 생명을 얻게 하려 함이니라." (요 20:31)

이 복음서의 가장 뛰어난 특징은 구원의 유일한 조건인 믿음을 생동감 있게 표현한 사실입니다. 요한은 믿음을 표현할 때 명사 피스티스(πίστις)는 단 한 번도 사용하지 않았고, '믿는다,' 는 동사형 피스튜오(πιστεύω)를 98회나 사용한 것입니다. 믿음의 종교인 기독교 신앙을 전함에 있어서, 그것을 거의 다 생동감 있는 동사로 사용한 것은 모든 복음 전파자들이 마땅히 동력적 믿음을 소유하도록 촉구하는 것이 아니겠습니까?

신학과 신앙과 윤리는 한 맥을 이루어야 하기에 오늘의 복음의 일꾼들은 사도 요한의 신학과 신앙과 사상을 따르고 항상 가까이 접근하는 것이 마땅할 것입니다. 우리는 요한복음이 이것을 요구하고 있다는 것을 믿습니다.

Contents

예수의 사랑, 마귀의 공작

(요 13:1~2)

요한복음 13:1~2 "유월절 전에 예수께서 자기가 세상을 떠나 아버지께로 돌아가실 때가 이른 줄 아시고 세상에 있는 자기 사람들을 사랑하시되 끝까지 사랑하시니라. 마귀가 벌써 시몬의 아들 가룟 유다의 마음에 예수를 팔려는 생각을 넣었더라."

예수님은 우리를 연합하게 하십니다.

마귀는 우리를 분리하게 합니다.

예수님은 우리를 은혜의 자리로 인도하시고,

마귀는 우리를 저주의 자리로 밀어 넣습니다.

연합의 주님, 은혜의 주님을 믿어야 합니다.

요한복음은 크게 두 부분으로 나누어 볼 수 있습니다. 1장부터 12장까지는 예수님이 공적으로 가르치신 것을 기록하였고 13장부터 21장까지는 예수님의 공생애 중 최후 일주일 동안에 있었던 사건을 기록하였습니다. 사도 요한은 예수님의 마지막 남은 최후 한 주간을 통해 천국의 비밀을 깨우쳐 주시기 위해 얼마나 심혈을 기울이셨나를 보여주고 가르쳐 주기 위하여 무려 아홉 장을 할애하여 기록한 것입니다.

"유월절 전에 예수께서 자기가 세상을 떠나 아버지께로 돌아가실 때가 이른 줄 아시고,"라는 말로 13장을 시작하여 사도 요한은 예수님의 공생애에 있어서 최후기간을 상세하게 보여줍니다. 본문은 마지막 최후 만찬을 대하면서 예수님이 가지셨던 사랑의 마음과 마귀의 공작을 대조시키고 있습니다.

예수님의 마음, 마귀의 공작

예수님은 제자들에게 사랑의 마음을 불어넣었으나 마귀는 유다의 마음에 반역을 불어넣었습니다. 이 대조는 1절과 2절에서 절묘하게 표현되어 있습니다.

"유월절 전에 예수께서 자기가 세상을 떠나 아버지께로 돌아가실 때가 이른 줄 아시고 세상에 있는 자기 사람들을 사랑하시되 끝까지 사랑하시니라." (요 13:1)

"마귀가 벌써 시몬의 아들 가룟 유다의 마음에 예수를 팔려는 생각을 넣었더라."(요 13:2)

최후의 만찬 자리는 은혜의 자리이고 예수님의 사랑을 실제적으로 체험하는 귀한 자리입니다. 여기에서 마귀는 가룟 유다의 마음에 예수님을 팔아버리라는 배신과 반역의 마음을 불어넣었습니다. 우리는 호사다마(好事多魔)

라는 말을 사용합니다. 좋은 일에는 마귀의 역사가 심하게 일어납니다.

성경 속에서 그 예를 찾아봅시다. 이스라엘이 열 재앙이나 거치면서 어렵게 출애굽했을 때, 마귀는 홍해바다 앞에서 백성들이 그 은혜의 역사를 잊고 하나님을 원망하게 합니다. 그들이 광야생활을 할 때도 하나님이 불기둥과 구름기둥으로 그들의 앞을 인도하시고, 만나를 내려서 그들의 양식을 책임져 주셨지만 백성들은 하나님의 은혜를 생각하지 않고 고기나 다른 음식을 원하는 원망의 마음을 가졌습니다. 하나님의 법인 계명을 받으러 모세가 시내산에 올라갔을 때에 그들은 금송아지를 우상으로 만들어 숭배했습니다.

예수님은 공생애를 통해 많은 이적과 말씀으로 예수님이 하나님의 아들이고 메시야이심을 직접 보여주는 은혜를 주셨지만, 마귀의 역사로 인해 유대 군중들과 바리새인들, 산헤드린이 예수님을 믿지 않고 오히려 핍박하고 죽이려고 했습니다. 예수님께서 공적 가르침과 설교를 끝내고, 제자들에게 교훈하려 할 때에 마귀는 예수님의 제자인 가룟 유다에게 공작했습니다. 예수님은 이제 당신의 최후가 이미 이른 줄 깨달으시고는 제자들을 특별히 사랑하셨습니다. 가룟 유다까지 사랑하셨습니다. 그러나 마귀는 가룟 유다로 하여금 끝까지 예수님을 배반하여 팔아버리도록 공작했습니다. 사람이 은혜를 입고도 배신하거나 배은망덕한 짓을 하는 것은 마귀의 수작과 공작에 놀아나기 때문입니다. 가룟 유다가 3년 간 예수님과 함께 먹고 자고 같이 살았을 때 이들의 생활비는 예루살렘 여인들이 공급했습니다. 왜 예루살렘 여인들이 그들의 생활비를 공급했을까요? 그 여인들은 예수님이 귀하시기 때문에 그렇게 한 것입니다. 예수님 덕분에 제자들은 3년 간 대접을 받고 존경을 받았던 것입니다.

누가복음 17:11~19에서는 병 고침을 받은 나병환자 열 사람의 이야기가 나옵니다. 나병환자 열 명이 고침을 받았지만 하나님께 영광을 돌리는 자는 한 명뿐이었습니다. 예수님은 말씀하셨습니다. "나머지 아홉은 어디로 갔느

나?"

이렇게 은혜의 역사를 잊어버리는 행위는 마귀의 공작입니다. 사람을 이용하려는 행위도 마찬가지로 마귀의 공작입니다. 달면 삼키고 쓰면 뱉는 식의 인간관계를 가진 사람들의 행위 역시 마귀의 공작에서 비롯됩니다. 예수님은 성도들을 예수님 중심으로 연합하게 하시지만, 마귀는 분리작용을 합니다.

연합하게 하시는 예수님, 분리하게 하는 마귀

예수님에게는 자기 백성, 자기 사람들이 있습니다. 예수님은 사랑하는 그 자기 백성, 자기 사람들의 연합과 단결을 위해 기도하시고 십자가에서 죽으셨습니다

"그가 자기 백성을 그들의 죄에서 구원할 자이심이라."(마 1:21)

"세상 중에서 내게 주신 사람들에게 내가 아버지의 이름을 나타내었나이다."(요 17:6)

예수님은 또한 12제자들이 하나 되게 하기 위해서 기도하셨습니다.

"내가 그들을 위하여 비옵나니 내가 비옵는 것은 세상을 위함이 아니요 내게 주신 자들을 위함이니이다 그들은 아버지의 것이로소이다. 내 것은 다 아버지의 것이요 아버지의 것은 내 것이온데 내가 그들로 말미암아 영광을 받았나이다. 나는 세상에 더 있지 아니하오나 그들은 세상에 있사옵고 나는 아버지께로 가옵나니 거룩하신 아버지여 내게 주신 아버지의 이름으로 그들을 보전하사 우리와 같이 그들도 하나가 되게 하옵소서."(요 17:9~11)

유월절 최후만찬에서 예수님은 제자들의 발을 씻어주셨으나 제자들의 마음에는 교만이 있었고 세상적인 욕망이 있었습니다. 야고보와 요한, 그들의

어머니인 살로메도 욕심과 교만에 차 있었습니다. 야고보와 요한은 예수님께 주의 나라에서 예수님의 좌우편에 앉을 수 있도록 해 달라고 요구했으며, 그들의 어머니도 예수님께 똑같은 요구를 했습니다.(막 10:35~37, 마 20:20~21)

이것은 마귀가 공작하는 교만입니다. 교만은 연합을 깨고, 단결을 방해하여 하나 되지 못하게 합니다. 마귀는 베드로, 야고보, 요한에게도 작용했으나 마귀가 본격적으로 작용한 것은 가룟 유다입니다. 예수님을 죽이도록 팔아넘기면, 12제자들은 저절로 해산되고, 도망가고 분열될 것이라는 계산이었습니다. 예수님이 3년 간 가르치시고 양육하시고 훈련시켜 놓으신 제자들을, 하루아침에 해산시키고 분리시키려는 공작을 한 것입니다. 마귀는 이 작업을 예수님과 가장 가까이에 있던 제자들 중에서, 그 중에서도 제자들의 살림을 맡아 처리하는 가룟 유다의 마음에 공작했던 것입니다.

마귀는 오늘날 교회에서도 같은 원리로 역사합니다. 교회 안에서 직분자나 알려진 사람, 기도하는 사람, 신망 있는 사람, 봉사하는 사람들 속에서 마귀는 공작을 시작합니다. 마귀는 가룟 유다의 마음에 들어와서 그로 하여금 분리작용을 하도록 충동질하였습니다. 마리아가 예수님의 발에 향유를 부었을 때도, 그는 가난한 자를 구제하지 않고 헛된 일에 300데나리온이나 하는 향유를 허비했다고 비난했고, 이에 다른 제자들도 동조했습니다. 마귀는 예수님과 다른 제자들을 이간시키고 분리시키려 했던 것입니다. 그러나 예수님은 그런 그를 책망하셨습니다. 가난한 자는 항상 너희가 구제할 수 있지만, 이 여인은 내 장례를 준비했다고 하셨습니다.

이스라엘이 광야생활을 할 때도 똑같이 마귀가 작용했습니다. 고라와 다단과 아비람과 온이 당을 짓고, 족장 이백오십 명과 함께 일어나서, 모세에게 항거했습니다. '모세가 왕으로 군림하려느냐? 이스라엘 백성들을 애굽에서 빼내어다 광야에서 죽게 할 것이냐? 포도원도 기업도 주지 않고 가나안에도 들어가지 못하지 않느냐? 모세는 이스라엘 백성들의 눈을 빼려고 한다,' 는 등의 비난을 했습니다. 그들은 이스라엘 백성들을 이간질 하여 분리하려고 했고, 또 시위를 통해서 모세에게 대항했습니다. 그 결과 하나님의 심판으로 이들 모두가 땅속에 생매장됩니다. 이간질, 분리하려고 하는 행위, 교만 등은 모두 마귀의 공작입니다. 하나님은 이런 자들을 심판하십니다.

예수님은 "아버지와 내가 하나인 것처럼 저희도 하나 되게 하소서," 라고 기도하셨습니다. 예수님 중심으로라야 하나가 될 수 있습니다. 결코 인간 중심으로는 하나가 될 수 없습니다. 인간 중심으로 하나가 되게 시도하다가는 절망하고 시험에 빠집니다. 오직 예수님 중심으로 하나가 될 수 있는 것입니다.

은혜의 자리로 인도하시는 예수님, 저주의 자리로 밀어 넣는 마귀

예수님께서는 성부 하나님께로 돌아가실 때가 온 것을 아셨습니다. 예수님은 우리의 있을 곳, 천당을 예비하시는 일을 하시고, 우리를 그곳으로 인도해 주십니다.

"너희는 마음에 근심하지 말라 하나님을 믿으니 또 나를 믿으라. 내 아버지 집에 거할 곳이 많도다 그렇지 않으면 너희에게 일렀으리라 내가 너희를 위하여 거처를 예비하러 가노니." (요 14:1~2)

그곳은 하나님의 품이고 위로의 근원입니다. 그리고 예수님은 자기의 사람들을 끝까지 사랑하신다고 하셨습니다. 이 말씀은 그의 생명이 끝날 때까지 사랑하신다는 뜻이 아닙니다. 이 말씀은 우리의 생명이 끝날 때까지 사랑하신다는 뜻도 아닙니다. 이 말씀은 천당에서도 우리를 사랑하시는 예수님의 사랑을 가리킵니다. '끝까지 사랑하신다,' 는 의미는 예수님의 사랑은 끝이 없다는 뜻입니다.

예수님은 성도들을 은혜의 자리로 인도하시지만 마귀의 공작은 사람으로 하여금 저주의 자리로 밀어 넣습니다. 마귀는 최후 만찬 자리에 있는 가룟 유다의 마음에 들어가서 공작을 했습니다. 유다가 예수님이 주시는 떡 조각을 받고 은혜의 자리를 박차고 나가니, 그 시간은 밤이었습니다.(요 13:26~30) 타락과 저주와 죽음의 밤이었습니다. 그러나 다른 제자들은 겟세마네 동산으로 예수님과 함께 기도하러 가는 은혜를 받았습니다.

가룟 유다는 바리새인들에게 예수님을 팔려는 구체적인 의논을 하러 갔습니다.

그는 은 30세겔을 받고 예수님을 팔았지만 그 돈은 사용하지도 못하고 성전에 던지고 뉘우쳤습니다. 그것은 죄 값입니다. 가룟 유다는 "내가 무죄한 피를 팔고 죄를 지었도다," 라 하면서 목메어 자살했고, 그의 배는 터졌습니다. 그 돈은 성전 금고에 들어갈 수 없는 죄의 돈이므로 대제사장들은 그 돈으로 나그네의 묘지를 사서 그의 시체를 묻었습니다. 가룟 유다는 세상 욕심에 예수님을 팔았지만 마지막으로 그에게 돌아온 것은 작은 나그네 무덤뿐이었습니다. 마귀는 이렇게 사람의 마음에 들어와서 엄청난 일을 꾸밉니다.

지금 여러분은 누가 시키는 대로 움직입니까? 예수님의 명령에 순종하십니까? 마귀의 공작에 움직입니까? 여러분의 마음상태는 어떻습니까? 예수님의 사랑으로 뜨거워지고 예수님 중심으로 연합을 도모하고 예수님의 인도로 은혜의 자리에 나아갑니까? 행여 내가 예수님을 반역하고 교회에 반역하고 있지는 않습니까? 세상 중심, 죄악 중심, 이기주의적 마음으로 성도와 하나님 사이에, 성도와 성도 사이에 분리 작용을 하는데 앞장서지는 않습니까? 반 신앙적이거나 반 교회적인 사상을 갖고 계획하고 모의하다가 스스로 저주와 창피를 자청하고 타락과 죽음의 내리막길로 내려가고 있지는 않습니까?

우리는 이렇게 기도해야 합니다. "주여, 내 삶을 온전히 지배하소서. 나에게 성령 충만을 주시어서 성령의 지시와 마귀의 유혹을 분간하게 하시고, 하나님의 말씀과 인간의 말을 분간하게 하소서. 예수님의 사람, 예수님의 종, 예수님의 심부름꾼이 되게 하소서."

제2장

섬기는 왕자

(요 13:3~11)

요한복음 13:3~11 "저녁 먹는 중 예수는 아버지께서 모든 것을 자기 손에 맡기신 것과 또 자기가 하나님께로부터 오셨다가 하나님께로 돌아가실 것을 아시고, 저녁 잡수시던 자리에서 일어나 겉옷을 벗고 수건을 가져다가 허리에 두르시고, 이에 대야에 물을 떠서 제자들의 발을 씻으시고 그 두르신 수건으로 닦기를 시작하여, 시몬 베드로에게 이르시니 베드로가 이르되 주여 주께서 내 발을 씻으시나이까. 예수께서 대답하여 이르시되 내가 하는 것을 네가 지금은 알지 못하나 이 후에는 알리라. 베드로가 이르되 내 발을 절대로 씻지 못하시리이다 예수께서 대답하시되 내가 너를 씻어 주지 아니하면 네가 나와 상관이 없느니라. 시몬 베드로가 이르되 주여 내 발뿐 아니라 손과 머리도 씻어 주옵소서. 예수께서 이르시되 이미 목욕한 자는 발밖에 씻을 필요가 없느니라 온 몸이 깨끗하니라 너희가 깨끗하나 다는 아니라 하시니, 이는 자기를 팔 자가 누구인지 아심이라 그러므로 다는 깨끗하지 아니하다 하시니라."

예수님은 제자들의 발을 씻어 주셨습니다.
지극한 겸손과 자기 낮춤을 보여주셨습니다.
영적 씻음을 보여주셨습니다.
우리는 지금도 누가 크냐고 다툽니다.
우리도 예수님의 겸손과 자기 낮춤을 깨달아야 합니다.

예수님과 제자들이 한 자리에서 유월절 최후 만찬을 대하게 되었습니다. 예수님께는 이것이 지상에서 최후의 만찬이요, 제자들도 예수님과 함께 대하는 만찬으로써는 마지막이었습니다. 이 만찬이 끝난 후에는 예수님이 제자들과 함께 겟세마네 동산으로 가셔서 기도하시고, 그 이튿날 금요일에는 십자가에 못 박히시는 날이었습니다. 최후의 만찬은 예수님에게 있어서나 제자들에게 있어서 매우 중요한 시간이었습니다.

이런 중요한 만찬석상에 문제가 생겼습니다. 유대인들의 관습에 의하면 식사하기 전에는 반드시 발과 손을 씻어야만 했습니다. 당시 유대나라 도로는 전혀 포장이 되어 있지 않아서 먼지투성이였기 때문입니다. 일반 민중들이 신고 있는 신은 샌들이어서 도로의 먼지나 진흙을 차단하지 못했습니다. 그래서 집집마다 문 앞에는 물 항아리가 마련되어 있어서, 손님들이 오면 종이 물주전자와 수건을 가지고 와서 손님들의 더러워진 발을 씻겼습니다.

예수님의 무리 중에는 종이 없었습니다. 종들이 해야 할 일을 그들이 서로 돌아가면서 맡아 해야 했습니다. 그러나 최후의 만찬이 있던 날 밤에는 제자들이 서로 높다고 하는 자세를 부리다가 누구 하나 발 씻을 물과 수건을 준비하지 않았습니다. 그들은 스스로 '내가 왜 종이 하는 일을 하는가?' 서로 미루고 그 일을 하지 않았을 것입니다. 베다니에서 도보로 예루살렘까지 걸어왔기 때문에 그들의 발은 한없이 더러워진 상태에 있었음에도 불구하고 누구 하나 발 씻을 물을 준비하지 않았습니다.

"또 그들 사이에 그 중 누가 크냐 하는 다툼이 난지라." (눅 22:24)

12제자들 사이에 누가 크냐 하는 문제가 이 때 한 번만 있었던 문제는 아니었습니다. 그렇기에 누가는 "또 다툼이 있었다,"고 솔직하게 기록했습니다. 제자들 사이에 누가 크냐 하는 다툼은 마태복음 18:1~5과 누가복음 9:46절에서도 나타납니다. 이런 다툼이 있을 때에 예수님은 말씀하십니다.

"어린 아이 하나를 데려다가 자기 곁에 세우시고, 그들에게 이르시되 누구든지 내 이름으로 이런 어린 아이를 영접하면 곧 나를 영접함이요 또 누구든지 나를 영접하면 곧 나를 보내신 이를 영접함이라 너희 모든 사람 중에 가장 작은 그가 큰 자니라."(눅 9:47~48)

야고보와 요한의 어머니도 예수님께 요구했습니다. "예수님이 유대 왕이 되실 때 내 아들을 예수님의 좌우에 앉게 해 주십시오." 이런 다툼이 최후의 만찬에서도 나타났습니다. 누가 크냐는 다툼은 교만에서 나온 나쁜 버릇으로 습관적인 범죄입니다.

이런 상황을 살펴보신 예수님은 친히 대야에 물을 담아 와서 겉옷을 벗으시고 허리에 수건을 두르셨습니다. 이 모습을 보고도 제자들은 무표정하게 바라보고만 있었습니다. 그들은 예수님이 자기 발을 씻으려고 스스로 물을 준비하시고 겉옷을 벗으시는 줄 알았겠지요. 예수께서 제자들의 발을 씻겨 주시기 시작했습니다. 누구의 발부터 씻겨주셨을까요?

교부 크리소스톰(John Chrysostom, 349년경~407년, 초기 기독교의 교부) 은 예수님께서 자기를 배반하고 나가는 가룟 유다의 발부터 씻어주셨을 것이라고 했습니다.

왜 예수님이 제자들의 발을 씻어 주셨습니까? 단순히 최후의 만찬을 먹기 위한 준비로써 발을 씻어주셨습니까? 거기에는 다른 중요한 이유가 있다는 것이 오늘 본문에 나타나 있습니다.

제자들을 사랑하시기 때문

예수님이 제자들을 사랑하기 위해 그들의 발을 씻어 주셨습니다. 예수님은 오늘밤 최후의 만찬이 끝난 후에 십자가에서 죽으실 것을 아셨습니다. 예수님은 제자들을 지극히 사랑하셨습니다. 그들을 제자로 부르시고 훈련시키시며 예수님의 복음을 전하도록 3년 동안 함께 먹고 자고 함께 다니시며 천국의 일꾼으로 키워놓으셨습니다. 비록 그들이 교만하고 범죄 하고, 실수하고 부족해도 사랑하셨습니다. 비록 그들이 예수님의 마음을 이해해주지 못하고 답답한 상태에 있더라도 예수님은 그들을 끝까지 사랑하셨습니다. 예수님은 중심으로 제자들을 아끼고 사랑하셨기 때문에 그들의 더러운 발을 씻어주셨습니다.

사랑은 행동과 봉사와 실천을 동반합니다. 행함이 없는 말만의 사랑은 진짜 사랑이 아닙니다. 예수님은 제자들을 사랑하셨기 때문에 그들의 발을 씻어 주셨습니다. 사랑의 증거는 이웃을 사랑하는 것이고 하나님을 사랑하는 것은 교회를 사랑하는 것입니다.

지극한 자기 낮춤을 보여주심

예수님은 존귀하시고 거룩하신 하나님이십니다. 그 예수께서 제자들의 발을 씻겨주신 것은 예수님의 한없는 겸손, 자기 낮춤의 표현입니다. 잔칫집에서 손님들의 발을 씻는 일은 노예들이 할 일이었습니다. 랍비의 제자들은 그 스승에게 사적인 봉사를 하게 되어 있습니다. 그들은 항상 랍비의 발을 씻어주었습니다.

"엘리야의 손에 물을 붓던 사밧의 아들 엘리사가 여기 있나이다."(왕하 3:11)

"아비가일이 일어나 몸을 굽혀 얼굴을 땅에 대고 이르되 내 주의 여종은 내 주의 전령들의 발 씻길 종이니이다."(삼상 25:41)

예수님이 제자들의 손이나 얼굴을 씻어주셨다고 해도 그것은 위대한 겸손입니다.

예수님은 겉옷을 벗으시고 수건을 허리에 두르신 후에 대야에 물을 담아 제자들의 발을 씻기시고 수건으로 닦아주셨습니다. 이것은 완전봉사입니다. 제자 몇 명에게만 그렇게 하신 것이 아니고 12제자 모두에게 그렇게 하셨습니다. 예수님은 "지금 아버지 하나님께로 갈 시간이 다 되었다,"고 하셨습니다. 최후 시간이 다가왔을 때에도 겸손하셨습니다. 예수님은 겸손으로 일관하셨습니다.

"나는 마음이 온유하고 겸손하니 나의 멍에를 메고 내게 배우라." (마 11:29)

하나님께 가까운 사람일수록 겸손해야 합니다. 성화될수록 겸손해야 됩니다. 성화와 겸손은 비례합니다.

영적 씻음을 보여주심

베드로는 황송해서 "주여, 주께서 내 발을 씻으시나이까," 라고 했습니다. 다른 복음에는 이렇게 기록했습니다.

"주여 나를 떠나소서." (눅 5:8) "주여 그리 마옵소서." (마 16:22)

예수님의 십자가 죽음, 구속 사업이 사람의 일이 아니라 하나님의 일이라는 것을 생각하지 못하고 인간적으로만 해석하고 취급한 베드로에게 예수님은 말씀하셨습니다.

"내가 하는 것을 네가 지금은 알지 못하나 이 후에는 알리라." (요 13:7)

발을 씻는 것은 죄 씻는 것의 표현입니다. 그러나 베드로는 예수님의 봉사를 거절하면서 말했습니다. "내 발을 절대로 씻지 못하시리이다."

너무나 황송해서 사양하는 것이었지만 베드로는 이 봉사를 인간적으로만 이해했기 때문에 거절한 것입니다. 베드로가 예수님의 봉사를 거절했을 때 예수님은 말씀하십니다.

"내가 너를 씻어 주지 아니하면 네가 나와 상관이 없느니라."

발 씻음은 인간의 죄악을 씻는 영적 행위입니다. 십자가에서 피 흘리심은 그 피를 믿는 모든 자에게 죄 사함의 은총을 내리시는 예수 그리스도의 사역을 상징합니다. 베드로의 거절은 영적 은혜를 받지 않겠다는 무식한 행위입니다. 구원의 은총을 원하지 않는다는 표시입니다. 그것은 예수님의 영광에 참예하지 못하는 행위입니다.

베드로는 예수님께서 "네가 나와 상관이 없다,"는 말씀을 듣고 바로 행동을 바꿨습니다. "주여 내 발뿐 아니라 손과 머리도 씻어 주옵소서."

이것은 죄를 깨끗하게 하는 것이 실제인 줄 오해하고 욕심을 부리는 것입니다. 예수님의 하시는 일에는 모자람이 없고 지나침도 없이 오직 진리대로만 나타나는 성부 하나님의 영광인 줄을 모르고 베드로는 욕심을 부린 것입니다.

"이미 목욕한 자는 발밖에 씻을 필요가 없느니라 온 몸이 깨끗하니라."

발만을 씻기신 그리스도의 행동은 이미 믿음으로 구원받는 자들도 세상에 사는 동안에는 죄를 지을 수 있으나 그럴 때마다 회개하여 하나님의 용서를 받아야 한다는 의미입니다. 목욕한 자는 예수님의 피로 속죄함을 받은 자, 원죄의 씻음을 받은 자입니다.

예수님이 제자들의 발을 씻어 주시는 의미는 예수님 사랑의 실재입니다. 사랑은 개념이 아니라 행동이고 실천으로 나타나야만 합니다. 예수님이 제자들의 발을 씻어주신 것은 예수님의 겸손에서 나온 실천입니다. 우리도 모두 겸손해야만 합니다. 표정이나 마음이나 말이나 행동 모두 겸손해야 합니다.

본을 보였노라

(요 13:12~17)

요한복음 13:12~17 "그들의 발을 씻으신 후에 옷을 입으시고 다시 앉아 그들에게 이르시되 내가 너희에게 행한 것을 너희가 아느냐. 너희가 나를 선생이라 또는 주라 하니 너희말이 옳도다 내가 그러하다. 내가 주와 또는 선생이 되어 너희 발을 씻었으니 너희도 서로발을 씻어 주는 것이 옳으니라. 내가 너희에게 행한 것 같이 너희도 행하게 하려 하여 본을 보였노라. 내가 진실로 진실로 너희에게 이르노니 종이 주인보다 크지 못하고 보냄을받은 자가 보낸 자보다 크지 못하나니, 너희가 이것을 알고 행하면 복이 있으리라."

예수님은 제자들의 발을 씻어주심으로
제자들에게 봉사를 가르치셨습니다.
섬김의 위대함을 가르치셨습니다.
우리는 예수님을 본받아 선한 본, 믿음의 본, 겸손의 본,
사랑의 본을 보여야 합니다. 섬김의 본을 보여야 합니다.

예수님이 잡히시던 전날 밤에 제자들의 발을 씻어주신 후, 옷을 입으시고 다시 앉으셔서 제자들에게 교훈을 주셨습니다.

"내가 너희에게 행한 것을 너희가 아느냐. 내가 주와 또는 선생이 되어 너희 발을 씻었으니 너희도 서로 발을 씻어 주는 것이 옳으니라. 내가 너희에게 행한 것 같이 너희도 행하게 하려 하여 본을 보였노라."

이 제자들의 발을 씻겨주는 행위를 가톨릭교회에서는 문자적으로 실천하고 있습니다. 제 4세기 이후 수난주간 목요일에는 교황이 친히 금 대야에 물을 담아 성도의 발을 씻어주고 있습니다. 스페인 교회는 제 17차 톨레도회의(The Seventeenth Council of Toledo, 694년)의 결정에 의해 수난주일 목요일에 세족식을 합니다. 영국에서는 제임스 2세까지 국왕이 빈민의 발을 씻어주는 풍속이 있었습니다. 기독교 메노파(메노나이트, Mennonites)와 연합형제단(The Church of the United Brethren in Christ)에서 이 세족식을 가진 때도 있었습니다.

예수님께서 본을 보였다고 하신 것은 이런 형식적인 것이 아닙니다. 예수님의 세족에 대한 의미는 세족식을 거행하자는 것이 아닙니다. 종교개혁자들은 이 세족 의식을 폐지시켰습니다. 칼빈은 이렇게 말했습니다. "매년 수난주간 목요일에 교황이 세족식을 하는 것은 예수님을 따르는 자라기보다는 예수님을 흉내 내는 원숭이의 짓이다. 왜냐하면 예수님 말씀에 따라서 다른 사람들의 발을 씻어주는 세족의 의무는 상호의존적이기 때문이다."

예수님께서 제자들의 발을 씻어주신 것은 제자들에게 본을 보여준 것입니다. 예수님은 제자들의 발을 씻어주심으로 겸손의 본을 보여주셨습니다. 제자들의 마음에는 예수님이 자기들의 발을 씻어주자 놀라움과 자책감이 교차되었을 것입니다. 예수님은 제자들의 발을 씻어주심으로 그들의 마음을 씻어주셨습니다. 예수님은 허리를 굽혀 봉사하심으로 저들의 마음의 허리를 굽히게 하셨습니다. 예수님은 이런 단순한 행동으로써 서로 다투고 노하고 시기하는 무리를 낮추며 연합하게 하는 제자의 무리로 만드셨습니다. 예수님은 또한 사랑의 본을 보이셨습니다. 제자가 선생의 발을 씻기는 것은 합당한 일입니다. 종이 주인의 발을 씻기는 것도 합당한 일입니다. 그런데 이와는 반대로 주로서, 선생으로서 예수님은 제자들의 발을 씻어주셨습니다. 그러면서 말씀하십니다. "너희도 서로 발을 씻어 주는 것이 옳으니라."

여기서 옳다는 단어는 헬라어 '빚지다(ὀφείλετε)' 의 의미입니다. 주님의 사랑의 봉사를 받은 제자들은 그와 같은 사랑의 봉사를 행할 의무가 있습니다.

예수님은 봉사의 본을 보이셨습니다. 예수님의 봉사는 완전 봉사입니다. 자리에서 일어나서서, 겉옷을 벗으시고, 수건을 허리에 두르신 다음, 대야에 물을 친히 담아 오셔서, 12제자의 발을 다 씻으신 후에, 수건으로 닦아주셨습니다. 우리의 봉사는 조건적인 봉사입니다. 자기의 유익과 손해를 따져서 봉사를 합니다.

우리의 봉사를 생각해 봅니다. 우리의 봉사는 자기의 유익과 손해를 따져보고 하는 눈치 보는 봉사입니다. 누가 그 봉사에 대해 알아주는가 그렇지 않은가에 따라 봉사합니다. 내가 중심이 되는 봉사일 뿐 하나님이 중심이 아닙니다. 우리의 봉사는 말만 요란하지 그 내용은 없는 형식적인 봉사입니다. 내 이름이 나타나면 봉사하고 아니면 안하는 인기 위주의 봉사입니다. 이제 우리의 봉사도 예수님의 봉사처럼 하나님의 영광과 교회의 유익과 타인의 유익을 위한 봉사가 되어야 합니다.

그리고 예수님은 우리에게 몇 가지 알 것을 요구하십니다.

"내가 너희에게 행한 것을 아느냐?"

예수님이 본을 보이신 이 사건에서 우리는 무엇을 알아야 합니까?

봉사의 사실을 알라

스승으로서 제자들의 발을 씻겼다는 사실, 주인이 종의 발을 씻겼다는 사실을 알라고 하십니다. 이것이 봉사입니다. 당연히 섬김을 받고 대접을 받을 자가 자기를 낮추어서 종을 섬겼습니다. 종이 주인의 발을 씻기는 것은 율법이고, 주인이 종의 발을 씻기는 것은 은혜입니다. 섬겨야 할 자가 마땅히 섬기는 것을 공로나 선행이라고 결코 말하지 않습니다. 섬긴다는 것은 무엇입니까?

"인자가 온 것은 섬김을 받으려 함이 아니라 도리어 섬기려 하고 자기 목숨을 많은 사람의 대속물로 주려 함이니라."(마 20:28)

예수님은 섬기기 위해 오셨습니다. 섬김이라는 뜻은 당연히 섬김을 받아야 할 사람이 자기를 낮추어 다른 이를 섬긴다는 말입니다.

뉴욕의 어떤 거대한 은행의 은행장이 교회에서 회계를 봅니다. 그는 교회의 재정을 위해서 오후 3시까지 모든 재정을 맞추고 계산하는 일을 합니다. 교회는 바로 이런 곳입니다. 윗자리 아랫자리가 없습니다. 큰 은행의 은행장이라도 가장 낮은 곳에서 일을 합니다. 계급이 없는 곳이 교회입니다. 바로 섬기는 곳이 교회입니다. 예수님이 제자들의 발을 씻어주시고 닦아주시며 말씀하십니다.

"너희가 이것을 알고 행하면 복이 있으리라."

전문적인 권위보다 더 높은 권위는 희생의 권위입니다. 어머니가 훌륭하다는 것은 바로 희생의 권위 때문입니다. 교회에서 직권보다 더 높은 권위는 영적권위입니다. 영적권위가 실추되었다면 아무리 직분의 권위를 이야기해도 권위가 서지 않습니다.

발 씻음을 받았다는 사실을 잊지 말라

예수님께서는 너희가 씻김을 받았기 때문에 '받았다,' 는 마음으로 다른 사람을 씻어주라고 하십니다. "내가 너희 발을 씻었으니 너희도 서로 발을 씻어 주는 것이 옳으니라."

나는 너무 많이 받았고 너무 많은 신세를 졌다고 생각하는 사람들은 은혜가 넘치는 삶을 삽니다. 내가 준 것은 없고 받은 것만 많다는 그 마음이 바로 사랑의 마음입니다. 반대로 나는 한 번도 섬김을 받은 일이 없고 섬기기만 하고 주기만 했다고 생각하는 사람들은 불평만 하게 되고 피곤함만 느낍니다.

누가복음 15장에 나오는 탕자의 비유에서는 큰 아들과 탕자가 비교됩니다. 탕자는 나가있는 탕자이지만 큰 아들은 집안에 있는 탕자입니다. 큰 아들은 밭에 나가서 일하다가 집으로 돌아와서는 풍악소리와 춤추는 소리를 듣고 이상하게 생각합니다. 둘째아들이 돌아와서 잔치를 한다는 소리를 듣고는 노해서 집으로 들어가지 않습니다. 그러자 아버지가 나와서 들어오라고 권합니다. 큰 아들은 불평을 늘어놓습니다. "내가 여러 해 동안 아버지를 섬겼고 명령에 다 따랐지만 아버지는 나를 위해 염소 새끼 한 마리 잡아주지 않았습니다. 그런데 방탕한 생활을 하고 돌아온 둘째에게는 송아지를 잡아주고 잔치를 베풀었습니다." 큰아들의 사상은 내가 봉사만 했지 받은 것은 없다는 것입니다. 그러자 아버지는 말했습니다. "너는 항상 나와 함께 있으니 내 것이 모두 네 것이다."

다윗은 말합니다. "내게 주신 모든 은혜를 내가 여호와께 무엇으로 보답할까."(시 116:12) 이것이 받은 마음으로 가득 차 있는 다윗의 모습입니다. 겸손한 사람은 무자격자인 자기에게 너무 많은 것을 주었다고 하며 감사합니다. 교만한 사람은 나는 받은 것이 없다고 하며 계속 불평, 불만, 투정으로 가득 차 있습니다. 이것은 피곤한 삶입니다.

그 속에 가룟 유다가 있다는 사실을 알라

예수님께서는 제자들의 발을 씻기실 때, 가룟 유다의 발도 씻겼습니다. 그러나 예수님은 제자들에게 가룟 유다에 대해서 말씀하셨습니다.

"예수께서 이르시되 이미 목욕한 자는 발밖에 씻을 필요가 없느니라 온 몸이 깨끗하니라 너희가 깨끗하나 다는 아니니라."

다는 아니라는 말씀은 가룟 유다를 지칭하는 말씀입니다. '너희 중의 하나는 마귀라,' 고 이미 말씀하셨습니다. 예수님께서는 이 사실을 아시면서 제자들의 발을 씻어주셨습니다. 자기를 팔아넘기는 장본인 가룟 유다의 발을 비장한 마음으로 씻어주셨습니다.

하나님은 선한 자나 악한 자를 가리지 않고 태양빛을 주십니다. 선한 자의 밭이나 악한 자의 밭을 가리지 않고 비를 내려주십니다. 나의 사랑을 알아줄 만한 사람만을 골라 사랑하다보면 낙심이 생깁니다. 그러나 예수님께서 가룟 유다의 발까지 씻기셨다는 사실을 알고 행하는 사람은 복이 있습니다. 대상이나 보답에 대하여 전혀 생각하지 않고 섬기는 자세로 봉사한다면 절대로 낙심하지 않습니다.

가룟 유다의 발을 씻기신 예수님은 그의 발을 깨끗하게 하셨으나 그의 마음은 더러운 상태, 여전히 배신 상태에 머물러 있습니다. 그렇다면 예수님이 그의 발을 씻기신 것은 헛된 수고 입니까? 예수님은 성경적으로 가룟 유다에 대해 해석하십니다.

"내가 너희 모두를 가리켜 말하는 것이 아니니라 나는 내가 택한 자들이 누구인지 앎이라 그러나 내 떡을 먹는 자가 내게 발꿈치를 들었다 한 성경을 응하게 하려는 것이니라."

겟세마네 동산에서 예수님이 체포당하여 하산할 때 예수님은 말씀하십니다.

"예수께서 베드로더러 이르시되 칼을 칼집에 꽂으라 아버지께서 주신 잔을 내가 마시지 아니하겠느냐 하시니라."(요 18:11)

베드로가 칼을 뽑아 말고의 귀를 치니, 예수님께서 말씀하십니다.

"너는 내가 내 아버지께 구하여 지금 열두 군단 더 되는 천사를 보내시게 할 수 없는 줄로 아느냐 내가 만일 그렇게 하면 이런 일이 있으리라 한 성경이 어떻게 이루어지겠느냐 하시더라."(마 26:53~54)

사도행전 1:25에서 베드로가 가룟 유다의 죽음을 이야기할 때에 그는 성경의 예언대로 갔다고 합니다. "봉사와 및 사도의 직무를 대신할 자인지를 보이시옵소서 유다는 이 직무를 버리고 제 곳으로 갔나이다"

예수님은 가룟 유다의 배신 속에서 이루어지는 하나님의 신비스러운 일을 생각하셨습니다. 가룟 유다의 배신 사건 속에 있는 신비로운 하나님의 뜻을 아시고 그를 불쌍히 여기시며 "네가 차라리 나지 아니했더라면 좋을 뻔 했다."고 말씀하셨습니다. 하나님의 신비로운 뜻을 파악하면서 예수님은 조금도 낙심하지 않고 오히려 배반자를 불쌍히 여기어 발을 씻겨주셨습니다. 이런 모든 것을 알고 행하면 복이 있습니다.

사람은 누구나 한 평생을 살면서 삶의 발자국을 남기게 되며, 악한 본을 보이든지 선한 본을 보이든지 본을 보이게 됩니다. 부모로서 자식에게, 스승으로서 제자들에게, 선배로서 후배들이게, 선임자로서 후임자들에게 본을 보이게 되는데, 어떤 본을 보여야 합니까? 우리는 예수님을 본받아 섬김의 본을 보여야 합니다. 당연히 섬김을 받아야 하실 예수님께서 제자들을 섬겼습니다. 나는 받은 것이 너무 많기에 말없이 섬길 뿐이라는 자세로 섬겨야 합니다. 섬김의 아름다운 본을 남기기 바랍니다.

제4장

예언과 성취

(요 13:18~20)

요한복음 13:18~20 "내가 너희 모두를 가리켜 말하는 것이 아니니라 나는 내가 택한 자들이 누구인지 앎이라 그러나 내 떡을 먹는 자가 내게 발꿈치를 들었다 한 성경을 응하게 하려는 것이니라. 지금부터 일이 일어나기 전에 미리 너희에게 일러 둠은 일이 일어날 때에 내가 그인 줄 너희가 믿게 하려 함이로라. 내가 진실로 진실로 너희에게 이르노니 내가 보낸 자를 영접하는 자는 나를 영접하는 것이요 나를 영접하는 자는 나를 보내신 이를 영접하는 것이니라."

예수님은 당신에게 일어날 일이 예언의 성취라고 하십니다.
예수님의 예언은 우리의 신앙을 강화시키고,
한없는 격려를 주십니다.

예수님이 제자들의 발을 씻기실 때 베드로는 거절했습니다. 예수님께서 "내가 네 발을 씻지 않으면 네가 나와 상관이 없다,"고 하시자 성급하고 단순한 베드로는 "내 발 뿐만 아니라 손과 머리도 씻어주소서,"라고 했습니다. 예수께서는 "이미 목욕한 자는 발 밖에 씻을 필요가 없다. 온 몸이 깨끗하니라, 그러나 다는 아니니라."고 하셨습니다.

그 후에 주님은 오늘 본문말씀 13:18 "내가 너희 모두를 가리켜 말하는 것이 아니니라 나는 내가 택한 자들이 누구인지 앎이라 그러나 내 떡을 먹는 자가 내게 발꿈치를 들었다 한 성경을 응하게 하려는 것이니라."는 말씀을 하셨습니다.

가룟 유다의 배신과 반역은 예언의 성취

가룟 유다의 배신과 반역은 무슨 예언의 성취일까요?

다윗은 시편 41:9을 기록했습니다. "내가 신뢰하여 내 떡을 나눠 먹던 나의 가까운 친구도 나를 대적하여 그의 발꿈치를 들었나이다." 예수님이 하신 말씀이 바로 이것입니다.

구약의 다윗은 그리스도를 예표하는데 그가 두터운 신임을 주었던 아히도벨의 배반(삼하 15:12, 16:23)을 회상하면서 이 구절을 쓴 것입니다.

다윗의 아들 압살롬이 반역하여 쿠데타를 일으키자 다윗의 충신이었던 아히도벨은 대세가 압살롬에게 기울어지는 것을 보고 다윗을 배신하고 압살롬에게 붙습니다. 아히도벨은 다윗이 사울 왕을 피하여 어려운 생활을 할 때부터 충성하던 신하로 뛰어난 전략가였습니다. 아히도벨이 압살롬에게 전략을 말했습니다.

"내가 사람 만 이천 명을 택하게 하소서 오늘 밤에 내가 일어나서 다윗의 뒤를 추적하여 그가 곤하고 힘이 빠졌을 때에 기습하여 그를 무섭게 하면 그와 함께 있는 모든 백성이 도망하리니 내가 다윗 왕만 쳐죽이고 모든 백성이 당신께 돌아오게 하리니" (삼하 17:1~3)

아히도벨이 압살롬을 따른다는 보고를 듣고 다윗은 마음이 아팠고 두려웠습니다. 다윗은 기도했습니다.

"아히도벨의 모략을 어리석게 하소서." (삼하 15:31)

이에 다윗의 충신인 후새가 다른 계략을 세워 압살롬에게 내 놓았습니다.

"왕의 아버지와 그의 추종자들은 용사라 그들은 들에 있는 곰이 새끼를 빼앗긴 것 같이 격분하였고 왕의 부친은 전쟁에 익숙한 사람인즉 백성과 함께 자지 아니하고 , 지금 그가 어느 굴에나 어느 곳에 숨어 있으리니 혹 무리 중에 몇이 먼저 엎드러지면 그 소문을 듣는 자가 말하기를 압살롬을 따르는 자 가운데서 패함을 당하였다 할지라, 비록 그가 사자 같은 마음을 가진 용사의 아들일지라도 낙심하리니 이는 이스라엘 무리가 왕의 아버지는 영웅이요 그의 추종자들도 용사인 줄 앎이니이다."(삼하 17:8-10)

압살롬과 그의 신하들이 후새의 계책을 채택하였습니다. 아히도벨은 자기의 계책이 채택되지 않았다는 것을 알고 자살했습니다. 아히도벨은 누구입니까? 다윗과 같이 떡을 먹고 식사하던 충신이었고 국사를 의논하던 허물없는 사이였지만 다윗을 반역하고 배신하다가 자살해 버림으로 생명을 마쳤습니다. 다윗 왕과 아히도벨과의 관계는 왕과 신하의 관계였습니다. 예수님과 가룟 유다의 관계는 하나님(스승, 주님)과 제자의 관계입니다. 가룟 유다도 예수님을 배신하고 후에 목매어 자살했습니다. "발꿈치를 들었다," 는 말은 발꿈치를 들고 차는 것을 의미하는 것으로 잔인한 횡포를 나타내는 말입니다. 마치 말이 예고 없이 뒷발질을 하는 것과 같습니다. 예수님이 "나와 함께 떡을 먹는 자가 내게 발꿈치를 들었다,"고 하신 말씀은 예수님의 마음의 상처를 유다에게 보이고 계시는 것입니다. 가룟 유다의 행동이 우연히 발생한 것이 아니고 성경 예언을 응하게 하는 행동이었다는 것입니다. 가룟 유다의 배신이 시편 41:9의 예언을 성취시키는 것이라고 예수님은 말씀하셨습니다.

가룟 유다에 대한 예수님의 예언은 우리의 신앙을 강화시킴

이 예언은 우리의 신앙을 강화시킵니다. 예언이 성취될 때 그 예언을 주신 이의 진실성과 권위가 믿어지기 때문입니다. 예수께서는 예고 하셨습니다.

"나의 떡을 먹는 자가 내게 발꿈치를 들었다," 는 말씀은 가룟 유다에게 경계가 되었고, 다른 제자들의 신앙은 강화되었습니다. 만일 이런 예언 없이 가룟 유다의 반역으로 예수님이 팔려갔다면 제자들은 예수님이 메시야이심을 확신하기 어려웠을 것입니다.

"지금부터 일이 일어나기 전에 미리 너희에게 일러둠은 일이 일어날 때에 내가 그인 줄 너희가 믿게 하려 함이로라."

내가 그인 줄 믿게 하려 한다는 말씀으로 예수님은 다시 '나는 그(I am He)' 라는 사실을 강조하십니다. 예수님은 가룟 유다에게 배신당한 희생자가 아니라 그 나쁜 환경의 주인이십니다. 예수님께서는 환경이라고 하는 도망할 수 없고 보이지 않는 그물에 걸린 것이라고 제자들이 생각하지 않기를 원하셨습니다. 예수님은 죽임을 당하신 것이 아니라 죽는 것을 스스로 자원하여 택하신 것입니다. 예수님은 하나님으로서 가룟 유다의 배신과 반역을 아시고 유다를 즉시 공격하고 처리할 수도 있었습니다. 그러나 그의 반역행위를 묵과하심으로 구약의 예언이 성취되었습니다. 예수님은 제자들이 깨닫도록 요한복음 13:19의 말씀을 하신 것입니다.

예수님은 친히 가룟 유다의 배신행위를 미리 예고 하셨습니다. 그 이유는 예수님이 체포되고 십자가에 죽으실 때 예수님이 정말로 하나님이시라는 사실을 제자들로 하여금 믿게 하려 하심이었습니다.

"그러므로 내가 너희에게 말하기를 너희가 너희 죄 가운데서 죽으리라 하였노라 너희가 만일 내가 그인 줄 믿지 아니하면 너희 죄 가운데서 죽으리라."(요 8:24)

예수님은 '내가 그인 줄 믿어야 구원 받는다' 고 우리에게 교훈하십니다. 구약에서의 예수님에 대한 모든 예언이 성육신하셔서 오심으로 성취된 것입니다. 예수님은 예언 자체이시고 영원한 말씀이십니다. 가룟 유다의 행동에 대하여 예수님께서 미리 예언하신 것은 바로 예수님이 하나님이심을 믿으라는 것입니다. 선지자이시고, 제사장이시고, 왕이신 예수님이 하나님이심을 믿어야 합니다.

예수님의 예언은 한없는 격려를 줌

"내가 진실로 진실로 너희에게 이르노니 내가 보낸 자를 영접하는 자는 나를 영접하는 것이요 나를 영접하는 자는 나를 보내신 이를 영접하는 것이니라."(요 13:20)

이 말씀은 가룟 유다와 같은 배신자가 있다 하더라도 다른 제자들의 권위는 손상되지 않는다는 격려의 말씀을 하신 것입니다. 유다의 반역 앞에서 다른 제자들의 충성을 격려하기 위한 것입니다. 예수님이 보낸 자를 영접하는 자는 바로 예수님을 영접하는 자이고, 예수님을 영접하는 자는 바로 예수님이 보낸 하나님을 영접하는 것입니다. 이 말씀은 또한 가룟 유다에게는 경고의 말씀입니다. 예수님이 보낸 자를 반역하는 자는 바로 예수님을 반역하고, 바로 하나님을 반역하는 것이라는 말씀이지요.

예수님은 제자들이 언젠가는 예수님의 메시지를 가지고 세상으로 나가는 날이 올 것을 아셨습니다. 그리스도의 증인으로, 메신저로서 세상에 나가는 날이 올 것을 아셨습니다. 이들은 바로 하나님의 대리요, 예수 그리스도의 대사로 일하는 자들입니다. 대사는 자기 나라의 명예와 영광을 한 몸에 지니고 일하는 자이고, 다른 나라로 갈 때에 개인 자격으로 가는 것이 아니라 자기 나라를 대표해서 가는 사람, 즉 대표자입니다. 외국에 대사로 갈 때, 그 나라 사람이 그 대사 이름을 모를 수도 있습니다. 그래도 그 대사는 자기 나라를 대표하는 자입니다. 그러므로 대사의 말에 귀를 기울이는 것은 그 나라에 귀를 기울이는 것입니다. 대사를 존경하는 것은 그가 대표하고 있는 나라를 존경하는 것입니다. 그 대사를 환영하는 것은 그를 파견한 그 나라의 대통령이나 왕을 환영하는 것입니다.

그리스도의 종으로 일평생 일하는 사역자를 그리스도의 대사, 사자라고 부릅니다. 그리스도의 사자는 개인 자격으로 일하는 자가 아니고 그리스도를 대표하여 일하는 대사입니다. 그리스도의 대사는 예수님의 지시를 받습니다. 하나님을 대신해서 축도하고 교회를 살핍니다. 우리 크리스천들은 그리스도를 대표하는 자들이라는 것을 명심해야 합니다. 우리는 그리스도를 위해서 말하고 그리스도를 위해 행동해야 합니다. 이렇게 할 때에 크리스천다운 크리스천이며 그리스도의 대사로서 영예와 책임을 가진 자라고 할 수 있습니다. 그리스도의 대사는 배신당하고, 저주 당하고, 십자가에 못 박히신 예수님의 대사입니다.

우리는 결코 가룟 유다 같은 배신자, 반역자가 되지 말아야 합니다. 만일 이런 배신의 쓴 잔을 마시는 경우를 만난다면 주님이 우리에게 주시는 격려와 용기가 있음도 잊지 말아야 합니다. 그리스도의 대사로서 사명과 책임을 다해야 합니다.

제5장

하나가 나를 팔리라

(요 13:21~30)

요한복음 13:21~30 "예수께서 이 말씀을 하시고 심령이 괴로워 증언하여 이르시되 내가 진실로 진실로 너희에게 이르노니 너희 중 하나가 나를 팔리라 하시니, 제자들이 서로 보며 누구에게 대하여 말씀하시는지 의심하더라. 예수의 제자 중 하나 곧 그가 사랑하시는 자가 예수의 품에 의지하여 누웠는지라. 시몬 베드로가 머릿짓을 하여 말하되 말씀하신 자가 누구인지 말하라 하니, 그가 예수의 가슴에 그대로 의지하여 말하되 주여 누구니이까. 예수께서 대답하시되 내가 떡 한 조각을 적셔다 주는 자가 그니라 하시고 곧 한 조각을 적셔서 가룟 시몬의 아들 유다에게 주시니, 조각을 받은 후 곧 사탄이 그 속에 들어간지라 이에 예수께서 유다에게 이르시되 네가 하는 일을 속히 하라 하시니, 이 말씀을 무슨 뜻으로 하셨는지 그 앉은 자 중에 아는 자가 없고, 어떤 이들은 유다가 돈궤를 맡았으므로 명절에 우리가 쓸 물건을 사라 하시는지 혹은 가난한 자들에게 무엇을 주라 하시는 줄로 생각하더라. 유다가 그 조각을 받고 곧 나가니 밤이러라."

가룟 유다는 위선의 사람이었습니다.

가룟 유다는 예수님의 경고의 말씀에도 무감동했고

예수님을 팔 생각만을 갖고 있었습니다,

우리 앞에는 빛의 길과 암흑의 길이 놓여있습니다.

가룟 유다는 암흑의 길을 택했습니다.

여러분들은 어느 길을 택하시겠습니까?

사람은 일생을 살아가면서 본받을 사람도 만나고 본받아서는 안 되는 사람도 만납니다. 본받아야 할 자를 본받지 않을 때에 신앙과 인격에 손해를 보고, 본받지 않아야 할 자를 본받을 때는 그 사람과 같이 자기도 망하고 맙니다. 성경은 우리에게 본받지 말아야할 자, 바로 가룟 유다를 소개합니다. 이 사람은 예수님의 제자라는 훌륭한 직분을 가진 자요, 12제자 중에도 중요한 직을 맡아 제자단의 살림을 담당하고 있었습니다. 제자단의 돈궤를 취급하기까지는 신임도 얻었을 것입니다. 그러나 가룟 유다는 자기를 가르쳐주고 제자로 선택한 자기의 스승이요, 주님이신 예수님을 배반하고 예수님을 은 30에 팔아버렸습니다. 은 30은 옛 구약시대에 종 한 사람값에 불과했습니다.

배신당하신 예수님의 마음은 정말로 고통이었습니다. 그것은 제자가 스승을 팔아먹는다는 사실 뿐 아니라 하나님을 대적하는 것이기 때문이었습니다. 그러나 이제는 유다의 배신 사건을 공적으로 지적하여 말씀하지 않으면 안 되는 단계에 들어갔습니다. 예수님은 엄격한 법적 선언을 하듯이 본문 21절에 증언하여 말씀하셨다고 했습니다.

가룟 유다의 위선

예수님의 이 같은 폭탄선언이 있자 제자들은 서로 쳐다보면서 누구에 대해 말씀하시는지 의심하였습니다. 최후 만찬 장소에서 발 씻을 준비도 하지 않고 있었던 제자들은 저마다 죄책감에 싸여있었습니다. 마태복음 26:21~25에서는 이 사건이 더 구체적으로 기록되어 있습니다.

"그들이 먹을 때에 이르시되 내가 진실로 너희에게 이르노니 너희 중의 한 사람이 나를 팔리라 하시니. 그들이 몹시 근심하여 각각 여짜오되 주여 나는 아니지요. 대답하여 이르시되 나와 함께 그릇에 손을 넣는 그가 나를 팔리라. 인자는 자기에 대하여 기록된 대로 가거니와 인자를 파는 그 사람에게는 화가 있으리로다 그 사람은 차라리 태어나지 아니하였더라면 제게 좋을 뻔하였느니라. 예수를 파는 유다가 대답하여 이르되 랍비여 나는 아니지요 대답하시되 네가 말하였도다 하시니라."

가룟 유다는 성자와 같이 행동했습니다. 사랑과 충성과 경건함을 보이는 행동으로 위장하여 모든 제자들을 속인 것입니다. 그가 어떻게 사람들을 속였는지 생각해 봅니다.

오병이어의 이적을 보이신 후에 예수님께서 유대 무리에게 하나님의 교훈을 가르치실 때, 그는 제자들과 같이 행동했습니다.

"썩어질 양식을 위해 일하지 말고 영원한 양식을 위해 일하라,"

"내 살을 먹고 내 피를 마시는 자는 내 안에 거하고 나도 그의 안에 거하나니,"라고 말씀하실 때 거기 모였던 무리들은 예수님의 말씀이 어렵다고 다 떠났습니다. 이 때 예수님이 제자들에게 물었습니다. "너희도 가려느냐?" 베드로는 예수님의 질문에 대답했습니다. "주여 영생의 말씀이 주께 있사오니 우리가 누구에게로 가오리이까. 우리가 주는 하나님의 거룩하신 자이신 줄 믿고 알았사옵나이다."

무리가 다 떠나고 열두제자만 남았을 때, 가룟 유다도 남아있었습니다.

또 마르다와 마리아의 집에서 연회가 있었을 때, 마리아가 비싼 향유 나드 한 옥합을 깨뜨려서 예수님의 발을 씻어 드릴 때, 가룟 유다는 그것을 비난하면서 "300데나리온에 팔아 가난한 자들을 구제해야 한다,"고 말했습니다. 사도 요한은 "저는 도적이니 그것을 훔쳐가려 함이라,"라고 했습니다. 최후의 만찬에서도 "예수를 파는 유다가 대답하여 이르되 랍비여 나는 아니지요,"라고 했습니다. 가룟 유다는 완전한 연기자요, 배우였습니다. 완벽하게 위장을 하고 완전한 위선자 노릇을 하여 제자들을 속였습니다.

만일 다른 제자들이 가룟 유다의 위장과 속임수를 알았더라면 유다를 그냥 두지 않았을 것입니다. 다른 제자들이 유다의 음모 사실을 알았다면 그날 밤에 그는 그 방을 나갈 수 없었을 것입니다. 제자들은 유다로 하여금 그 가증스러운 일을 계속하게 내버려 두기보다는 그를 죽이고 말았을 것입니다. 특히 성격이 급한 베드로가 알았다면 단칼에 목을 베었을 것입니다. 이런 인간을 우리는 인면수심의 인간이라고 부릅니다. 이런 가룟 유다의 완벽한 위장과 위선이 제자들을 속일 수는 있었지만 결코 예수님을 속일 수는 없었습니다. 예수님은 인간의 중심을 보시고 감찰하시며 통찰하십니다. 우리는 예수님 앞에서 벌거벗은 것 같이 모든 것이 드러날 수밖에 없습니다.

가룟 유다의 무감동

유대인의 식탁에 대한 지식을 알아야만 최후의 만찬을 더 잘 이해할 수 있습니다. 식탁은 낮고 단단한 통나무로 되어 있고 그 둘레에는 긴 의자가 놓여 있습니다. 식탁을 중심으로 의자가 'ㄷ'자 형식으로 배치됩니다. 주빈이 그 중앙에 앉고 왼편 팔꿈치를 짚고 왼쪽으로 기대어 오른손으로 음식을 잡습니다. 이런 방법으로 앉으면 한 사람의 머리는 그 사람의 왼쪽에 앉아있는 사람의 가슴에 위치하게 됩니다. 예수님은 식탁의 중앙에 앉아계시고 그 오른쪽에는 사도 요한이 그 왼쪽에는 가룟 유다가 앉아있었습니다. 사도 요한의 머리가 예수님의 가슴에 가까이 있었습니다.

주빈의 왼쪽 자리는 영광스러운 자리요, 가장 친한 친구의 자리입니다. 예수님은 가룟 유다를 그 영광스러운 자리에 앉히신 것입니다. 예수님은 유다와 사적인 이야기를 할 수 있는 가까운 자리에 앉았습니다. 예수님의 머리가 유다의 가슴에 닿을 수 있었습니다. 예수님께서는 식사가 시작되었을 때 유다에게 말씀하셨을 것입니다. "이리 와서 내 곁에 앉아라. 내가 특별히 할 말이 있다,"고 하셨을 것입니다. 예수님이 가룟 유다에게 그 자리에 앉게 초대했을 때 예수님의 특별한 호의가 있었습니다. 가룟 유다에게 예수님께서 초에 떡 한 조각을 찍어 주셨습니다. 초에는 무화과, 대추야자, 아몬드, 향료가 섞여 있습니다. 주빈이 사랑하는 손님이나 그 손님을 높이고자 할 때, 한 조각의 떡을 초에 찍어 주는 풍습이 있습니다.

예수님이 한 조각 떡을 초에 찍어 그에게 주신 것은 특별한 총애의 표시입니다. 예수님은 이 반역자를 끝까지 사랑하시고 그를 포용하시려고 했습니다. 예수님은 가룟 유다에게 경고를 주시고 회개의 기회를 주시며 끝까지 사랑하셨습니다.

베드로는 예수님을 팔자가 누구인지 몰라서 요한에게 머리 짓으로 누가 그 자인가 알아보라고 합니다. 베드로의 짐작으로는 요한은 알고 있을지도 모르는데 왜 침묵을 하고 있는지 모르겠다고 생각했을 것입니다. 요한은 예수님께 그게 누구냐고 물었습니다. 예수님은 조용한 소리로 속삭이셨습니다. "내가 떡 한 조각을 적셔다 주는 자가 그니라." 요한이 그 말을 듣고 그 자리에서 베드로에게 알렸다는 기록은 없습니다. 왜 예수님께서 이렇게 행동하셨고, 말씀하셨습니까? 이것은 유다에게 경고하고 유다의 위신과 인격을 격추시키지 않으려고 곧바로 말씀하시지 않으신 것입니다. 그래도 유다는 감동을 받지 않았습니다. 회개하라는 예수님의 경고는 회개의 기회입니다. 예수님이 제자들의 발을 씻어주시고 "다는 깨끗하지 아니하다"라 하셨습니다. 또 "내 떡을 먹는 자가 내게 발꿈치를 들었다,"고 하셨습니다. 그래도 유다는 회개하지 않았습니다. 감동하지 못했습니다.

유다의 결정적 반역행위

"한 조각을 적셔서 가룟 시몬의 아들 유다에게 주시니, 조각을 받은 후 곧 사탄이 그 속에 들어간지라."

사도 요한은 후에 이 사실을 기록할 때, 최후의 만찬을 기억하면서 아마 가룟 유다의 얼굴이 악마의 형상으로 변화 되었던 것을 생각해 내었을 지도 모릅니다. 예수님은 "네가 하는 일을 속히 하라," 하셨습니다. 이 말씀이 무엇을 뜻하는지 제자들은 몰랐습니다. 제자들은 예수님이 유다에게 명절에 쓸 물건을 사라 하시는지, 혹은 가난한 자들에게 무엇을 주라 하시는 줄로 생각했습니다.

예수님께서는 유다의 악을 왜 공적으로 지적하지 않으셨을까요? 아직도 예수님은 그에게 회개할 기회를 주시면서 기다리셨겠지요. 예수님께서 유다에게 "네가 하는 일을 속히 하라,"고 하시자 유다가 그 조각을 받고 곧 나가니 밤이었습니다. 여기에서 밤은 함축성 있고 의미가 풍부한 단어입니다. '생명의 빛' 되시는 예수님을 떠날 때, 어두운 밤은 마귀의 세계로 향하는 것을 의미합니다. 유다는 스스로 악을 결정했습니다. 사탄은 유다에게 단번에 예수님을 저항하고 박차라고 하지 않았습니다. 이것이 사탄의 공작이고 계획입니다. 사탄이 그의 마음을 사로잡은 것입니다. 배신과 반역의 마음을 불어 넣어 악을 결정하게 한 것입니다. 점진적으로 타락하게 만든 것입니다.

빛이신 예수님을 등질 때는 어두운 밤으로 미끄러져 떨어집니다. 그리스도를 떠나 자기 자신의 길을 향할 때 거기에는 언제나 밤이 있습니다. 선한 소명에 응하기보다 악이 부르는 소리에 귀를 기울일 때 거기에는 언제나 밤이 있습니다. 사람이 회개하지 않을 때 언제나 후회의 밤이 옵니다. 사람이 하나님의 뜻을 생각하지 않고 사람의 뜻을 먼저 추구하려 할 때 타락의 밤이 옵니다.

우리의 앞에는 빛의 길과 암흑의 길이 놓여있습니다. 하나님의 뜻을 행하는 빛의 길을 갈 수 있는 지혜와 믿음과 용기를 달라고 기도해야 합니다. 위선자, 가룟 유다와 같은 신자가 되지 말아야 합니다. 주님이 주시는 회개의 기회를 무시하지 말아야 합니다. 악을 결정하고 악을 결심하는 불행한 자가 되지 말아야 합니다. 사탄의 모략과 계책을 분간하여 그것을 물리쳐야만 합니다.

제6장

인자가 영광을 얻었도다

(요 13:31~32)

요한복음 13:31~32 "그가 나간 후에 예수께서 이르시되 지금 인자가 영광을 받았고 하나님도 인자로 말미암아 영광을 받으셨도다. 만일 하나님이 그로 말미암아 영광을 받으셨으면 하나님도 자기로 말미암아 그에게 영광을 주시리니 곧 주시리라."

예수님의 영광은 십자가 죽음입니다.

성부 하나님은 이 영광으로 영광을 받으십니다.

그리고 이 영광은 성부 하나님이

성자 예수님께 주시는 영광입니다.

하나님은 십자가를 지는 성도를 영광스럽게 하십니다.

가롯 유다는 예수님의 간곡한 부탁과 최후의 회개 시간을 무시해 버리고 악을 실천하려고 어둠 속으로 나가버렸습니다. 그가 나간 후에 예수님이 친히 이르시기를 "지금 인자가 영광을 받았다,"고 하셨습니다.

유다가 나감으로 두 가지 사실이 바뀌어 졌습니다. 첫째, 제자단이 내적으로 정결해 졌습니다. 유다를 제외한 다른 제자들이 사랑과 복종으로 통일되었습니다. 그들은 합심해서 기도할 수 있는 무리가 되었습니다. 하나님의 은사를 받을 수 있었습니다. 둘째, 외적으로 위기가 왔습니다. 곧 예수님의 죽음은 절박하였고, 이 죽음을 통한 예수님 자신의 영광과 예수님을 통한 성부 하나님의 영광의 때가 박두해 오고 있었습니다. 악한 사람이 한 자리에 동석해 있을 때는 좋은 대화나 은혜로운 대화를 하는 데 방해가 됩니다. 12제자단에 가롯 유다가 함께 했을 때에 예수님은 은혜로운 말씀을 하지 않으셨습니다.

그러나 유다가 나간 후에 예수님은 단번에 은혜로운 말씀을 제자들에게 하셨습니다 "지금 인자가 영광을 받았다,"고 하셨습니다. 여기 지금이라는 시간은 가롯 유다가 문을 박차고 나간 이후의 시간을 가리킵니다. 이 짧은 본문 두 구절에 "영광을 얻었다. 영광을 주시리라,"는 말이 4번이나 나옵니다. 영광이라는 말은 신자들이 하나님께 대한 태도와 마음을 나타내는 것입니다. 하나님은 본래적으로 그 존재가치에 있어서 스스로 고유한 가치를 지니고 계시며(자기계시), 신자들이 그 고유한 가치를 인정하고 그에게 경배를 하는 것입니다. 이런 의미에서 하나님의 영광이란 내적인 것입니다. 하나님께서 스스로 '내가 하나님' 이라고 하시면서 하나님의 존재 자체를 계시 하실 때에 우리는 하나님을 경배하게 됩니다. 하나님에 대한 바른 견해를 가진다고 하는 말을 '올소독스(Orthodox, 정통)' 라고 하고, 이 단어의 뜻은 '올바른 견해' 라는 의미입니다. 하나님에 대한 바른 견해를 가질 때에 하나님을 찬양합니다. 하나님을 경배하고 하나님께 영광을 돌립니다.

가롯 유다가 예수님을 배신하고 나가서 한 일은 당시 대제사장, 서기관,

바리새인 같은 종교지도자들에게 예수님을 팔겠다고 의논 한 것입니다. 이 사실을 예수님이 아시고 "지금 인자가 하나님의 영광을 얻는다,"고 하셨습니다. 곧 예수 그리스도는 십자가에 죽으심으로 하나님의 영광을 얻는다는 것입니다. 예수님의 십자가 죽음이 무슨 영광이 됩니까? 유대인들은 예수님의 십자가를 '거리끼는 것'이라고 했고, 헬라인들은 예수님의 십자가를 '미련한 것'이라고 판단했는데 어떻게 예수님은 자기의 십자가 죽음이 하나님의 영광이라고 했습니까?

그리스도의 영광—십자가 죽음

예수님의 십자가 죽음이 왜 하나님의 영광일까요? 그 이유는 사탄에 대한 영광의 승리이기 때문입니다. 마귀 사탄은 예수님을 죽이면 그것으로 승리하는 줄 알았습니다. 그러나 그것은 큰 오산이었습니다. 예수님이 십자가에서 죽으셔야 하는 것이 성부 하나님과 맺은 계약이요, 그렇게 죽으셔야 죄인들의 죄를 용서 받게 할 수 있었습니다.

"하나님의 아들이 나타나신 것은 마귀의 일을 멸하려 하심이라." (요일 3:8)

예수님의 십자가는 패배가 아니요, 승리입니다. 사탄의 세력을 분쇄시킨 최대의 승리입니다.

예수님의 십자가 죽음이 하나님의 영광이라고 한 또 한 이유는 예수님의 십자가 죽음은 하나님과 인간과의 화목에 영광스러운 전달이기 때문입니다. 예수님의 십자가 죽음은 하나님과 죄인인 인간의 화목을 성사시킨 것입니다.

"곧 우리가 원수 되었을 때에 그의 아들의 죽으심으로 말미암아 하나님과 화목하게 되었은즉." (롬 5:10)

예수님의 십자가는 죄인들에게 영원한 행복, 다함없는 기쁨, 무진장한 축복을 가져다 준 것입니다.

예수님의 십자가 죽음이 하나님의 영광이라고 한 이유는 예수님의 십자가가 자기 부정과 인내의 영광스런 본보기이기 때문입니다. 이 같은 기적을 행하실 때 예수님은 영광을 받으셨습니다. 이 기적을 통해서 하나님의 성격과 하나님의 가치를 계시하셨습니다.

"지금 인자가 영광을 받았다,"고 하신 것은 십자가를 지는 고난 속에서도 영광을 얻는다는 것입니다. 예수님의 한없는 낮아지심을 통해 영광을 받는다는 것입니다. 종들이 주인에게 반역할 때에, 백성들이 왕에게 반역할 때에 처형하는 그 수치스런 십자가를 예수님이 지신 것은, 그와 같은 수치 속에서 예수님은 영광 받으실 분이기 때문입니다. 예수님이 당하신 십자가의 수치는 우리가 당해야 할 수치요 수모입니다. 예수님은 우리의 죄를 담당하시고 십자가에 달려 이 같은 수모와 모욕을 당하셨기에 영광입니다.

주님은 우리에게 말씀하십니다. 예수님이 자기의 십자가를 지는 것이 영광이라고 했으니, 그 진리는 우리에게도 적용되는 것입니다. 내가 내 자신을 부정하고 희생하고 십자가를 지는 것이 영광이 됩니다.

성부 하나님이 영광을 받으심

예수님이 십자가를 지심으로 성부 하나님이 영광을 받으셨습니다. 어떻게 하나님께서 영광을 받으셨습니까? 예수님의 십자가 죽음은 하나님의 공의를 만족시켰기 때문입니다. 하나님은 사랑의 하나님이신 동시에 공의의 하나님이십니다. 이 말은 하나님은 죄를 반드시 보응하시는 분이라는 뜻입니다. 죄를 죄대로 갚으면 살아남을 인간이 하나도 없습니다. 죄의 삯은 사망이기(롬 6:23) 때문입니다.

인간의 죄악을 하나님은 예수 그리스도에게 담당시켰습니다. 죄 없는 예수님이 죄인의 죄를 친히 담당하시려고 십자가에 죽으셨습니다. 사실은 하나님이 죄인들을 죽여야 하는데 죄인들을 죽이시지 않으시고 대신 예수님을 십자가에서 죽게 하셨습니다.

"그리스도께서도 단번에 죄를 위하여 죽으사 의인으로서 불의한 자를 대신하셨으니 이는 우리를 하나님 앞으로 인도하려 하심이라."(벧전 3:18)

"우리는 다 양 같아서 그릇 행하여 각기 제 길로 갔거늘 여호와께서는 우리 모두의 죄악을 그에게 담당시키셨도다."(사 53:6)

"친히 나무에 달려 그 몸으로 우리 죄를 담당하셨으니 이는 우리로 죄에 대하여 죽고 의에 대하여 살게 하려 하심이라."(벧전 2:24)

성부 하나님이 영광을 받으시게 된 것은 예수님의 완전 순종하심 때문이었습니다.

"자기를 낮추시고 죽기까지 복종하셨으니 곧 십자가에 죽으심이라."(빌 2:8)

누구라도 자기의 지도자를 사랑하고 존경하며 신뢰하고 있다는 것을 나타내 보이는 방법은 오직 한 가지뿐입니다. 그것은 순종입니다. 필요한 경우에 괴로운 최후를 맞을 때까지라도 지도자에게 순종하는 것입니다. 한 부대가 그 지휘관에게 진정한 존경심을 나타내는 데는 단 한 가지 방법 밖에는 없습니다. 그것은 지휘관이 지휘하는 대로 철저하게 복종하는 것입니다. 자식이 부모를 공경하는 방법은 단 한 가지 밖에 없습니다. 부모에게 순종하는 것입니다. 예수님은 성부 하나님께 더 없는 순종을 하셨습니다. 십자가에서 죽기까지 복종하심으로 하나님의 공의를 만족시켰습니다.

예수님의 십자가 죽음은 하나님의 무한한 자비와 사랑의 표현입니다. 하나님은 십자가에 달리신 예수에게서 공의를 나타내셨고, 하나님은 자기 아들을 죽이기까지 하시면서 죄인들을 살리시는 사랑을 나타내셨습니다.

"사랑은 여기 있으니 우리가 하나님을 사랑한 것이 아니요 하나님이 우리

를 사랑하사 우리 죄를 속하기 위하여 화목 제물로 그 아들을 보내셨음이라.”(요일 4:10)

“하나님의 사랑이 우리에게 이렇게 나타난바 되었으니 하나님이 자기의 독생자를 세상에 보내심은 그로 말미암아 우리를 살리려 하심이라.”(요일 4:9)

성부 하나님이 성자 예수님께 주시는 영광

“만일 하나님이 그로 말미암아 영광을 받으셨으면 하나님도 자기로 말미암아 그에게 영광을 주시리니 곧 주시리라.”고 하신 32절 말씀은 성부 하나님이 예수 그리스도 안에서 영광을 받았으면, 성부 하나님도 성부 하나님 안에서 예수 그리스도에게 영광을 주리라는 말씀입니다. 성부 하나님과 성자 하나님은 서로 영화롭게 하십니다. 성부 하나님은 성자 하나님 안에서 영광을 얻으셨습니다. 곧 성자 예수님이 성부 하나님께 순종, 복종하심으로 성부 하나님은 영광을 받으셨습니다.

성자 예수님과 성부 하나님은 성육신 전에도 서로 영광스럽게 하는 교제가 있었습니다. 성부 하나님께서 성자 예수님께 즉각적으로 영화롭게 하십니다.

“백부장이 그 된 일을 보고 하나님께 영광을 돌려 이르되 이 사람은 정녕 의인이었도다 하고.”(눅 23:47)

이 말씀은 십자가 후에 하나님이 예수님을 부활시킬 것을 말씀한 것입니다. 십자가 후에 하나님이 예수님을 그의 보좌에 앉게 하신 사실을 가리킵니다.

“하늘에 있는 자들과 땅에 있는 자들과 땅 아래에 있는 자들로 모든 무릎을 예수의 이름에 꿇게 하시고, 모든 입으로 예수 그리스도를 주라 시인하여 하나님 아버지께 영광을 돌리게 하셨느니라.”(빌 2:10)

하나님이 영광스럽게 한 예수 그리스도는 참으로 영광스럽습니다. 마찬가지로 하나님이 영광스럽게 한 성도는 참으로 영광스럽습니다. 요한 계시록 3:21에 "이기는 그에게는 내가 내 보좌에 함께 앉게 하여 주기를 내가 이기고 아버지 보좌에 함께 앉은 것과 같이 하리라." 곧 영광을 주시겠다고 하십니다.

31절에서 예수님은 "지금 인자가 영광을 받았다,"고 하십니다. 그 영광은 십자가를 지는 것이요, 죽음이었습니다. 그러나 그 죽음 저편에 있는 큰 영광, 큰 기쁨을 보셨습니다. 그 영광이 자기 가까이 있는 것을 아셨습니다. 예수님은 자기의 슬픔과 고통이 빨리 지나갈 것을 아셨습니다. 죽음에서 부활까지는 약 40시간이 걸립니다. 부활에서 승천까지는 40일이었습니다. 그러므로 예수님은 곧바로 하나님 보좌 우편에 앉는 영광을 얻으신 것입니다.

"이는 주께서 내 영혼을 스올에 버리지 아니하시며 주의 거룩한 자를 멸망시키지 않으실 것임이니이다. 주께서 생명의 길을 내게 보이시리니 주의 앞에는 충만한 기쁨이 있고 주의 오른쪽에는 영원한 즐거움이 있나이다."(시 16:10~11)

구약에서의 이 예언은 바로 예수님의 부활과 승천에 대한 예언입니다. 십자가는 곧바로 영광과 직결됩니다.

하나님은 십자가를 지는 성도를 영광스럽게 하십니다. 영광스러운 직분을 주시고 존귀와 대접을 받게 하십니다. 우리는 우리의 십자가를 지고 예수님을 따라야 합니다.

제7장

새 계명

(요 13:33~35)

요한복음 13:33~35 "작은 자들아 내가 아직 잠시 너희와 함께 있겠노라 너희가 나를 찾을 것이나 일찍이 내가 유대인들에게 너희는 내가 가는 곳에 올 수 없다고 말한 것과 같이 지금 너희에게도 이르노라. 새 계명을 너희에게 주노니 서로 사랑하라 내가 너희를 사랑한 것 같이 너희도 서로 사랑하라. 너희가 서로 사랑하면 이로써 모든 사람이 너희가 내 제자인 줄 알리라."

예수님이 제자들에게 마지막 주신 교훈은
"서로 사랑하라,"는 새 계명입니다.
예수님은 자기의 전부를 희생하셔서 사랑의 본을 보이셨습니다.
사랑은 최고의 은사입니다.
사랑의 결과는
사망에서 옮겨 생명으로 들어가는 것입니다.

요 한복음 13장에서는 예수님이 하신 일을 세 가지로 크게 분류하여 기록하고 있습니다. 예수님이 제자들의 발을 씻기신 일과, 성찬식을 행하신 일을 기록하였을 뿐 아니라 제자들에게 주시는 중요한 교훈이 있습니다. 예수님의 죽음의 시각이 일초일각으로 다가올 때, 예수님은 제자들에게 매우 중요한 교훈을 간절하게 주셨습니다.

예수님은 '작은 자들아' 라고 제자들을 부르셨습니다. 이 호칭은 예수님이 제자들을 사랑하는 지극한 애정에서 부르신 명칭입니다. "내 아이들아(my children)," 다정히 부르시면서 아주 가까운 장래에 당신이 죽으실 것을 말씀하셨습니다.

예수님은 자기를 핍박하는 유대인들에게 "내가 가는 곳에 너희는 올 수 없다,"고 하신 적이 있지요. 이것은 당신이 십자가에 죽으시고 부활하시어 승천하시므로 유대인들이 예수님 계시는 곳에 올 수 없다는 의미였습니다. 이때 유대인들의 반응은 무엇이었습니까? 예수님이 하신 말씀을 이해하지 못하고 '저가 자살하려는가?' 하고 힐난했습니다. 예수님은 유대인들에게 하신 말씀과 똑같이 지금 제자들에게도 "너희는 내가 가는 곳에 올 수 없다,"고 말씀하셨습니다. 그러나 그 말씀엔 차이가 있었습니다.

유대인들은 불신앙과 증오심으로 예수님을 대했기 때문에 예수님이 가신 천국에 영원히 갈 수 없는 것이고 제자들은 당분간만은 예수님이 가신 천국에 가지 못하나 신앙으로 예수님을 따랐기 때문에 장래에는 죽어서 그곳에 가게 된다는 말입니다. 이렇게 당분간은 갈 수 없다는 의미에서 '지금' 이란 말을 예수님께서 강조하신 것입니다.

사랑의 새 계명

예수님이 제자들에게 마지막 주신 교훈은 새 계명입니다. 이 계명은 예수님의 고별 계명으로 새 계명의 내용은 "서로 사랑하라 내가 너희를 사랑한 것 같이 너희도 서로 사랑하라,"는 것입니다. 예수님의 십자가 사랑에 기초한 사랑의 계명입니다. 예수님의 희생이 이 사랑의 총 밑천입니다.

예수님이 오시기 전에도 사랑의 계명은 있었습니다. 구약에도 사랑하라는 말씀이 있었습니다.

"원수를 갚지 말며 동포를 원망하지 말며 네 이웃 사랑하기를 네 자신과 같이 사랑하라 나는 여호와이니라." (레 19:18)

"너는 마음을 다하고 뜻을 다하고 힘을 다하여 네 하나님 여호와를 사랑하라." (신 6:5)

율법사가 계명 중에 어느 계명이 제일 큰가를 예수님께 질문했습니다. 예수님의 대답은 신명기 6:5, 레위기 19:18을 인용하여 이 계명이 제일 크다고 하셨습니다.

그러면 왜 예수님은 구약에서 이미 강조한 사랑의 계명을 이야기하시면서 '새 계명' 이라고 하셨습니까?

① 그것은 사랑을 해야 할 대상이 새로운 대상(new object)이기 때문입니다.

유대인들도 이웃을 사랑했습니다. 그러나 유대인들에게 이웃이라는 개념은 예수님께서 말씀하신 이웃과는 전혀 다릅니다. 그들은 이방인들을 이웃이라고 하지 않았습니다. 민족주의, 혈통주의에 입각해서 같은 피만이 이웃이라고 생각했습니다. 그러나 예수님은 선한 사마리아인의 비유를 들면서 이 세상 모든 사람들을 이웃이라고 하셨습니다.

우리 한국 사람에게는 같은 한국 사람만이 이웃입니까? 그렇지 않지요.

모든 민족이 다 이웃입니다. 예루살렘 교회에는 유대교에서 개종한 유대인 개종자만이 모였습니다. 그러나 안디옥 교회는 유대인이나 이방인이나 할 것 없이 모두 모였습니다. 하나님은 이 안디옥 교회를 선교의 거점으로 삼으셨습니다.

베드로도 이런 편협한 이웃 개념이 있었습니다. 베드로는 할례를 받지 않은 이방인들과 음식을 함께 먹다가 다른 유대인들이 들어오자 황급히 숨고 안 먹은 체 가장했습니다. 이것은 사도행전 15장에서 초대 종교회의와 같은 회의에서 결정된 베드로와 야고보의 결정에 바로 위배되는 외식행위입니다. 사도 바울은 이런 베드로를 책망하면서 말했습니다.

"사람이 의롭게 되는 것은 율법의 행위로 말미암음이 아니요 오직 예수 그리스도를 믿음으로 말미암는 줄 알므로 우리도 그리스도 예수를 믿나니 이는 우리가 율법의 행위로써가 아니고 그리스도를 믿음으로써 의롭다 함을 얻으려 함이라 율법의 행위로써는 의롭다 함을 얻을 육체가 없느니라."(갈 2:16)

이제 예수님은 새 계명, '사랑'의 계명을 주셨습니다. 제자들끼리만 사랑하라고 하시는 것이 아니라 모두를 사랑하라 하십니다. 세계 모든 민족을 사랑하라 하십니다. 이것이 선교정신의 근본입니다. 이웃은 육신적, 가족적, 혈통적, 지역적인 것만 아니라 영적으로 예수님을 믿는 모든 자가 우리의 이웃입니다.

② 예수님께서 새 계명이라 하신 이유는 사랑의 척도가 새로운 것(a new measure of love)이기 때문입니다.

"사랑은 여기 있으니 우리가 하나님을 사랑한 것이 아니요 하나님이 우리를 사랑하사 우리 죄를 속하기 위하여 화목 제물로 그 아들을 보내셨음이라."(요일 4:10)

사랑은 인간 편에서 먼저 하나님을 사랑한 것이 아니라, 하나님이 먼저 죄인들을 사랑하신 것입니다. 선수적 사랑입니다. 이 사실은 예수님이 오심으로 증명되었습니다. 우리가 하나님의 사랑을 받았음으로 하나님을 사랑하고 이웃을 사랑하는 것입니다. 내가 먼저 하나님을 사랑한 것이 절대로 아닙니다. 사도 바울은 예수 그리스도의 사랑을 고린도전서 13장에서 기록하고 있습니다.

"사랑은 오래 참고 사랑은 온유하며 시기하지 아니하며 사랑은 자랑하지 아니하며 교만하지 아니하며, 무례히 행하지 아니하며 자기의 유익을 구하지 아니하며 성내지 아니하며 악한 것을 생각하지 아니하며, 불의를 기뻐하지 아니하며 진리와 함께 기뻐하고, 모든 것을 참으며 모든 것을 믿으며 모든 것을 바라며 모든 것을 견디느니라."(고전 13:4~7)

구약에는 이러한 사랑의 척도가 없었습니다. 예수님은 친히 사랑의 본체요, 사랑의 원형으로써 이 같은 사랑의 요소를 모두 지니신 분으로 사랑의 실천자이십니다. 우리의 사랑도 이 같은 새로운 척도에 합당한 사랑이라야 합니다.

③ 예수님이 새 계명이라고 말씀하신 이유는 사랑의 실천은 새 힘(new power)에 의하여 가능하기 때문입니다. 예수님의 사랑 실천은 인간의 의지, 에너지, 수단으로 불가능합니다. 성령의 능력이 아니면 예수님의 사랑을 실천할 수가 없습니다. 예수님의 사랑을 실천하는 길은 각 신자들의 마음에 성령이 내재하서서 그분의 능력으로 예수님의 사랑을 실천할 수 있는 것입니다.

사랑의 본

① 예수님은 사심 없이 제자들을 사랑하셨습니다. 인간의 사랑은 아무리 고상하다고 해도 그 사랑에는 자아라고 하는 요소가 얼마간 있지요. 그러나 예

수님의 제자 사랑은 그렇지 않았습니다. "내가 너희를 사랑한 것 같이 너희도 서로 사랑하라."고 본을 보이셨습니다.

우리는 무의식적으로 "사랑에서 얻을 것이 무엇인가?"를 생각합니다. 우리는 항상 이 사랑이 나에게 무엇을 해주는 지에 대해 생각합니다. 많은 사람들이 사랑에서 행복을 추구합니다. 예수님은 자기의 모든 것을 오로지 제자들에게 주시고자 하셨습니다. 그러나 자기를 주심으로 제자들이 예수님을 사랑해주기를 바라지 않으셨습니다. 그저 자기를 주시는 것으로 만족하셨으며 어떤 보상도 생각하시지 않았습니다.

② 예수님은 희생적으로 제자들을 사랑하셨습니다. 주님의 사랑에는 제한이 없습니다. 사람이 예수님에게 어떤 요구를 한다고 해도 주님의 사랑은 그 요구를 충족시킵니다. 사랑이 십자가를 뜻하는 것이었기에 예수님은 그 십자가로 가시는 것도 불사하였습니다. 인간은 사랑을 이야기할 때 행복이나 만족, 기쁨을 가져다주는 것으로만 생각하기 쉽습니다. 이런 점에서 흔히 실수를 하고 그릇된 사랑을 주장하게 됩니다. 그러나 사랑이라고 하는 것은 십자가를 요구하는 것입니다.

③ 예수님은 이해심을 가지고 제자들을 사랑하셨습니다. 예수님은 제자들을 철두철미 알고 계셨습니다. 그들의 성격과 배경을 다 알고 계셨습니다. 진정한 사랑은 상상적인 인물이나 이상적인 인물을 사랑하는 것이 아닙니다. 진정한 사랑은 있는 그대로의 사람을 사랑하는 것입니다. 진정한 사랑은 인간의 한 부분만을 사랑하는 것이 아니라, 그 사람의 전체를 사랑하는 것입니다. 남들의 좋은 점만 보고 사랑하는 것이 아니라 그 사람의 결점도 받아들이면서 저 사람이 저런 점에는 부족해도 하나님의 형상대로 지음 받은 자라는 것을 생각하며 사랑하는 것입니다.

예수님은 제자들에게 관심을 가졌으며, 그들을 위해 기도하고 그들과 함께 기도했으며 그들을 옹호하셨습니다. 유대인들의 부당한 비난과 공격을 받을 때에 예수님은 제자들의 방파제가 되셨습니다. 예수님의 괴로운 심정을 이해하지도 못하고 서로 높다고, 서로 크다고 으스대는 제자들을 앉혀놓고 그들의 발을 씻어주시면서 사랑하셨습니다.

사랑해야 할 이유

사랑해야 할 이유가 있습니다.

① 사랑은 하나님의 본질(God's nature)이기 때문입니다.
"사랑하는 자들아 우리가 서로 사랑하자 사랑은 하나님께 속한 것이니 사랑하는 자마다 하나님으로부터 나서 하나님을 알고, 사랑하지 아니하는 자는 하나님을 알지 못하나니 이는 하나님은 사랑이심이라."(요일 4:7~8)
사랑하는 자는 거듭난 자입니다. 하나님께로서 난 자입니다. 우리가 하나님의 진정한 자녀라면 하나님의 성격을 지녀야 합니다.

② 사랑은 하나님의 은사를 알게 하기 때문입니다. 예수님의 희생적 사랑을 깨닫게 하기 때문입니다.
"하나님의 사랑이 우리에게 이렇게 나타난 바 되었으니 하나님이 자기의 독생자를 세상에 보내심은 그로 말미암아 우리를 살리려 하심이라."(요일 4:9)
"사랑하는 자들아 하나님이 이같이 우리를 사랑하셨은즉 우리도 서로 사랑하는 것이 마땅하도다."(요일 4:11)

③사랑은 하나님의 현재적, 계속적인 행동(activity)이기 때문입니다. 하나님의 천지 창조 역사는 마감되었으나 죄인을 부르시고 구원하시는 하나님의 사랑의 역사는 지금도 계속 되기에 우리는 계속적으로 끊임없이 이웃을 사랑해야 합니다.

"어느 때나 하나님을 본 사람이 없으되 만일 우리가 서로 사랑하면 하나님이 우리 안에 거하시고 그의 사랑이 우리 안에 온전히 이루어지느니라."(요일 4:12)

사랑의 결과

예수님은 모든 사람들에게 제자 됨을 보여줄 수 있는 방법을 제시하셨습니다.

"너희가 서로 사랑하면 이로써 모든 사람이 너희가 내 제자인 줄 알리라."(요13:35)

우리는 사랑하는 체 하는 것이 아니라 진심으로 상대를 사랑하고 서로 사랑해야 합니다. 사랑을 보이려고 애쓰는 것이 아니라, 왜 사랑해야 하는지 그 이유를 알고 이웃을 사랑해야 합니다. 그 사랑의 근본 뿌리가 무엇임을 알고 서로 사랑하는 습성을 길러야 합니다. 사랑은 은사 중의 최고의 은사입니다. 예수님은 능력을 행하거나, 병을 고치거나 각종 방언을 말하거나, 방언을 통역하거나 하는 것으로 예수님의 제자 됨을 나타낸다고 하시지 않으셨습니다.

사도 요한은 후에 이 사랑에 대하여 요한일서에서 다시 언급했습니다.

"우리는 형제를 사랑함으로 사망에서 옮겨 생명으로 들어간 줄을 알거니와 사랑하지 아니하는 자는 사망에 머물러 있느니라."(요일 3:14)

제8장

비틀거리는 충성심

(요 13:36~38)

요한복음 13:36~38 "시몬 베드로가 이르되 주여 어디로 가시나이까 예수께서 대답하시되 내가 가는 곳에 네가 지금은 따라올 수 없으나 후에는 따라오리라. 베드로가 이르되 주여 내가 지금은 어찌하여 따라갈 수 없나이까 주를 위하여 내 목숨을 버리겠나이다. 예수께서 대답하시되 네가 나를 위하여 네 목숨을 버리겠느냐 내가 진실로 진실로 네게 이르노니 닭 울기 전에 네가 세 번 나를 부인하리라."

베드로는 연약함 때문에 믿음에서 실패했습니다.
베드로는 자신을 과신했고, 중요한 때에 기도를 하지 못했고,
주님을 멀리에서 따랐고, 앉지 않을 좌석에 앉았습니다.
의지가 약해 신앙에 실패한 베드로를 교훈으로 삼아서
우리의 신앙을 조명해 보아야 합니다.

요 한복음 13장에는 실패자 두 인물이 대조되고 있습니다. 예수님을 배반하는 가룟 유다와 예수님을 부인하는 베드로 입니다. 가룟 유다와 베드로의 차이는 무엇입니까?

가룟 유다의 계획적인 배신과 베드로의 연약함

가룟 유다는 예수님을 배신하는 행위를 했습니다. 예수님에 대한 그의 배반과 배신은 완전히 계획적이었습니다. 이 배반은 매우 냉혈적인 방법으로 실행이 되었습니다. 유다는 예수님을 배반하기 위해 깊이 생각하고 면밀하게 계획했습니다. 마지막 만찬을 대할 때 예수님은 그에게 회개를 촉구하고 그를 가장 가까이 앉게 했지만 유다는 예수님을 뿌리치고 배신하면서 가버렸습니다. 그리고는 바리새인들, 서기관들과 예수님을 파는 데 얼마를 주겠느냐고 흥정했고, 겟세마네 동산에까지 가서 기도하시는 예수님과 입 맞추는 것을 신호로 넘겨주었습니다. 이것은 살인의 입맞춤입니다. 예수님은 "네가 입맞춤으로 나를 파느냐?"고 하셨습니다.

베드로는 예수님을 부인하는 행위를 했습니다. 그러나 이것은 전혀 계획된 것이 아니었습니다. 베드로는 그렇게 부인하려고 한 것이 전혀 아니었습니다. 그의 의지가 너무 약해져서 예수님을 부인한 것입니다. 가룟 유다와 베드로의 다른 점은 유다의 죄가 계획적이었는데 비하여 베드로의 죄는 순간적인 연약함에서 온 것 이었습니다. 무엇을 하고 있는지 알고 있으면서 범하는 죄와, 너무나 충격적이어서 자기도 무엇을 하고 있는지 알지 못하고 저지르는 죄와는 차이가 있습니다. 그래서 우리는 늘 두려워하면서 이렇게 기도해야 합니다. "하나님, 제가 고의적으로 하나님의 뜻을 배반한다든가 고의적으로 우리들을 사랑하는 사람들을 해치는 일로부터 우리를 구원하여 주옵소서."

최후의 만찬 후에 예수님의 말씀을 들었던 제자들은 위기의식은 가졌으나 구체적으로 어떤 일이 생길 것인가에 대해서는 몰랐습니다. 그래서 베드로는 "주여 어디로 가십니까?"라고 물었습니다. 주님께서는 "내가 가는 곳에 네가 지금은 따라올 수 없으나 후에는 따라오리라," 하셨습니다. 베드로가 다시 물었습니다. "주여 내가 지금은 어찌하여 따라갈 수 없나이까 주를 위하여 내 목숨을 버리겠나이다." 예수님께서 대답하셨습니다. "네가 나를 위하여 네 목숨을 버리겠느냐 내가 진실로 진실로 네게 이르노니 닭 울기 전에 네가 세 번 나를 부인하리라."

예수님과 베드로와의 대화 내용을 살펴보면 예수님이 얼마나 베드로에 대하여 잘 알고 계셨는가를 알 수 있습니다. 예수님은 베드로의 연약함을 알고 계셨습니다. 베드로는 충성심은 강하나 결단성이 약하다는 것도 아셨습니다. 그의 사랑을 알고 계셨습니다. 그리고 베드로가 지금 어떤 사람인가를 아실뿐 만 아니라 장차 어떻게 될 것도 아셨으므로 "네가 당장에는 나를 따라올 수 없으나 후에는 따라올 수 있겠다,"고 예언하셨습니다. 현재 베드로가 가진 신앙수준으로는 결코 예수님을 따를 수 없다는 예수님의 평가입니다.

베드로가 예수님을 부인한 신앙실패의 단계를 살펴 봅니다.

베드로 신앙의 실패 원인은 자기과신 때문입니다.

베드로가 주님을 위해 목숨까지 버리겠다고 장담했으면 예수님이 장하다고 칭찬해 주어야 하겠는데, "지금은 네가 나를 따를 수 없다,"고 단언하십니다. 베드로는 예수님을 따른다고 하면서 지금 주님이 어디로 가시는지 조차 모르고 있습니다. 예수님이 바로 내일 십자가를 지셔야 하는데 그 사건조차 모르고 있는 베드로가 어떻게 예수님을 따르겠습니까? 베드로는 고난의 메시야를 몰랐습니다.

무식한 용기는 만용이고 고집입니다. 알고 용기가 있어야 합니다. 지금 아무 것도 모르면서 죽어도 예수님을 따르겠다고 하는 베드로에게 주님은 '지금은 따를 수 없다'고 하십니다. 자기의 믿음이 최고이고, 자기의 용기가 최고이고, 자기의 의지가 가장 강하다고 자부하고 있는 베드로는 다른 제자들이 예수님을 버릴 지라도 자기만은 예수님을 따르겠다고 합니다. 그러나 예수님이 보시는 베드로의 신앙은 '지금은 따라올 수 없는' 수준입니다. 그러나 그가 성령 충만을 받은 후에는 가능하다고 하십니다. 왜냐하면 성령 충만을 받으면 자기 부정을 할 수 있고, 겸손해지고 신앙수준이 고도로 올라가기 때문입니다. 성경은 말합니다.

"그런즉 선줄로 생각하는 자는 넘어질까 조심하라."(고전 10:12)

기도하지 못했기 때문입니다.

두 번째로 베드로는 기도하지 못해서 실패했습니다. 예수님은 겟세마네 동산에 제자들과 함께 올라가셔서 제자들을 돌 던질 만큼의 떨어진 거리에 남겨두고 베드로, 야고보, 요한만 데리고 기도하러 가셨습니다. 예수님은 거기서 세 제자들에게 말씀하셨습니다.

"너희는 여기 머물러 나와 함께 깨어 있으라"(마 26:38)

그러나 그들은 깨어있지 않고 잠이 들었습니다. 예수님께서는 잠들어 있는 베드로를 깨우신 후에 책망하셨습니다.

"너희가 나와 함께 한 시간도 이렇게 깨어 있을 수 없더냐."(마 26:40)

베드로는 자기를 과신했고 하나님의 도움을 절실히 느끼지 못했기 때문에 기도하지 않았습니다. 예수님께서 기도하지 않는 그들을 두 차례나 오셔서 깨우셨습니다.

"다시 오사 보신즉 그들이 자니 이는 그들의 눈이 피곤함일러라."(마 26:43)

예수님은 말씀하십니다. "시험에 들지 않게 깨어 있어 기도하라."(막 14:38)

제자들이 기도하지 않아서 수치를 당한 예가 또 있습니다. 예수님이 변화산에 가서서 기도하시는 동안 어떤 귀신들린 아들을 가진 아버지가 제자들을 찾아 왔습니다. 제자들에게 귀신을 쫓아달라고 온 것 이지만 제자들은 능히 귀신을 쫓아버리지 못했습니다. 예수님이 오시자 그 귀신 들린 아들의 아버지는 "무엇을 하실 수 있거든 우리를 불쌍히 여기사 도와 주옵소서,"라고 애걸 했습니다. 그러자 예수님께서 말씀하셨습니다.

"할 수 있거든이 무슨 말이냐 믿는 자에게는 능히 하지 못할 일이 없느니라."(막 9:23)

아이의 아버지는 "내가 믿나이다 나의 믿음 없는 것을 도와주소서," 라고 했습니다. 이에 예수님은 귀신을 꾸짖어 내쫓으셨습니다. 제자들은 자기들이 왜 귀신을 쫓아내지 못했는지 예수님께 물었습니다. "우리는 어찌하여 능히 그 귀신을 쫓아내지 못하였나이까."(막 9:28)

예수님께서 제자들에게 말씀하셨습니다. "기도 외에 다른 것으로는 이런 종류가 나갈 수 없느니라."(막 9:29)

마태복음 10:1에서 이미 제자들은 권능을 받았습니다.

"예수께서 그의 열두 제자를 부르사 더러운 귀신을 쫓아내며 모든 병과 모든 약한 것을 고치는 권능을 주시니라."

은사를 받고도 사용하지 못하는 것은 기도하지 않아서 입니다. 제자들은 권능을 받았습니다. 그러나 기도하지 않아서 그것을 사용하지 못했던 것입니다.

사무엘은 미스바에서 블레셋 사람들과 싸울 때, 기도를 했습니다. 하나님께서 그 기도의 응답으로 우레로 블레셋을 물리치셨습니다. 다니엘은 기도로 사자 굴에서도 무사했고, 다니엘의 세 친구는 기도로 불타오르는 풀무 불 속에도 타지 않았습니다. 기도의 실패는 신앙의 실패, 사업의 실패와 연관되어 있습니다.

멀리서 주님을 따라갔기 때문입니다.

"예수를 잡아 끌고 대제사장의 집으로 들어갈새 베드로가 멀찍이 따라가니라."(눅 22:54)

제자들은 체포될까 두려워서 다 흩어져 달아났으나 베드로는 달아나지는 않았습니다. 그러나 예수님을 멀찍이서 따랐습니다. 예수님과 함께 죽겠다는 용기는 어디로 가버리고 베드로는 두려움에 사로잡혀 자신을 숨기려고 멀찍이 따라갔습니다. 그 당시 대제사장과 서기관들은 제자들까지 체포해서 죽이려고 한 것은 아니었습니다. 예수님 하나만 죽이면 제자들은 별 볼 일 없다고 생각했습니다.

예수님과 거리를 두는 것은 믿음에 병이 든 것입니다. 믿음에 병든 것을 어떻게 진단할까요? 성경 읽는 것으로부터 멀어지고 예배를 등한시 합니다. 기도하는 것에 게을러집니다. 전도도 게을러집니다. 뒷자리에 있으면서 구경꾼이 됩니다. 성도와의 교제를 싫어합니다. 교역자와 멀어집니다. 이것이 멀찍이 거리를 두고 따르는 것입니다.

"하나님께 가까이 함이 내게 복이라 내가 주 여호와를 나의 피난처로 삼아 주의 모든 행적을 전파하리이다."(시 73:28)

우리의 안전은 하나님을 가까이함에 있습니다. 예수님을 가까이함에 있습니다. 하나님은 자기를 가까이하고 신뢰하는 사람을 귀하게 보시고 보호해 주시기 때문입니다.

스코틀랜드의 왕 브루스(Robert the Bruce, 1274~1329)는 늘 기도하고, 하나님을 신뢰하고 의지한 사람이었습니다. 그가 영국군과의 전쟁에서 패배하고 도망을 하다 어느 동굴로 피신하게 되었습니다. 그때 거미가 동굴 입구에 거미줄을 쳤습니다. 브루스 왕을 쫓던 영국군이 동굴입구에 거미줄이 쳐진 것을 보고 "사람이 동굴로 들어갔다면 거미줄이 있을리 없지." 하면서 지나가 버렸습니다. 브루스 왕은 기도했습니다.

"하나님이여, 한 마리 거미의 작은 뱃속에 내 피난처를 예비해 두셨다가 때 맞춰 그것으로 나를 숨겨주시니 감사합니다."

"사람을 두려워하면 올무에 걸리게 되거니와 여호와를 의지하는 자는 안전하리라." (잠 29:25)

좌석을 잘못 선택했기 때문입니다.

넷째로 베드로는 좌석을 잘못 선택해서 실패했습니다. 베드로는 군중들이 앉아 있는 곳에 자리를 같이 했습니다. 자기를 완전히 군중 속에 숨기려는 거지요. 이들은 예수님의 원수들이요, 예수님을 못 박아 죽이라고 외치는 불량자들입니다. 예수님의 원수의 자리에 베드로가 앉아 있었습니다. 군중들이 베드로를 자기들과 같은 무리에 속한다고 생각할 줄 알았습니다. 그런데 베드로에게 한 여종이 다가와서 "너도 갈릴리 사람 예수와 함께 있었도다," 라 했습니다. "나는 네가 무슨 말을 하는지 알지 못하겠노라." 다른 여종이 베드로를 보고 거기 있는 사람들에게 말했습니다. "이 사람은 나사렛 예수와 함께 있었도다." 베드로가 맹세하고 또 부인하여 말했습니다. "나는 그 사람을 알지 못하노라." 조금 후에 곁에 섰던 사람들이 나아와 베드로에게 다시 말했습니다. "너도 진실로 그 도당이라 네 말소리가 너를 표명한다." 베드로가 저주하며 맹세하여 말했습니다. "나는 그 사람을 알지 못하노라."

베드로가 그 자리에 앉아 있지 않았다면 이런 창피와 수모를 당하지 않았을 것입니다.

"복 있는 사람은 악인들의 꾀를 따르지 아니하며 죄인들의 길에 서지 아니하며 오만한 자들의 자리에 앉지 아니하고."(시 1:1)

신자는 앉을 자리가 있고 앉지 말아야 할 자리가 있습니다. 신자는 어느 자리에 앉든지 그 정체가 드러나기 마련입니다. 신자는 설 땅이 있고 서지 아니할 땅이 있습니다. 곧 성도들은 구별되게 살아야 한다는 말입니다. 에녹은 가정을 가지고 있으면서도 300년간 하나님과 동행했습니다. 엘리야는 하나님이 지시하는 대로 움직였습니다. 신앙의 실패는 자리를 잘못 선택할 때 생깁니다. 악한 일을 도모하는 자리, 죄를 범하기 위해 모인 자리, 세상 불신자들과 같이 하는 타락의 자리에 앉지 않아야 합니다. 우리의 좌표는 하나님 앞에서 사람 앞에서 인정을 받아야 합니다.

의지가 약해서 베드로가 신앙에 실패한 것을 교훈으로 삼아서 나 자신을 다시 조명해 봐야 합니다. 나도 베드로와 같은 전철을 밟고 있지 않은가? 나는 어느 단계에 머물고 있는가를 재조명 해 봐야 합니다. 교만함과 기도하지 못함과 예수님을 멀찌감치 따르는 것과 죄악이 있는 자리에 앉아 있지 않은가 다시 생각해 봐야 합니다.

제9장

마음에 근심하지 말라

(요 14:1~3)

요한복음 14:1~3 "너희는 마음에 근심하지 말라 하나님을 믿으니 또 나를 믿으라. 내 아버지 집에 거할 곳이 많도다 그렇지 않으면 너희에게 일렀으리라 내가 너희를 위하여 거처를 예비하러 가노니, 가서 너희를 위하여 거처를 예비하면 내가 다시 와서 너희를 내게로 영접하여 나 있는 곳에 너희도 있게 하리라."

우리의 근심은 무지 때문입니다.

세속적인 욕망 때문입니다. 고독감 때문입니다.

근심의 해결방법은 믿음뿐입니다.

예수님은 오늘 우리에게 말씀하십니다.

"마음에 근심하지 말라 하나님을 믿으니 또 나를 믿으라."

하나님을 믿는 그 마음으로 예수님을 믿는 것이 바로 믿음입니다.

예수께서 제자들에게 "마음에 근심하지 말라," 하신 말씀을 이해하기 위해서는 요한복음 13장의 내용을 다시 정리해 보는 것이 중요합니다.

12제자들은 이번 유월절에 예수님께서 유대나라 왕이 될 것이라는 큰 기대를 하였고 자기들의 서열문제를 다툼하면서 시기하고 질투했습니다. 세속적 욕망으로 눈이 어두워져 갔을 때 예수님께서 친히 겉옷을 벗으시고 대야에 물을 담아 와서 그들의 발을 씻어주셨습니다. 주님의 이 같은 봉사 앞에 제자들의 이기주의와 교만과 거만은 더 이상 존재할 수 없었고, 그들은 부끄러움을 당하고 말았습니다.

그리고 나서 예수님이 제자 중의 하나가 나를 팔리라는 폭탄선언을 하심으로 제자들은 매우 당황했습니다. 주님이 주시는 떡을 받고 떠나가 버린 가룟 유다의 배신을 보고 제자들은 어찌할 바를 몰랐습니다. 또한 예수님은 제자들에게 자기가 떠나간다는 말씀을 하심으로 그들은 슬픔에 싸여있었습니다. 이런 근심과 슬픔에 싸여있는 제자들을 위로해 주시는 말씀이 요한복음 14장에서 시작됩니다. 왜 그들은 근심했습니까? 그 근심의 이유가 어디에 있습니까?

근심의 이유

그들의 근심은 **그들의 무지 때문**입니다. 예수님이 어디로 가시는지조차 모르고 있었습니다. 그들이 예수님과 3년 동안 지내며 배웠지만 예수님이 마지막으로 하시는 말씀을 이해하지 못했습니다. 이 무지가 저들을 근심하게 했습니다. 그들이 예수님이 말씀하시는 것을 하나하나 다 이해했다면 지금 이 순간이 걱정할 시간이 아닙니다. 예수님의 하신 말씀의 뜻을 파악하지 못했기 때문에 그들은 근심했습니다.

그들의 근심은 **세속적인 욕망 때문**입니다. 예수님과 3년 동안이나 함께 하며 따라 다닌 목적 가운데 하나는 벼슬자리를 얻고자 한 것입니다. 그런데 예수님이 십자가를 지신다 하시고 어디론가 가버린다고 하시자, 자기들의 계획이 수포로 돌아감을 느꼈습니다. 일반적으로 근심의 절반은 욕심 때문에 생깁니다. 욕심이 없는 사람은 그 만큼 근심이 없습니다. 아픈 것과 근심은 같은 것이 아닙니다. 육체적 고통은 대개 질병으로 오지만, 정신적 고통은 욕망 때문입니다. 특히 세속적인 욕망, 자기중심적인 욕망은 사람의 마음에 심한 정신적인 고통을 가져다줍니다. 우리에게 걱정거리가 많이 있습니까? 걱정하며 소원하는 것을 이루려고 하나님께 구하기 전에 내가 무엇 때문에 걱정하는지를 먼저 생각해야 합니다.

그들의 근심은 **십자가의 두려움 때문**입니다. 제자들은 십자가에 대하여 잘 알지 못했지만 어딘가에 어두운 그림자가 있고 무서운 고난이 앞에 있음을 어렴풋이 내다보고 있었습니다. 그러나 십자가는 걱정거리가 아니라고 예수님께서 이미 말씀하셨습니다. "인자가 영광을 얻을 때가 왔도다." 십자가 죽음을 예수님은 영광이라고 하셨습니다. 당신의 십자가 죽음은 의로운 고난의 죽음, 의로운 희생임으로 걱정거리가 아니라고 하신 것입니다.

그들의 근심은 **고독감 때문**입니다. 예수님이 어디론가 가신다고 하니 제자들만 남는다는 두려움 때문에 근심하는 것입니다. 그걸 아시고 예수님은 말씀하십니다.

"내가 너희를 고아와 같이 버려두지 아니하고 너희에게로 오리라."(요 14:18)

이것은 예수님이 저들의 심정을 아시고 말씀하신 것입니다. 제자들의 근심은 마치 어린 아이가 낯선 거리에서 어머니 손목을 놓았을 때 불안해하는 그런 종류의 걱정입니다. 그러나 예수님은 제자들이 결코 외롭지 않을 것이라고 요한복음 14, 15, 16장을 통해서 위로하십니다. 내가 너희를 떠날지라도 보혜사 성령께서 너희를 위로하시리라고 하셨습니다. 근심이란 하나 같이 불신앙적이고 십자가를 이해하지 못함에서 옵니다. 이런 근심을 해결하는 방법을 예수님께서 가르치셨습니다.

근심 해결 방법

"너희는 마음에 근심하지 말라 하나님을 믿으니 또 나를 믿으라."고 예수님은 말씀하십니다. 이 말씀은 근심하지 말라는 권면뿐 아니라 하나님을 믿고 또 그리스도를 믿으라는 명령입니다. 근심의 해결 방법은 예수님을 믿는 것입니다. 하나님은 전지하시고 전능하시기 때문에 우리의 문제를 정확하게 아시고 진단하시며 그 문제를 해결해 주십니다.

"하나님을 믿으니 또 나를 믿으라,"고 하신 말씀의 끝에 나온 '믿으라' (εἰς ἐμὲ πιστεύετε)는 동사는 하나님을 믿으려면 예수 그리스도를 믿어야 된다는 사상을 강조하는 것 입니다. 예수님을 알아야 하나님을 알 수 있습니다. 우리는 하나님을 알고 하나님을 전파함에 있어서 그리스도로 시작하고 그리스도로 끝내야 합니다. 이것이 하나님의 뜻에 맞는 지식방법입니다.

하나님께서 이스라엘 백성들을 출애굽 시키실 때, 모세는 백성들을 애굽의 노예생활에서 구출해 내어 젖과 꿀이 흐르는 가나안 땅으로 인도하려 했습니다. 그들은 애굽을 탈출하고 앞으로 나아가다가 장애물인 홍해를 만났습니다. 뒤에는 애굽의 군대 200만 대군이 뒤따라오고 앞에는 홍해로 막혀 있을 때, 백성들은 두려움에 소리칩니다. "애굽에 매장지가 없어서 우리를 홍해에 수장시키려고 이곳까지 나오게 했느냐"고 모세에게 불평과 비난을 퍼부었습니다. 그러자 모세는 말했습니다.

"너희는 두려워하지 말고 가만히 서서 여호와께서 오늘 너희를 위하여 행하시는 구원을 보라 너희가 오늘 본 애굽 사람을 영원히 다시 보지 아니하리라. 여호와께서 너희를 위하여 싸우시리니 너희는 가만히 있을지니라."(출 14:13~14)

모세가 지팡이를 들고 바다 위로 내미니 바다가 갈라져서 육로가 생겼습니다. 이스라엘 백성들이 그 길을 따라 들어갔고, 애굽의 병거 600승이 그들을 추격했습니다. 그때 하나님이 구름기둥으로 이스라엘 진과 애굽 진을 갈라놓았습니다. 이스라엘이 홍해를 건넌 후에 홍해바다는 애굽 군대를 삼켜버렸습니다.

"이스라엘이 여호와께서 애굽 사람들에게 행하신 그 큰 능력을 보았으므로 백성이 여호와를 경외하며 여호와와 그의 종 모세를 믿었더라."(출 14:31)

하나님의 기적의 역사를 봄으로 백성들은 하나님을 경외하고 모세를 믿었습니다.

구약시대에 선지자를 통하여 주신 계시라도 믿으라고 했으니, 구주이신 예수님을 통해서 계시하신 사실은 두말할 필요도 없습니다.

예수님은 하나님 자신이시니 그를 믿음이 곧 하나님을 믿는 것과 같은 것입니다. 예수 그리스도를 믿지 않고 하나님을 직접 믿으려는 자들은 하나님께서 자신을 계시하지 않았다고 생각합니다, 자기를 계시하지 않는 하나님은 참 하나님이 아닙니다. 그는 우상입니다. 우상은 자기를 계시할 수 없습니다.

삼위일체 하나님을 믿는 믿음

하나님을 믿는 그 마음으로 예수님을 믿는 것입니다. 예수께서 '하나님을 믿으니 또 나를 믿으라'고 하신 것은 "성부 하나님을 믿는 너희는 성자 하나님인 나를 믿어야 한다"는 뜻입니다. 예수님은 요한복음 14:26에서 보혜사 성령에 대해서도 말씀하시면서 성부와 성자와 성령 하나님을 믿어야 한다는 것을 가르쳐 주십니다. 예수님을 하나님으로 믿는 자만이 참된 그리스도인이라고 예수님이 말씀하십니다. "나를 본 자는 하나님을 본 자라."

예수님을 통해서 계시하신 하나님은 성부 하나님이시고, 독생자를 십자가에 못 박도록 내어주신 하나님이시고, 우리를 용서하신 하나님이시고, 우리를 사랑하시는 하나님이시고, 죄를 심판하시는 공의로운 하나님이십니다. 예수님은 자기를 통해서 계시하신 하나님을 믿으라고 하십니다.

.우리는 성경을 배우고 예수님을 배우면서 깨닫기도 하고 감사하기도 합니다. 그러나 결정적인 순간에 가서는 믿어야 합니다. 물론 알고 믿어야 하지만 다 알고 믿을 수는 없습니다. 모든 것을 깨닫고 믿으면 좋겠지만 다 깨닫고 믿는 것은 아닙니다. 어느 순간에서는 알지 못하면서 믿어야 하고, 납득할 수 없지만 믿어야 합니다. 알지 못하고 납득할 수 없으면서 어떻게 믿을 수 있습니까? 내게 말씀하신 그 분을 믿기 때문에 믿는 것입니다. 그 분의 인격을 믿는 것입니다.

예수님께서 "나를 믿으라,"고 했으니 주님이 하신 모든 말씀을 다 그런 줄 알고 믿기만 하면 됩니다. 내용을 다 알고 믿으려 하지 말고, 주님의 인격을 믿으면 문제는 간단합니다. 예수님을 믿으면 그가 하는 모든 말씀은 다 옳은 것입니다. 예수님은 약속하십니다.

"내가 너희를 위하여 거처를 예비하러 가노니, 가서 너희를 위하여 거처를 예비하면 내가 다시 와서 너희를 내게로 영접하여 나 있는 곳에 너희도 있게 하리라."

예수께서는 천당을 약속해 주신 것입니다. 천당의 내용을 해석한 후 믿겠다는 것은 어렵습니다. 예수님의 약속을 믿을 때 천당은 내 소유가 되는 것입니다.

미국에서 남북전쟁 때에 있었던 일입니다. 북군의 장군을 죽이기 위해 남군은 한 간첩을 보냈습니다. 그 간첩은 그 장군의 딸에게 아주 좋은 보석 상자를 선물로 주었습니다. 물론 보석 상자에는 시한폭탄이 장치되어 있었지요. 어린 딸은 너무나 보석 상자가 예쁘기에 아버지에게 그것을 자랑했습니다. 아버지가 '그것을 누가 주더냐?' 고 묻자 딸은 지나가던 사람이 주었다고 하면서 기뻐했습니다. 아버지는 딸에게 조용히 말합니다. '얘야, 내가 너를 사랑하는 줄 알지?' 딸이 대답합니다. '네, 알아요.' 아버지가 말합니다. '그러면 그 상자를 버려라.' 영문도 모르는 어린 딸은 왜 아버지가 예쁜 보석 상자를 버리라고 하는지 그 이유를 알지 못해서 엉엉 울었습니다. 아버지가 이렇게 예쁜 보석 상자를 사주지도 않으면서 버리라고 하니 원망스럽기만 합니다. 그런데 아버지는 다시 더 엄격하게 말합니다. '내가 너를 사랑하는 것을 아느냐?' 딸이 울먹이면서 대답합니다. '네!' '그러면 네 손으로 저 멀리 갖다 버려라!' 아버지의 명령에 딸은 할 수 없이 그것을 멀리 버렸습니다. 아버지를 믿기 때문에 멀리 던져 버리고 돌아서는데 갑자기 폭발음이 들렸습니다. 보석 상자가 꽝하고 터져 버린 것입니다. 장군의 딸은 아버지를 믿고 아버지의 인격을 믿었기에 그 상자를 버린 것입니다.

내가 다 알고 다 경험하고 다 파악하고 믿는 것이 아닙니다. 누가 천당을 가보고 믿겠다고 합니까? 천당에 가본 경험이 있으니 믿는다고 하는 말은 거짓입니다. 천당에 가보고 알 때는 이미 늦은 것입니다. 이 세상에는 단 한 번의 경험으로 다시 되돌릴 수 없는 것이 대단히 많습니다. 그러므로 내가 알아야 하고 경험해야만 믿겠다고 하는 것은 교만입니다.

아는 것은 알고 납득이 되는 것은 납득하며 깨닫는 것은 깨닫되 알 수 없어도 믿고, 깨닫지 못해도 수락하는 것이 믿음입니다. 이러한 믿음을 가질 때만 근심에서 벗어날 수 있습니다. 믿음으로만 근심을 몰아내고 진정한 위로를 받을 수 있습니다. 예수님은 말씀하십니다.

"너희는 마음에 근심하지 말라 하나님을 믿으니 또 나를 믿으라."

제10장

내 아버지 집

(요 14:2~3)

요한복음 14:2~3 "내 아버지 집에 거할 곳이 많도다 그렇지 않으면 너희에게 일렀으리라 내가 너희를 위하여 거처를 예비하러 가노니, 가서 너희를 위하여 거처를 예비하면 내가 다시 와서 너희를 내게로 영접하여 나 있는 곳에 너희도 있게 하리라."

천당은 예수님이 예비하신 곳입니다.
예수님은 '내 아버지 집' 이라고 천당을 계시하시고
직접 우리를 천국으로 영접 하십니다.
천당 갈 자격을 얻은 우리는 천당을 사모해야 합니다.

집이라는 개념은 광의적인 의미를 내포하고 있습니다. 가정과 국가와 우주가 다 포함되어 있습니다. 예수님이 내 아버지 집이라고 하실 때 그것은 천당을 가리킨 말씀입니다. 예수님은 이 천당을 말씀하실 때에 하나의 천막이나 회막이라 하지 않고 맨션이라고 표현하셨습니다. 이 집은 사람이 손으로 지은 집이 아니요, 하나님이 마련하신 영원한 집입니다.

천당을 부인하는 사람들이 비판하기를 흔히 천당이란 용어를 즐겨 사용하는 사람들은 현실도피주의자들이라고 합니다. 현실에서 불만을 가진 자, 가난한 자, 고통을 당하는 자들이 천당에 가서 행복하고 부요하게 산다는 부질없는 소망을 가지게 할 뿐이라고 합니다. 미국에 노예제도가 있을 때 흑인들이 죽으면 장례식 때 즐겁게 찬송을 불렀습니다. 노예 생활을 청산하고 천당에 가서 행복하게 산다고 소망했기 때문입니다. 그러나 백인들이 죽으면 슬퍼합니다.

요한복음 14:2에서 예수님이 내 아버지 집이라는 말씀은 예수님이 죽은 후에 가실 곳을 말씀하시는 것입니다. 이 말씀은 예수 그리스도의 십자가와 연관되어 나온 말씀입니다. 불트만은 '예수님이 내 아버지 집'이라고 한 것은 신화적 표현이라고 했습니다. 천당은 다만 영혼의 순결함과 복된 상태를 가리킨다고 보았습니다. 이 말은 천당의 장소성을 부인하고 천당의 실재를 부인하는 말입니다.

천당의 계시자는 예수 그리스도

천당은 인간의 지혜와 언어로는 표현할 수도 없고 형용할 수도 없습니다. 우리는 그럼 어떻게 천당을 압니까? 천당의 존재에 대해서 예수 그리스도께서 말씀하시고 계시하여 주심으로 알 수 있습니다. 예수님은 성육신 하시기 전에, 즉 아기 예수로 태어나시기 전에 천당에 계셨습니다. 성삼위 하나님이 같이 천당에 계셨습니다. 예수님은 하늘 보좌에 계시다가 오셨습니다. 예수님께서 천당의 존재에 대해 말씀하실 때 '내 아버지 집'이라고 하셨습니다. "내 아버지 집에 거할 곳이 많도다 그렇지 않으면 너희에게 일렀으리라."

이 의미는 "만일 거기에 있을 곳이 없으면, 내가 그렇다고 말했으리라,"는 뜻입니다. 천당이 없으면 제자들에게 이미 그렇게 말했을 것이라고 하신 것입니다. 천당을 알 수 있는 확실한 증거는 예수님의 계시에 의해서만 가능합니다. 천당의 증거는 다른 것에서 찾을 수 없습니다. 오직 예수님 자신의 계시에서 찾습니다. 예수님의 계시는 절대적인 권위를 가지십니다. 예수님이 진리이시기 때문입니다.

천당의 장소성

요한복음 14:2~3에는 장소를 나타내는 말이 여러 번 나옵니다. '거처'가 두 번 나오고, '곳'이 두 번 나오고, '가노니', '가서,' '다시 와서' 등으로 장소와 방향을 나타내는 말이 여러 번 나옵니다. 엘리야는 육신을 가지고 승천했고, 에녹도 육신을 가지고 승천했습니다. 예수님도 육신을 가지고 승천하셨습니다. 이런 것을 볼 때 승천하신 영역, 즉 장소가 반드시 있는 것입니다. 하나님께서 아브람에게 말씀하셨습니다.

"여호와께서 아브람에게 이르시되 너는 너의 고향과 친척과 아버지의 집을 떠나 내가 네게 보여 줄 땅으로 가라."(창 12:1)

여기에서 이 '땅'은 어디입니까? 땅은 장소성을 말하고 있습니다. 히브리서에서는 '더 나은 본향', '하늘에 있는 본향'을 사모한다고 했습니다. 또한 '한 성을 예비했다,'고 했습니다.

"그들이 이같이 말하는 것은 자기들이 본향 찾는 자임을 나타냄이라. 그들이 나온 바 본향을 생각하였더라면 돌아갈 기회가 있었으려니와, 그들이 이제는 더 나은 본향을 사모하니 곧 하늘에 있는 것이라 이러므로 하나님이 그들의 하나님이라 일컬음 받으심을 부끄러워하지 아니하시고 그들을 위하여 한 성을 예비하셨느니라."(히 11:14~16)

천당은 예수님이 예비하신 곳

성육신하시기 전에 예수님은 우주를 창조하신 하나님이셨습니다. 성육신하신 후에 예수님은 목수로서 집과 멍에를 만드신 분입니다. "내가 너희를 위하여 거처를 예비하러 간다."는 말씀은 중요한 의미가 있습니다. 예수님께서는 천사를 시키셔서 거처를 준비하게 할수도 있으셨지만 직접 하신 것입니다. 이것을 핸드릭슨은 이렇게 표현했습니다.

"예수님의 죽음 없이는 우리가 들어갈 천당이 없다. 예수님이 다시 살아 성령을 보내지 아니하면 우리가 천당에 들어갈 자격을 얻지 못한다."

예수님이 죽으신 사실은 우리를 위한 천당 예비사역이었습니다. 천당은 그리스도께서 전적으로 예비하시어 완성한 것이므로 거기에 들어가는 자들의 주관적 불완전성이 따라 들어갈 이유가 없습니다. 아이들도 그곳에 들어가면 아이가 아닙니다. 천국에 들어가는 모든 사람은 그리스도로 말미암아 완성된 천당의 권속입니다.

천당은 영원한 안식의 처소입니다.

"또 내가 들으니 하늘에서 음성이 나서 이르되 기록하라 지금 이후로 주 안에서 죽는 자들은 복이 있도다 하시매 성령이 이르시되 그러하다 그들이 수고를 그치고 쉬리니 이는 그들의 행한 일이 따름이라."(계 14:13)

구원은 안식을 의미합니다. 안식의 개념은 구원입니다. 예수님은 우리에게 영원한 안식의 축복을 받게 하려고 선구자로 먼저 하나님 나라에 가셨습니다. 무디는 말했습니다. "준비된 천국을 믿고 바라보는 자는 벌써 천국에 들어가 있는 듯한 생활을 한다."

예수님이 직접 우리를 천국으로 영접하심

"내가 다시 와서 너희를 내게로 영접하여 나 있는 곳에 너희도 있게 하리라."

천당은 그리스도 중심의 사회입니다. 신자의 죽음 이후에 가는 세계에서만 성립됩니다.

부모, 친척, 친구를 알아 볼 수 있고 인식할 수 있습니다. 그러나 이런 관계보다 그리스도와의 관계가 더 좋고 행복합니다. 인연관계는 유지되어도 그리스도 중심의 행복한 관계가 주가 되고 그 관계로 몰입하게 됩니다. 천당에서 부모와 친척과의 관계가 계속 된다면 그들의 부모나 친척이 지옥에 간 경우는 정말로 불행이고 슬픔일 것입니다.

부활이 없다고 주장하는 사두개인 중 어떤 이들이 와서 예수님께 물었습니다.

"선생님이여 모세가 우리에게 써 주기를 만일 어떤 사람의 형이 아내를 두고 자식이 없이 죽으면 그 동생이 그 아내를 취하여 형을 위하여 상속자를 세울지니라 하였나이다. 그런데 칠 형제가 있었는데 맏이가 아내를 취하였다가 자식이 없이 죽고, 그 둘째와 셋째가 그를 취하고, 일곱이 다 그와 같이 자식이 없이 죽고, 그 후에 여자도 죽었나이다. 일곱이 다 그를 아내로 취하였으니 부활 때에 그 중에 누구의 아내가 되리이까."

예수님께서 그들에게 대답하셨습니다.

"이 세상의 자녀들은 장가도 가고 시집도 가되, 저 세상과 및 죽은 자 가운데서 부활함을 얻기에 합당히 여김을 받은 자들은 장가가고 시집가는 일이 없으며, 그들은 다시 죽을 수도 없나니 이는 천사와 동등이요 부활의 자녀로서 하나님의 자녀임이라." (눅 20:27~36)

천당에서는 부자관계 처자관계는 없습니다. 다 같이 하나님의 자녀이고 그리스도 안에서 형제자매인 것입니다. 스웨덴의 신비주의자 스웨덴보그(Emanuel Swedenborg, 1688~1772)는 결혼하면 천당에 가서도 같이 살고, 천당에 가 있는 영혼들이 지옥에 간 자들을 위하여 일함으로 그들도 필경 천당에 올라가게 된다는 그릇된 교훈을 전했습니다.

신자의 죽음은 불행이 아닙니다. 신자의 죽음은 예수님의 영접을 받고 영원한 거처에 들어가는 것이기 때문입니다. 우리의 시민권은 하늘에 있습니다(빌 3:20). 예수님은 33세에 죽으시고 하늘로 우리의 거처를 예비하시기 위해 가셨습니다. 인간이 사는 이유가 오래 사는 데 있지 않다는 진리입니다. 사람이 죽는 것이 우연한 일이 아니라 하나님의 계획입니다. 단명하든지 장수하든지 주님의 완전한 계획 앞에서 불평하거나 슬퍼할 것이 없습니다. 쉬모크(Schmorke) 목사는 화재로 두 아들을 잃고 자신은 반신불수가 되었습니다. 그러나 그는 '주여, 당신의 뜻대로 하소서,' 라 기도하면서 '내주여 뜻대로 행하시옵소서' 431장(새 찬송가 549장)의 찬송시를 썼습니다.

인간은 죄 때문에 에덴동산과 집을 떠나게 되었습니다. 가인이 아벨을 죽이고 나서 그는 방랑하는 인간이 되었습니다. 죄는 하나님의 집을 떠나게 하는 요소입니다. 죄는 영적고아가 되게 하는 요소입니다. 탕자도 부모의 간섭과 보호가 싫어서 아버지 거처를 떠났습니다. 이런 죄의 문제를 처리해야지만 아버지 집에 갈 수 있습니다.

천당 갈 자격을 얻은 우리의 삶

이미 천당 갈 자격을 얻은 우리의 삶은 어떠해야만 합니까?

하나님의 나라를 사모해야 합니다.

"나의 간절한 기대와 소망을 따라 아무 일에든지 부끄러워하지 아니하고 지금도 전과 같이 온전히 담대하여 살든지 죽든지 내 몸에서 그리스도가 존귀하게 되게 하려 하나니, 이는 내게 사는 것이 그리스도니 죽는 것도 유익함이라."(빌 1:20~21)

"그들이 이제는 더 나은 본향을 사모하니."(히 11:6)

천국을 사모해야 합니다.

우리의 목적지를 사모해야 합니다. 문호 빅톨 위고는 이렇게 말했습니다.

"내 머리에는 겨울이 왔으나(백발을 의미), 내 가슴엔 영원한 봄이 있다. 내가 무덤으로 내려가는 날 나의 일은 끝나겠으나 나의 생명은 끝나지 않는다. 무덤은 막다른 골목이 아니라 새벽을 향한 통로이다. 나는 영원히 봄의 향기를 호흡한다."

중국선교사로 오랫동안 일하다가 병이 나서 고국으로 치료차 돌아오는 모리슨(H.C. Morrison)목사님과 휴가로 아프리카에서 사냥을 하고 돌아오는 당시 대통령 루즈벨트가 한 기선을 탔습니다. 뉴욕 항에 배가 도착하자 수많은 인파가 부두에 모여 함성을 울리고 악기를 연주하며 열렬히 환영했습니다. 모리슨 목사님은 그 모든 환영이 대통령을 위한 것임을 알고는 서글퍼졌습니다. 대통령 일행이 환영인파에 답하여 사냥해 온 짐승을 높이 쳐들어 보이는 것을 바라보고 있는 모리슨 목사님의 머리에 이런 음성이 들렸습니다. '너는 20년간이나 십자가를 지지 않았느냐. 그러나 아직도 고향에 도착하지 않았다.' 하늘나라 본향을 사모하라는 하나님의 음성이었습니다.

하늘나라에 보화를 쌓는 삶을 살아야 합니다.

"너희를 위하여 보물을 땅에 쌓아 두지 말라 거기는 좀과 동록이 해하며 도둑이 구멍을 뚫고 도둑질하느니라. 오직 너희를 위하여 보물을 하늘에 쌓아 두라 거기는 좀이나 동록이 해하지 못하며 도둑이 구멍을 뚫지도 못하고 도둑질도 못하느니라." (마 6:19~20)

미국의 억만장자 밴더빌트(William Henry Vanderbilt)가 죽음이 가까이 오고 있을 때 흑인들이 잘 부르는 찬송가를 듣고 있었습니다. "예수님은 누구신가, 우는 자의 위로와 없는 자의 풍성이며, 천한 자의 높음과 잡힌 자의 놓임 되고 우리 기쁨 되시네." 영어가사는 "Come ye sinners, poor and needy,"로 시작합니다. 밴더빌트는 마지막 힘을 다해 작은 음성으로 "나는 가난하고 궁핍하다," 라고 두어 번 중얼거리다가 운명했습니다. 억만장자가 재산과 돈을 잊어버리고 하나님 앞에 자기를 가난뱅이라고 폭로한 것입니다. 죽음 앞에서는 하나님의 사랑과 도움만이 필요하다고 고백하는 것이 아름다운 최후의 순간입니다.

주님을 위해 죽도록 일해야 합니다.

복음 전도나 기도는 돈이 들지 않습니다. 열심히 일하다가 천당에 가야 합니다. 하나님의 일은 한 가지도 하지 않고 천당에 간다는 것은 부끄러운 일입니다. 주님의 일은 하지도 않고 죄만 짓다가 천당에 가겠습니까? 가치 없는 일을 하다가 천당에 가겠습니까? 죽도록 주님을 위해 일 하다가 천당에 가는 것입니다. 가치 있는 일을 멋있게 해보다가 하나님 앞에 서는 것입니다.

"나는 선한 싸움을 싸우고 나의 달려갈 길을 마치고 믿음을 지켰으니, 이제 후로는 나를 위하여 의의 면류관이 예비되었으므로 주 곧 의로우신 재판장이 그 날에 내게 주실 것이며 내게만 아니라 주의 나타나심을 사모하는 모든 자에게도니라."(딤후 4:7~8)

바울과 같이 내 몸에 예수님의 흔적을 지니고 수고하다가 하나님 앞에 나아가야 합니다.

몸으로 사랑한다는 것은 헌신을 의미하고 마음으로 사랑한다는 것은 관심을 의미합니다. 어느 시골 교회에 종치기 장로라는 별명을 가진 장로가 있었습니다. 육남매를 두었고 학벌은 국졸이지만 생활은 염려 없는 부농이었습니다. 신앙과 행실이 모범적이어서 모든 사람들에게 칭찬을 들었습니다. 그런데 배운 것이 없어서 찬양대도 하지 못하고 교사도 할 수 없었습니다. 그는 장로 임직을 받으면서 힘은 있으니 교회 종을 치는 봉사를 시작했습니다. 그래서 비가 오나 눈이 오나 바람이 부나 사시사철 종을 쳤습니다. 매일 새벽, 주일, 수요일 등 집회가 있을 때 종을 쳤습니다. 그렇게 30년간 종치기 장로를 했습니다. 그가 75세 되던 어느 날 새벽에 종을 치고 난 후에 뒷목이 뻣뻣하다고 하면서 자리에 누웠는데 1시간 만에 운명했습니다. "저 뵈는 천당집 날마다 가까워," 찬송을 부르면서 조용히 눈을 감았습니다. 그가 운명하기 전에 두 줄기 강한 빛이 하늘로 치솟았다고 합니다.

예수님은 "내 아버지 집에 거할 곳이 많다,"고 하십니다. 우리는 천당을 사모하고, 천국에 보화를 쌓고, 죽도록 주를 위해 일을 해야 하겠습니다.

제11장

그 길을 너희가 아느니라

(요 14:4~6)

요한복음 14:4~6 "내가 어디로 가는지 그 길을 너희가 아느니라. 도마가 이르되 주여 주께서 어디로 가시는지 우리가 알지 못하거늘 그 길을 어찌 알겠사옵나이까. 예수께서 이르시되 내가 곧 길이요 진리요 생명이니 나로 말미암지 않고는 아버지께로 올 자가 없느니라."

주님은 우리에게 분명한 길을 제시하십니다.
"내가 곧 길이요 진리요 생명이니,"라고 선언하십니다.
하나님에게 갈 유일한 길은
오직 예수님을 믿는 길입니다.

예수님께서는 거듭해서 자기가 어디로 가는지에 대해 제자들에게 말씀하셨습니다. 그런데도 제자들은 이해를 하지 못했습니다.

"내가 너희와 함께 조금 더 있다가 나를 보내신 이에게로 돌아가겠노라." (요 7:33)

예수님은 그를 보내신 아버지에게로, 아버지가 계신 천당으로 가시겠다고 말씀하셨습니다. "내가 가서 너희를 위해 거처를 예비하면 내가 다시 와서 나 있는 곳에 너희를 영접하여 나와 함께 영원히 있게 하리라," 고 말씀하셨습니다. 곧 예수님은 제자들을 떠나 천당으로 가시지만 천당에서 다시 너희와 만나고 연합하여 영원히 살리라고 하셨습니다.

예수님은 분명히, "내가 어디로 가는지 그 길을 너희가 아느니라,"고 하셨습니다.

이것은 초청의 말씀입니다. 곧 이 길로 아버지께 오라시는 초청의 말씀입니다. 예수님은 요한복은 14:1~2에서 왜 천당에 가시는가를 밝히셨습니다. 곧 십자가에 죽으시고 아버지가 계시는 천당에 가시는 목적을 밝혔는데, 그 이유는 제자들을 천당으로 인도하기 위함이었습니다. "너희를 내게로 영접하여 나 있는 곳에 너희도 있게 하리라."

이렇게 예수님이 자기가 가시는 목적지를 여러 번 반복해서 알려주시고 가르쳐 주셨음에도 제자들은 이해를 하지 못했습니다. 왜냐하면 그 길은 십자가의 길이었기 때문입니다. 예수님이 십자가 죽음 없이 엘리야나 에녹처럼 승천하여 하나님께로 가신다고 했다면 제자들은 예수님이 어디로 가시는지 그 목적지를 빨리 이해할 수 있었을 것입니다. 그런데 예수님은 자기가 십자가를 지고 죽으셔야만 아버지 집에 가신다고 하니 제자들이 그 말씀을 이해하기 어려웠던 것이지요. 그래서 도마가 질문을 했습니다.

도마의 질문

"주여 주께서 어디로 가시는지 우리가 알지 못하거늘 그 길을 어찌 알겠사옵나이까."

도마는 이렇게 질문했지만, 예수님께서는 이미 자기가 하나님께 가는 길이라는 말씀을 많이 하셨습니다

레오나르도 다빈치가 유월절 최후의 만찬을 그린 그림에는 도마가 예수님께 가까이 앉은 자로 그려졌는데, 충성되고 우울하고 정서적인 인물로 나타내졌습니다. 배레트(Barret)는 말하기를 "요한복음에서 도마는 충성되고 둔한 제자로 나타났다. 그러나 그의 질문 때문에 진리는 밝혀지곤 하였다,"고 했습니다. 모든 것을 현실적으로 보는 도마는 회의를 가지고 예수님이 하신 말씀을 이해할 수 없다고 했습니다. 일단 도마의 질문은 논리성이 있습니다. "주여 주께서 어디로 가시는지 우리가 알지 못하거늘 그 길을 어찌 알겠사옵나이까." 그러나 도마의 과오는 현실을 초월한 세계를 보는 영적 통찰력이 없는 것입니다. 천당을 볼 수 있는 영안이 열리지 않았습니다.

도마가 한 질문을 공자도 했었습니다. 공자는 '도'를 알기 위해서 노력했고, 그 도를 알기 위해 죽어도 좋다고 했습니다. 그는 '朝聞道夕死可矣(아침에 도를 들으면 저녁에 죽어도 좋다),'라고 했습니다. 석가모니도 길을 찾기 위해 10년 세월을 허덕였지만 죽음의 문제를 해결하지 못했습니다.

불교 정토종 교육국장과 포교국장을 지낸 김성화(법명 혜경스님)씨는 태백산맥 삼근리에 있는 절에서 스님 생활을 했습니다. 하루는 기독청년 수양회를 위해 중고등학교 학생들이 수양회를 왔는데 교실이 없어 교실을 빌려주었습니다. 수양회의 목사님이 스님을 보고 '선생님 나중에 예수님 믿고 목사 될 것 같습니다,'라고 했습니다. 그러면서 그를 위해 기도하겠다고 했습니다. 그러자 스님은 "목사님, 헛수고 하지 마세요. 나는 어머니 뱃속부터 중

입니다. 저도 목사님이 머리 깎고 스님이 되도록 부처님께 불공드리겠습니다,"라고 했답니다. 나중에 그 스님이 불교대학을 건립하기 위해 모금을 10억 원을 받기로 했습니다. 그런데 불교계에서 내분이 일어나서 그 스님이 교도소 생활을 하게 되었습니다. 그 스님은 교도소 생활을 하면서 계속 불교 서적을 읽었습니다. 하루는 교도소에서 도서 대출의 일을 맡은 교도소 경비 대원이 신약성경을 스님에게 주었습니다. 스님은 왜 대출 신청을 하지도 않은 책을 주냐고 물었습니다. 그러자 경비대원이 불경은 다 대출되고 없다고 했습니다. 불경은 대출되어 없어 심심하실까봐 성경을 가져 왔으니 한 번 읽어 보시라고 했답니다. 그러면서 그 경비원은 '스님을 위해 기도하겠습니다,' 라고 했답니다. 스님은 그 어려운 불경을 누가 읽기에 다 가져갔는지 의아했지만 볼 책이 없어서 신약성경을 읽었습니다. 그러자 그 신약성경에는 자기가 그렇게 찾았던 죽음의 문제에 대한 해답이 있는 것을 발견했습니다.

그는 1984년 10월 기독교로 개종했고 후에는 목사가 되었습니다.

예수님의 자기 선언

"내가 곧 길이요 진리요 생명이니."

여기서도 "나는 ~이다," 라는 말씀이 강조되어 있습니다. "나는 ~이다," 라는 말씀은 하나님의 호칭입니다. "내가 곧 길이요 진리요 생명이니," 라는 말씀은 하나님으로서 선언하시는 말씀입니다. 하나님은 모세에게 하나님의 호칭을 계시하셨습니다. 이 호칭은 성부 하나님과 성자 하나님의 동일한 호칭이고, 동질을 의미합니다.

이 말씀에서 길이란 두 지점을 잇는 것입니다. 예수 그리스도는 죄로 타락한 인간과 하나님을 잇는 길이란 의미입니다. 예수님은 대제사장의 임무를 가지시고 자기 자신을 제물로 희생시키기 위해 이 땅에 오셨고, 십자가를 지셨습니다. 이스라엘의 성막은 성소와 지성소가 휘장으로 나뉘어 있었습니다. 그 휘장은 죄인인 인간과 하나님과의 단절을 의미합니다. 예수님이 대제사장적 임무로 십자가에서 죽으셨을 때, 그 휘장이 갈라졌습니다.(눅 23:45, 막 15:38, 마 27:51)

"그 길은 우리를 위하여 휘장 가운데로 열어 놓으신 새로운 살 길이요 휘장은 곧 그의 육체니라."(히 10:20)

예수님의 죽음은 죄인과 하나님을 교통하게 합니다. 죄인과 하나님을 화해케 하는 새로운 길을 열었습니다. 예수님은 길이십니다. 예수님을 통해서 하나님께서 죄인을 찾아오십니다. 예수님께서 천국복음을 전하셨습니다. 예수님은 우리를 하나님 아버지께 도달하게 하는 길이십니다. 곧 천당에 가는 길이십니다. 예수님이 십자가 사건 후에 가시는 천당으로 이르는 길입니다.

예수님의 교훈과 사역 전체의 의미는 바로 제자들을 하나님 아버지께로 데려가는 것입니다. 성도들을 인생의 마지막 목적지로 인도하시는 것입니다.

모세는 백성들에게 하나님이 가라고 하시는 길을 보여주고 가르쳐 주었지만 예수님은 인간들에게 '너희가 갈 길을 보여주리라,' 고 하시지 않으셨습니다. 예수님은 바로 그 길이시기 때문입니다.

"너희가 오른쪽으로 치우치든지 왼쪽으로 치우치든지 네 뒤에서 말소리가 네 귀에 들려 이르기를 이것이 바른 길이니 너희는 이리로 가라 할 것이며."(사 30:21)

"여호와여 주의 도를 내게 가르치시고 내 원수를 생각하셔서 평탄한 길로 나를 인도하소서."(시 27:11)

예수님 당시 유대인들은 인간이 걸어야 할 하나님의 길에 대해 많이 알고 있었습니다. 그런데 예수님은 자신이 바로 '길' 이라고 하셨습니다. 하나님께로 가는 길, 천당으로 가는 길이라고 하셨습니다.

우리가 다른 나라로 여행을 하다가 길을 잃었을 때 그 곳 사람들에게 길을 물으면 가르쳐줍니다만 그 설명이 잘 이해되지 않습니다. 길도 낯설지만 설명도 낯설기 때문입니다. 그때 확실한 방법은 직접 안내를 받는 방법입니다. 그러면 정확하게 목적지에 도착할 수 있습니다. 아프리카 선교지에서 선교 생활을 오랫동안 한 선교사가 있었습니다. 어떤 여행자들이 이 선교사에게 와서 길을 물었습니다. 산 넘어 어떤 부족에게 가려고 하지만 지도도 없고 언어도 통하지가 않았습니다. 또한 밀림지대이기 때문에 길도 없고 두려움도 컸습니다. 그때 선교사는 그 여행자들을 직접 이끌고 목적지에 가도록 도와줍니다.

예수님이 자기를 길이라고 하실 때에 그 길은 지상에 있는 길이 아닙니다. 항로나 해로가 아니고 인간이 살다가 죽는 길이 아닙니다. 예수님이 길이라고 말씀하시는 것은 개인, 즉 인격적 사람을 뜻합니다. 예수님은 우리를 예수님의 팔로 안아서 목적지로 인도하신다는 의미입니다.

야곱이 벧엘에서 꿈을 꿀 때, 하늘과 땅을 잇는 사다리를 보았습니다. 그 위로 하나님의 사자가 오르락내리락 했습니다. 요한복음 1:50에서는 나다나엘이 무화과나무 아래 있을 때 예수님이 아셨습니다. 나다나엘은 이렇게 고백합니다.

"랍비여 당신은 하나님의 아들이시요 당신은 이스라엘의 임금이로소이다."(요 1:49)

그때 예수님께서 나다나엘에게 이렇게 말씀하십니다.

"내가 너를 무화과나무 아래에서 보았다 하므로 믿느냐 이보다 더 큰 일을 보리라. 또 이르시되 진실로 진실로 너희에게 이르노니 하늘이 열리고 하나님의 사자들이 인자 위에 오르락내리락 하는 것을 보리라." 요 1:50~51)

예수께서는 바로 야곱이 보았던 그 사다리를 말씀하시고 계십니다. 예수님이 길이란 것을 말씀하시고 계십니다. 예수님이 천당 가는 길이라는 것을 말씀하고 계십니다. 예수님이 아버지 하나님께 가는 길이라는 것을 말씀하고 계십니다.

타락한 인간들은 길 자체이신 예수님을 따르지 않았습니다.

"우리는 다 양 같아서 그릇 행하여 각기 제 길로 갔거늘 여호와께서는 우리 모두의 죄악을 그에게 담당시키셨도다."(사 53:6)

우리는 각기 제 길로 가는 인간들입니다. 자기 뜻대로 신앙생활합니다. 자기 방법, 자기 방식, 자기 스타일로 신앙생활을 합니다. 이것은 올바른 신앙생활이 아닙니다. 올바른 신앙생활은 예수님이 시키시는 대로, 예수님의 방법대로 예수님을 믿어야 길이신 예수님을 따르는 것입니다.

예수님은 자기가 길이심을 더 설명하시려고 자기가 '진리' 라고 하십니다. 길, 진리, 생명은 다 연관되어 있습니다. "나는 길이요, 나는 진리요, 나는 생명이다,"라는 말씀에서 주어인 "나(I)"와 술어인 "이다(am)"은 꼭 같습니다.

진리는 참입니다. 상징이 아닌 실체이고 모형이 아닌 본체이고, 그늘이 아닌 실물입니다. 이스라엘 백성에게 내린 만나는 모형이지만 예수님은 생명의 떡으로 본체이십니다. 진리는 거짓이나 틀린 것의 반대입니다. 예수님은 진리이시고 예수님의 교훈은 진정한 것입니다. 진리는 속임이나 허위의 반대입니다. 예수님이 진리라는 말씀은 구원론적 의미로 구원을 얻는 진리라는 뜻입니다. 실재이고 참이신 진리를 믿어야 합니다.

예수님은 생명이십니다. 육신적인 생명이 아니라 생명의 근원이신 예수님이 주시는 영원한 생명입니다. 그러나 죽음은 분리입니다. 하나님과의 분리입니다. 예수님 안에서 우리는 하나님과 연합이 됩니다. 예수님은 생명이시므로 하나님의 생명을 우리 안에 깃들게 하십니다. 하나님께로 가는 길은 진리를 믿고 영접하는 것이고, 생명 자체이신 예수님을 영접하는 것입니다. 천당은 생명의 장소입니다. 영생의 장소입니다.

구원의 유일성과 배타성

"내가 곧 길이요 진리요 생명이니 나로 말미암지 않고는 아버지께로 올 자가 없느니라."는 말씀은 구원의 유일성과 배타성을 나타냅니다. "길이요, 진리요, 생명이니,"는 모두 정관사가 붙어 있어서 유일함을 가리킵니다. 또 '나로 말미암지 않고,'라는 뜻은 절대적인 배타성을 의미합니다. 즉 다른 길은 없다는 것입니다.

"다른 이로써는 구원을 받을 수 없나니 천하 사람 중에 구원을 받을 만한 다른 이름을 우리에게 주신 일이 없음이라 하였더라." (행 4:12)

"아들을 믿는 자에게는 영생이 있고 아들에게 순종하지 아니하는 자는 영생을 보지 못하고 도리어 하나님의 진노가 그 위에 머물러 있느니라." (요 3:36)

"믿고 세례를 받는 사람은 구원을 얻을 것이요 믿지 않는 사람은 정죄를 받으리라." (막 16:16)

전도인으로서 명심해야 할 사항은 구원을 얻는 길은 오직 하나 밖에 없다는 사실입니다. 다른 종교로는 구원을 받을 수 없다는 것입니다. 담대하게 이것을 전해야 합니다. 예수님만이 구주이시고, 길이고, 진리이고, 생명이십니다. 예수님 자신이 길이기 때문에 우리는 편하게 그 길을 갈 수 있습니다. 천당에 편하게 갈 수 있습니다. 그러나 길 되신 주님은 그 길을 힘들게 닦으셨습니다. 십자가를 지는 큰 고생을 하셨습니다.

제12장

아버지를 보여 주옵소서

(요 14:7~11)

요한복음 14:7~11 "너희가 나를 알았더라면 내 아버지도 알았으리로다 이제부터는 너희가 그를 알았고 또 보았느니라. 빌립이 이르되 주여 아버지를 우리에게 보여 주옵소서 그리하면 족하겠나이다. 예수께서 이르시되 빌립아 내가 이렇게 오래 너희와 함께 있으되 네가 나를 알지 못하느냐 나를 본 자는 아버지를 보았거늘 어찌하여 아버지를 보이라 하느냐. 내가 아버지 안에 거하고 아버지는 내 안에 계신 것을 네가 믿지 아니하느냐 내가 너희에게 이르는 말은 스스로 하는 것이 아니라 아버지께서 내 안에 계셔서 그의 일을 하시는 것이라. 내가 아버지 안에 거하고 아버지께서 내 안에 계심을 믿으라 그렇지 못하겠거든 행하는 그 일로 말미암아 나를 믿으라."

성부 하나님은 존재하시지만 볼 수 없습니다.
성자 예수 그리스도는 보이는 하나님이십니다.
예수님을 본 자는 하나님을 본 자라고 말씀하십니다.
우리도 역사 속에 오신 예수님을 보았습니다.

요한복음 14장에는 예수께서 처소를 예비하러 가신다는 말씀에 대하여 도마와 빌립의 반응 내용이 나옵니다. 도마는 예수님이 가시는 길에 대해 모르겠다고 했고, 빌립은 하나님 아버지를 보여 달라고 했습니다. 그래서 도마는 회의주의자라는 별명이 있고, 빌립은 실증론자라고 불립니다. 오늘 본문말씀에서는 빌립이 예수님께 요청을 합니다.

"주여 아버지를 우리에게 보여 주옵소서 그리하면 족하겠나이다."

"빌립아 내가 이렇게 오래 너희와 함께 있으되 네가 나를 알지 못하느냐 나를 본 자는 아버지를 보았거늘 어찌하여 아버지를 보이라 하느냐."

볼 수 없는 하나님

성부 하나님은 존재하시지만 볼 수 없는 하나님이십니다. 모세가 하나님을 보기 원하자 하나님은 이렇게 대답하셨습니다.

"네가 내 얼굴을 보지 못하리니 나를 보고 살 자가 없음이니라. 여호와께서 또 이르시기를 보라 내 곁에 한 장소가 있으니 너는 그 반석 위에 서라. 내 영광이 지나갈 때에 내가 너를 반석 틈에 두고 내가 지나도록 내 손으로 너를 덮었다가, 손을 거두리니 네가 내 등을 볼 것이요 얼굴은 보지 못하리라." (출 33:20~23)

사도 바울은 하나님에 대하여 상세한 기록을 남겼습니다.

"하나님은 복되시고 유일하신 주권자이시며 만왕의 왕이시며 만주의 주시요. 오직 그에게만 죽지 아니함이 있고 가까이 가지 못할 빛에 거하시고 어떤 사람도 보지 못하였고 또 볼 수 없는 이시니." (딤전 6:15~16)

하나님은 영이십니다. 보이지 아니 하시는 영이신 하나님을 어떻게 예배해야 할까요? 예배할 때에 신령과 진정으로 예배해야 한다고 하십니다.

"그리하여 스스로 부패하여 자기를 위해 어떤 형상대로든지 우상을 새겨 만들지 말라 남자의 형상이든지, 여자의 형상이든지, 땅 위에 있는 어떤 짐승의 형상이든지, 하늘을 나는 날개 가진 어떤 새의 형상이든지, 땅 위에 기는 어떤 곤충의 형상이든지, 땅 아래 물 속에 있는 어떤 어족의 형상이든지 만들지 말라. 또 그리하여 네가 하늘을 향하여 눈을 들어 해와 달과 별들, 하늘 위의 모든 천체 곧 너희의 하나님 여호와께서 천하 만민을 위하여 배정하신 것을 보고 미혹하여 그것에 경배하며 섬기지 말라." (신 4:16~19)

하나님을 보이는 형상으로 만들어 섬기지 말라는 명령이십니다.

하나님은 보이지 아니 하시나 존재하셔서 인간에게 말씀하시고 명령하시고 인도하십니다. 아담에게 말씀하시고, 에녹과 동행하시고, 아브라함에게 말씀하시고, 야곱에게 꿈으로 지시하시고, 선지자들에게 직접 말씀하시고, 모세와 이야기하셨습니다.

보이지 않는 하나님을 이야기할 때 우리는 흔히 하나님이 우리를 초월해 계신다고 말합니다. 인간을 창조하신 하나님이 인간과 같은 차원일 수는 없습니다. 하나님은 인간을 초월하시고, 시간과 공간을 초월하십니다. 인간의 생사화복을 주장하시며 인간의 역사를 지배하시고 인류 역사의 수레바퀴를 움직이십니다. 이처럼 인간을 초월하여 계신 하나님을 우리의 육신의 눈으로 볼 수 없고, 죄인의 눈으로 하나님을 보며 살 수 없다고 성경은 말합니다. 사람들은 보는 것에 대해 지나치게 관심이 많아 문제입니다. 하나님을 보겠다는 간절한 마음이 우상숭배로 전락하게 만듭니다.

이스라엘의 광야 생활에서 결정적인 실패는 무엇이었습니까? 보이지 않는 하나님에 대하여 만족하지 않았기 때문입니다. 그들은 모세가 없을 때 다른 우상인 금송아지를 만들었습니다. 그들은 금송아지를 만들어 놓고 "이것이 애굽에서 우리를 인도해 냈고 앞으로도 인도하리라,"고 했습니다.

하나님은 그들에게 당신을 나타내 보이시지는 않았지만 그들은 하나님을 충분히 알 수 있었습니다. 그들은 홍해를 건넌 사건과 매일 만나를 거두어 먹는 것과 반석에서 물이 나오는 것 등을 직접 체험함으로 하나님이 살아계셔서 분명히 그들과 함께 하신다는 사실을 의심할 수 없었습니다. 그런데 하나님이 보이지 않고 만져지지 않는다고 불평했습니다.

인간이 하나님을 보고자 하는 것은 하나님을 알고자 하는 것과 똑같은 뜻입니다. 이것을 가리켜 '하나님을 인식한다,'고 말합니다. 우리의 아는 작용은 반드시 시각적으로 보아야 아는 것이 아닙니다. 인식작용은 듣고, 만지고, 냄새를 맡고 느껴서 알기도 합니다.

아기들이 제일 먼저 아는 사람은 어머니입니다. 갓난아기 때는 누가 안아주든 사람을 가리지 않고 웃습니다. 그러나 조금만 자라나면 어머니와 눈을 맞추기를 좋아하고 낯을 가립니다. 엄마를 알아보기 때문에 어머니가 가까이만 와도 기뻐하고 편안하게 잠이 들곤 합니다. 이때 어머니들은 아기가 엄마를 알아본다고 대단히 좋아합니다. 아기들이 안다는 것은 무엇을 의미합니까? 엄마의 나이나 성품을 아나요? 아기가 엄마를 안다는 것은 엄마가 사랑한다는 것을 느낌으로 마음으로 아는 것입니다. 전문가의 말에 의하면 아기들이 얼굴을 가리기 시작할 때 사실은 엄마의 얼굴을 알아보고 가리는 것이 아니라 냄새로 구별한다고 합니다. 엄마의 독특한 냄새를 맡으면 우선 편안해집니다. 동물들도 눈으로 무엇을 식별하는 것보다 코로 냄새를 맡아서 구별한다고 합니다. 체취가 얼마나 중요합니까? 안다는 것은 그와 나와의 관계를 아는 것입니다. 어머니와 자녀의 관계를 아는 것입니다. 하나님과 백성과의 관계를 아는 것입니다. 하나님은 보이지 않으나 우리는 하나님이 존재하심을 알고, 하나님께 의지하며, 하나님을 믿습니다.

어거스틴은 "믿음은 보지 못하는 것을 믿는 것이다. 그러나 그 결과로서 믿는 바를 보게 된다,"라는 유명한 말을 남겼습니다.

보이지 않는 하나님의 계시자, 예수 그리스도

"내가 이렇게 오래 너희와 함께 있으되 네가 나를 알지 못하느냐 나를 본 자는 아버지를 보았거늘 어찌하여 아버지를 보이라 하느냐."고 예수님께서 빌립에게 말씀하셨습니다. 빌립은 3년간 예수님과 함께 동행 하고 같이 살았으나 하나님과 예수님을 별도로 생각했습니다. 그 많은 이적과 기적을 보았고 수많은 예수님의 가르침을 받았으나 예수님을 하나님으로 알지 못하는 빌립을 보고 예수님은 서글픈 심정으로 말씀하셨습니다.

"빌립아 내가 오랫동안 너와 함께 있었으나 네가 나를 알지 못하느냐,"고 책망하셨습니다.

예수님은 하나님이십니다. 예수님은 경배의 대상이시지만 멸시와 천대를 받으셨습니다. 하나님이 자연 만물과 역사의 흐름을 통해서 자신을 분명히 보여주셨으나 타락한 인간은 스스로 하나님을 알 수 없기 때문에 인간의 몸을 입고 오셔야만 했습니다. 육신의 몸을 입고 하나님을 보여주신 것이 바로 예수 그리스도의 성육신입니다.

사람은 사람을 알고 인식합니다. 고래나 돌고래를 훈련시키고, 새나 짐승을 훈련시키는 것도 교통입니다. 식물과도 대화를 할 수도 있다고 합니다. 그러나 사람은 사람과 교통하는 것이 제일 편하고 쉽습니다. 그래서 하나님이 인간의 몸을 입고 예수 그리스도로 오셨습니다. 우리가 예수님을 믿는다는 것은 그리스도를 통해서 하나님을 알고, 그리스도를 통해서 하나님을 보는 것입니다. 예수님의 음성을 듣는 것은 하나님의 음성을 듣는 것이요, 예수님을 만나는 것은 하나님과 만나는 것입니다. 곧 예수님이 하나님의 계시자임을 믿는 것입니다.

"내가 아버지 안에 거하고 아버지는 내 안에 계신 것을 네가 믿지 아니하느냐 내가 너희에게 이르는 말은 스스로 하는 것이 아니라 아버지께서 내 안

에 계셔서 그의 일을 하시는 것이라." (요 14:10)

예수님이 이적을 나타내시고 말씀하시는 모든 능력이 예수님을 통해서 하나님이 하시는 일이라는 것을 말씀하고 있습니다. 예수님을 보는 것은 곧 하나님을 보는 것입니다. 그러나 빌립은 예수님이 행하신 모든 것을 보면서도 하나님을 보지 못했습니다. 왜냐하면 예수님의 역사와 하나님을 별개로 생각했기 때문입니다. 예수님의 이 말씀에서 하나님은 내재하시는 하나님이심을 배웁니다. 하나님은 역사, 시간을 초월하신 하나님이시고, 모든 것을 초월하신 하나님이시며, 우리와 함께 계시고, 우리에게 친근하신 하나님이라는 것입니다.

하나님은 하늘 높은 곳에 계시고 세상을 초월하신 분이시지만 초월해 계신 동시에 우리와 함께 내재해 계십니다. 하나님의 내재를 믿는 사람들은 항상 하나님 앞에서 사는 생활을 할 수 있습니다. 시편 기자는 말합니다.

"내가 여호와를 항상 내 앞에 모심이여 그가 나의 오른쪽에 계시므로 내가 흔들리지 아니하리로다." (시 16:8)

하나님의 내재성을 믿는 사람이라야 경건한 생활을 하고 범죄 하지 않습니다. 하나님 앞에서 사는 삶을 살아야 비밀이 없고 숨길 수 없고 변명할 수 없습니다. 하나님의 내재성과 편재성, 무소부재하심, 전지하심은 모두 같은 의미입니다. 빌립이 예수님을 하나님으로 알지 못한 것은 하나님의 내재성을 몰랐기 때문입니다. 하나님을 보면서 하나님을 보여 달라고 했으니 말도 안 되는 요구였지요. 하나님이 어떤 분임을 모르는 사람은 바른 신앙생활을 할 수 없습니다.

요나는 하나님이 니느웨로 가라는 명령을 어기고 다시스로 갔습니다. 그 이유는 하나님이 이스라엘에만 계시는 국지적인 하나님으로 알았기 때문이었습니다. 이스라엘의 원수 나라인 앗수르의 수도 니느웨 백성들이 회개하고 복 받는 것을 요나는 싫어했기 때문입니다.

하나님의 내재성을 믿는 성도들은 내게 일어나는 모든 사건을 하나님의 역사로 알아야 합니다. 지금 당장 누가 내 소유물을 빼앗아 갔다면 그것을 하나님이 가져가셨다는 것으로 볼 사람이 있겠습니까? 욥은 억울하게 자식과 재산을 다 잃었습니다. 그는 "주신 자도 여호와시요, 취하신 자도 여호와이시니라,"고 말했습니다. 그는 자기가 당하는 사건에서 하나님을 보고 듣고 하나님 안에서 살았습니다. 우리가 믿음의 측면에서 보면 내게 일어나는 모든 것이 내게로 향하신 하나님의 구체적인 계시임을 알 수 있습니다.

예수님께서 "내가 아버지 안에 거하고 아버지께서 내 안에 계심을 믿으라." 그러나그렇게 믿어지지 않으면 내가 행하는 그 일로 말미암아 나를 믿으라는 뜻입니다. 예수님께서는 빌립에게 권고한 것처럼 오늘 우리에게도 이 말씀으로 권고하십니다. "믿으라,"고 하시는 것은 예수님의 말씀에 의하여 그런 줄 알고 믿으라는 것입니다. 이것이야말로 예수님을 그의 말씀대로 받아들이라는 명령입니다. 이렇게 하는 것이 최고의 신앙이지만, 그렇지 못하겠거든 예수님의 행하신 그 일을 인하여 예수님을 믿으라고 하십니다.

예수님은 삼위일체 하나님을 믿으라고 교훈을 주십니다. 예수님이 하나님이심을 믿으라고 하십니다. 예수님을 본 자는 하나님을 본 자라고 말씀하십니다. 우리도 역사 속에 오신 예수님을 보았습니다.

제13장

위대한 약속과 허락

(요 14:12~14)

요한복음 14:12~14 "내가 진실로 진실로 너희에게 이르노니 나를 믿는 자는 내가 하는 일을 그도 할 것이요 또한 그보다 큰 일도 하리니 이는 내가 아버지께로 감이라. 너희가 내 이름으로 무엇을 구하든지 내가 행하리니 이는 아버지로 하여금 아들로 말미암아 영광을 받으시게 하려 함이라. 내 이름으로 무엇이든지 내게 구하면 내가 행하리라."

예수님은 우리에게 두 가지 약속을 주십니다.
당신이 행하신 일보다 더 큰 일을 할 수 있다는 약속과
기도 응답의 약속입니다.
"내 이름으로 무엇이든지 내게 구하면 내가 행하리라."
약속하십니다.

본 문에는 예수님께서 제자들에게 하신 두 가지 약속이 있습니다. 첫째 약속은 예수님이 하신 일을 제자들도 할 것이요 예수님이 하신 일보다 더 큰 것도 하리라는 약속입니다.(12절) 두 번째 약속은 예수님의 이름으로 무엇을 구하든지 그대로 이루어 주시겠다는 위대한 약속입니다.(13-14절) 예수님이 하신 일을 제자들도 할 수 있다는 뜻이 무엇일까요? 사도들이 예수님이 맡기시는 권능으로 이적을 행하고 예수님 자신이 하신 것과 같은 정도의 일들을 할 수 있다는 말씀입니다.

우리는 먼저 사도직에 대해 생각하는 것이 중요합니다.

사도직은 단회적인 직분

하나님께서 사도들을 예수님께 주셨습니다.

"세상 중에서 내게 주신 사람들에게 내가 아버지의 이름을 나타내었나이다."(요17:6)

사도들은 예수님의 행적을 목도하고 증거 하는 증인으로서 그리스도에게서 친히 사명을 받았습니다.

"태초부터 있는 생명의 말씀에 관하여는 우리가 들은 바요 눈으로 본 바요 주목하고 우리 손으로 만진 바라 이 생명이 나타내신 바 된지라 이 영원한 생명을 우리가 보았고 증거하여 너희에게 전하노니 이는 아버지와 함께 계시다가 우리에게 나타내신 바 된 자니라 우리가 보고 들은 바를 너희에게도 전함은 너희로 우리와 사귐이 있게 하려 함이니 우리의 사귐은 아버지와 그 아들 예수 그리스도와 더불어 누림이라."(요일 1:1~3)

예수께서 열 두 사도를 부르시고 그 후에 다른 사도를 계속 부르신 것이 아닙니다. 사도들은 특수단체이고 그들의 직분은 특수한 것입니다.(Herman

Bavink)

① 하나님께서 사도들을 예수께 주셨습니다.

"세상 중에서 내게 주신 사람들에게 내가 아버지의 이름을 나타내었나이다."(요 17:6)

② 사도들은 예수님의 행적을 목도하고 증거 하는 증인으로서 그리스도에게서 친히 사명을 받았습니다.(행 1:21-22)

③ 사도들은 성령의 은사를 특수하게 받은 자들이며 진리 가운데 인도받은 자들입니다.

"말하는 이는 너희가 아니라 너희 속에 말씀하시는 자 곧 너희 아버지의 성령이시니라"(마 10:20)

④ 그들의 증거는 기적과 은혜의 부요함으로 확증됩니다.

"사람마다 두려워하는데 사도들로 인하여 기사와 표적이 많이 나타나니"(행 2:43)

사도들이 나타낸 이적은 특수성을 가집니다. 이것은 사도의 표를 보여주는 이적입니다. 사도들이 행한 이적은 사도시대와 함께 끝났습니다. 이 말은 오늘 날 이적이 없다는 말이 아니라 오늘 날의 모든 이적과 사도적 이적은 구별되어야 한다는 것입니다. 오늘의 이적은 기도의 응답입니다.

"너희 중에 병든 자가 있느냐 그는 교회의 장로들을 청할 것이요 그들은 주의 이름으로 기름을 바르며 그를 위하여 기도할지니라. 믿음의 기도는 병든 자를 구원하리니 주께서 그를 일으키시리라 혹시 죄를 범하였을지라도 사하심을 받으리라."(약 5:14~15)

야고보의 권면은 이적적인 치료를 위하여 기도하라는 의미가 아닙니다.(B.B.Warfield)

야고보서 1:5의 "너희 중에 누구든지 지혜가 부족하거든 모든 사람에게 후히 주시고 꾸짖지 아니하시는 하나님께 구하라 그리하면 주시리라."는 말씀은 지혜를 위하여 기도하라는 것입니다. 이 병은 약으로 고칠 수 있는지? 수술을 해야 하는지? 어떤 의사에게 치료를 받아야 하는지를 결정할 지혜를 주시기를 간구하여야 합니다.

예수님이 행하신 이적은 창조주 하나님으로서 행하신 이적입니다. 예수님 자신이 이적 능력의 근원이시지요. 사도들의 이적은 예수님께서 그들에게 특별하게 주신 권능입니다. 사도 직분과 함께 사도적인 이적 권능을 허락하셨습니다. 사도직과 함께 사도적 이적은 끝났습니다. 그러나 모든 성도들의 기도의 응답으로 이적이 일어날 수도 있습니다. 선교현장에서는 특히 일어납니다.

예수님이 행하신 일보다 큰 일을 약속한다는 의미

예수님께서는 사도들에게 예수님이 행하신 일보다 큰 일도 할 수 있다고 약속하시고 그것을 허락하셨습니다. 얼마나 신나는 일입니까? 그러나 문자적으로 예수님보다 큰 일을 사도들이 할 수 있다고 해석하는 것은 옳지 않습니다. 사도들의 행위가 예수님의 것보다 크다는 말입니까? 심지어 오늘 날 이적을 행하는 사람들의 행위가 예수님보다 크다는 말입니까? 신비주의자들은 예수님의 이 말씀에 근거하여 오늘 날 신자들이 예수님이 행하신 이적보다 더 큰 이적을 행할 수 있다고 합니다. 그릇된 신앙을 가진 자들은 더 이상하게 해석합니다. 예수님은 기껏해야 5천 명 정도 놓고 설교했는데 자기들은 수만 명 수십만 명 놓고 설교하니 예수님보다 더 큰 일을 했다는 것입니다. 예수님은 한 명씩 병을 고쳐 주셨지만 자기들은 한꺼번에 수십 명, 수백 명을 고치니 더 큰 일을 행한다고 오만불손한 말을 하는 자들도 있습니다. 이들의 큰 착각과 무식은 무엇입니까? 그들은 예수님의 이름으로 그것들을 행했다는 것을 잊어버린 것입니다.

"내가 한 일을 너희도 행하리라,"고 하신 예수님의 말씀을 겸손하게 받아야만 합니다. 곧 "내가 전도했으니 너희도 전도할 것이요, 내가 봉사했으니 너희도 봉사할 것이라,"는 말씀이십니다. 물량적으로 계산한다면 분명히 예수님보다 베드로가 더 큰 일을 했습니다. 예수님이 설교하실 때에 오천 명 모였고 떡만 먹고 한 사람도 회개하지 않고 돌아갔지만, 베드로가 설교했을 때에는 삼천 명이 회개하고 세례를 받았습니다. 그러나 더 깊이 생각해 보면 예수님의 십자가와 부활의 사건 없이 이런 베드로의 역사가 일어날 수는 없는 것입니다. 예수님의 죽음과 부활을 통해서 이런 큰 복음전파의 역사가 베드로를 통해 일어난 것뿐만 아니라 예수님이 베드로를 복음사역의 주역으로 사용하신 것입니다.

우리는 예수님께서 "나를 믿는 자는 내가 하는 일을 그도 할 것이요 또한 그보다 큰 일도 하리니," 라고 하신 말씀을 분명히 알아야 합니다. 예수님과 같은 일 또는 더 큰 일을 하겠다는 말은 예수님보다 더 중요하고 근본적인 일을 한다는 것이 아닙니다. 예수님은 생명이 되는 씨앗이시고, 사람들은 물을 주고 가꾸고 추수하는 심부름꾼입니다.(요 4:36) 가꾸는 자가 아무리 열심히 해도 종자 자체를 변경할 수 없기 때문에 생명의 역사, 즉 근원적인 역사가 아닙니다. 가꾸는 자는 물량적일지 모르지만 씨앗은 질적, 근원적인 것입니다. 예수님께서 "더 큰 일을 하리라,"고 말씀하셨다고 해서 우리가 누구의 죄를 대신해서 죽거나 속죄 사역을 할 수는 결코 없습니다. 오직 예수님만이 인간의 죄를 대신 속죄할 수 있습니다.

슈바이처 박사는 아프리카 토인들을 위해 평생을 바친 사람입니다. 그러나 과연 그가 기독교인 인지 의심이 갑니다. 왜냐하면 그에게 예수님은 일종의 표본 모델이나 스승이었을 뿐 구주는 아니었기 때문입니다. 물론 기도도 하고 예수님처럼 살려고 노력했지만, 그는 또 하나의 예수가 되고자 노력했을 뿐입니다. 어떤 사람들은 슈바이처 박사에 대해 '그는 기독교인이라기 보다 하나의 불교인이라고 봐야 한다,' 고 하기도 했습니다.

어떤 희생과 봉사를 하더라도 그 희생과 봉사가 예수님의 희생과 봉사와 똑같은 성질의 것이 아닙니다. 어떤 희생도 십자가 희생처럼 될 수 없습니다. 십자가 희생은 대속의 희생이기 때문입니다. 예수님은 근본적이고 생명적인 역사를 이루셨고, 우리는 다만 예수님이 이루어 놓으신 생명적 역사인 복음을 전파하는 일만 하는 것입니다.

예수님이 "보다 더 큰 일을 하리라," 고 하신 말씀은 예수님보다 더 큰 이적을 행한다거나 예수님보다 더 큰 존재가 된다는 것이 결코 아닙니다. 예수님이 우리를 통하여 복음전파의 사역이 더 크게 이루어질 것을 말씀하신 것입니다. 예수님은 우리를 대리인으로 삼아 신령한 복음이 세상에 크게 전파되어 갈 것을 가르치십니다. 곧 예수님이 우리를 위대한 영적 추수꾼인 전도자로 사용하시겠다는 말씀입니다. 얼마나 신나는 약속의 말씀입니까?

베드로와 요한은 나면서부터 걷지 못하는 자에게 "나사렛 예수 이름으로 일어나 걸으라," 고 해서 그를 걷게 하는 이적을 행했습니다. 베드로가 그 이적을 보고 놀라는 이스라엘 백성들에게 말합니다. "우리 개인의 권능과 경건으로 이 사람을 걷게 한 것처럼 왜 우리를 주목하느냐." (행 3:12) 베드로의 말은 개인의 권능과 경건으로 이적을 보인 것처럼 주목하지 말고, 예수님의 이름으로 이적을 보인 것을 생각하라는 말입니다. 사실 예수님의 제자들을 통하여 교회가 세워지고 전도 사업이 온 세계에 확장되어 오늘 날 구원의 역사가 이루어진 것입니다. 오순절에 사도들이 성령의 충만함을 받고 만국에 복음전파를 한 역사는 위대한 일입니다. 예수님이 말씀하셨습니다. "이는 내가 내 아버지께로 감이라." 성령을 보내셔서 예수님이 성령을 통해서 역사하시겠다고 말씀하셨습니다.

기도 응답의 약속

"너희가 내 이름으로 무엇을 구하든지 내가 행하리니."(요14:13)

예수님은 사도들에게 너희는 내가 행한 일을 너희도 할 것이요, 이보다 더 큰 것도 하리라고 하시면서 이런 일을 하도록 기도하라고 교훈하십니다. 여기서 '내 이름으로'는 무슨 뜻입니까? 이 말씀의 뜻을 이해해야 합니다. 예수님의 이름으로 구한다는 것은 예수님을 나의 개별적 구주로 믿고 그에게 나아가는 것입니다. 예수님은 크리스천이 아닌 사람들의 기도를 들어주신다고 하지 않으셨습니다. 다만 믿는 자들의 기도를 반드시 들어주신다고 하셨습니다.

무엇을 믿어야 합니까? 여기에서 믿음이란 '당신은 예수님의 존재를 믿느냐? 당신은 예수님이 주장한 바를 믿느냐?' 하는 것이 아닙니다. 믿음은 "예수님이 당신 자신의 구주임을 믿느냐,"는 것입니다. 이것에 반드시 대답해야 합니다. 예수님은 나의 죄 대신에 십자가에 죽으시고 부활하신 나의 구주시라고 고백하는 신앙을 말하는 것입니다. 개별적으로 개인적인 구주로 고백하는 믿음을 갖고 예수께로 나아가는 것을 '예수 이름으로 구한다,'고 말합니다. 크리스천은 예수님을 개인의 구주로 고백하는 사람을 가리킵니다.

예수님의 이름으로 구한다는 것은 **예수님의 공로를 근거로 하여 기도하는 것**입니다. 나의 봉사, 수고를 공로로 생각하여 기도할 때 예수님은 그 기도를 들으시지 않습니다.

예수님의 이름으로 구한다는 것은 그리스도와 함께 그리스도처럼 살면서 기도하는 것입니다. 예수님의 이름으로 기도한다는 것은 예수님이 원하는 바가 무엇인가를 먼저 생각하면서 기도하는 것입니다.

"너희는 먼저 그의 나라와 그의 의를 구하라 그리하면 이 모든 것을 너희에게 더하시리라." (마 6:33)

우리는 수없이 많이 기도합니다. 그러나 응답을 다 받지는 못합니다. 왜냐하면 우리의 생각대로만 기도했지, 예수님이 원하시는 것을 기도하지 않았기 때문입니다.

예수님의 이름으로 구한다는 것은 **하나님이 영광 받기를 위해 기도하는 것**입니다. 예수님은 기도하셨습니다.

"내 아버지여 만일 할 만하시거든 이 잔을 내게서 지나가게 하옵소서 그러나 나의 원대로 마시옵고 아버지의 원대로 하옵소서."(마 26:39)

사도 바울은 말합니다.

"내 육체에 가시 곧 사탄의 사자를 주셨으니 이는 나를 쳐서 너무 자만하지 않게 하려 하심이라. 이것이 내게서 떠나가게 하기 위하여 내가 세 번 주께 간구하였더니, 나에게 이르시기를 내 은혜가 네게 족하도다 이는 내 능력이 약한 데서 온전하여 짐이라 하신지라 그러므로 도리어 크게 기뻐함으로 나의 여러 약한 것들에 대하여 자랑하리니 이는 그리스도의 능력이 내게 머물게 하려 함이라"(고후 12:7~9)

덴버에 있는 보수 침례 신학교 부교수이면서 성경강해자인 랄프 카이퍼(Ralph L. Keiper)는 시력이 아주 나쁜 장애자였습니다. 그는 사도 바울이 했던 것과도 같이 시력을 달라고 하나님께 매일 간절히 기도했습니다. 하루는 도서관에서 연구하고 있을 때에 성령의 음성이 들렸습니다. 하나님은 그에게 "사람의 제일 되는 목적이 무엇이냐?"고 물으셨습니다. 카이퍼는 주저 없이 "하나님을 영화롭게 하고 하나님을 영원토록 즐거워하는 것입니다."라고 대답했습니다. 그러자 하나님께서 "그것이 너의 주된 목적이냐?"라고 다시 물으셨습니다. 카이퍼는 다시 주저하지 않고 "물론입니다."라고 대답했습니다. 그러자 하나님께서 "그것보다 더 원하는 것은 없느냐? 네 시력을 갖고 싶으냐? 아니면 나를 영화롭게 하고 싶으냐?"라고 물으셨습니다. '시력을 갖고 싶은 것' 과 '주님을 영화롭게 하는 것' 의 선택에 대해서 그는 즉각 대답을 하지 못하고 우물쭈물 하다가 드디어 대답 했습니다. "주님을 영화롭게 하는 것입니다." 그러자 하나님께서 말씀하셨습니다. "시력이 나쁘다는 것을 왜 걱정하느냐? 시력이 나쁜 것으로 나를 영화롭게 하도록 해라." 그때부터 그는 자신의 목적을 바르게 알고 자신의 시력에 대해 한 마디의 불평도 하지 않았다고 합니다.

예수님의 이름으로 구하는 것은 하나님의 영광을 위하여 기도하는 것입니다. 주위 환경을 탓하거나 역경을 불평하거나 질병에 대해 불평하거나 사랑하는 사람의 죽음을 애통해 하지 않습니다. 예수님의 이름으로 하나님의 영광을 위해 기도하는 사람이 되어야 합니다.

예수의 이름으로 기도하는 것은 예수님을 나의 구주로 믿고 구하는 것입니다. 예수님의 공로에 근거하여 구하는 것입니다. 예수님이 원하는 바를 먼저 생각하여 예수님의 뜻대로 기도하는 것입니다. 그리고 하나님이 영광받기 위해 기도해야 합니다.

우리 주님께서는 이렇게 기도할 때, "무엇을 구하든지 행하리라,"는 확실한 약속을 주셨습니다.

제14장

사랑과 복종

(요 14:15)

요한복음 14:15 "너희가 나를 사랑하면 나의 계명을 지키리라."

예수님을 사랑하는 증거는 예수님의 계명을 지키는 것입니다.

어떻게요?

하나님이 우리를 사랑하는 것과 같이

다른 사람을 사랑하는 것입니다.

하나님은 독생자를 십자가에 희생시켜서까지

우리를 구원하셨습니다.

제자들이 예수님을 믿을 때에 예수님이 행하신 것과 같은 이적을 행할 수 있고, 예수님이 행하신 일보다 더 큰 일을 행할 수도 있다는 약속과 함께, 예수님의 이름으로 무엇이든지 구하면 이루어 주신다는 약속을 하셨습니다. 그런데 이 같이 큰 능력을 행하고 기도응답 받는 조건을 한 가지 더 제시하셨습니다. 그것은 예수님을 사랑하고 예수님의 계명을 지키는 것입니다. 즉 사랑과 복종입니다. 예수님을 사랑하는 증거는 무엇입니까?

예수님의 계명을 지키는 것

예수님을 사랑하는 증거는 예수님의 계명을 지키는 것입니다.

"너희가 나를 사랑하면 나의 계명을 지키리라." 이 짧은 말씀 중에 있는 세 단어, '사랑' '계명' '지킨다' 를 세밀하게 생각해 봐야 합니다.

여기서 '사랑' 은 아가페의 거룩한 사랑을 말합니다. 친구간의 사랑인 우정도 아니요, 이성간의 사랑도, 혈족간의 사랑도 아닙니다. 하나님이 우리를 사랑한 무조건적인 거룩한 사랑입니다. '너희가 나를 사랑하면' 은 현재형으로 쓰였습니다. 현재형은 현재도 사랑할 뿐만 아니라 계속적으로 사랑하는 것입니다.

'계명' 은 모세를 통하여 주신 하나님의 모든 계명뿐만 아니고, 예수님이 가르치시고 부탁한 모든 말씀, 즉 복음을 의미합니다. 예수님의 모든 말씀에 순종하는 자라야 주님을 사랑하는 자입니다.

'지킨다' 는 것은 보물을 잃지 않으려고 모든 고통을 참으면서 보관하려는 것을 의미합니다. 예수님을 사랑할 때에 하나님이 사랑하신 그 사랑 아가페로 사랑하고, 주님의 계명을 지킬 때에 그 계명을 값비싼 보물로 여기면서 지키는 사람이 기도할 때에 큰 권능을 받는다는 것입니다. 그 기도에 하나님의 응답이 있다는 것입니다. 우리가 예수님을 사랑한다는 것은 정서적인 형태나 간접적인 느낌만을 이야기하지 않습니다. 예수님을 사랑하는 구체적 증거는 예수님이 주신 계명을 지키는 것으로 나타납니다.

신비주의자들은 사랑을 위주로 한다고 하면서 계명과 율법은 무시합니다. 이단교회인 랜터스(Ranters)파의 발표에 의하면, 그들은 성경을 읽지 않으며, 설교를 들을 필요도 없다고 했습니다. 그 이유는 성부, 성자, 성령께서 그들 안에 계시기 때문이라고 합니다. 그들은 모든 계명 위에 초월하였다고 했고, 바울이 성경을 기록했다면 왜 우리는 못할 것이냐고 합니다.

그런가 하면 현대 신학자들은 계명이 하나님의 뜻 그대로의 표현이라는 사실을 부인합니다. 율법 폐기론자(Anti-nomianism)들의 주장은 율법과 은혜를 대조하여 율법의 가치를 제거하려는 사상입니다. 율법은 은혜의 원수이므로 시내 산의 하나님은 신약에서 제거해야 한다고 주장합니다. 구약의 하나님, 모세에게 나타나셨던 시내 산에서의 하나님은 '하나님의 백성들이 지켜야 할 율법'을 주셨습니다. 타민족과 구별되게 살도록, 거룩하게 살도록 하려고 율법을 주셨고, 하나님을 섬기는 지침으로 율법을 주셨습니다. 구약의 하나님은 거룩한 하나님, 공의와 심판의 하나님으로 나타납니다. 신약의 예수님은 사랑의 하나님을 보여주고 사랑을 강조함으로 구약의 엄격하고 근엄하고 공의로운 하나님을 추방해야 한다는 것입니다.

율법 폐기론자들은 윤리체계의 지침으로 사랑을 내세웁니다. 하나님의 법을 무시하고 모든 것을 사랑으로만 하면 된다고 가르치고 주장합니다. 이런 사상체계는 하나님의 율법에 대한 불복종을 노골적으로 찬성하는 것입니다. 그들은 타인에게 상처를 입히면서까지 하나님의 법을 주장해서는 안 된다고 합니다. 타인이 상처 당하도록 하지 말고 사랑을 이야기하고 사랑만 하면 된다고 하는 것이 율법 폐기론자들의 중요한 행동윤리이며, 그들의 사상체계의 중요한 동기입니다.

하나님의 법을 무시한 이런 사상체계와 행동원리를 따르는 사람들은 사랑해서 그랬다고 하면 문제는 간단히 해결된다는 것입니다. 하나님의 법을 무시한 사랑으로 윤리체계를 이룬다면 이 세상은 혼란해지고 말 것입니다. 모든 것을 사랑으로 한다는 슬로건 때문에 가정파탄이 일어나고, 간음을 승인하게 되고, 계약을 위반하며, 부모를 거역하고, 탐심을 정당화하여 무수한 범죄가 발생하고 있지 않습니까? 하나님의 계명과 율법을 지키지 않으면 이 세상은 무서운 혼돈천지가 될 것입니다.

기독교의 사랑은 크리스천들이 하나님의 법을 지킴으로 나타내는 외적 표현입니다. 기독교인의 사랑은 그리스도의 계명과 일치해야만 합니다. 예수님이 말씀하신 사랑은 예수 그리스도의 계명을 지킴으로 나타난다고 했습니다. 만일 예수 그리스도의 계명을 지키지 않고 나타나는 사랑이라면 그것은 예수님이 말씀한 사랑이 아닙니다. 그 사랑은 도리어 불법을 옹호하고 불법을 편드는 가짜 사랑으로써 하나님의 심판을 받을 수밖에 없습니다.

율법 폐기론자의 아들격인 기형아가 요즘 생겼는데 그 이름이 '새 도덕성 (new morality)' 입니다. 이들의 주제는 '율법으로부터 해방되어야 하며 자유해야 한다. 사랑으로 하는 행위는 어느 것이나 무엇이든지 수납되어야 한다, 사랑이란 다른 사람에게 심리적 부담을 주는 것이 아니며 상처를 주지 않는 것이다,' 라고 주장합니다.

미국 동부지역 여러 신학교 대표자 회의에서 이 주제를 다루었습니다. 이 회의에 참석한 한 신학자가 침묵을 지키고 있었는데, 주위의 다른 신학자들이 그의 의견을 물었습니다. 그는 이렇게 대답했습니다. "사랑은 수납할 만한 윤리체계이다. 그러나 그 사랑은 하나님의 사랑과 일치하고 하나님이 주신 계명과 일치할 때만 받아들일 수 있는 윤리체계이다."

크리스천이 예수님의 계명과 말씀을 지킬 때에 사랑함으로 지켜야 합니다. 법으로 주어졌으니 억압에 못 이겨 억지로 지키는 것이 아닙니다. 십계명을 준수할 때 하나님이 주신 계명이니까 억압에 못 이겨 지켜서는 안 됩니다. 하나님께서 십계명을 주실 때 먼저 이렇게 말씀하셨습니다.

"나는 너를 애굽 땅, 종 되었던 집에서 인도하여 낸 네 하나님 여호와니라." (출 20:2)

이 말씀은 '은혜'의 하나님을 말씀하신 것입니다. 은혜를 받은 사람들은 하나님을 사랑함으로 십계명을 지키는 것입니다. 계명을 지키는 것은 노예적 복종이 아니라 충심에서 나오는 복종입니다. 은혜가 선행되는 복종입니다. 사랑은 복종의 근원이 됩니다. 그리고 복종은 사랑의 결과입니다.

"나의 계명을 지키는 자라야 나를 사랑하는 자니 나를 사랑하는 자는 내 아버지께 사랑을 받을 것이요 나도 그를 사랑하여 그에게 나를 나타내리라." (요 14:21)

예수님의 계명과 말씀을 지키지 않으면서 예수님을 사랑한다고 하면 그것은 거짓말이고 속임수에 불과한 것입니다. 예수님의 계명을 지키고 예수님의 말씀을 복종하는 자라야 예수님을 사랑한다고 할 수 있습니다. 예수님을 사랑한다는 것은 구체적으로 주님의 몸 된 교회를 사랑하는 것입니다. 예수님의 계명과 말씀을 지키고 복종하는 사람이라야 교회를 사랑한다고 할 수 있습니다. 교회를 사랑하는 자를 일꾼으로 세워야 합니다.

다른 사람을 사랑하는 것

예수님을 사랑하는 증거는 다른 사람을 사랑하는 것입니다.

"그의 계명은 이것이니 곧 그 아들 예수 그리스도의 이름을 믿고 그가 우리에게 주신 계명대로 서로 사랑할 것이니라." (요일 3:23)

예수님을 사랑한다면 사랑하는 증거를 보여줘야 하는데 그것은 나 외에 다른 크리스천을 사랑하는 것이 그 증거입니다. 예수님이 제자들에게 말씀하셨습니다.

"새 계명을 너희에게 주노니 서로 사랑하라 내가 너희를 사랑한 것 같이 너희도 서로 사랑하라."(요 13:34)

여기 사랑한다는 말은 새 도덕성이나 율법 폐기론자들이 말하는 그런 사랑이 아닙니다. 남을 상처 입히지 않는 정도의 사랑이나 감정에 치우치는 단순한 인간적 사랑이 아닙니다. 이 사랑은 매우 적극적이고 행동적인 사랑을 의미합니다. 요한복음 13장에서 예수님은 친히 이 사랑을 보여주시면서 사랑하라고 하셨습니다.

이 사랑은 봉사입니다. 예수님께서 제자들의 발을 씻겨주실 때 베드로는 거절하면서 "주께서 절대로 내 발을 씻기지 못하리이다,"라고 하자, 예수님께서는 "내가 네 발을 씻기지 아니하면 네가 나와 상관이 없느니라,"고 하셨습니다. 12제자들의 발을 다 씻기시고 겉옷을 입으신 후에 교훈하셨습니다.

"너희가 나를 선생이라 또는 주라 하니 너희 말이 옳도다 내가 그러하다. 내가 주와 또는 선생이 되어 너희 발을 씻었으니 너희도 서로 발을 씻어 주는 것이 옳으니라. 내가 너희에게 행한 것 같이 너희도 행하게 하려 하여 본을 보였노라."

예수님은 제자들의 발을 씻기기 위해 주, 선생의 특권을 포기하신 것입니다. 사랑은 섬김을 받는 것이 아니라 도리어 남을 섬기는 것입니다.

사랑은 희생입니다. 예수님이 제자들의 발을 씻기신 봉사는 주님으로서, 선생으로서 봉사의 본을 보여주신 것만이 아니고, 하루가 지나면 자기가 십자가를 지시고 무죄하신 피를 흘려 제자들의 죄를 씻어주시려는 예표적 행동입니다.

"세상에 있는 자기 사람들을 사랑하시되 끝까지 사랑하시니라."(요 13:1)

예수님이 제자들을 사랑하시고 우리를 사랑하신 그 사랑은 엄청난 대가,

헤아릴 수 없는 비용을 들여 사랑한 사랑입니다. 예수님의 무죄하신 보혈은 값을 얼마로 계산할 수 있겠습니까? 도저히 계산할 수 없는 값이요, 비용인 것입니다. 기독교의 사랑은 엄청난 희생을 동반하는 행동이며, 비용을 들여서 봉사하는 것입니다. 선한 사마리아인의 비유에서 강도를 만난 사람을 구하기 위해 시간과 돈을 들였습니다. 선한 목자가 자기 양들을 지키고 양들의 생명을 보호할 때에 인내하며 맹수와 싸우고 희생할 각오를 가집니다. 왜냐하면 양을 사랑하기 때문입니다. 그러나 삯꾼은 그렇지 않습니다. 삯꾼은 주변을 살펴보고 자기에게 손해되고 유익이 없다고 생각하면 움츠러들고 양을 팽개치고 도망갑니다. 더욱이 위험한 사건이 생기면 양을 보호하려고 하지 않고 자기 생명을 보호하는 데 급급합니다. 이것이 삯꾼과 목자의 차이점입니다. 삯꾼은 자기가 얼마의 수입을 얻겠느냐를 계산하지만 목자는 양들의 건강과 유익이 얼마나 되는지를 계산합니다. 그러므로 삯꾼에게는 희생이란 말이 적용되지 않습니다. 절대로 손해를 봐서는 안 된다는 정신이 삯꾼의 철저한 계산 정신입니다. 그러나 선한 목자에게는 손해를 보고 고난을 당하고 괴로움을 감수하는 희생만이 있을 뿐입니다.

마리아는 예수님을 사랑했을 때 300데나리온 이상의 가치가 있는 나드 한 옥합을 가져와 병을 깨뜨려 그것을 예수님의 머리와 발에 부어드리고 자기의 머리카락으로 씻어드렸습니다. 마리아가 예수님을 사랑했을 때 어떤 감정이나 마음으로만 사랑한 것이 아닙니다. 말로만 사랑한 것도 아닙니다. 그가 가진 것 중에 가장 귀한 향유를 예수님께 드려 사랑했습니다. 사랑이란 비용을 들여 봉사하는 것입니다. 사랑은 손으로 만질 수 없는 것이지만 성도의 생활에서 그 사랑은 증거 되어야 합니다. 사랑은 나누어 주는 것입니다. 나누어 줄수록 더 풍성해지고 더 많아지는 것이 사랑입니다. 나누어 줄수록 더 증가되고 더 부요해 지는 것이 사랑입니다. 예수님이 우리에게 나누어주라고 하신 최대의 명령이 있습니다.

"그러므로 너희는 가서 모든 민족을 제자로 삼아 아버지와 아들과 성령의 이름으로 세례를 베풀고, 내가 너희에게 분부한 모든 것을 가르쳐 지키게 하라 볼지어다 내가 세상 끝날까지 너희와 항상 함께 있으리라 하시니라."(마 28:19~20)

"너희는 온 천하에 다니며 만민에게 복음을 전파하라."(막 16:15)

굶주린 사람에게 음식 한 그릇 대접하는 것도 사랑의 나눔입니다. 외로운 자를 위로하고 고난당하는 자를 위해 도와주는 것도 사랑의 나눔입니다. 구제와 위로와 격려가 좋은 사랑의 나눔인 것은 사실이나 이것만 가지고는 부족합니다. 예수님은 복음을 듣지 못한 자들에게 구원의 복음을 전파하여 영생과 구원의 축복을 같이 나누어 가지게 하라고 하십니다. 만민에게 복음을 전파하라 하신 예수님의 이 명령을 무시하는 사람이 어떻게 예수님을 사랑할 수 있겠습니까? 만민에게 복음을 전파하라 하신 예수님의 이 지상명령을 과소평가하여 기억하지도 않고 준행하지 않는 사람이 어떻게 예수님을 사랑한다고 하겠습니까

예수님은 우리에게 "정말로 네가 나를 사랑하느냐? 그 사랑의 실물증거를 보이라,"고 하십니다. "너를 통하여 예수를 믿는 자가 얼마나 되느냐? 네가 복음을 전하여 예수 앞으로 나온 자가 얼마나 되느냐? 네가 복음 전도하여 전도의 말을 들은 자가 교회로 나오지 않았을지라도 너는 몇 사람에게 네 입을 열어 전도 했느냐? 내가 너에게 맡긴 재물, 재능, 시간을 가지고 얼마나 전도하는 데 투자했느냐? 나의 몸인 교회 봉사에 얼마나 투자했느냐? 도대체 네가 나를 얼마나 사랑하느냐?" 라고 하시면서 그 증거를 보여 달라고 하십니다.

사랑은 개념이 아니라 생생한 행동입니다. 사랑은 말이 아니라 비용을 들여 봉사하는 가치 행동입니다. 사랑은 선전이 아니라 사랑의 증거를 제시하는 참된 행위입니다.

예수님을 사랑하는 방법

어떻게 하면 우리가 주님을 사랑할 수 있습니까? 그 방법은 하나님이 나를 사랑하는 것을 배우는 데 있습니다. 하나님이 나를 어떻게 사랑하셨습니까? 독생자를 십자가에 희생시켜서 나를 구원하셨습니다. 이것이 사랑의 뿌리입니다.

"하나님이 세상을 이처럼 사랑하사 독생자를 주셨으니 이는 그를 믿는 자마다 멸망하지 않고 영생을 얻게 하려 하심이라."(요 3:16)

마크 피어스 목사에게 주일학교 소녀가 찾아와서 말했습니다. 자기는 예수님을 사랑하고 싶은데 그게 안 된다고 하면서 어떻게 예수님을 사랑할 수 있느냐고 그 방법을 알려달라는 것이었습니다. 피어스 목사는 1주일 동안 "주님은 나를 사랑하십니다."라고 반복해서 말하라고 했습니다. 소녀가 그것을 실천하고 다음 주일에 환한 표정으로 목사님을 찾아 왔습니다. "목사님, 예수님이 나를 사랑하세요. 예수님의 사랑에 대해서 생각해 봤어요. 예수님은 나를 대신하여 십자가를 지셨어요. 예수님을 생각하면 마음이 뜨거워지고 사랑으로 충만해 져요."

예수님을 사랑하는 증거를 보일 수 있는 장성한 신자가 됩시다. 주님의 계명을 지킵시다. 율법 폐기론자, 새 도덕성을 주장하는 자들 같이 하나님의 공의와 계명을 무시하는 사랑을 주장하지 맙시다. 이웃을 사랑합시다. 이 사랑은 봉사와 희생, 나눔을 요소로 가집니다.

다른 보혜사

(요 14:16~18)

요한복음 14:16~18 "내가 아버지께 구하겠으니 그가 또 다른 보혜사를 너희에게 주사 영원토록 너희와 함께 있게 하리니, 그는 진리의 영이라 세상은 능히 그를 받지 못하나니 이는 그를 보지도 못하고 알지도 못함이라 그러나 너희는 그를 아나니 그는 너희와 함께 거하심이요 또 너희 속에 계시겠음이라. 내가 너희를 고아와 같이 버려두지 아니하고 너희에게로 오리라."

보혜사 성령은 우리를 돕는 분이십니다.

성령님은 우리의 마음에 내재하십니다.

우리는 성령님이 우리 안에 항상 계시기를 기도해야 합니다.

성령님의 인도와 가르침에 항상 순종하고

성령님의 책망도 달게 수납해야 합니다.

우리가 사도신경을 우리의 신앙으로 고백할 때, '성령을 믿사오며,' 라는 고백을 합니다. 삼위일체 하나님 가운데 성부 하나님, 성자 하나님은 이해하기가 어렵지 않은데 성령 하나님을 이해하는 데 바르지 않은 견해가 있습니다. 성령 하나님을 인격을 가진 하나님으로 생각하지 않고 신비로운 힘이나 적극적 개념으로 이해하는 사람들이 있습니다. 또 어떤 사람들은 성령을 불신자들이 가지고 있는 도덕적 확신으로 말하는 사람들도 있습니다.

사도 바울이 에베소 교회에 이르렀을 때에 교인들에게 "너희가 믿을 때에 성령을 받았느냐?"고 물었습니다. 그 때 그들은 성령이 있는 것도 듣지 못했다고 했습니다. 사도행전 8:9~24을 보면 시몬이란 사람이 사마리아에서 빌립의 설교를 듣고 크리스천이 되었습니다. 예루살렘 교회가 사마리아 땅에도 교회가 설립되었다는 소식을 듣고 베드로와 요한을 보냈습니다. 그들이 성도들에게 안수할 때에 성령의 충만함을 받았습니다. 이 모습을 본 시몬이 사도들에게 돈을 건네주면서 성령의 권능을 사겠다고 하면서 나도 누구에게나 안수하면 성령 충만 받을 수 있게 해 달라고 요청했습니다. 이때 베드로의 책망은 무서웠습니다.

"베드로가 이르되 네가 하나님의 선물을 돈 주고 살줄로 생각하였으니 네 은과 네가 함께 망할지어다. 하나님 앞에서 네 마음이 바르지 못하니 이 도에는 네가 관계도 없고 분깃 될 것도 없느니라. 그러므로 너의 이 악함을 회개하고 주께 기도하라 혹 마음에 품은 것을 사하여 주시리라" (행 8:20~22)

에베소 사람들은 이미 성령을 받았으면서도 성령 받은 줄 몰랐고, 성령이 계시는 것도 몰랐습니다.

"하나님의 영으로 말하는 자는 누구든지 예수를 저주할 자라 하지 아니하고 또 성령으로 아니하고는 누구든지 예수를 주시라 할 수 없느니라." (고전 12:3)

또 어떤 사람들은 성령을 신적 영향력이나 신적 능력으로 생각합니다. 성령을 이렇게 생각하는 사람들은 성령을 받아 성령을 자기 뜻대로 사용하려는 자들입니다. 이미 설명한 시몬 같은 사람은 자기가 돈 주고 성령을 사서 그 성령을 사용하려고 했던 불의한 자입니다. 오늘 날 사이비 부흥사들이 '옛다! 성령 받아라!' 하면서 마치 자기 주머니에서 성령을 끄집어 내주는 것처럼 망언을 하는 것을 들어볼 수 있습니다. 이것은 마치 자기들이 성령을 이용하고 사용하는 자처럼 오만불손한 행동이나 말을 하는 것과 같습니다. 성령은 사람에게 이용당하는 것이 아니고 도리어 성령이 사람을 이용하시고 사용하십니다.

사도행전 8장에서는 성령이 빌립을 사용하여 이디오피아 내시에게 복음을 전하게 하였고, 베드로를 사용하여 아나니아와 삽비라를 책망하게 했습니다. 9장에서는 성령이 또 다른 아나니아를 사용하여 사울에게 회개하게 하고 안수하도록 지시했습니다.(행 9:) 그러므로 사람이 성령 하나님을 이용한다거나 사용한다는 것은 매우 불경한 말이요, 있을 수 없는 일입니다. 예수님은 성령님을 일컬어 '다른 보혜사' 라고 말씀하십니다.

보혜사의 의미

보혜사는 헬라어로는 '파라클레이토스(παράκλητος)' 인데 이 말은 '옆으로(παρα)' 와 '부른다(κλητος)' 의 복합어입니다. 보혜사는 누군가가 고소를 당해서 중한 형벌을 받게 되었는데 그 사람을 위해 변호하려고 법정으로 부름 받은 사람 변호인을 가리킵니다. 또 보혜사는 위로하는 자(comforter)입니다. 낙심한 사람에게 용기를 주는 분입니다. 괴로움과 슬픔에 싸인 자를 위로하는 분이라는 뜻입니다. 보혜사는 돕는 자입니다. 곤란을 당하는 자, 고민과 의혹에 빠진 자, 당황하는 가운데 있는 사람을 돕기 위하여 청함 받은 분입니다.

사도 요한은 보혜사란 명칭을 예수님께 적용했습니다.

"나의 자녀들아 내가 이것을 너희에게 씀은 너희로 죄를 범하지 않게 하려 함이라 만일 누가 죄를 범하여도 아버지 앞에서 우리에게 대언자가 있으니 곧 의로우신 예수 그리스도시라."(요일 2:1)

여기 나오는 '대언자(παράκλητος)'는 곧 보혜사입니다. 예수님은 진실로 죄인들의 보혜사이십니다. 예수님은 성부 하나님 앞에서 우리 죄인을 변호해 주신 변호인이며, 낙담하고 절망하는 자들에게 용기와 위로를 주시는 위로하시는 분, 우리가 곤란과 역경 속에 싸여 있을 때 우리를 도와주시는 분이십니다.

이 같은 보혜사이신 예수님이 다른 보혜사를 제자들에게 보내사 영원히 함께 하도록 하겠다고 하셨습니다. 이 다른 보혜사는 누구일까요?

다른 보혜사

'다른 보혜사'란 성령님을 가리킵니다. 헬라어에는 다르다는 뜻이 두 가지가 있습니다. 하나는 '첫 번째 것과 다른'이라는 뜻을 가진 '알로스(ἄλλος)'이고 둘째는 '완전히 다른'이라는 뜻의 '에테로스(ἕτερος)'입니다. 다른 보혜사에서는 '알로스'를 썼습니다. 곧 성령님은 성자 하나님과 같은 본질을 가지신 분이십니다.

성령님은 인격을 소유하신 분이십니다. 예수님이 친히 다른 보혜사라고 말씀하심으로 성령님이 인격이심을 밝히십니다. 예수님 자신이 보혜사로서 인격을 가지셨고, 다른 보혜사를 보내신다고 했으니 그 다른 보혜사도 인격을 소유하신 분이십니다. 성령님은 어떤 신적 에너지나, 도덕적 힘이나, 신적 영향력이 아니라 인격이십니다. 성령님의 인격성을 성경 여러 곳에서 밝히 증명하고 있습니다. 인격적이라 함은 지식과 감정과 의지를 갖고 있는 것을 말합니다. 성령님은 어떤 분이실까요?

●성령님은 뜻을 갖고 계십니다.

"이 모든 일은 같은 한 성령이 행하사 그의 뜻대로 각 사람에게 나누어 주시는 것이니라."(고전 12:11)

●성령님은 지식을 갖고 계십니다.

"오직 하나님이 성령으로 이것을 우리에게 보이셨으니 성령은 모든 것 곧 하나님의 깊은 것까지도 통달하시느니라."(고전 2:10)

●성령님은 생각을 갖고 계십니다.

"마음을 살피시는 이가 성령의 생각을 아시나니 이는 성령이 하나님의 뜻대로 성도를 위하여 간구하심이니라."(롬 8:27)

●성령님은 진리의 영이십니다.

"그는 진리의 영이라 세상은 능히 그를 받지 못하나니 이는 그를 보지도 못하고 알지도 못함이라 그러나 너희는 그를 아나니 그는 너희와 함께 거하심이요 또 너희 속에 계시겠음이라."(요 14:17)

●성령님은 사랑이십니다.

"내가 우리 주 예수 그리스도와 성령의 사랑으로 말미암아 너희를 권하노니."(롬 15:30)

●성령님은 선하십니다.

"주의 선한 영을 주사 그들을 가르치시며."(느 9:20)

●성령님은 근심을 느끼실 수 있습니다.

"하나님의 성령을 근심하게 하지 말라."(엡 4:30)

●성령님은 탄식도 하십니다.

"오직 성령이 말할 수 없는 탄식으로 우리를 위하여 친히 간구하시느니라." (롬 8:26)

성령의 인격적 사역

성령님은 이상과 같이 인격적 요소만 가지신 것이 아니고 인격적 활동을 하십니다. 성령님은 우리의 마음에 내재하십니다.

"너희는 그를 아나니 그는 너희와 함께 거하심이요 또 너희 속에 계시겠음이라.'(요 14:17)

성령님이 하시는 일을 생각해 봅니다.

●성령님은 가르치십니다.

"보혜사 곧 아버지께서 내 이름으로 보내실 성령 그가 너희에게 모든 것을 가르치고 내가 너희에게 말한 모든 것을 생각나게 하리라." (요 14:26)

●성령님은 증거 하십니다.

"내가 아버지께로부터 너희에게 보낼 보혜사 곧 아버지께로부터 나오시는 진리의 성령이 오실 때에 그가 나를 증언하실 것이요." (요 15:26)

"이는 물과 피로 임하신 이시니 곧 예수 그리스도시라 물로만 아니요 물과 피로 임하셨고 증언하는 이는 성령이시니 성령은 진리니라." (요일 5:6)

●성령님은 확신시키는 일을 하십니다.

"그가 와서 죄에 대하여, 의에 대하여, 심판에 대하여 세상을 책망하시리라." (요 16:8)

●성령님은 인도하십니다.

"그러나 진리의 성령이 오시면 그가 너희를 모든 진리 가운데로 인도하시리니." (요 16:13)

●성령님은 마음에 감동을 주십니다.

"오직 성령의 감동하심을 받은 사람들이 하나님께 받아 말한 것임이라." (벤후 1:21)

"모든 성경은 하나님의 감동으로 된 것으로 교훈과 책망과 바르게 함과 의로 교육하기에 유익하니." (딤후 3:16)

●성령님은 예수님이 말씀하신 것을 생각나게 하십니다.

"보혜사 곧 아버지께서 내 이름으로 보내실 성령 그가 너희에게 모든 것을 가르치고 내가 너희에게 말한 모든 것을 생각나게 하리라." (요 14:26)

●성령님께서는 친히 말씀하시고 직접 부르시어 소명을 주십니다.

"성령이 빌립더러 이르시되 이 수레로 가까이 나아가라 하시거늘." (행 8:29)

●성령님께서는 부르십니다. 직접 부르십니다. 하나님의 직접 소명을 주십니다.

"주를 섬겨 금식할 때에 성령이 이르시되 내가 불러 시키는 일을 위하여 바나바와 사울을 따로 세우라 하시니." (행 13:2)

●성령님께서는 보내시는 일을 하십니다.

"이에 금식하며 기도하고 두 사람에게 안수하여 보내니라." (행 13:4)

• 성령께서는 금지하시기도 합니다. 우리 마음에 하나님의 뜻이 아닌 것, 반 교회적인 것을 행하지 말라고 금하십니다.

"성령이 아시아에서 말씀을 전하지 못하게 하시거늘 그들이 브루기아와 갈라디아 땅으로 다녀가." (행 16:6)

●성령께서는 책망하십니다. 베드로는 성령 충만을 받고 교회를 지도하는 자로서 성령님이 시키시는 대로 책망을 합니다.

"베드로가 이르되 아나니아야 어찌하여 사탄이 네 마음에 가득하여 네가 성령을 속이고 땅 값 얼마를 감추었느냐." (행 5:3)

●성령님께서는 중보의 일을 하십니다.

"이와 같이 성령도 우리의 연약함을 도우시나니 우리는 마땅히 기도할 바를 알지 못하나 오직 성령이 말할 수 없는 탄식으로 우리를 위하여 친히 간구하시느니라."(롬 8:26)

● 성령께서는 세계 만물을 창조하셨습니다.

"그의 입김으로 하늘을 맑게 하시고."(욥 26:13)

"하나님의 영이 나를 지으셨고 전능자의 기운이 나를 살리시느니라."(욥 33:4)

"땅이 혼돈하고 공허하며 흑암이 깊음 위에 있고 하나님의 영은 수면 위에 운행하시니라."(창 1:2)

● 성령께서는 복을 주십니다.

"주 예수 그리스도의 은혜와 하나님의 사랑과 성령의 교통하심이 너희 무리와 함께 있을지어다."(고후 13:13)

● 성령님은 우리와 신령한 영적 교통을 하십니다.

"또 다른 보혜사를 너희에게 주사 영원토록 너희와 함께 있게 하리니."(요 14:16)

● 성령님은 우리에게 인격적으로 임재 하시고, 개별적으로 내재하십니다.

"그는 너희와 함께 거하심이요. 또 너희 속에 계시겠음이라"(요 14:17)

성령님이 인격적인 하나님이시며 신성을 가진 분이라고 알고 믿으며, 성령님의 역사를 시인한다면 우리는 성령님을 의지해야 합니다. 성령님이 우리 안에 항상 내주(內住)해 주시기를 기도해야 합니다. 성령님의 인도와 가르침에 항상 순종하고 성령님의 책망도 달게 수납해야 합니다. 성령님이 우리 마음을 감동시키실 때 성령님의 감동하심에 따라 움직이고 순종해야 합니다. 그리스도의 영, 성령이 없는 사람은 크리스천이 아니라고 했습니다.

제16장

주님의 약속

(요 14:18~24)

요한복음 14:18~24 "내가 너희를 고아와 같이 버려두지 아니하고 너희에게로 오리라. 조금 있으면 세상은 다시 나를 보지 못할 것이로되 너희는 나를 보리니 이는 내가 살아 있고 너희도 살아 있겠음이라. 그 날에는 내가 아버지 안에, 너희가 내 안에, 내가 너희 안에 있는 것을 너희가 알리라. 나의 계명을 지키는 자라야 나를 사랑하는 자니 나를 사랑하는 자는 내 아버지께 사랑을 받을 것이요 나도 그를 사랑하여 그에게 나를 나타내리라. 가룟인 아닌 유다가 이르되 주여 어찌하여 자기를 우리에게는 나타내시고 세상에는 아니하려 하시나이까. 예수께서 대답하여 이르시되 사람이 나를 사랑하면 내 말을 지키리니 내 아버지께서 그를 사랑하실 것이요 우리가 그에게 가서 거처를 그와 함께 하리라. 나를 사랑하지 아니하는 자는 내 말을 지키지 아니하나니 너희가 듣는 말은 내 말이 아니요 나를 보내신 아버지의 말씀이니라."

예수님은 우리에게 네 가지 약속을 하십니다.
성령을 통하여 함께 계시겠다는 것과
부활을 약속하십니다.
우리와의 계속적인 연합과 만남을 약속하십니다.

예수님께서 오늘 본문의 말씀을 하실 때에 제자들은 매우 불안을 느꼈습니다. 예수님이 그들을 떠나가신다고 하셨기 때문입니다. 이때 예수님은 제자들에게 네 가지 약속을 하시면서 위로하셨습니다. 미래에 대한 약속을 하시면서 그들을 위로하셨습니다. 다시 만날 것에 대한 구체적인 약속입니다.

성령을 통하여 제자들과 함께 계시겠다는 약속

"내가 너희를 고아와 같이 버려두지 아니하고 너희에게로 오리라."(본문 18절)

고아라고 하는 말은 부모가 없는 아이들을 가리키지만, 헬라어에서는 단지 아버지가 없을 때도 그 아이를 가리켜 고아라고 합니다. 이 말씀에서 우리는 예수님을 믿는 의미를 찾을 수 있습니다. 예수님을 믿는다는 것은 아버지를 바로 찾는 일로써, 하나님 아버지와 나와의 관계를 올바로 하는 것입니다. 우리는 하나님의 자녀이므로 하나님과의 관계가 끊어지면 고아가 될 수밖에 없습니다.

중국의 유명한 석학 임어당 선생은 40년을 방황하다가 하나님께로 돌아오면서 "하나님 없이 살았던 40년은 완전히 고아와 같은 생활이었다."고 했습니다. 그는 원래 신학을 공부했고 하나님을 아는 사람이었지만 중간에 타락하여 40년간 하버드 대학 교수로 재직하는 동안은 예수님을 믿지 않았습니다. 그래서 무신론적인 저서를 많이 썼습니다. 그러나 결국은 하나님께로 돌아오면서 지난 생활은 고아와 같은 생활이었다고 술회한 것입니다.

고아 의식이라는 말이 있습니다. 가치관 전체가 고아라고 하는 의식에 집중되어 있는 것을 말합니다. 아이들이 놀 때 친구도 좋아하고 장난감도 좋아합니다. 그러나 엄마나 아빠가 옆에 안 계신다면 친구나 장난감에 전혀 흥미를 느끼지 못합니다. 엄마 아빠가 계시고서야 친구도 장난감도 소용이 있는 것입니다. 부모 없이 고아의식을 가지고 자라나면 항상 울적해 집니다. 철학자들의 말을 빌리면 이 상태를 불안이라고 합니다. 불안은 이유 모르는 고민이라고 해석합니다. 배고프다든지 핍박을 받든지 고통을 당하든지 괴로운 일도 없는데 뚜렷한 이유 없이 늘 불안한 상태를 말합니다. 조금 자라난 아이들이 함께 어울려 놀 때는 고아인지 아닌지 구별이 되지 않습니다. 그러나 해가 져서 집으로 돌아갈 시간이 되면 완전히 달라집니다. 한 편에서는 서둘러 아빠 엄마가 기다리는 집으로 돌아가지만 고아들은 해지는 들녘을 바라보며 서성거립니다.

이와 같이 믿는 사람과 믿지 않는 사람과의 차이는 죽을 때에 나타납니다. 성도는 하나님의 집으로 간다는 사실을 믿기 때문에 슬퍼하지 않습니다. 그러나 불신자들은 죽음 후에 갈 수 있는 아버지의 집이 없기 때문에 불안해 죽음을 무서워합니다.

고아라는 뜻에는 이런 의미도 있습니다. 가장 사랑하는 스승들을 잃어버리거나 스승의 가르침을 잃어버리고 낙담하고 있는 제자들과 학생들에게도 사용됩니다. 소크라테스가 죽었을 때 그의 제자들은 '나머지 인생을 아비를 잃어버린 자식들과도 같이 적적하게 지내지 않으면 안 된다고 생각했다,'고 플라톤은 전했습니다. 그러나 예수님께서는 "내가 너희를 고아와 같이 내버려두지 아니하고 너희에게로 오리라,"고 약속하셨습니다.

"너희에게 오리라,"는 말씀이 재림을 말하는 것이 아닙니다. 이 말씀은 부활의 의미도 아닙니다. 이 말씀은 오순절의 성령강림을 뜻합니다. 예수님은 그들의 죄를 대신하여 죽으시고 부활하셔서 승천하셨습니다. 그러나 예수님이 제자들과 함께 하는 길이 있는데, 그것은 성령님을 보내어 제자들과 함께 하신다는 것입니다. 성령님은 성부 하나님과 성자 하나님께서 보내셨습니다. 예수님은 그들을 "고아와 같이 버려두지 아니 하시고 성령을 보내어 항상 함께 하시고 인도하신다,"고 가르치십니다.

제자들은 예수님의 이 약속을 이해하고 믿고 기뻐하며 받아들였습니까? 아닙니다. 예수님이 하신 이 약속을 믿지 못했고 두려워했습니다. 언제 그들은 "고아와 같이 버려두지 않고 너희에게 다시 오리라,"는 약속을 알고 깨닫고 믿었습니까? 예수님 살아생전에 그들의 귀로 듣고 예수님의 얼굴을 보고 교훈을 받을 때는 유감스럽게 그것을 알지 못했습니다. 예수님의 제자들은 영적 고아의 신분을 면치 못했습니다. 오순절 성령강림 후에 예수님의 약속을 알았고, 깨달았고, 믿었고, 위로를 받았습니다. 오늘날 우리 성도들은 늘 하나님의 말씀을 듣지만 말씀을 모르는 자에게는 어떤 위로도 될 수 없으며 말씀의 생명도 체험하지 못합니다. 언제라도 믿어질 때 그 순간부터 말씀의 능력이 내게 임하고 진정한 위로를 얻는 것입니다.

부활의 약속

제자들이 예수님의 죽음에 대하여 얼마나 절망했는지 그 모습이 나타납니다.

"우리는 이 사람이 이스라엘을 속량할 자라고 바랐노라 이뿐 아니라 이 일이 일어난 지가 사흘째요."(눅 24:22) 이런 극한 절망감은 도마의 의심에서도 나타납니다.

"도마가 이르되 내가 그의 손의 못 자국을 보며 내 손가락을 그 못 자국에 넣으며 내 손을 그 옆구리에 넣어 보지 않고는 믿지 아니하겠노라 하니라." (요 20:25)

예수님의 죽음에 대하여 제자들은 심한 공포를 느끼고 있었을 때 예수님은 "내가 다시 살리라, 그리고 너희도 살게 할 것이다,"라고 말씀하셨습니다. 예수님은 죽음이 인생의 끝이 아니라고 말씀하십니다. 예수님 자신이 죽음을 정복하시고 부활하실 것을 말씀하십니다.

"예수께서 이르시되 나는 부활이요 생명이니."(요 11:25)

이들에게 예수님은 부활을 약속하셨습니다. 이것은 크나큰 약속입니다.

예수님은 제자들에게 예수님이 주시는 생명을 알고 느끼고 체험하며 살라고 하십니다. 예수님이 생명이시라는 것을 가르치십니다. 이 말씀은 지금 그 생명의 실재를 경험하여 살라는 것입니다. 내가 영적으로 살아있다는 체험을 가져야 한다는 것입니다.

피터 마샬(Peter Marshall, 1902-1949) 목사가 세상을 떠날 때의 이야기가 있습니다. 임종시간이 가까워오자 부인이 눈물을 흘렸습니다. 그때 피터 마샬 목사는 빙그레 웃으면서 말했습니다. "내일 아침에 다시 만납시다." 그리고 숨을 거두었습니다. 부인은 여기서 진리를 깨달았습니다. 그래서 부인은 '나의 남편은 목사였다,' 라는 책을 썼습니다. 이 책은 베스트셀러가 되었습니다. 책을 쓴 동기를 부인은 이렇게 기록했습니다. "남편이 세상을 떠나는 바로 그 순간에 하늘나라를 알게 되었고 거기서 받은 감격과 영감으로 글을 쓰게 되었다."

요한복음 14:19에서 예수님은 자기의 부활체를 제자들이 보리라고 약속하셨습니다.

"조금 있으면 세상은 다시 나를 보지 못할 것이로되 너희는 나를 보리니 이는 내가 살아 있고 너희도 살아 있겠음이라." 이 말씀은 확실한 미래를 나타내는 것입니다. 즉,

"내가 살았고, 지금도 살고 있고, 앞으로도 살 것이다,"라는 확실한 사실을 말합니다. 동시에 너희도 살 것이라는 소망을 주십니다. 제자들은 예수님의 이 부활의 약속을 믿었습니까? 아닙니다. 당시에는 깨닫지 못했습니다.

알아듣지 못했습니다. 예수님의 부활이 현실화, 사건화 된 다음에야 알았습니다. 그것도 처음에는 의심했습니다. 그러나 성령 충만함을 받은 후에야 알았습니다.

예수님의 이 부활의 약속을 조금 더 일찍 알았더라면 얼마나 큰 행복과 기쁨이 있었겠는가 하는 아쉬움이 있습니다. 우리의 삶에도 이런 안타까움이 있습니다. 내가 일찍 예수님을 알았더라면, 내가 좀 더 일찍 은혜생활을 했더라면, 내가 일찍 교회가 무엇인가를 알았더라면, 내가 좀 더 일찍 하나님의 말씀이 꿀보다 더 달고 송이 꿀보다 더 달다는 것을 알았더라면, 이렇게 안타까움을 나타냅니다. 건강할 때 건강의 귀함을 모르고, 돈 있을 때에 돈의 귀함을 모릅니다. 이것을 미리 알아서 선용해야 합니다.

예수 그리스도에 대한 바른 지식을 가지리라는 약속

"그 날에는 내가 아버지 안에, 너희가 내 안에, 내가 너희 안에 있는 것을 너희가 알리라."(14:20)

예수 그리스도에 대한 지식이 있어야 합니다. 성자 하나님은 성부 하나님과 근원적으로 하나이시고, 존재론적으로 영원한 관계이며, 변경이 없는 절대적인 연합입니다. 성자 하나님과 성부 하나님은 완벽한 연합이고 동등한 연합입니다. 예수님이 우리 안에 우리가 예수님 안에 있습니다. 이것은 예수님과 성도와의 관계입니다. 예수님은 포도나무이고 성도는 그 가지입니다. 예수님은 머리되시고 우리는 그 지체입니다. 예수님은 선한 목자이시고 우리들은 그의 양들입니다. 예수님과 성도는 구원사적인 연합입니다. 예수님과 성부 하나님의 관계는 예수님과 우리 성도와의 관계와 완연히 다릅니다. 예수님과 성부 하나님과의 관계는 하나님과 하나님과의 관계이고 예수님과 우리 성도와의 관계는 하나님과 인간과의 관계입니다.

제자들은 육신의 몸을 입고 오신 예수님을 보면서도 그에 대한 지식이 확실하지 못했습니다. 그러나 그날에는 예수님에 대한 바른 지식을 확실히 알게 되리라고 약속하셨습니다. 부활하시고 성령이 강림하신 오순절에는 예수님이 하나님이심을 확실히 알게 된다고 하시는 것입니다. 예수님이 성령을 통해서 우리에게 내주하심을 알리라고 하십니다. 성령님이 하나님의 백성들과 함께 하신다는 사상은 새로운 것이 아닙니다. 구약시대 노아와도 성령이 함께 하셨고, 선지자들, 광야생활을 하던 이스라엘 사람들, 다윗에게도 성령이 함께 하셨습니다. 다윗은 기도했습니다.

"나를 주 앞에서 쫓아내지 마시며 주의 성령을 내게서 거두지 마소서."(시 51:11)

'과거에 하나님의 백성들과 함께 하신 성령이 현재, 미래에도 그들과 함께 하신다,'

고 예수님은 말씀하십니다. 성령이 하나님의 백성들과 함께 하시고 그들 속에 계시므로 성부 하나님과 성자 하나님도 역시 그들 속에 계시다고 말씀하시는 것입니다.

성도들이 예수님 안에 있다는 것을 어떻게 알 수 있습니까? 바로 성령께서 그것을 알게 해 주시기 때문에 알 수 있습니다. 우리는 성부, 성자, 성령의 삼위일체 하나님과 함께 한다는 사실을 알아야만 합니다.

계속적인 계시를 약속

"나의 계명을 지키는 자라야 나를 사랑하는 자니 나를 사랑하는 자는 내 아버지께 사랑을 받을 것이요 나도 그를 사랑하여 그에게 나를 나타내리라."

(본문 21절)

예수님은 3년 동안 제자들에게 자기 자신을 나타내 주셨습니다. 그러나 제자들은 예수님에 대하여 아직도 잘 알지 못했습니다. 예수님은 제자들과의 계속적인 연합과 만남을 약속하십니다. '나를 사랑하는 자, 나의 계명을 지키는 자에게 내가 떠나간 후에도 나를 나타내리라' 고 하신 것입니다.

성경을 읽을 때 하나님이 당신의 마음을 어떻게 표현하셨는가를 봐야만 합니다. 순종하는 크리스천은 하나님의 뜻이 무엇인가를 분별합니다. 그래서 하나님의 말씀을 순종하고, 지키고, 기쁨으로 헌신합니다. 그리스도에게 복종하고 사랑할 때 그리스도는 자기를 더 잘 나타내 주십니다. 그러나 불복종할 때에는 예수님은 자기 계시를 중단하리라고 하십니다. 예수님의 뜻과 마음을 더 깊이 파악하고 밀접한 관계를 갖고 연합하려면, 또 은혜 생활을 하려면 예수님의 계명을 지키고 그 말씀에 복종해야 합니다. 계명은 무거운 것 같지만 기쁨과 자유를 줍니다. 계명과 우리의 관계는 새와 새의 날개의 관계와 같습니다. 날개는 무거운 것 같이 보이지만 그것이 새로 하여금 날게 합니다.

예수님은 약속하십니다. 성령을 통하여 제자들과 함께 계시겠다고, 부활의 약속을 주시겠다고, 예수님에 대한 올바른 지식을 주시겠다고, 그리고 계속하여 자기 계시를 하시겠다고 약속하십니다. 이것은 주님이 우리를 떠나지 않으신다는 임마누엘의 약속입니다. 계명을 지키고 순종함으로 주님과 깊은 연합의 관계를 갖고 은혜생활을 해야 합니다.

제17장

교사이신 성령

(요 14:25~26)

요한복음 14:25~26 "내가 아직 너희와 함께 있어서 이 말을 너희에게 하였거니와, 보혜사 곧 아버지께서 내 이름으로 보내실 성령 그가 너희에게 모든 것을 가르치고 내가 너희에게 말한 모든 것을 생각나게 하리라."

보혜사 성령님은 성부 하나님께서
성자 예수님의 이름으로 보내시어
우리에게 오셨습니다.
성령님은 우리들에게 모든 것을 가르치십니다.
예수님이 말씀하시고 교훈하신 모든 것을 가르치십니다.
우리는 성령님의 가르치심을 기다리고 순종해야 합니다.

예수님은 성령을 가리켜 '다른 보혜사'라고 하셨습니다. 예수님 자신도 보혜사이며 성령도 다른 보혜사라는 것입니다. 여기서 '다른'의 뜻은 '같은 것의 또 다른 하나'라는 의미입니다. 예수님도 보혜사이시지만 성령님은 또 다른 하나의 보혜사인데 예수님도 하나님이시요, 성령님도 하나님이시라는 것입니다. 보혜사의 뜻은 변호하는 사람, 위로하는 사람, 도와주는 사람이라는 뜻으로, 성령님은 우리를 위해 중보의 역할을 하시며 위로해 주시고 도와주십니다.

예수님은 오늘 본문에서 성령님에 대하여 또 다른 하나의 명칭을 사용하시는데 성령님이 제자들과 성도들의 교사요 스승이라는 것입니다.

"보혜사 곧 아버지께서 내 이름으로 보내실 성령 그가 너희에게 모든 것을 가르치고."(요 14:26)

사도 요한은 예수님의 말씀대로 성령님이 오시는 경위를 밝히고 있습니다.

성령님이 오시는 경위

성령님이 누구로부터 오십니까? 예수님은 '보혜사 곧 아버지께서 내 이름으로 보내실 성령'이라고 말씀하셨습니다. 성령은 성부와 성자로부터 오신다는 뜻입니다. 특별히 성부 하나님께서 성자의 이름으로 보내신다고 하였는데, 예수님이 내 이름으로 성령을 보내신다는 뜻을 바르게 파악해야 합니다. '내 이름으로 보내신다,'는 말씀은 예수님의 권위로 보내신다는 뜻이 아닙니다. 성부께서 성령님을 보내실 때에 성자 하나님과 연관을 가진 상태로 보내시고, 성자 예수님의 계시와 함께 보내시고, 성자의 이름과 연합으로 보내신다는 뜻입니다.

예수님께서 성부 하나님의 이름으로 세상에 오셨다는 뜻은 요한복음 5:43

의 "나는 내 아버지의 이름으로 왔으매."라는 말씀대로 예수님이 하나님의 대리인이라는 뜻입니다.

마찬가지로 성부 하나님께서 성자의 이름으로 성령을 보내신다고 하셨을 때, 성령 하나님이 성자 하나님의 대리인이라는 의미입니다. 삼위일체를 생각할 때에 성부 하나님이 가장 크시고 그다음 성자 하나님 그리고 성령 하나님의 순서라고 결코 생각할 수 없습니다. 삼위(성부, 성자, 성령)는 권위와 영광에 있어서 동등하신 하나님이십니다.

또 한 가지 삼위일체에 대하여 주의할 것은 하나님이 세 가지 양식으로 나타났다는 것이 아닙니다. 성부 하나님은 인격을 가시신 분이요, 성자 하나님도 인격을 가지신 분이며 성령 하나님도 인격을 가지신 분입니다. 그러므로 성부는 성자가 아니고, 성자는 성령이 아니고, 성령은 성부가 아닙니다. 각자 개별적으로 인격을 가지신 하나님이십니다. 그러나 그 본체에 있어서는 하나이신 하나님이십니다.

성부 하나님이 성령 하나님을 예수 그리스도의 이름으로 보내셨다는 것은 성령님이 예수 그리스도의 대리자라는 뜻입니다. 교회 역사를 살펴보면, 라틴계 교부들이 있던 서방교회와 헬라계 교부들이 있던 동방교회로 나누어집니다. 325년 니케아 공의회에서 채택된 신경은 "성령을 믿나이다,"로 기록되었고, 381년 콘스탄티노플 공의회에서 채택된 신경에서는 "성부로부터 발출하시는(나오시는) 주,"라는 말이 삽입되었습니다. 589년 톨레도 대회에서는 "생명의 창조자 성령을 믿나이다. 성부와 성자로부터 발출하시는 성령을 믿나이다,"라는 말이 삽입되었는데, 이 말은 라틴어 '필리오케(Filioque)'로, "~와 아들로부터"라는 의미입니다. 이 말이 삽입되자 헬라 동방교회는 이 단어의 삽입에 격렬히 반대하였고 지금까지도 이 필리오케를 반대합니다. 톨레도 회의에서 수정된 콘스탄티노플 신경의 조문은 지금 로마 가톨릭과 모든 개신교 교회가 채용하는 것입니다. 이 필리오케 논쟁, 즉 성령의 발출이 성부만으로 부터냐 성부와 성자로부터냐 하는 논쟁은 11세기에 동서교회 분열의 계기를 만들었습니다.

성령의 사역

성령의 사역은 제자들에게 모든 것을 가르치시는 것입니다. 예수님의 제자들은 예수님이 선택하신 권위 있는 대변인들이었습니다. 이들은 예수님이 계시하신 진리를 증거 하는 자들이었고, 그 계시를 기록할 책임을 진 자들이며, 실제로 성경을 기록했습니다. 그리고 제자들의 가르침은 신약교회의 표준이 되었습니다. 제자들은 3년 간 예수님에게서 배웠습니다. 예수님과 함께 자고 먹고 동행하면서 많은 것을 배웠습니다. 이만큼 배웠으면 그들은 예수님의 사역과 복음의 진수를 이해했으리라고 우리는 추측할 수 있습니다. 그러나 그들은 예수님을 이해하지 못했고, 예수님의 교훈을 깨닫지 못했습니다. 그들은 복음의 위대한 진리를 실제로 터득한 것은 아닙니다. 특히 요한복음 14장에서 예수님이 마지막 고난 주간에 교훈을 주실 때에 제자들은 배우는 데 문제를 안고 있었습니다. 주님이 그들을 떠나신다고 하심으로 마음이 초조했고 긴장해 있어서 예수님의 교훈을 주의 깊게 듣지 못했습니다. 예수님이 보혜사 성령님에 대하여 진지한 교훈을 주심에도 불구하고 그들은 당황한 상태에서 교훈을 깨달을 수가 없었습니다. 예수님이 말씀하시는 것을 그들의 귀로 들을 수는 있었으나 그 의미를 다 깨닫지 못했습니다.

"예수께서 대답하여 이르시되 너희가 이 성전을 헐라 내가 사흘 동안에 일으키리라. 유대인들이 이르되 이 성전은 사십육 년 동안에 지었거늘 네가 삼일 동안에 일으키겠느냐 하더라."(요 2:14-17) 예수님이 '성전' 이라고 말씀하신 뜻은 성전 된 자기 육체를 가리키신 것입니다. 그리고 그 육체는 삼일

만에 부활한다고 하셨습니다. 그러나 예수님이 하신 이 말씀을 제자들은 이해하지 못했습니다. 제자들은 그 의미를 예수님이 부활하신 후에야 깨달았습니다.

"죽은 자 가운데서 살아나신 후에야 제자들이 이 말씀하신 것을 기억하고 성경과 예수께서 하신 말씀을 믿었더라."(요 2:22)

예수님은 생애 마지막 주간인 첫날(주일)에 예루살렘에 입성하셨습니다. 이스라엘 백성들은 사람마다 손에 종려가지를 들고 환영하였고 그들의 옷을 예수님 가시는 길에 펴 놓았습니다. 그리고 호산나 찬송을 부르면서 영접했습니다. 예수님은 나귀새끼를 타시고 평화의 왕으로 예수살렘에 입성하셨고, 무한한 환영을 받으셨습니다. 제자들은 예수님이 왜 준마를 타지 않고 나귀새끼를 타고 입성하시는지 그 뜻을 몰랐습니다. 왜 사람마다 종려가지를 손에 들고 호산나 찬송을 부르며 예수님을 환영하는지 그 이유도 몰랐습니다. 언제 제자들이 이 사건의 진정한 의미를 깨달았습니까?

"제자들은 처음에 이 일을 깨닫지 못하였다가 예수께서 영광을 얻으신 후에야 이것이 예수께 대하여 기록된 것임과 사람들이 예수께 이같이 한 것임이 생각났더라."(요 12:16)

오순절 성령 충만한 은혜를 체험하고 난 후에 성령의 가르치심을 받은 제자들이 그리스도의 말씀에 대한 정확한 의미를 알 수 있었습니다. 성령님은 제자들의 마음을 열어 예수님의 하신 말씀과 교훈의 의미를 깨닫게 하였고, 예수님에 대한 바른 지식을 갖게 되었습니다. 특별히 예수님은 "성령님이 너희에게 모든 것을 가르치시리라,"고 말씀하셨습니다. 여기서 '모든 것'이란 두 가지 의미가 있습니다.

첫째로 예수님이 말씀하시고 교훈하신 모든 것을 가리킵니다. 예수님이 이 말씀을 하실 때에는 아직 세상에서 제자들과 함께 계셨습니다. 성령 충만한 오순절 사건과 예수님이 말씀하시는 이 시간 사이에 예수님에게 있어서 중대한 사건이 있었습니다. 그 사건은 바로 십자가 죽음, 부활, 승천, 그리고 하나님 우편에 앉으시는 사건입니다. 그러므로 이 '모든 것'이란 예수님이 현재 제자들에게 주시는 교훈만이 아니라, 오순절 성령 강림 이전에 있던 예수님의 모든 사건의 의미도 포함한 것입니다. 오순절 이후 베드로가 예수님의 십자가와 부활의 의미를 깨닫고 설교할 때 하루에 3천명이 회개했습니다. 그의 설교에 성령이 역사한 것입니다. 그러므로 이 같은 큰 결과가 나타난 것입니다.

둘째로 그리스도의 증인으로서 사역하는데 필요한 모든 것을 의미합니다.

● 예수님이 제자들과 함께 하실 때에 교훈하지 아니한 어떤 것도 포함합니다.

"내가 아직도 너희에게 이를 것이 많으나 지금은 너희가 감당하지 못하리라."(요 16:12)

● 성령님은 예수님이 가르치신 모든 것을 제자들이 이해하고 깨닫도록 가르치시는 사역을 하시는 분이십니다. 이 성령님은 오늘 우리에게도 주님의 말씀을 가르쳐 주시고 깨닫게 하시는 일을 하십니다.

"진리의 성령이 오시면 그가 너희를 모든 진리 가운데로 인도하시리니."(요 16:13)

성령님은 하나님의 깊은 것까지도 통달하신 분이십니다.

"성령은 모든 것 곧 하나님의 깊은 것까지도 통달하시느니라."(고전 2:10)

● 우리가 이 성령을 받은 것은 하나님이 우리에게 은혜로 주신 것들을 알게 함입니다.

"오직 하나님으로부터 온 영을 받았으니 이는 우리로 하여금 하나님께서 우리에게 은혜로 주신 것들을 알게 하려 하심이라."(고전 2:12)

● 하나님이 주신 것은 객관적으로는 은혜의 계시였고, 주관적으로는 그것을 믿는 가능성입니다. 하나님이 계시를 우리 영혼에 주셨으므로 영적 지식, 신령한 지식을 가지게 되었습니다.

"사람의 지혜가 가르친 말로 아니하고 오직 성령께서 가르치신 것으로 하니 영적인 일은 영적인 것으로 분별하느니라." (고전 2:13)

그 후에야 예수님의 십자가의 의미를 알게 되었고 부활의 사건과 의미를 알게 되었습니다. 죄가 무엇이며 하나님의 뜻이 무엇인지 알 수 있습니다. 구원이 무엇이며 천국과 지옥이 무엇인지 알 수 있습니다. 우리는 하나님의 계시인 말씀을 배워야 합니다. 인생의 끝 날까지 크리스천들은 배우는 사람이 되어야 합니다. 성령님은 계시의 말씀을 배우는 자를 하나님의 진리 속으로 더 깊이 인도하시며 은혜의 깊은 세계로 인도하십니다. 성령님은 기록된 계시의 말씀을 우리에게 가르치십니다. 더 이상 배울 것이 없다고 생각하는 크리스천은 성령의 교리가 어떤 것인지, 성령님이 어떤 분이신지 아직 이해도 못한 사람입니다.

성령의 사역은 예수님의 말씀을 생각나게 하십니다. 성령님이 예수님의 말씀을 우리 마음속에 생각나게 하신다는 것은 두개의 진리를 가르치고 있습니다.

첫째, 진리는 새로운 것이 아니라는 것입니다. 성령님은 예수님이 가르치시고 교훈하신 진리를 생각나게 하시는 분이라고 성경은 말합니다. 결코 진리를 다시 만들어서 가르치는 분이 아니시라는 것입니다. 성령님은 예수님이 말씀하신 그 옛 진리를 제자들의 마음에, 성도들의 마음에 다시 재창출시키는 작용을 하십니다. 그러므로 우리가 기억하고 바르게 생각해야 할 것은 우리가 진리를 새롭게 창조하고 발명하는 것이 아니라는 사실입니다. 성령님은 예수님이 말씀하신 그 진리 그대로를 제자들과 우리들의 마음에 회상시키는 일을 하십니다. 강단에서 설교하는 목사들의 설교도 새로운 이론, 새로운 논리를 말하는 것이 아니라 옛 교리를 오늘의 우리 상황에서 새롭게 전달하는 것입니다. 은혜로 구원을 얻는 교리는 구약이나 신약이나 똑같습니다. 믿음으로 구원을 얻는 것입니다. 구약에서의 제사는 죄를 사하기 위해 짐승의 피를 제물로 바쳤지만, 우리 구원의 희생제물은 신약에서의 예수님의 십자가입니다. 무죄한 피입니다. 구약 성도들이 죄 사함 받은 것은 누구의 피를 믿음으로 죄를 용서 받았습니까? 아브라함, 모세, 아론이 예수님의 피를 믿었습니다.

"아브라함은 나의 때 볼 것을 즐거워하다가 보고 기뻐하였느니라."(요 8:56)

"그리스도를 위하여 받는 수모를 애굽의 모든 보화보다 더 큰 재물로 여겼으니 이는 상 주심을 바라봄이라."(히 11:26)

오늘날 목사들의 사명은 옛 진리를 상기시키는 일입니다. 이상한 것, 들어보지 못한 것을 교인들이 원한다 할지라도 옛 진리를 상기시켜야 합니다.

둘째, 예수님이 가르치신 진리를 잊어버려도 생각나게 하신다는 것입니다. 제자들이 여러 번 진리를 들었을지라도 잊어버렸습니다. 그들은 예수님의 반복적인 교훈을 들었음에도 불구하고 그것을 잊어버렸습니다. 겸손한 자라야 천국 백성의 자격이 있다고 하는 진리를 예수님이 실물교육을 시키셨습니다. 어린아이 하나를 제자들 가운데 세우고 제자들이 보게 하였습니다. 이 어린아이와 같이 자기를 낮추는 자가 천국에서 큰 자라고 하셨습니다. 그러나 제자들은 예수님의 이 교훈을 잊어버리고 그들은 또 누가 크냐 하는 문제로 다투었습니다.

제자들은 가치로 따질 수도 없는 예수님의 교훈을 수없이 많이 들었습니다. 그러나 제자들은 그 교훈을 완전히 파악하지 못한 채로 잊어버린 경우가 많았습니다. 성령님은 예수님의 말씀하신 모든 교훈을 제자들에게 생각나게 하셨고, 예수님의 말씀의 참된 의미와 정확한 의미가 무엇인가를 가르쳐 주셨습니다. 성령님은 그들의 마음과 이성에 예수님의 교훈을 다시 기억할 수 있도록 재생시켜 주셨고, 예수님의 교훈의 의미를 분명히 알게 가르쳐 주셨습니다. 그리고 그 교훈을 충실하고, 정확하고, 분명하게 성경에 기록하게 하셨습니다.

성령님은 우리에게도 성경의 말씀을 생각나게 하십니다. 우리가 만일 신앙을 저버리고 타락했을 때 유년시절에 배웠던 성경 말씀이 다시 생각나게 하십니다. 우리가 실패하고 좌절할 때 예수님의 교훈을 상기하게 하십니다. 우리가 억울한 일을 당했을 때, 배신과 배척을 당하고, 소외를 당해 소외감을 느낄 때, 무능력한 인간이라고 스스로 과소평가할 때, 성령님은 주님이 하신 말씀을 회상시키십니다. 우리의 신앙이 적어지고 은혜생활을 하지 못할 때, 성령님은 그 예전에 들었거나, 읽었거나, 느꼈던 말씀을 어떤 방식을 통해서든지 회상하도록 하십니다.

마틴 루터가 어느 날 기도할 때, 자기의 죄 목록이 처음부터 끝까지 보였습니다. 수많은 죄가 똑똑하게 눈앞에 보였습니다. 사탄이 말하기를 "이 같이 많은 죄를 범한 네가 무슨 하나님의 일을 할 수 있단 말이냐,"고 했습니다. 루터는 그 죄 목록 위에 십자가를 그으면서 "예수님의 피가 이 모든 죄를 사하여 주셨다"고 했습니다.

성령님은 우리의 신앙 향상을 위하여 예수님의 말씀을 회상케 하며 우리에게 신앙의 용기를 주시기 위하여 성경말씀을 다시 생각나게 하십니다. 그러므로 우리가 성경을 읽고 묵상하고 성경을 해석하고 설교하는 말씀을 들어야만 합니다. 이것들을 들을 때, 우리가 설사 그것들을 잊어버린다고 해도 성령님은 그것들을 기억나게 하십니다.

교회 역사에서 부흥과 개혁이 일어나는 때는 잊어버린 하나님의 진리를 다시 기억시키고 회상시킬 때였습니다. 하나님의 말씀을 가르치는 사역은 삼위일체 하나님의 사역입니다. 설교와 선교를 위하여 성부는 성자의 이름으로 성령님을 보내셨습니다. 성령님은 예수님의 모든 교훈을 가르치시고, 잊어버린 예수님의 교훈을 다시 기억나게 하십니다. 성령님의 가르치심을 기다리고 순종해야 합니다.

주님의 평안을 받아 누리자

(요 14:27~31)

요한복음 14:27~31 "평안을 너희에게 끼치노니 곧 나의 평안을 너희에게 주노라 내가 너희에게 주는 것은 세상이 주는 것과 같지 아니하니라 너희는 마음에 근심하지도 말고 두려워하지도 말라. 내가 갔다가 너희에게로 온다 하는 말을 너희가 들었나니 나를 사랑하였더라면 내가 아버지께로 감을 기뻐하였으리라 아버지는 나보다 크심이라. 이제 일이 일어나기 전에 너희에게 말한 것은 일이 일어날 때에 너희로 믿게 하려 함이라. 이 후에는 내가 너희와 말을 많이 하지 아니하리니 이 세상의 임금이 오겠음이라 그러나 그는 내게 관계할 것이 없으니, 오직 내가 아버지를 사랑하는 것과 아버지께서 명하신 대로 행하는 것을 세상이 알게 하려 함이로라 일어나라 여기를 떠나자 하시니라."

예수님은 우리에게 평안을 약속하십니다.
폭풍 속에서 얻는 평안을 약속하십니다.
사탄의 활동과는 무관한 평안입니다.
주님이 주시는 평안을 누리시길 바랍니다.

사람은 누구나 평안을 찾고 갈구합니다. 세상에서는 흔히 마음의 평안을 얻는 프로그램을 만들기도 합니다. 그런데 세상에서 말하는 평안은 소극적입니다. 평안에 대한 설명을 사전에서 찾아보면 원수관계를 끝내는 협정이라 하였고, 그 결과로 가져오는 안정, 고통과 전쟁으로부터의 자유, 두려움으로부터의 자유라고 하였습니다. 세상이 주는 평화는 도피의 평안입니다. 사물을 직면 하지 않고 문제에서 도피하는 평안입니다. 그러나 예수님이 말씀하시고 가르치신 평안의 적극적인 의미는 축복입니다. 곧 모든 선한 일들을 초래하게 하는 하나님과의 바른 관계를 특별히 가리키고 있습니다. 이 평안을 히브리말로는 '샬롬' 이라고 하고 헬라말로는 '에이레네(εἰρήνη)' 라고 합니다. 이 샬롬은 소극적인 의미에서 평안이 아니라 적극적인 의미로써, 모든 근심과 고난을 소화해 버리는 평안입니다. 우리에게 있는 모든 두려움과 불안과 고통을 다 몰아내 주는 그런 평안입니다. 그러므로 이 평안은 하나님이 주시는 적극적인 축복입니다. 이 평안을 예수님이 주십니다. 우리는 예수님이 말씀하신 축복의 평안을 구체적으로 알아보는 것이 유익합니다.

절대적 평안

"평안을 너희에게 끼치노니 곧 나의 평안을 너희에게 주노라 내가 너희에게 주는 것은 세상이 주는 것과 같지 아니하니라 너희는 마음에 근심하지도 말고 두려워하지도 말라."

예수님이 말씀하시는 평안은 내가 노력하고 애써서 얻는 것이 아니라, 주님으로부터 거저 받은 것입니다. 평안이란 내 자신 속에서 생기는 것이 아니고, 주님께서 내 속에 평안을 주셔야 가능하다는 것입니다. 주님이 나를 공포와 두려움과 죄악에서 해방시켜 주셔야 평안을 얻을 수 있습니다.

다른 종교에서는 평안을 얻는 것이 마음먹기에 달려있다고 가르치고, 개인의 수양에 달려있다고 합니다. 그러나 기독교의 평안은 본질적으로 주님께로부터 받는 것입니다. 예수님께서는 "내가 주는 평안은 세상이 주는 평안과 같지 아니하니라,"고 하십니다. 세상이 주는 평안은 무엇입니까? 그것은 주로 소유를 먼저 생각하게 합니다. 돈이나 지위를 얻으면 기뻐하지만, 이 기쁨과 평안은 순간적입니다. 부자들의 말에 의하면 가진 것 때문에 도리어 불안하다고 합니다. 사실 가난할 때가 많이 소유했을 때보다 더 평안하지만 사람들은 오해를 하고 있습니다. 소유란 마치 갈증이 났을 때 바닷물을 마시는 것과 같다고 비유할 수 있겠지요. 바닷물은 마시면 마실수록 더 갈증이 심한 것처럼 가지면 가질수록 더욱 욕심이 나며 불안이 증가됩니다.

미국의 대통령 승용차는 약 55만 불이나 하는 링컨 리무진입니다. 차의 외벽은 2톤 장갑차에 해당하는 재질이고, 차의 뚜껑은 전투기의 재질입니다. 유리도 전투기의 유리로 총알이 관통하지 못합니다. 타이어도 특수설계를 해서 자동차 바퀴가 다 터져도 전속력으로 50마일로 달릴 수 있게 설계되었다고 합니다. 그러나 이처럼 안전한 차이지만 그 안에 탄 사람은 항상 불안합니다.

세상이 주는 평안은 피상적이며 일시적인 것이고 상대적인 것입니다. 세상이 주는 평안은 재물, 지위, 권력 같은 세상 환경에서 오는 것이며 또 다시 그 환경이 빼앗아 갑니다. 그러나 주님이 주시는 평안은 영구적이며 절대적인 평안으로써 아무도 그 평안을 빼앗을 수 없습니다.

예수님이 주시는 평안은 무엇입니까? 그것은 죄인과 하나님과의 바른 관계를 가짐으로 얻는 평안과 축복을 의미합니다.

"그러므로 우리가 믿음으로 의롭다 하심을 받았으니 우리 주 예수 그리스도로 말미암아 하나님과 화평을 누리자." (롬 5:1)

인간과 하나님과의 관계는 아담의 반역으로 인해 원수가 되었습니다. 아담은 하나님과 동등해지기 위해 하나님의 권위에 도전했습니다. 그러나 예수님이 십자가에서 죽으심으로 인간과 하나님은 화평의 관계를 형성했습니다.

"곧 우리가 원수 되었을 때에 그의 아들의 죽으심으로 말미암아 하나님과 화목하게 되었은즉 화목하게 된 자로서는 더욱 그의 살아나심으로 말미암아 구원을 받을 것이니라."(롬 5:10)

예수 그리스도께서 2천년 전에 벌써 하나님과 인간의 사이를 평화의 관계로 이루셨고, 평안의 축복을 주셨습니다. 이 평안은 절대자이신 예수님이 주시는 평안으로 그 누구도 빼앗아 갈 수 없습니다. 이 평안은 사람들의 영혼과 중심에 주시는 평안입니다.

폭풍 속에서 얻는 평안

예수님이 제자들에게 평안을 너희에게 주노라고 하실 때에 환경은 매우 악화된 상태였습니다. 십자가는 시시각각으로 다가오고 있었습니다. 제자들은 저마다 높다고 교만의 발꿈치를 더 높이는 한심한 상태요, 특히 배반자 가룟 유다가 끼어있었습니다. 어디를 보아도 평안과 기쁨을 얻을 일이 없는 사면초가의 분위기였습니다. 그러나 예수님은 "나의 평안을 너희에게 준다," 고 하셨습니다. 십자가의 죽음을 앞에 놓고 기쁨과 평안을 가지신 주님의 모습을 상상해 보십시오. 그 비법을 우리가 터득하면 어떤 고난과 역경 속에서도 우리는 평안한 자세와 기쁜 마음을 소유할 수 있을 것입니다. 예수님은 하나님의 뜻을 이루려는 오직 한 마음을 가졌으므로 기쁨과 평안이 있습니다.

존 웨슬리가 영국에서 배를 타고 대서양을 건너 미국으로 가는 도중에 풍랑을 만났습니다. 많은 사람들이 아우성을 치면서 각각 자기들이 믿는 신에게 도움을 청하는 기도를 했습니다. 그러나 존 웨슬리는 풍랑이 거세게 일고 폭풍우가 칠 때에 "사랑하는 우리 주 나를 품어주소서. 풍파 지나가도록 나를 숨겨 주시고, 안식 얻는 곳으로 주여 인도하소서," 하고 찬송을 불렀습니다. 그때 선장은 지금 죽을 지경이 되었으니 기도나 하라고 하면서 당신의 하나님은 없다면서 짜증을 냈습니다. 존 웨슬리는 "선장님, 걱정하지 마십시오. 모든 것이 잘 될 것입니다. 천당을 가든 미국을 가든 둘 중에 한 곳에는 갈 것입니다,"라고 천연덕스럽게 말했다고 합니다. 이 말은 사실입니다. 풍랑으로 인해 배가 바다에 침몰되면 천당에 갈 것이고, 무사하면 미국에 갈 것이니 걱정할 것이 없습니다. 이것이 바로 믿는 사람의 자세입니다.

천당 가는 티켓을 받아 놓았으니 남은 생애가 좀 복잡하면 어떻고 고생하면 어떻습니까? 우리는 마지막 카드를 손에 쥐고 있으니 무슨 걱정입니까? 유종의 미만 거둘 수 있다면 고생이 훨씬 더 멋있는 삶이 아닙니까? 사람이 불안한 이유는 마지막이 어떻게 끝을 맺을 것인가 모르기 때문입니다. 가령 끝에 가서 성공한다는 보장이 있다면 중도에 실패와 고생은 귀한 경험이 될 것입니다.

예수님의 부재중에서도 누리는 평안

"내가 갔다가 너희에게로 온다 하는 말을 너희가 들었나니 나를 사랑하였더라면 내가 아버지께로 감을 기뻐하였으리라 아버지는 나보다 크심이라."

예수님은 자기의 죽음을 '갔다가 온다,' 는 간단한 말로 표현하셨습니다. 제자들은 예수님이 떠나신다고 하심으로 근심했습니다. 이때 예수님은 제자들을 '내가 온다,' 는 말로 위로하시고 격려하셨습니다. 예수님이 육신적으로 그들을 떠나서도 성령 강림과 함께 영적으로 다시 그들에게 오신다고 약속하신 것입니다. 사실 성령님은 예수님 승천 후에 초대교회에 충만히 임재 하서서 평안을 주셨고 기쁨을 허락하여 주셨습니다. 이때 예수님도 영적으로 그들에게 임재 하셔서 그들에게 확신과 기쁨을 주셨습니다. 예수님이 그들에게 주신 평안은 예수님이 육신적으로 그들과 함께 하지 아니 하여도 누릴 수 있는 평안입니다.

부활의 주님은 제자들에게 다시 오셨습니다. 의심하는 자에게 확신을 주셨고, 우는 여인들에게 기쁨을 주셨습니다. 내가 예수님을 보았음으로 평안하다는 생각은 주의해야 합니다. 예수님을 꼭 육안으로 보아야 믿겠고 평안을 얻겠다고 하는 것은 잘못된 신앙입니다. 도마가 예수님의 부활을 의심했고 예수님이 직접 그에게 나타나셔서 확신을 주셨지만 그것은 작은 믿음입니다. 예수님을 보지 않고 믿는 자에게 예수님께서는 더 큰 은혜를 주십니다.

"내가 아버지께로 감을 기뻐하였으리라 아버지는 나보다 크심이라,"는 말씀의 해석으로 인해 신학적 논쟁이 있었습니다. 이 말씀은 325년 니케아 회의 때 이단자로 정죄 받은 아리우스가 무기로 사용한 말씀입니다. 아리우스는 예수님을 피조물의 머리라고 하고 인간의 으뜸이라고 하여 예수님의 신성을 인정하지 않았습니다. 그러나 하나님만이 하나님과 비교될 수 있는 것이지 만일 피조물이 하나님은 나보다 크다고 한다면 그것은 자기를 하나님으로 보는 중대한 모독이 될 것입니다. 성부 하나님과 성자 하나님의 차이는 본질적인 것이 아닙니다. 성육신하신 일에 있어서, 예수님은 성부 하나님보다 낮아지신 것입니다. 그의 외적 영광이나 공적 지위에 있어서 낮아지신 것입니다.

"그는 근본 하나님의 본체시나 하나님과 동등 됨을 취할 것으로 여기지 아니하시고, 오히려 자기를 비워 종의 형체를 가지사 사람들과 같이 되셨고." (빌 2:6~7)

"사람의 모양으로 나타나사 자기를 낮추시고 죽기까지 복종하셨으니 곧 십자가에 죽으심이라." (빌 2:8)

그러나 예수님이 십자가를 지시고 죽으신 후 부활하시고 아버지께로 돌아가심은 예수님이 영원 전부터 본래 가지셨던 하나님의 영광과 지위로 돌아가신 것 입니다. 그러므로 제자들이 이 사실을 이해한다면 오히려 기뻐해야 한다는 것입니다. 제자들이 예수님에 대한 이해가 부족 했고, 예수님의 하신 말씀을 바로 깨닫지 못하여 그들은 근심하고 걱정했습니다. 아들은 아버지에게 돌아가서서 영광을 얻으시고, 성령님과 함께 영적으로 임재 하여 제자들과 영원히 함께 한다는 사실을 알았다면 기뻐했을 것입니다.

사탄의 활동과는 무관한 평안

본문 30절 "이 후에는 내가 너희와 말을 많이 하지 아니하리니 이 세상의 임금이 오겠음이라."하셨습니다. 이 세상의 임금은 누구일까요?

"이제 이 세상에 대한 심판이 이르렀으니 이 세상의 임금이 쫓겨나리라." (요 12:31)

사탄이 가룟 유다의 마음에 들어가서 예수님을 배신케 했습니다. 유대 지도자들, 로마 군병들의 마음에 사탄이 들어가서 예수님을 체포하여 십자가에 못 박게 하는 사탄의 활동이 있으리라는 것을 말씀하십니다. 그러나 예수님은 사탄에 대해 다시 말씀하십니다.

"그러나 그는 내게 관계할 것이 없으니."

그리스도의 죽음은 누구의 강압이나 도모, 계획에 의해 발생되는 것이 아니라 예수님이 스스로 죽음을 택하시고 다시 사신 것입니다.(요 10:18) 이 말씀의 의미는 사탄이 예수님에게서 죄를 찾지 못할 것이고, 사탄이 예수님에게 죽음을 가져오지 못할 것이라는 뜻입니다. 예수님은 자진해서 수난과 고난을 당하시는 것입니다. 그러므로 예수님은 자기를 죽이려는 사탄의 활동이 그렇게 심하게 회오리바람처럼 일어날지라도 평안한 마음을 소유했습니다. 그리스도의 죽음은 사탄의 권능 때문이 아니라 성자 하나님의 성부 하나님에 대한 사랑 때문이었습니다. 예수님의 죽음은 예수님이 하나님을 얼마나 사랑하는가를 보여주는 죽음입니다.

아브라함에 대한 영화가 있었습니다. 아브라함이 이삭을 데리고 모리아 땅에 가서 번제를 드리려는 장면입니다. 작가는 이 장면을 이렇게 처리했습니다.

아브라함이 묻습니다. "이삭아, 내가 너를 사랑하는 줄 아느냐?" "네, 압니다."

"얼마나 사랑하는 것 같으냐?" "아버지 목숨보다 더 사랑하는 줄 압니다."

"그렇다. 그러면 이제 내가 너에게 무엇을 하든지 이것 모두가 너를 사랑해서 하는 것이라고 믿을 수 있느냐?" "네, 믿습니다." "좋다. 여기 누워라."

아버지가 아들을 사랑한다는 사실을 알면 죽이는 것까지도 사랑하기 때문이라는 것을 알므로 믿고 맡기는 것입니다. 믿는 사람은 자기 앞에 전개되는 사건마다 하나님께서 사랑하시므로 이런 사건이 생긴다고 믿습니다. 믿는 사람들은 자기 환경에서 하나님께 영광을 돌릴 줄 압니다. 이 같이 자기 환경에서 하나님께 영광을 돌리는 사람이 평안을 맛보고 누리면서 살 수 있습니다. 예수 그리스도의 죽음은 성자 하나님이 성부 하나님께 복종하신 것을 나타내려 함입니다. 예수님은 말씀하십니다.

"아버지께서 명하신 대로 행하는 것을 세상이 알게 하려 함이로라."(요 14:31)

예수님은 기도하셨습니다.

"나의 원대로 마시옵고 아버지의 원대로 하옵소서."(마 26:39, 막 14:36)

이 기도대로 이루어진 것이 예수님의 십자가입니다. 예수님이 십자가를 회피했다면 아버지의 명대로 한 것이 아닙니다. 우리는 우리가 당하는 사건 앞에서 떨며 두려워하고 절망할 것이 아니라, 사건을 통하여 이루어질 하나님의 뜻을 바라보아야 합니다. 이것이 바로 예수님의 사상과 교훈입니다. 사탄의 활동이 제 아무리 활발할지라도 하나님의 목적과 뜻을 해할 수 없고 저지할 수 없습니다. 그러므로 주님이 주신 평안을 사탄의 유혹과 시험 때문에 빼앗기지 않습니다.

주님께서 주신 평안은 불안과 두려움을 쫓아내는 초자연적인 평안입니다. 주님은 이 평안을 우리에게 유산으로 주셨습니다. 이 평안을 우리는 유지하고 보존해야 합니다. 육체적 질병이나 고난, 고통, 괴로움, 시험이 이 평안을 빼앗으려 합니다. 무지, 유혹, 계속적인 시련이 이 평안을 빼앗으려 합니다. 하나님의 절대적 주권과 완전한 계획을 모른다면 이 평안을 빼앗길 수 있는 것처럼 생각하기 쉽습니다.

죄는 우리의 평안을 파괴하고 고의적인 범죄는 하나님과의 교제를 막아버립니다. 우리는 죄를 미워하고 주님을 사랑하며 하나님의 법도를 준수하여 주님이 주신 이 평안을 지켜나가야 합니다.

"주께서 심지가 견고한 자를 평강하고 평강하도록 지키시리니 이는 그가 주를 신뢰함이니이다."(사 26:3)

주님이 주시는 샬롬이 여러분에게 충만하기를 기원합니다. 주님이 주시는 평안은 세상의 평안과는 다른 절대적인 평안입니다. 폭풍 가운데서 얻는 평안이고, 예수님의 육신적 부재중에서도 누리는 평안이며, 사탄의 활동과는 아무런 관계가 없는 평안입니다.

제19장

참 포도나무와 그 가지

(요 15:1~5)

요한복음 15:1~5 "나는 참포도나무요 내 아버지는 농부라, 무릇 내게 붙어 있어 열매를 맺지 아니하는 가지는 아버지께서 그것을 제거해 버리시고 무릇 열매를 맺는 가지는 더 열매를 맺게 하려 하여 그것을 깨끗하게 하시느니라, 너희는 내가 일러준 말로 이미 깨끗하여졌으니, 내 안에 거하라 나도 너희 안에 거하리라 가지가 포도나무에 붙어 있지 아니하면 스스로 열매를 맺을 수 없음 같이 너희도 내 안에 있지 아니하면 그러하리라, 나는 포도나무요 너희는 가지라 그가 내 안에, 내가 그 안에 거하면 사람이 열매를 많이 맺나니 나를 떠나서는 너희가 아무 것도 할 수 없음이라."

예수님은 참 포도나무이시며, 우리들은 그 가지입니다.

농부이신 하나님은 가지에서 열매가 더 맺기를 원하십니다.

우리는 신앙의 열매를 맺어야 합니다.

열매를 많이 맺는 비결은 오직 예수님과 연합하는 것입니다.

제거되는 가지가 되겠습니까?

열매를 더 맺는 가지가 되겠습니까?

요 한복음에는 예수님의 자기 선언 7가지가 나옵니다.

"나는 생명의 떡이다." (6:35)

"나는 세상의 빛이다." (8:12, 9:5)

"나는 문이다." (10:7,9)

"나는 선한 목자이다." (10:11,14)

"나는 부활이요 생명이다." (11:25)

"나는 길이요 진리요 생명이다." (14:6)

"나는 참 포도나무이다." (요 15:1)

이 말씀들은 모두 "나는 ~이다(I am),"로 되어있고, 모두 하나님을 가리킵니다. 출애굽기 3:14에서 모세에게 하나님은 하나님의 이름을 계시하십니다. "나는 스스로 있는 자이다,"라고 하시면서 존재 이유를 자기 스스로 가지고 계신 자라고 하십니다. 예수님은 하나님으로서 "나는 참 포도나무요,"라고 선언하신 것입니다.

참 포도나무

왜 예수님이 자신을 참 포도나무라고 하였나를 생각하는 것이 중요합니다. 구약에서 여러 번 반복해서 이스라엘을 하나님의 포도나무, 포도원으로 비유합니다. 이사야의 표현(사 5:1~7)에서 여호와의 포도원은 이스라엘 족속을 말합니다. 예레미야도(렘 2:21) "내가 너를 귀한 포도나무로 심었노라,"고 하였습니다. 에스겔 15장, 19:10에도 이스라엘을 포도나무에 비유했습니다. 호세아 10:1에서 이스라엘은 열매 맺는 무성한 포도나무라 했습니다. 시편 80:8에서 시인은 이스라엘 백성을 애굽에서 구원해내신 하나님의 구원을 생각하면서 이렇게 노래했습니다.

"주께서 한 포도나무를 애굽에서 가져다가 민족들을 쫓아내시고 그것을 심으셨나이다."(시 80:8)

이 같이 포도나무는 실제로 이스라엘 백성의 상징이었습니다. 이스라엘 독립 때인 마카비 왕조 때 화폐의 문장은 포도나무였습니다. 예루살렘 성전의 영광중의 하나인 성소의 정면에 있는 나무도 큰 황금의 포도나무였습니다. 지위 있는 사람들은 그 포도나무에 새로운 포도송이를 만들어 붙이려고 금을 기부하는 것을 영광으로 생각했습니다. 포도송이는 아니더라도 포도 한 알에 해당하는 금을 기부하기도 했습니다. 이처럼 포도나무는 유대민족의 표상이요 상징이었습니다.

예수님은 자기 자신을 참 포도나무라고 하십니다. 여기서 '참(ἀληθινός)' 이 강조되어 있습니다. '참'은 순수한 참됨입니다. 완전하고 본질적인 참입니다. 구약에서는 포도나무의 상징이 타락의 개념과 함께 사용되었습니다. 이사야가 묘사하고 있는 포도원은 황폐된 것이고, 예레미야가 묘사하고 있는 포도원은 야생의 포도나무로 퇴화했으며, 호세아가 묘사하고 있는 포도원은 헛된 포도나무라고 하였습니다.

"나는 참 포도나무요,"라는 말씀의 의도는 무엇일까요? "너희는 그저 유대인이라는 이유로 택함 받은 백성이라고 생각하고, 혈육, 출생, 국적으로 말미암아 하나님의 포도나무 가지라고 생각하고 있다. 그러나 참 포도나무는 이스라엘 민족이 아니다. 선지자들이 말했듯이 이스라엘 민족은 타락한 포도나무이다. 참 포도나무는 바로 나다,"라고 하시는 것입니다.

'너희가 유대인이라고 하는 사실이 너희를 구원하는 것이 아니다. 나와 친밀하고 산 교제를 가지고 나를 믿는 것만이 너희가 구원을 얻는 길이다. 왜냐하면 나는 하나님의 참 포도나무이며, 너희는 나와 연결된 가지이기 때문이다,' 라는 것입니다. 구원을 얻는 길이 유대인의 혈통에 있지 않고 예수님을 믿는 신앙에 있다는 것을 가르치십니다.

포도원의 농부, 아버지

예수님은 "내 아버지는 농부라."고 밝혀 놓으셨습니다. 농부의 관심사는 열매를 맺게 하는 데 있고 더 풍성한 소출을 얻는 데 있습니다. 포도원을 만들어 놓고 무성한 그늘만을 원하는 농부는 아무도 없습니다. 열매를 얻어 보려는 것이 포도원 농부의 일념입니다. 열매는 가지에서 열립니다. 그러므로 가지를 정리하는 일이 농부의 가장 큰 작업입니다. 열매가 가지에 열리도록 하기 위해 농부가 하는 일은 무엇입니까?

첫째, 과실을 맺지 않는 가지는 아버지께서 제거해 버리십니다.
'제거하다,' 는 헬라어 '아이로(αἴρω)' 로 이 단어는 '없애다,' 가 아니라 '들어 올리다,' 라는 뜻입니다. 가지를 없애버리는 것이 아니라 과실을 맺지 않는 가지를 들어 올려서 땅에 끌리지 않게 하신다는 말입니다. 농부는 포도나무 가지가 땅에 붙어있지 않게 합니다. 막대기를 세워서 가지에 맵니다. 가지가 땅에 끌려서 자라면 기생식물이나 이끼가 붙습니다. 그리고 벌레들이 모여듭니다. 가지가 땅에 끌리지 않게 하고, 땅에서 떨어져 매달리게 하는 것이 농부의 하는 일입니다. 농부는 가지가 땅에서 떨어지게 하려고 반복해서 이 일을 합니다. 가지는 덩굴이기에 땅으로 기는 습성을 갖고 있습니다.

영적생활에 열매를 맺으려면 땅에서 떨어져야 합니다. 땅에 붙어있는 것은 내 감정을 편하게 하려는 것입니다. 이것은 인본주의 신앙입니다. 땅에서 떨어져서 열매를 맺는 것은 내가 괴로워도 하나님을 기쁘시게 하려는 신본주의 신앙입니다. 인간의 욕심, 정욕에서 떨어져야 합니다. 세상적인 것에서 떨어져야 합니다. 사도 바울은 말합니다.

"그러므로 너희가 그리스도와 함께 다시 살리심을 받았으면 위의 것을 찾으라 거기는 그리스도께서 하나님 우편에 앉아 계시느니라. 위의 것을 생각하고 땅의 것을 생각하지 말라."(골 3:1~2) 포도나무 열매는 호박이나 수박처럼 땅에 가지를 펴면서 열매를 맺는 것이 아닙니다.

둘째, 가지를 깨끗하게 하십니다.

"열매를 맺는 가지는 더 열매를 맺게 하려 하여 그것을 깨끗하게 하시느니라."

가지를 깨끗하게 하는 일은 전지 작업입니다. 농부의 하는 일은 가지를 깨끗하게 하는 일입니다. 유대나라에서 포도나무를 처음 심으면 3년간은 열매를 맺지 못하게 합니다. 가지를 튼튼하게 하기 위해 매년 철저하게 가지를 잘라냅니다. 성숙한 포도나무는 12~1월에 걸쳐 가지치기를 한다고 합니다. 이때 열매 맺지 않는 가지는 다른 가지가 더 열매를 맺도록 가차 없이 잘라버리고, 열매 맺는 가지는 더 열매를 맺도록 전지합니다. 포도나무는 이와 같은 가지치기를 하지 않으면 결코 좋은 수확을 기대할 수 없습니다.

영적생활에 풍성한 열매를 맺기 원하십니까? 먼저 영적생활 성장에 방해되는 것을 정리해야 합니다. 나쁜 습성이나, 타락한 친구와 교제, 돈에 대한 욕심을 가차 없이 잘라내야 합니다. 불 같이 타오르는 시기, 질투, 정욕도 잘라버려야 합니다. 생활의 우선순위를 정해서 불필요한 생활습성은 버려야 합니다. 남이 잘되는 것을 축하하고 축복해 주지 못하는 좁은 마음을 버려야 합니다. 기도하지 않고, 말씀을 연구하지 않고, 전도하지 않고, 하나님의 일에 무관심한 모든 습성을 과감하게 버려야 합니다.

농부는 가지를 잘라낼 때 무엇을 사용합니까? 날카로운 전지가위입니다.

신앙생활, 영적생활, 열매 맺는 생활에 방해되는 죄의 요소를 잘라버리는 영적 전지작업에 무엇이 필요합니까? 하나님의 말씀입니다. "너희는 내가 일러준 말로 이미 깨끗하여졌으니." (요15:3)

"하나님의 말씀은 살아 있고 활력이 있어 좌우에 날선 어떤 검보다도 예리하여 혼과 영과 및 관절과 골수를 찔러 쪼개기까지 하며 또 마음의 생각과 뜻을 판단하나니." (히 4:12)

말씀은 날카로운 검입니다. 날카로운 전지가위입니다. 하나님의 말씀이 우리를 깨끗하게 합니다.

"청년이 무엇으로 그의 행실을 깨끗하게 하리이까 주의 말씀만 지킬 따름이니이다." (시 119:9)

말씀의 거울 앞에 아침저녁으로 서서 자기를 살펴보아야 합니다. 자기가 더러운지 깨끗한지 하나님의 말씀의 칼로 나의 더러운 부분을 수술할 때, 아플지라도 참고 인내할 때에 아름다운 삶이 되고 열매 맺는 생활이 됩니다.

열매 맺는 비결

"내 안에 거하라 나도 너희 안에 거하리라 가지가 포도나무에 붙어 있지 아니하면 스스로 열매를 맺을 수 없음 같이 너희도 내 안에 있지 아니하면 그러하리라."

예수님은 "내 안에 거하고, 나도 너희 안에 거하리라,"고 하십니다. 또 "가지가 포도나무에 붙어 있지 않으면 열매를 맺을 수 없다,"고 하십니다. 열매를 맺을 수 있는 길은 포도나무에 붙어있기만 하면 됩니다. 성도는 예수님과 연합되어 있어야 합니다. 그래야 영적 열매를 풍성하게 맺을 수 있습니다. 성도는 가지입니다. 예수님은 포도나무입니다. 가지는 포도나무 의 원 줄기에서 진액을 받을 때에 살 수 있고 열매를 맺을 수 있습니다. 성도는 예수님과 연합되어 있을 때 예수님의 은총으로 영적 결실을 얻게 됩니다. 그리스도와 성도의 연합관계의 특징은 인격적인 연합이고, 도덕적인 연합이며, 생명적인 연합인 동시에 신비적 연합입니다.

전기가 발전소에서 만들어졌다고 해도 여러 가지 과정을 거쳐야 가정에 전기불로 들어오게 됩니다. 그러나 도중에 부도체가 있으면 전기는 끊깁니다. 예수님이 우리 안에, 우리가 예수님 안에 있는 긴밀한 교제는, 우리가 예수님의 말씀대로 순종하고 복종한다는 것입니다. 포도나무 가지가 포도나무에 붙어있는 것과 동일한 것입니다.

하나님의 말씀대로 하지 않고 내 마음대로 하는 것은 하나님이 책임지지 않으십니다. 그러나 하나님 말씀대로 하는 일은 하나님이 책임지십니다. 그것은 원 줄기에서 나왔기 때문입니다. 우리는 하나님의 말씀을 잘 받아들이고 잘 수용하며 순종하고 복종해야 합니다. 그러면 그 말씀이 내 생활, 내 운명을 책임져 주십니다. 내 가정, 내 장래, 내 교회를 책임져 주십니다.

예수님께서는 "나를 떠나서는 너희가 아무 것도 할 수 없음이라,"고 하셨습니다. 포도나무에서 떨어진 가지는 말라서 나중에는 땔감이 될 뿐입니다. 유대인들은 성전 제사용 으로 나무를 가져오는데 규정에 포도나무는 가져올 수 없다고 되어 있습니다. 잘려버린 포도나무 가지는 아무 데도 쓸데없어 그대로 태워버립니다. 유대인들은 하나님의 포도나무 가지였지만 예수님에게 귀를 기울이지 않았습니다. 예수님을 구주로 모시지 않았습니다. 그래서 그들은 시들어 버렸습니다. 가룟 유다도 잘려진 가지입니다. 행함이나 실천이 없는 말뿐인 신자나 잎사귀만 무성하고 열매 없는 포도나무 같은 크리스천들은 잘려집니다. 처음에는 말씀을 받아들이지만 얼마 되지 않아서는 거역하는 신자들, 한 때는 주님을 섬기겠노라고 서약하고 얼마 가지 않아서 주님을 배반한 배신의 크리스천들은 잘려진 나뭇가지입니다.

사도 바울은 "나의 나 된 것은 하나님의 은혜로다," 라고 하였습니다. 은총 중심의 신학입니다. 가지는 나무에 붙어 있을 때에 그 존재가치가 있습니다. 내가 선을 행하고 의를 생각하고 지혜를 생각했더라도, 나의 나 된 것은 하나님의 은혜라고 했습니다.

내가 예수님과 연합되어 있으면 열매가 풍성해집니다. 예수 그리스도로 인하여 내 인격이 존재하고 내 선행이 있다는 것을 알아야 합니다.

축복의 길과 저주의 길

(요 15:6~7)

요한복음 15:6~7 "사람이 내 안에 거하지 아니하면 가지처럼 밖에 버려져 마르나니 사람들이 그것을 모아다가 불에 던져 사르느니라. 너희가 내 안에 거하고 내 말이 너희 안에 거하면 무엇이든지 원하는 대로 구하라 그리하면 이루리라."

우리가 예수님 안에 거하면 복을 받습니다.
예수님 안에 거하지 않으면 저주를 받습니다.
축복 받은 우리는 무엇이든지 구하면 이루어집니다.
저주 받은 사람들은 불에 던져 불 태워 집니다.
예수님 안에 거하는 자는 예수님 안에 머무는 생활을 해야 합니다.
복종의 생활을 해야 합니다.
예수님과 교제하는 생활을 해야 합니다.

생명처럼 귀한 축복이 없고, 죽음처럼 무서운 저주는 없습니다. 예수님은 친히 말씀하시기를 '내 안에 거하는 자는 생명이 있고, 내 안에 거하지 않는 자는 죽음밖에 없다' 고 하십니다. 곧 예수님 안에 생명이 있고 예수님 밖에는 생명이 없다는 것입니다. 이 말씀은 이렇게 표현할 수 있습니다. 교회 안에만 구원이 있고 교회 밖에는 구원이 없다

예수 안에 거한다는 의미

예수님이 우리를 향하여 내 안에 거하라고 하셨습니다. '거한다,' 는 말은 요한복음 15:5에서는 '내 안에 있다,' 라고 번역되었습니다. 이 '예수 안에 거한다, 예수 안에 있다' 라는 말은 예수님 안에 머문다는 말입니다. 예수님 안에 머문다는 사상은 사람 편에서 먼저 그리스도를 찾아 들어오는 행위가 아니라, 그리스도께서 그들을 택하여 은혜 주신 그 자리에 유치되는 것, 머물게 되는 것을 말합니다.

"너희가 나를 택한 것이 아니요 내가 너희를 택하여 세웠나니." (요 15:16)

신자는 그리스도 밖에서 그리스도를 믿으려고 그리스도를 찾아가는 자가 아닙니다. 신자는 벌써 하나님으로 말미암아 그리스도 안에 인도되어 있는 자로서 거기 머물러 있으려고 순종의 걸음을 걷는 자입니다.

그리스도 안에 들어가는 것은 인간이 계획을 세우고 자력으로 할 수 있는 일이 아닙니다. "나를 보내신 아버지께서 이끌지 아니하시면 아무도 내게 올 수 없으니 오는 그를 내가 마지막 날에 다시 살리리라." (요 6:44)

우리가 받은 구원은 하나님이 이끌어 주시기 때문에 받은 구원입니다. 구원은 이 같이 하나님이 이루십니다. 하나님의 단독 사역입니다. 구원 받은 우리 성도들은 하나님께 순종하고 복종해야 합니다. 그러나 하나님이 나의 구

원을 다 이루어주시니 나는 순종할 것도 없고 가만히 앉아 있어도 된다는 주장은 자기를 무생물이나 하등동물로 여기는 자기 비하입니다.

하나님이 우리에게 구원을 선물과 은혜로 주실 때 우리의 책임은 하나님께 복종하는 것입니다. 성자 하나님은 성부 하나님께 순종하심으로 구원을 이루셨습니다.

"그가 아들이시면서도 받으신 고난으로 순종함을 배워서, 온전하게 되셨은즉 자기에게 순종하는 모든 자에게 영원한 구원의 근원이 되시고."(히 5:8~9)

성자 하나님은 성부 하나님 안에, 성부 하나님은 성자 하나님 안에 계신다고 예수님은 친히 말씀하셨습니다. 예수님이 성부 하나님에게 복종하심을 교훈하시는 것입니다.

'예수님 안에 거한다, 예수님 안에 있다,'라는 말은 예수님과 계속적인 교제를 가지는 것을 의미합니다. 어떤 사람이 정신적으로 연약하고 결심이 너무 빈약해서 일을 망치고 타락한 지경에 처했을 때에, 애정이 풍부하고 마음이 선량하여 정신력이 강한 친구가 그를 구했다고 합시다. 그 연약한 사람이 구출 받은 경험을 가지고 올바른 삶을 살아갈 수 있는 한 가지 귀한 비결이 있다면, 계속하여 그 선량한 친구와 교제를 나누는 데 있을 것입니다. 만일 그 교제가 단절된다면 그는 다시 타락의 길로 접어들고 말 것입니다.

예수님과 끊임없는 교제와 친교를 나누는 것이 예수님 안에 있다, 예수님 안에 거한다는 뜻입니다. 예수님의 삶은 항상 성부 하나님과 교제의 삶이었습니다. 항상 예수님은 성부 하나님 안에 거했습니다. 새벽에 한적한 곳에 가셔서 기도하시고, 제자들을 먼저 보내고 산으로 올라가셔서 기도하시곤 하셨습니다.

우리 크리스천의 삶도 예수 그리스도와 계속적인 교제를 가져야 합니다. 의식적으로 계획을 세워서 주님과 교제하지 않으면 계속적으로 주님과 사귈

수 없습니다. 단 하루라도 예수님을 생각하지 않고 지내서는 안 됩니다. 단 하루라도 예수님의 임재하심을 느끼지 않고 지내서는 안 됩니다. 아침에 드리는 기도가 몇 분 안 되는 것이라도 그것은 온 종일 성도들에게 방부제와 같은 역할을 합니다.

'예수님 안에 거한다, 예수님 안에 있다'는 말씀을 신비주의자들과 같이 해석하지 말아야 합니다. 그들은 이 말씀을 주관주의에 입각하여 해석합니다. 하나님의 뜻을 예수님이 가르치신 성경 말씀에서 발견하려고 하지 않고 자기들의 주관적 깨달음으로 생각합니다.

영국의 신학자 낙스(Ronald Arbuthnott Knox, 1888~1957)가 쓴 '열광(Enthusiasm)'이라는 책에 의하면, 영국의 마담 기욘(Madame Guyon, 1648~1717)이라는 여성 신비주의자가 있었습니다. 그녀는 스스로 계시를 받기 때문에 20년 간 성경을 읽지 않는다는 것을 자랑삼아 말했습니다. 그녀는 기도하다가 하나님의 계시를 받는다고 주장했습니다. 커다란 인기를 누리다가 말년에는 제자들이 다 떠나고 장례식에는 포이레(Poiret)라는 한 사람의 제자만 참석했을 뿐이었습니다. 그녀는 말년에 죽을병에 걸렸고, 의사가 곧 죽는다는 진단을 내렸습니다. 그러나 그의 생각에는 자기가 아직 사명을 다 못했기에 죽는 것은 하나님의 뜻이 아니라고 생각했습니다. 그러나 그녀는 그 병으로 죽었습니다.

주관주의 해석에 의한 신비주의 신앙은 깨달음과 경험이 그 근간입니다. 그러나 개인의 경험이나 깨달음은 항상 일정하지 않고 다를 수 있습니다. 그렇다면 어떤 것이 올바른 깨달음인가 하는 문제가 남습니다. 진정한 판단 기준이 없는 것입니다. '예수님이 내 안에, 내가 예수님 안에 있다,'는 말씀을 '예수님과 나는 하나이다,'라는 주관적 해석으로, 곧 '내가 예수님이고 예수님이 나'라고 해석 한다면 이것은 범신론으로 나아가게 되고, 자기를 신격화하는 오류를 낳습니다. 이것은 제 1계명과 제 2계명을 범하는 것입니다. 예수님의 존재와 나의 존재는 뚜렷하게 구별되어 있습니다. 신자는 예수님의 지배를 받는 자들입니다. 내 깨달음의 옳고 그름을 판단하는 것은 오직 하나님의 말씀뿐입니다.

예수님 안에 거하지 않는 자의 상태

예수님 안에 거하지 않는 자들은 저주의 길을 갑니다. 그들은 어떤 길로 갑니까? 예수님 안에 거하지 않는 자들은 가지처럼 밖에 버려져 버림을 당합니다.

예수님 안에 있지 않는 자는 열매를 맺을 수 없음으로 하나님이 정리해 버리십니다. 이런 자들의 영적상태는 주님과 교제가 단절된 심령들입니다. 전지당한 포도가지는 포도원에 두지 않습니다. 포도원 밖으로 던져버립니다. 이런 운명에 처한 자들을 이렇게 말합니다.

"그를 믿는 자는 심판을 받지 아니하는 것이요 믿지 아니하는 자는 하나님의 독생자의 이름을 믿지 아니하므로 벌써 심판을 받은 것이니라." (요 3:18)

예수님 안에 거하지 않는 자들은 말라버립니다. "가지처럼 밖에 버려져 마르나니."

예수님 안에 거하지 않는 자들은 모든 것이 말라버립니다. 기쁨도, 평강도, 소망도, 의욕도, 용기도 모두 말라버립니다. 기쁨이 말라버리는 것을 이렇게 표현합니다.

"포도나무가 시들었고 무화과나무가 말랐으며 석류나무와 대추나무와 사과나무와 밭의 모든 나무가 다 시들었으니 이러므로 사람의 즐거움이 말랐도다." (욜 1:12)

또한 평강이 말라버립니다.

"여호와께서 말씀하시되 악인에게는 평강이 없다 하셨느니라." (사 48:22)

뿌리가 없으니 말라버립니다.

"더러는 흙이 얇은 돌밭에 떨어지매 흙이 깊지 아니하므로 곧 싹이 나오나, 해가 돋은 후에 타서 뿌리가 없으므로 말랐고." (막 4:5~6)

예수님을 떠날 때에는 모든 것이 말라 죽음의 길로 갑니다. 가룟 유다는 예수님을 배반하고 떠나서 목매어 죽었습니다.

예수님 안에 거하지 않는 자들은 어떻게 된다고 하셨나요?

다른 가지들과 한 곳에 모아집니다. 예수님 안에 거하지 않는 자들은 잘라지고 버려지고 말라져서 한 곳에 모아 단으로 묶어집니다. 가라지도 마찬가지입니다.

"추수 때에 내가 추수꾼들에게 말하기를 가라지는 먼저 거두어 불사르게 단으로 묶고 곡식은 모아 내 곳간에 넣으라 하리라." (마 13:30)

단으로 묶여진 가지나 가라지들은 추수 때에 가리어집니다.

"가라지를 뿌린 원수는 마귀요 추수 때는 세상 끝이요 추수꾼은 천사들이니, 그런즉 가라지를 거두어 불에 사르는 것 같이 세상 끝에도 그러하리라. 인자가 그 천사들을 보내리니 그들이 그 나라에서 모든 넘어지게 하는 것과 또 불법을 행하는 자들을 거두어 내어, 풀무 불에 던져 넣으리니 거기서 울며 이를 갈게 되리라." (마 13:39~42)

"천사가 낫을 땅에 휘둘러 땅의 포도를 거두어 하나님의 진노의 큰 포도주 틀에 던지매." (계 14:18)

예수님 안에 거하지 않는 자들은 불에 던져집니다.

불에 던져진다는 것은 더 이상 가치가 없다는 것입니다. 더 이상 쓸모가 없다는 것입니다.

예수님 안에 거하지 않는 자들은 태워버림을 받습니다. "불에 던져 사르느니라."

태워버린다는 말은 없어지는 것이 아니라 영원한 벌을 받는다는 말입니다 (마 25:46). 꺼지지 않는 불(막 9:43, 48)인 지옥에서 영원한 벌을 받는다는 것입니다. 불 못에서 세세토록 밤낮으로 괴로움을 받는다는 말입니다.(계 20:15)

"사람이 내 안에 거하지 아니하면 가지처럼 밖에 버려져 마르나니 사람들이 그것을 모아다가 불에 던져 사르느니라."의 말씀에서 '사람이'라는 단어는 단수형으로 쓰였고, '그것을'은 원문에 복수형으로 쓰였습니다. 즉 '사람이 내 안에 거하지 아니하면, 그것들을 모아다가,'로 되는 것입니다. 이 의미는 개인 각각이 예수님을 접촉할 책임, 예수님 안에 거할 책임이 있다는 말입니다. 각 개인이 예수님과 개인적으로 연합해야 한다는 것입니다.

예수님 안에 거하는 자의 상태

예수님 안에 거하는 자들은 축복의 상태에 있습니다. 이 상태는 예수님과 성도의 신비로운 연합이고 생명적인 연합입니다. 이 같이 연합 상태에 있는 성도는 그리스도의 말씀에 순종하는 자입니다. 이런 사람이 기도할 때는 무엇이든지 응답을 받습니다. 그러나 하나님의 뜻대로 기도해야지요.

"그를 향하여 우리가 가진 바 담대함이 이것이니 그의 뜻대로 무엇을 구하면 들으심이라."(요일 5:14)

그리스도의 말씀이 기도자의 마음에 거할 때 응답을 받습니다. 스펄전은 "우리는 그리스도와 말씀을 분리할 수 없다. 왜냐하면 그리스도는 말씀이기 때문이다. 그가 말씀한 것을 행치 않으면서 어떻게 주님이라 부를 수 있는가? 만일 네가 그리스도와 그의 말씀을 인정하지 않으면 예수님도 너와 너의 말을 인정하지 않으리라,"고 하였습니다.

그리스도와 연합된 자는 성령께서 그의 의지를 성화시키십니다. 주의 뜻을 분별하게 하십니다. 그 뜻대로 기도하게 하십니다. 그 기도에 응답을 받게 하십니다. 그러므로 기도 응답의 조건은 주님과 연합해야 한다는 것입니다. 연합의 생활을 해야 한다는 것입니다. 경건은 연합입니다. 모세는 여호와와 대면하고 연합하여 40일 간 시내 산에서 함께 했습니다. 히스기야는 "내가 전심으로 주께 행한 것을 기억하소서." 라고 경건하게 기도를 드렸습니다.

모든 신자는 경건할 수 있습니다. 이것은 그리스도의 속죄사역으로 가능한 것입니다.

"그러므로 우리는 긍휼하심을 받고 때를 따라 돕는 은혜를 얻기 위하여 은혜의 보좌 앞에 담대히 나아갈 것이니라."(히 4:16)

예수님 안에 거하는 자는 과거 죄인이었던 모든 죄를 회개하고 경건자로 다시 태어납니다. 요나가 회개할 때 하나님이 그의 기도를 응답하셨습니다. 므낫세왕이 회개했을 때 고국으로 돌아오게 됩니다.

그리스도 안에 사는 자는 이처럼 영광스러운 기도의 열매를 맺고 기도의 응답을 받습니다. 기도는 예수님 안에 사는 사람만이 할 수 있습니다. 기도에 대해 예수님이 말씀하십니다. "너희가 내 이름으로 무엇을 구하든지 내가 행하리니 이는 아버지로 하여금 아들로 말미암아 영광을 받으시게 하려 함이라."(요 14:13)

기도는 하나님께 접근하는 기회입니다. 기도는 위대한 자유입니다. 예수님께서는 말씀하십니다. "무엇이든지 원하는 대로 구하라 그리하면 이루리라."

하나님은 우리가 원하는 무엇이라도 기도하면 이루어주신다고 하십니다. 하나님이 제한하지 않으신다고 하십니다. 응답의 약속을 하십니다.

저주의 길을 따라 사는 어리석은 자가 되지 말고, 축복의 길을 따라 신앙생활을 하는 지혜로운 자가 되어야 합니다. 예수님 안에 거하는 자는 예수님 안에 머무는 생활을 해야 합니다. 복종의 생활을 해야 합니다. 예수님과 교제하는 생활을 해야 합니다. 그러면 우리의 기도는 응답을 받습니다. 기쁨과 평강과 소망과 모든 것이 이루어지는 은혜 충만한 생활이 되는 것입니다.

제21장

하나님의 영광을 위하여 살라

(요 15:8~11)

요한복음 15:8~11 "너희가 열매를 많이 맺으면 내 아버지께서 영광을 받으실 것이요 너희는 내 제자가 되리라. 아버지께서 나를 사랑하신 것 같이 나도 너희를 사랑하였으니 나의 사랑 안에 거하라. 내가 아버지의 계명을 지켜 그의 사랑 안에 거하는 것 같이 너희도 내 계명을 지키면 내 사랑 안에 거하리라. 내가 이것을 너희에게 이름은 내 기쁨이 너희 안에 있어 너희 기쁨을 충만하게 하려 함이라."

우리는 예수님의 사랑 안에 거해야 합니다.

그래야 하나님께 영광 돌릴 수 있습니다.

예수님의 말씀에 복종하고, 계명에 복종하는 것이

하나님의 영광을 위해 사는 것입니다.

기쁨 충만한 생활을 해야

하나님께 영광 돌릴 수 있습니다.

우 리의 믿음 생활을 크게 두 가지로 분류할 수 있습니다. 하나는 자아 중심의 신앙생활이고, 다른 하나는 하나님 중심의 신앙생활 입니다. 루터는 종교개혁을 하면서 믿음으로 의롭게 된다는 원리를 내세웠습니다. 사람이 의롭게 되는 것이 행함으로 되는 것이 아니고 믿음으로 된다는 사실을 주장했습니다. 로마 가톨릭에서는 믿음이 있고 거기에 행함이 있어야 하나님께서 의롭게 여기신다고 주장하였지만 루터는 사람은 믿음으로만 칭의되고 구원을 얻는다는 성경진리를 외쳤습니다. 이신칭의(以信稱義), 이신득의(以信得義)의 교리는 매우 중요하고 변하지 않는 진리입니다.

이렇게 의로워진 사람들이 어떻게 살아가야 하느냐 하는 문제를 칼빈은 크게 다루면서 구원받는 신자는 모름지기 하나님의 영광을 위하여 살아야 한다고 가르쳤습니다. 하나님의 절대주권에 절대 복종할 것을 강조했습니다. 이신칭의의 교리는 매우 성경적이지만 사람이 의로워지는 방법에 치중했음으로 어디까지나 죄인이 의로워지는 사실, 사람이 어떻게 변하느냐에 역점을 두었습니다. 이것은 인간 중심적 신학입니다. 그러나 칼빈은 하나님의 주권이 어떤 것이고, 하나님이 우리에게 무엇을 요구하시느냐, 하나님의 뜻이 무엇인가를 먼저 추구한 하나님 중심의 신학을 수립한 사람입니다.

우리의 신앙생활을 분석해 봅시다. 내가 생각하고 말하며 처신하고 살아가는 것이 하나님을 먼저 기쁘시게 하려고 하는 것입니까? 그렇다면 그것은 하나님 중심의 신앙생활입니다. 이렇게 살면 명예가 손상되고 친구관계도 멀어지며 경제적 손실을 보게 될 것을 알지만 그래도 하나님을 기쁘시게 하며 하나님을 영화롭게 하겠다는 사람은 신본주의 신앙생활을 하는 사람이라고 할 수 있습니다. 반대로 하나님께는 죄송하고 하나님을 불쾌하게 하는 결과를 초래하지만 나에게는 유익이 되고 기쁨이 온다고 판단하여 그렇게 처신하는 사람은 인본주의 신앙을 가진 사람입니다. 성경이 우리에게 강력하게 가르치는 신앙은 신본주의 신앙입니다. 신본주의 신앙은 먹든지 마시든지 무엇을 하든지 다 하나님의 영광을 위하는 것입니다.

"너희가 열매를 많이 맺으면 내 아버지께서 영광을 받으실 것이요."

우리는 하나님의 영광을 위하여 살고 하나님이 영광을 받게 살아야 합니다.

열매를 많이 맺음

포도나무 가지에 포도가 많이 맺으면 포도원 농부가 제일 기뻐합니다. 열매가 많이 열린 가지는 무겁고 괴로우나 농부는 가지가 부러질 만큼 열린 열매를 보고 기뻐합니다. 그러나 열매가 적게 열리거나 또는 열리지 않을 때 과원의 농부는 실망하고 괴롭지요. 농부가 오랫동안 열매를 얻기 위하여 땀을 쏟으며 가꾸고 비료를 주었는데 열매를 맺지 않았을 때 농부의 마음이 얼마나 아픕니까?

예수님은 성부 하나님을 가리켜 포도원의 농부라 하시고 자신을 가리켜 포도나무, 우리를 가리켜 포도나무 가지라 하시면서 가지에서 열매 맺는 사실을 말씀하셨습니다. 포도나무 가지인 우리에게서 많은 과실이 맺히면 하나님은 기뻐하시지만, 포도열매가 맺히지 않으면 하나님을 실망하고 아프게 하는 일이 될 것입니다. 여기 열매란 회개를 가리키는 매우 소극적인 뜻이 아닙니다. 보다 적극적인 면에서의 열매를 생각해야 합니다.

"오직 성령의 열매는 사랑과 희락과 화평과 오래 참음과 자비와 양선과 충성과 온유와 절제니 이 같은 것을 금지할 법이 없느니라." (갈 5:22~23)

이런 성령의 열매가 바로 크리스천의 적극적인 신앙생활에서 나타나는 그리스도의 모습, 그리스도의 성품입니다.

열매에는 상품적인 가치가 있는 것과 없는 것이 있습니다. 충실한 열매는 상품적 가치가 있지만 상하고 썩고 볼품없는 열매는 상품적 가치가 전혀 없습니다. 그냥 줘도 가져가지 않습니다. 과실을 많이 맺어야 하나님께 영광 돌릴 수 있다고 할 때, 그 과실은 충실하고 탐스러운 과실을 말합니다. 열매는 우리 성도의 고상한 행실입니다. 최선을 다하여 그리스도의 마음을 닮아가고자 하는 것, 그리스도의 성품을 지니고자 하는 것을 말합니다. 이 같은 그리스도의 성품과 마음을 닮아 그리스도의 모습이 나타날 때에 예수님의 참된 제자가 됩니다.

제자가 되는 길은 훈련을 받아야 합니다. 성경을 배우고 기도하고 봉사하며 전도하면서 예수님을 닮아가야 합니다. 12제자들은 삼년 동안을 예수님과 함께 지내면서 말씀을 배우고 그리스도화 되었습니다. 베드로의 성급함과 도마의 의심, 요한과 야고보의 급진성, 빌립의 타산성이 모두 바뀌었습니다.

오늘날 교인들은 많지만 예수님의 제자는 적습니다. 제자 되기를 고려한다면 희생과 고생이 따른다는 것을 알아야 합니다. 제자 생활에 들어간 사람이 진정으로 예수님을 믿는 맛을 보는 사람입니다.

예수님의 사랑 안에 거해야 하나님께 영광 돌릴 수 있음

"아버지께서 나를 사랑하신 것 같이 나도 너희를 사랑하였으니 나의 사랑 안에 거하라. 내가 아버지의 계명을 지켜 그의 사랑 안에 거하는 것 같이 너희도 내 계명을 지키면 내 사랑 안에 거하리라."(요 15:9~10) 이 말씀은 예수님의 사랑의 선언입니다.

예수님은 제자들을 사랑하시고 우리들을 사랑하십니다. 그 사랑의 성격은 성부 하나님이 그 아들을 사랑한 그 사랑으로 영원한 사랑이고 불변의 사랑입니다. 이 사랑은 선택의 사랑입니다. 예수님은 12제자를 선택하시고 훈련시키시고 그들을 사랑하셨습니다. 예수님이 신자를 사랑하는 것은 하나님께서 우리를 선택하셨기 때문입니다.

신명기 7:6-8에 하나님께서 이스라엘 민족을 택하신 이유를 밝히고 있습니다.

"너는 여호와 네 하나님의 성민이라 네 하나님 여호와께서 지상 만민 중에서 너를 자기 기업의 백성으로 택하셨나니, 여호와께서 너희를 기뻐하시고 너희를 택하심은 너희가 다른 민족보다 수효가 많기 때문이 아니니라 너희는 오히려 모든 민족 중에 가장 적으니라. 여호와께서 다만 너희를 사랑하심으로 말미암아, 또는 너희의 조상들에게 하신 맹세를 지키려 하심으로 말미암아 자기의 권능의 손으로 너희를 인도하여 내시되 너희를 그 종 되었던 집에서 애굽 왕 바로의 손에서 속량하셨나니."

이스라엘이 민족의 수효가 많아서가 아니고, 세력이 강해서가 아닙니다. 이들은 수효가 적었고 능력이 약한 민족이었음에도 불구하고 이들을 선택한 이유는 하나님이 이스라엘 민족을 사랑하셨기 때문입니다.

"그 자식들이 아직 나지도 아니하고 무슨 선이나 악을 행하지 아니한 때에 택하심을 따라 되는 하나님의 뜻이 행위로 말미암지 않고 오직 부르시는 이로 말미암아 서게 하려 하사," "기록된 바 내가 야곱은 사랑하고 에서는 미워하였다 하심과 같으니라." (롬 9:13)

아현동에서 특별목회를 하신 목사가 있었습니다. 까만 고무신에 두루마기를 걸치고 머리는 삭발하고 생활하는 목사입니다. 그 목사가 결혼할 때에 일이었습니다. 그는 세브란스 병원에서 직장 예배를 인도하며 간호사와 의사를 상대로 목회를 했습니다. 그런데 예배가 끝난 후에 간호사와 의사들과 인사를 나누는데 한 간호사는 얼굴을 가리고 목사를 보지 않으려고 했습니다. 왜 그러는가? 이상하게 여기고 알아보니 그 간호사는 제일 못 생긴 간호사였기 때문에 창피하게 여겨서 얼굴을 보지 않으려고 했던 것을 알게 되었습니다. 그 목사는 그 간호사를 원목실로 불러서 말했습니다. "오늘부터 당신은 내 아내요."

선택된 것은 어떤 모습이나, 모양이나, 인물, 세력, 권력, 능력 등에 따라 되는 것이 아닙니다. 오직 사랑하기 때문에 되는 것입니다. 스펄전은 말했습니다. "선택은 사랑에 기초한다. 사랑은 그 자체의 토대이다."

예수님의 사랑의 성격은 성육신의 사랑입니다. 예수님은 인간의 몸을 입고 오셔서 우리를 사랑하셨습니다.

"여호와 하나님이 아담에게서 취하신 그 갈빗대로 여자를 만드시고 그를 아담에게로 이끌어 오시니, 아담이 이르되 이는 내 뼈 중의 뼈요 살 중의 살이라 이것을 남자에게서 취하였은즉 여자라 부르리라 하니라. 이러므로 남자가 부모를 떠나 그의 아내와 합하여 둘이 한 몸을 이룰지로다."(창 2:22~24)

성자 예수님은 하나님의 아들로서 아버지의 집을 떠나 땅에 오셨습니다. 그리고 아내인 교회를 맞이하셨습니다. 우리를 구원하셨습니다. 그의 성육신은 우리와 같이 되신 것이고 우리가 그와 같이 되게 하신 것입니다.

예수님의 사랑의 성격은 십자가 죽음의 사랑입니다. 그는 우리를 위해 죽으셨습니다. "사람이 친구를 위하여 자기 목숨을 버리면 이보다 더 큰 사랑이 없나니."(요 15:13)

예수님이 우리를 위해 죽으심은 그의 사랑의 증거입니다. 완전한 사랑입니다. 예수님의 사랑은 시작도 끝도 없는 영원한 사랑입니다. 우리는 예수님의 이 사랑에 도전을 받습니다. 이 사랑을 받은 사람이라면 예수님의 사랑 안에만 머물러야 합니다. 우리의 신령한 남편 예수님의 사랑을 받을 때, 그 사랑의 품을 감사하고 감격하고 만족해야 합니다. 세상 사랑의 유혹에 곁눈질하지 말아야 합니다. 영적 간음을 하지 말아야 합니다. 우리도 주님을 사랑하고 그 증거를 보이면서 희생해야 합니다.

하나님의 영광을 위해 사는 것

"내가 아버지의 계명을 지켜 그의 사랑 안에 거하는 것 같이 너희도 내 계명을 지키면 내 사랑 안에 거하리라." (요 15:10)

계명을 준수하는 것이 복종입니다. 계명을 준수하는 것은 예수님께 복종하는 것인데, 그것을 하는 것이 피곤하고 힘드십니까? 그렇다면 그것은 완전히 믿지 않고 외식하면서 믿기 때문입니다.

"하나님을 사랑하는 것은 이것이니 우리가 그의 계명들을 지키는 것이라 그의 계명들은 무거운 것이 아니로다." (요일 5:3)

"이는 내 멍에는 쉽고 내 짐은 가벼움이라 하시니라." (마 11:30)

예수님을 사랑하는 증거는 계명을 복종하는 데 있습니다.

"너희가 나를 사랑하면 나의 계명을 지키리라." (요 14:15)

"나의 계명을 지키는 자라야 나를 사랑하는 자니." (요 14:21)

"너희도 내 계명을 지키면 내 사랑 안에 거하리라." (요 15:10)

"너희는 내가 명하는 대로 행하면 곧 나의 친구라." (요 15:14)

예수님께서 "네가 나를 사랑하느냐," 고 세 번 질문했을 때, 베드로는 "네, 사랑합니다," 라고 고백했습니다. 이것은 요한복음 14:15 "네가 나를 사랑하면 내 계명을 지키라," 를 회상하는 질문입니다. 우리는 그리스도의 제자가 되고 그의 사랑 안에서 성장하려면 예수님의 계명을 지켜야만 합니다.

기쁨 충만한 생활을 해야 하나님께 영광 돌릴 수 있음

"내가 이것을 너희에게 이름은 내 기쁨이 너희 안에 있어 너희 기쁨을 충만하게 하려 함이라." (요 15:11)

예수님은 기쁨에 대해 세 가지를 교훈하십니다. 얻어지는 기쁨과 우리 안에 내주하는 기쁨, 그리고 충만한 기쁨입니다. 이것은 인간의 기쁨이 아니라 예수님의 기쁨입니다.

얻어지는 기쁨이란 예수님이 가르치신 말씀의 결과로 생깁니다. 예수님은 내 기쁨과 너희 기쁨을 구별하십니다. 특히 예수님은 자기의 것을 강조하십니다. 내 기쁨(3:29, 15:11), 내 평안(14:27), 내 계명(14:15), 내 심판(5:30, 8:16)이라고 강조하십니다. 성도들이 가지는 그 기쁨은 예수님으로부터 받는 기쁨입니다. 이 기쁨은 환경에 좌우되지 않습니다. 이 기쁨은 고난 중에도 기뻐합니다. 이 기쁨은 핍박 중에도 기뻐합니다.

"믿음의 주요 또 온전하게 하시는 이인 예수를 바라보자 그는 그 앞에 있는 기쁨을 위하여 십자가를 참으사."(히 10:2)

예수님은 어디에서 기쁨을 찾으려고 했습니까? 바로 성부 하나님의 뜻을 이루는 것이 그의 기쁨이었습니다. 우리의 기쁨은 예수님의 기쁨이고 하나님을 기쁘시게 하는 일을 수행하는 것입니다. 우리 안에 내주하는 기쁨은 예수님의 기쁨이 내 안에 내주해야 참된 기쁨을 영위하는 것입니다. 이 기쁨은 구원의 기쁨입니다.

다윗은 시편 51:12에서 "주의 구원의 즐거움을 내게 회복시켜 주시고 자원하는 심령을 주사 나를 붙드소서."라고 기도합니다. 이 기도는 구원을 잃어버렸다는 뜻이 아닙니다. 다만 기쁨이 없어졌다는 뜻입니다. 왜냐하면 밧세바와 동침함으로 간음죄를 범해서 구원의 기쁨을 상실했기 때문입니다. 죄는 이 기쁨을 파괴하고 앗아가 버립니다. 하나님의 계명의 불순종은 내게서 이 기쁨을 없애 버립니다.

예수님의 기쁨으로 우리는 기쁨이 충만해 집니다. 그 기쁨이 내 안에 내주합니다. 예수님의 기쁨이 우리 속에 거할 때 기쁨 충만할 수 있습니다. 강 같은 기쁨이 우리의 마음 밑바닥을 흘러갈 수 있습니다. 예수님의 기쁨으로 충만할 때, 원망이나 불평, 의심을 이깁니다. 예수님의 기쁨으로 충만할 때, 담력이 생기고, 용기가 나고, 인내를 가지고 환난과 난관을 이깁니다. 예수님의 기쁨으로 충만할 때, 모든 사랑의 책임을 꾸준히 이행할 수 있습니다. 예수님의 기쁨으로 충만할 때 진정한 행복을 누릴 수 있습니다.

예수님의 계명을 준수할 때, 우리는 복종함으로 사랑을 얻고 기쁨을 얻습니다. 그리스도의 기쁨은 절대적이고, 성도의 기쁨은 진보적입니다. 성도의 사랑과 기쁨의 근원은 어디서 오는 것입니까? 하나님에게서 입니다. 인간은 사랑을 생산할 수 없습니다. 인간은 영적 열매를 생산할 수 없습니다. 오직 예수님만이 할 수 있습니다. 우리가 예수님 안에 있고 예수님이 우리 안에 계실 때 우리는 원수도 사랑할 수 있고, 신령한 열매를 많이 맺을 수 있고, 기쁨 충만한 생활을 할 수 있습니다.

그리스도의 친구

(요 15:12~17)

요한복음 15:12~17 "내 계명은 곧 내가 너희를 사랑한 것 같이 너희도 서로 사랑하라 하는 이것이니라. 사람이 친구를 위하여 자기 목숨을 버리면 이보다 더 큰 사랑이 없나니, 너희는 내가 명하는 대로 행하면 곧 나의 친구라, 이제부터는 너희를 종이라 하지 아니하리니 종은 주인이 하는 것을 알지 못함이라 너희를 친구라 하였노니 내가 내 아버지께 들은 것을 다 너희에게 알게 하였음이라. 너희가 나를 택한 것이 아니요 내가 너희를 택하여 세웠나니 이는 너희로 가서 열매를 맺게 하고 또 너희 열매가 항상 있게 하여 내 이름으로 아버지께 무엇을 구하든지 다 받게 하려 함이라. 내가 이것을 너희에게 명함은 너희로 서로 사랑하게 하려 함이라."

예수님은 우리를 친구로 택하셨습니다.
참된 친구는 사랑의 관계로 비밀이 없고 도움이 됩니다.
우리는 예수님의 친구로서 행복한 신앙생활을 하면서
성도들 사이에 친구의 사랑을 나누어야 합니다.

예수님은 제자들과 우리를 가리켜 자기의 친구라고 하셨습니다. 정말로 황송하고 고마운 말씀입니다. 내일이면 예수님을 배반하고 도망칠 수밖에 없는 제자들을 가리켜서 '너희는 나의 친구' 라고 선언하십니다. 이 말씀 속에는 예수님이 자기를 제자들만큼 낮추셨다는 의미도 되고 한편으로는 제자들을 예수님의 위치까지 높여주셨다는 뜻도 있습니다.

요한복음 15:5에서는 "나는 포도나무요 너희는 가지라," 하시면서 예수님과 제자들의 관계를 나무에 비유하셨는데 오늘 본문에서는 예수님과 제자들의 관계를 친구 관계라고 하셨습니다. 더 친밀하고 친숙한 인격적인 관계를 의미합니다. 친구란 개념은 상관개념이나 서로 관계를 가지고 있는 것을 의미합니다.

친구는 사랑의 관계

예수님은 하나님의 아들이요 메시야로서, 형벌과 죽음을 당할 수밖에 없는 죄인인 우리를 자기의 친구로 삼아주셨습니다. 이 얼마나 황송한 일이며 고마운 일입니까?

예수님이 우리를 친구라고 하실 때, 그것은 일방적인 선언입니다. 예수님이 제자들의 의사나 의견을 묻지 않으시고 바로 친구라고 선언하셨습니다.

구약성경에는 아름다운 친구관계가 있습니다. 다윗과 요나단의 사이입니다. 다윗이 블레셋 대장 골리앗을 죽이고 개선가를 부르며 돌아왔을 때, 사울왕의 아들 요나단이 다윗에게 일방적으로 친구를 삼겠다고 약속을 했습니다. 요나단은 왕자의 신분으로 매우 존귀했으나, 다윗은 목동의 신분으로 초라하기만 했습니다. 그러나 왕자인 요나단은 천한 목동 출신 다윗을 친구로 삼았습니다. 요나단이 다윗을 사랑할 때, 그는 자기 생명과 같이 사랑했습니다. 그의 아버지 사울이 다윗을 죽이려는 계획을 알고 요나단은 다윗을 피신시켜 그의 생명을 보호해 주었습니다. 그런 요나단이 전쟁에서 죽었을 때, 다윗은 애도의 시를 지었습니다.

"내 형 요나단이여 내가 그대를 애통함은 그대는 내게 심히 아름다움이라 그대가 나를 사랑함이 기이하여 여인의 사랑보다 더하였도다." (삼하 1:26)

우리를 친구로 삼으신 예수 그리스도는 우리를 얼마나 사랑했습니까? 우리의 죄를 담당하시고 자기의 목숨을 버리면서까지 사랑하셨습니다.

"사람이 친구를 위하여 자기 목숨을 버리면 이보다 더 큰 사랑이 없나니, 너희는 내가 명하는 대로 행하면 곧 나의 친구라" (요 15:13)

예수님의 우리를 위한 사랑은 엄청난 희생을 치룬 사랑이요, 그 사랑은 불변의 사랑이었습니다.

세상에 친구관계는 때로 무서운 원수 관계로 돌변하는 것을 역사 속에서 볼 수 있고, 우리 주변에서도 가끔 볼 수 있습니다.

로마의 삼두정치시대에 시저는 원로원에서 부루투스로부터 27곳의 창상을 받고 죽어가면서 이렇게 말했습니다. "내 친구 부루투스에게 이렇게 참혹하게 살해될 줄이야 누가 알았으랴? 참 벗은 이 세상에 없도다." 서양 속담에 "진정한 친구가 없는 사람은 광야에서 사는 것과 같다,"는 말도 있습니다. 세상의 친구들의 사랑과 신의는 변할 가능성이 항상 있습니다. 실로 누구든지 진정한 친구가 없으면 고독한 생활을 보낼 수밖에 없습니다.

"많은 친구를 얻는 자는 해를 당하게 되거니와 어떤 친구는 형제보다 친밀하니라." (잠 18:24)

예수 그리스도는 우리를 자기 친구로 삼으시고 영원토록 변치 않는 사랑을 주십니다. 예수 그리스도는 결코 우리를 버리지 않으시고 배신하지 않으십니다. 예수님은 보잘 것 없는 제자들을 믿어주셨고, 3년 동안 같이 자고 일하며 훈련시키고 사랑하셨습니다. 그러나 그들은 마지막에 예수님을 배신했습니다. 가롯 유다는 은 30에 스승 예수님을 팔아버렸고, 베드로는 예수님을 저주 받을 자라고 하면서까지 배신했습니다. 요한을 제외한 모든 제자들은 체포되는 예수님을 보자 다 도망치고 말았습니다.

우리도 베드로처럼 환경과 상황에 지배를 받고 예수님을 모른다고 부인하며 배신하는 과오를 곧잘 범하지 않습니까? 예수 그리스도에 대한 신앙과 의리를 헌신짝처럼 버리고 의젓하게 죄를 범하고 있지 않습니까? 세상 욕심과 더러운 물욕 때문에 친구 예수님을 헐값에 팔아버리는 가롯 유다의 배신행위를 오늘 우리가 되풀이 하고 있지 않습니까? 예수님이 우리를 친구로 사랑한다는 것은 아무런 조건에 매이지 않고 독립된 사랑으로 사랑한다는 것입니다. 예수님의 이 사랑은 친자의 인연이나 형제의 인연에서 나오는 사랑이 아닙니다. 어떠한 조건에도 매이지 않는 사랑입니다.

"우리가 아직 죄인 되었을 때에 그리스도께서 우리를 위하여 죽으심으로 하나님께서 우리에 대한 자기의 사랑을 확증하셨느니라."(롬 5:8)

아담의 범죄 이후 우리와 하나님과의 관계는 원수의 관계였습니다. 이런 비참한 상태에 있는 우리에게 예수님이 오셔서 우리 죄를 대신하여 죽으심으로 하나님과 화목의 관계를 이루어주셨습니다. 예수님은 우리와 하나님과의 원수 된 관계를 먼저 해결해 주시고 우리를 자기의 친구로 삼아주셨습니다. 예수님은 죄인의 친구요, 죄인을 부르러 오셨습니다. 예수님은 죄인들과 세리와 창기들과 함께 식사를 하셨습니다. 이 모습을 보았던 바리새인들과 유대인들이 예수님은 '죄인의 친구'라고 비난했습니다.(마 11:19, 눅 7:34)

친구는 비밀 없는 관계

진정한 친구사이에는 비밀이 없습니다. 부모에게 말하기 어려운 것도 친구에게는 말합니다. 부부간에 이야기하지 않는 것도 친구에게 이야기하는 경우가 있습니다. 요나단이 다윗을 사랑할 때에 비밀이 없었습니다. 그는 아버지 사울이 다윗을 죽일 계획이 있음을 알았을 때 다윗을 피신시켰습니다. 자기 아버지의 모든 계획을 그대로 다윗에게 알려주면서 친구로 사귀었습니다.

이사야 41:8에 보면 하나님께서는 아브라함을 자기의 벗이라고 하였습니다.

"나의 종 너 이스라엘아 나의 택한 야곱아 나의 벗 아브라함의 자손아,"

하나님의 보내신 사자 세 분이 아브라함의 집을 방문하여 융숭한 대접을 받고 소돔과 고모라를 향하여 가다가 다시 아브라함에게로 되돌아왔습니다. 아브라함에게 그들의 행선지를 알려주고 소돔과 고모라로 가는 목적을 알려주기 위함이었습니다.

"여호와께서 이르시되 내가 하려는 것을 아브라함에게 숨기겠느냐." (창 18:17)

그들은 하나님의 친구인 아브라함에게 하나님의 뜻과 목적을 다 알려 주었습니다. 친구의 특권은 상대방 친구의 뜻을 아는 데 있습니다. 아브라함은 하나님의 친구였기에 하나님의 뜻을 알 수 있었고 하나님의 목적을 알 수 있었습니다.

예수님도 제자들에게 이렇게 말씀하십니다.

"이제부터는 너희를 종이라 하지 아니하리니 종은 주인이 하는 것을 알지 못함이라 너희를 친구라 하였노니 내가 내 아버지께 들은 것을 다 너희에게 알게 하였음이라." (요 15:14)

고대 로마세계에 있어서 종이란 비참한 신분이었습니다. 그의 몸은 주인의 것이요, 그에게는 행동의 자유가 없었습니다. 종은 혹사를 당한 후에 매매를 당했고, 범죄 할 경우에는 극형에 처했습니다. 종은 주인의 계획을 알지 못하고 행합니다. 두려운 마음으로 기계적으로 움직여야 하는 것이 종의 운명입니다. 종은 주인의 뜻은 전혀 알 수 없습니다. 예수님은 우리를 그런 종의 신분에서 친구로 바꾸어 주셨습니다. 그리하여 하나님의 존재, 하나님의 뜻, 하나님의 목적을 우리에게 분명히 알려주셨습니다.

예수님은 하나님을 가장 완전하게 계시하신 분이십니다. 성경에서는 예수님을 비밀이라고 했습니다. 비밀이란 숨겨진 것을 강조하는 것이 아니고 숨겨진 것을 드러내는 것을 강조합니다.

"이 비밀은 만세와 만대로부터 감추어졌던 것인데 이제는 그의 성도들에게 나타났고."(골 1:26)

"이 비밀은 너희 안에 계신 그리스도시니 곧 영광의 소망이니라."(골 1:27)

예수님은 가장 큰 비밀이십니다. 예수 그리스도께서는 하나님이시요, 하나님의 아들이시며, 죄인을 구원하시려 십자가를 지러 오신 분이십니다. 하나님은 그리스도를 통하여 자기 자신을 완전히 계시하셨습니다. 예수님 자신이 누구이심을 자기의 친구인 성도들에게만 알게 하셨습니다. 예수님 자신이 구주이심과 구원에 관한 모든 비밀을 성도들에게 가르쳐주셨습니다. 예수님이 오셨을 때 서기관, 바리새인, 사두개인, 헤롯 왕 등 많은 종교지도자들에게나 정치 지도자들에게 예수님은 비밀로 나타났습니다. 그들은 예수님이 하나님의 아들이요 구세주이심을 몰랐습니다. 그러므로 그들에게는 예수님이 비밀적 존재이셨습니다.

오늘날에도 많은 유대인들이 구세주를 기다립니다. 그들에게는 아직도 예수님이 비밀적인 존재로 남아있습니다. 불신자들에게는 예수님이 아직 비밀입니다. 예수님이 그들에게는 자기를 계시해 주시지 않았기 때문입니다.

예수님의 제자 빌립이 "하나님 아버지를 보여주소서," 라고 요청했을 때,

예수님은 "나를 본 자는 아버지를 보았거늘 어찌하여 아버지를 보이라 하느냐? 나는 아버지 안에 있고 아버지는 내 안에 계신 것을 네가 믿지 아니 하느냐? 내가 너희에게 이르는 말이 스스로 하는 것이 아니요, 아버지께서 내 안에 계셔 그의 일을 하는 것이니라,"고 말씀하셨습니다. 빌립은 하나님의 비밀인 예수님을 알고 난 후에 더 이상 질문하지 않았습니다.

친구는 도움의 관계

"너희가 나를 택한 것이 아니요 내가 너희를 택하여 세웠나니 이는 너희로 가서 열매를 맺게 하고 또 너희 열매가 항상 있게 하여 내 이름으로 아버지께 무엇을 구하든지 다 받게 하려 함이라."(요 15: 16)

우리가 예수님의 친구가 된 것은 내가 예수님을 선택하여 친구 삼은 것이 아니라, 예수님이 나를 선택하여 자기 친구로 삼으신 것입니다. 예수님이 12제자를 선택했지, 12제자가 예수님을 선택한 것이 아닙니다. 여기에 선택의 중요한 원리가 있습니다. 하나님이 선택의 주권을 가지고 계십니다. 죄인이 구원을 얻도록 선택하심도 하나님이 하신 일이요, 12제자를 사도직으로 부르신 선택도 예수님이 하신 일입니다.

교회직분 선택은 내가 하는 것이 아니라 하나님이 선택하시는 것입니다. 공동의회에서 일꾼들을 선택할 때에 각기 투표는 하지만 결정은 하나님이 하십니다.

"제비는 사람이 뽑으나 모든 일을 작정하기는 여호와께 있느니라."(잠 16:33)

그러므로 하나님의 선택 원리에 대해 불평과 원망을 할 수 없습니다. "저 사람은 꼭 일꾼으로 선택되어야 하는데 안 돼서 섭섭하다. 저 사람은 일꾼으로 선택되어서는 안 되는데 이상하게 뽑혔다."고 불평해서는 안 됩니다. 이런 모든 말과 생각은 인간적이고 주관적인 생각입니다. 하나님의 뜻대로, 바른 원리대로, 기도하면서 하나님의 뜻을 바라며 일꾼 선정을 했다면 그것은 하나님이 하신 일입니다. 그러니 당선되었다고 교만해서도 안 되고 낙선되었다고 불평해서도 안 됩니다.

예수님은 왜 12제자를 선택하시고 그들을 부르셨습니까? 선택의 목적은 과실을 맺게 하려 함입니다. 결실의 의미는 전도이고, 전도의 결과로 많은 신자를 얻는 것이며, 전도의 열매가 계속 맺혀져서 하나님의 교회가 세상 끝 날까지 존재하도록 하는 것입니다. 그리고 기도의 응답을 받게 하는 것입니다. "내 이름으로 무엇을 구하든지 다 받게 하려 함이라."

예수님이 제자들과 우리를 선택하시고 그의 친구로 삼으신 것은 영적 열매를 맺도록 도와주시기 위함이었습니다. 우리의 친구이신 예수님은 우리를 도와주시는 분이십니다. 내가 괴롭고 아플 때 위로자가 되십니다. 내가 실망하고 낙심할 때 용기와 격려를 주시는 분이십니다. 내가 실패하고 재기할 능력이 없다고 생각할 때 나의 힘이 되시는 친구이십니다.

이런 친구 관계를 여러 사람들이 잘 표현했습니다. 영국의 시인 존 드라이든(John Dryden, 1631년~1700년)은 "만약 우리가 부유에서 가난으로 기울면 그 곤궁은 아첨배와 친구를 구별하게 해준다."고 했습니다. 영국의 신학자 토마스 풀러(Thomas Fuller, 1608~1661)는 "나의 친구는 나를 동정하는 자가 아니라 나를 돕는 자이다."라고 했습니다.

벤자민 프랭클린은 "아버지는 보물이요, 형제는 위안이며, 친구는 보물도 되고 위안도 된다."고 했습니다.

예수님이 우리를 도와주신 것은 전적으로 은혜입니다. 예수님은 우리가 죽어야 할 죽음을 대신 죽어주셔서 영생을 얻게 하셨습니다. 예수님은 보물도 되고 우리의 위안도 되는 좋은 친구입니다. 이런 친구를 모신 자는 행복한 삶을 누릴 수 있습니다.

누가 예수님의 친구가 될 수 있습니까? 예수님은 누구든지 예수님의 친구가 될 수 있다고 하십니다. 예수님은 친구 되는 비결, 예수님의 친구로서 살아가는 비결을 이렇게 말씀하십니다. "너희는 내가 명하는 대로 행하면 곧 나의 친구라."(요 15:14)

예수님이 명하신 것을 행한다는 뜻은 무엇입니까? 예수님의 계명에 단순히 복종하는 것입니다. 실제적이고도 적극적인 복종입니다. 날마다 달마다 해마다 계속해서 복종하는 것입니다. 예수님의 제자, 예수님의 친구가 되는 데는 휴가가 없습니다. 예수님이 명한 것이란, 예수님이 말씀하신 모든 것을 가리킵니다. 이것은 전폭적인 복종입니다. 복종하기 쉬운 것만 복종하고 어려운 것은 복종하지 않겠다는 부분적 복종이 아닙니다. 예수님이 명하신 모든 것을 복종하라는 것입니다. 이렇게 복종할 때에 예수님의 친구가 될 수 있습니다.

여러분들은 진정 예수님의 친구가 되었습니까? 친구관계가 이루어졌다고 확신할 수 있습니까? 예수님이 여러분을 사랑하는 것처럼 여러분은 예수님을 사랑하십니까? 예수님이 여러분에게 비밀 없이 대하는 것처럼 여러분도 예수님께 비밀 없이 다 털어놓고 교제를 하십니까? 예수님이 여러분을 도와주고 긍휼히 여기는 정도로 여러분은 타인에게 도움과 사랑을 베풉니까? 예수님은 말씀하십니다.

"내가 이것을 너희에게 명함은 너희로 서로 사랑하게 하려 함이라."(요 15:17)

예수님이 우리를 자기의 친구로 삼아주신 것처럼 성도는 성도끼리 친구의 사랑을 나누어야 합니다. 예수님의 사랑을 모르는 자들에게 전도하여 그들을 친구로 삼으라는 교훈입니다. 우리는 예수님이 명하시는 대로 행하여 예수님의 친구로서 행복한 신앙생활을 해야 합니다. 예수님의 복음을 전하여

타인을 나의 친구로 삼아야 합니다. 예수님으로 말미암아 이미 친구가 된 성
도끼리 그리스도의 사랑과 우정을 나누는 친구로서 다정한 관계를 가져야
합니다.

제23장

이유 없는 미움

(요 15:18~25)

요한복음 15:18~25 "세상이 너희를 미워하면 너희보다 먼저 나를 미워한 줄을 알라. 너희가 세상에 속하였으면 세상이 자기의 것을 사랑할 것이나 너희는 세상에 속한 자가 아니요 도리어 내가 너희를 세상에서 택하였기 때문에 세상이 너희를 미워하느니라. 내가 너희에게 종이 주인보다 더 크지 못하다 한 말을 기억하라 사람들이 나를 박해하였은즉 너희도 박해할 것이요 내 말을 지켰은즉 너희 말도 지킬 것이라. 그러나 사람들이 내 이름으로 말미암아 이 모든 일을 너희에게 하리니 이는 나를 보내신 이를 알지 못함이라. 내가 와서 그들에게 말하지 아니하였더라면 죄가 없었으려니와 지금은 그 죄를 핑계할 수 없느니라. 나를 미워하는 자는 또 내 아버지를 미워하느니라. 내가 아무도 못한 일을 그들 중에서 하지 아니하였더라면 그들에게 죄가 없었으려니와 지금은 그들이 나와 내 아버지를 보았고 또 미워하였도다. 그러나 이는 그들의 율법에 기록된 바 그들이 이유 없이 나를 미워하였다 한 말을 응하게 하려 함이라."

예수님은 세상이 우리를 미워할 것이라고 하십니다.

우리가 세상에 속하지 않았기 때문입니다.

우리가 세상에서부터 선택 받았기 때문에 미워합니다

예수께서 우리들을 당신과 동일시했기 때문에 미워합니다.

예수님은 인간들의 죄를 드러냈습니다.

죄가 드러난 인간들은 진리를 미워합니다.

요 한복음 15장에서 예수님은 제자들에게 크게 세 가지를 교훈하십니다. 첫째, "너희는 내 안에 거하라"고 부탁하셨고, 둘째, "서로 사랑하라"고 하셨습니다. "내가 너희를 종이라 하지 않고 친구라고 하겠다,"고 하시며. 그러므로 너희끼리 서로 사랑하라고 하셨습니다. 셋째, "인내하라"고 하셨습니다. "너희가 나를 믿고 나를 증거 하다가 핍박을 당할 터인데 그래도 인내하라,"고 교훈하셨습니다. 오늘 말씀은 예수님의 세 번째 교훈입니다. 제자들이 예수님을 믿고 증거 하다가 미움을 받고 핍박을 당할 사실을 미리 예언하시면서 용기와 격려를 주셨습니다.

세상이 제자들을 미워하는 이유

세상은 제자들이 세상에 속하지 않았기 때문에 제자들을 미워합니다.

"너희가 세상에 속하였으면 세상이 자기의 것을 사랑할 것이나 너희는 세상에 속한 자가 아니요, 그래서 세상이 너희를 미워하느니라,"고 하셨습니다. 본문19절에는 '세상' 이라는 단어가 한 절에 다섯 번이나 나옵니다. 여기 세상이라는 말은 지구나 인류를 말하는 것이 아니고 하나님 없이 조직된 인간사회를 가리킵니다. 곧 하나님을 배반한 인간세상을 가리킵니다. 하나님을 인생의 유일한 실재라고 보는 자와 하나님은 인생과는 전혀 무관한 존재로 간주하는 자 사이에는 반드시 분열이 있는 것입니다. 제자들은 그들의 소속이 세상이 아니라 예수님께 소속된 자들이요, 세상에 속한 자들이 아니므로 다른 유대인들과는 분명하게 구분되었습니다. 제자들이 세상에 속하지 아니한 그들과 다른 부류이기 때문에 미움을 당한 것입니다.

사도 요한이 예수님의 이 교훈을 성경에 기록할 때에 요한의 신앙 사상은 세상과 교회, 두 개의 큰 실재를 구분했습니다. 이 양자 사이에는 접촉도 교제도 없습니다. 교회와 세상의 중간 상태는 없다는 것입니다. 그리고 타협이나 타협에 의한 해결도 없다고 보았습니다. 사도 요한은 '너는 그쪽에 서라, 나는 이쪽에 서겠노라,' 는 입장입니다. 곧 사람은 이 세상에 속하든지 그리스도에게 속하든지 그 어느 한 쪽에 속하는 것이지 중간적인 상태는 없다고 하는 것입니다. 세상이 제자들을 미워한 이유는 그들이 세상에 있으면서 예수 그리스도에게 소속되었기 때문입니다. 그리스도에게 속했으므로 핍박을 받는다는 것입니다. 크리스천은 예수님께 속한 자요, 하늘나라에 속한 자로 이 세상에 살기 때문에 미움과 핍박을 받습니다.

영국의 여행가이며 박애주의자인 조나스 핸웨이(Jonas Hanway, 1712~1786)는 우산을 영국에 소개하려고 우산을 쓰고 영국거리를 거닐고 있었습니다. 그때 사람들은 진흙과 돌을 그에게 던졌습니다. 우산을 쓴 핸웨이를 이방인으로 보고 이질감을 느꼈기 때문입니다. 아테네의 정치가 아리스티데스(Aristides, 주전 530~468)는 별명이 '정의의 사람'이었습니다. 그는 정의만을 부르짖다가 아테네에서 추방당했습니다. 아테네의 한 사람이 "왜 정의로운 아리스티데스를 추방하기로 가결하였는가?' 물었습니다. 그러자 사람들은 "그가 언제나 정의를 말하는 것에 염증을 느꼈기 때문이다,"라고 대답했습니다. 색깔이 다른 암탉 한 마리를 색깔이 같은 암탉들이 있는 닭장에 집어넣으면 색깔이 다른 암탉을 쪼아 죽여 버린답니다. 제자들이나 우리가 세상의 미움을 받는 이유는 예수님에게 소속되어 있기 때문입니다. 제자들이 세상에서부터 선택을 받았기 때문에 세상이 제자들을 미워합니다.

"도리어 내가 너희를 세상에서 택하였기 때문에 세상이 너희를 미워하느니라."(요15:19)

예수 그리스도는 제자들을 구원하기 위해 선택하셨고, 특별한 일을 시키려고 그들을 선택하셨습니다. 오병이어의 이적으로 5천 명을 먹이신 후에, 예수님은 '하늘에서 내려온 떡'이라는 말씀을 하시면서 "내 살을 먹고 내 피를 마시는 자는 영생을 가졌고 마지막 날에 내가 그를 다시 살리리니," 라고 하셨습니다. 제자들은 "이 말씀은 어렵도다 누가 들을 수 있느냐,"고 수군댔습니다. 예수님께서는 "내 아버지께서 오게 하여 주지 아니하시면 누구든지 내게 올 수 없다 하였노라,"고 하셨습니다. 그러자 많은 사람들이 예수님을 떠나갔습니다.

"그 때부터 그의 제자 중에서 많은 사람이 떠나가고 다시 그와 함께 다니지 아니하더라."

하나님의 선택의 교리를 가르치고 강조할 때 유대인들은 돌로 예수님을 치려고 하였습니다. 미움을 노골적으로 표현한 것입니다. 누가복음 4:17~29에는 예수님께서 나사렛 회당에서 역사적 사실을 들어서 하나님의 선택을 증거 하셨습니다.

"엘리야 시대에 하늘이 삼 년 육 개월간 닫히어 온 땅에 큰 흉년이 들었을 때에 이스라엘에 많은 과부가 있었으되, 엘리야가 그 중 한 사람에게도 보내심을 받지 않고 오직 시돈 땅에 있는 사렙다의 한 과부에게 뿐이었으며, 또 선지자 엘리사 때에 이스라엘에 많은 나병환자가 있었으되 그 중의 한 사람도 깨끗함을 얻지 못하고 오직 수리아 사람 나아만 뿐이었느니라." (눅 4:25~27)

이 말씀은 유대인만이 아니라 이방인도 선택 받는다는 것을 강조한 말씀입니다. 회당에서 예수님의 이 말씀을 듣고 유대인들이 화가 났습니다. 그래서 그들은 미움을 노골적으로 표현했습니다.

"회당에 있는 자들이 이것을 듣고 다 크게 화가 나서, 일어나 동네 밖으로 쫓아내어 그 동네가 건설된 산 낭떠러지까지 끌고 가서 밀쳐 떨어뜨리고자 하되." (눅 4:28~29)

세상 사람들은 예수님을 미워함과 동시에 예수님의 선택 받은 제자들까지 함께 미워했습니다. 크리스천들도 세상 미움의 대상이 됩니다. 초대 기독교인들은 로마시대에 엄청난 미움과 핍박과 고난을 당했습니다. 로마 사람들은 황제를 숭배하지만 기독교인들은 하나님만을 섬겼습니다. 이것은 로마의 통치원리에 근본적으로 위배되는 사항 이었습니다. 또한 로마인들은 기독교인들이 황제를 믿지 않고 하나님을 믿으니 반역자라 했고, 예수님의 살과 피를 먹는 성찬의식을 잘못 인식하고 기독교인들은 식인종이라 여겼습니다. 또 세계가 불로 심판을 받는다는 사실을 전파하는 선동자로, 또 가정을 신자와 불신자로 나누는 가정파괴자라고 대대적인 탄압을 했습니다.

또 예수님이 제자들을 당신과 동일시했기 때문에 세상이 제자들을 미워합니다.

"내가 너희에게 종이 주인보다 더 크지 못하다 한 말을 기억하라 사람들이 나를 박해하였은즉 너희도 박해할 것이요 내 말을 지켰은즉 너희 말도 지킬 것이라." (요 15:20)

예수님은 제자들을 자기와 동일시 하셨습니다. 그들의 기쁨을 자기의 기쁨으로, 그들의 괴로움을 자기의 괴로움으로 여기신 것입니다. 그들의 고통을 자기의 고통으로 생각하셨습니다. "세상이 너희를 미워하면 너희보다 먼저 나를 미워한 줄을 알라,"는 말씀은 제자들이나 우리가 당하는 고난은 외롭지 않은 고통임을 알려 주십니다. 우리가 고통당하기 전에 주님이 먼저 고통을 당하시는 것입니다. 우리가 핍박을 당하기 전에 주님이 먼저 핍박을 당하시는 것입니다. 예수님의 이름으로 미움 받고, 고난 받고, 핍박 받을 때 우리는 예수님과 함께 그 고난과 핍박을 받습니다. 그보다 예수님이 먼저 고난과 핍박을 받으신다는 사실을 기억해야 합니다. 이것은 외롭지 않은 고난이며 핍박입니다. 내가 처음 당하는 고난이 아니고, 예수님이 당하셨고, 믿음의 조상들이 당했으며, 그리고 내가 당하는 것임을 알아야 합니다.

심리학자들은 고난에 고독이 합치면 그 고난이 더 무거워진다고 말합니다. 고난당할 때 고독이라는 문제를 뺄 수만 있다면 고난의 반은 제거된다는 것입니다. 이 고통은 나만 당하는 것이 아니고 모두가 당하는 고난 중에 나도 끼어있다고 생각하면 훨씬 견디기 쉽습니다.

신자들이 예수님이 당하신 고난을 그대로 당한다면 얼마나 귀한 일입니까? 예수님이 인정해 주시는 고난이라면 얼마나 좋겠습니까? 우리가 고난을 당하고 있을 때 주님이 나타나셔서, "내가 일찍이 당한 고난을 너희도 당하는 구나," 하는 말씀을 듣게 되면 우리는 어떻게 말할 수 있습니까? "주여, 감사합니다,"라는 말 이외에는 무슨 말이 있겠습니까? 만에 하나라도 예수님이 당하신 고난과 비슷한 고난을 당할 수 있다면 그것은 큰 영광입니다.

그리스도를 미워한 이유

왜 세상이 예수 그리스도를 미워했습니까? 예수님이 하신 말씀 때문입니다. "내가 와서 그들에게 말하지 아니하였더라면 죄가 없었으려니와 지금은 그 죄를 핑계할 수 없느니라. 나를 미워하는 자는 또 내 아버지를 미워하느니라."

어떤 이의 말은 오만하고 거만하여 사람들이 듣기 싫어합니다. 예수님의 말씀이 오만했습니까? 결코 아닙니다. 예수님은 겸손하셨습니다. 예수님은 곤욕을 당할 때 입도 열지 않으셨습니다. 어떤 이의 말은 이기적이요 남을 경멸하고 멸시하는 말이기 때문에 미워하고 싫어합니다. 예수님의 말씀이 그렇습니까? 결코 아닙니다. 예수님은 하늘의 자기 보좌를 버리고 이 땅에 오셨으며 십자가에 죽기까지 경멸과 침 뱉음을 당하시되 대신 욕하지 아니하셨습니다.

그러면 왜 세상은 예수님의 말씀을 미워했습니까? 예수님의 말씀은 인간들의 죄를 드러냈기 때문입니다. 현장에서 간음죄를 지어 잡혀온 여인을 보며 예수님께서는 "너희 중에 죄 없는 자가 먼저 돌로 치라,"고 하셨습니다. 예수님이 오시기 전에 유대인들은 상대적인 선을 최고로 생각했습니다. 그러나 절대적 선이신 예수님이 오셔서 인간들의 죄를 지적하고 회개를 촉구하셨습니다.

한 아프리카 선교사가 어느 날 거울을 나무에 매달아 놓았습니다. 그러자 원주민 토인이 선교사에게 물었습니다. "왜 저 나무속에는 흉측하게 생긴 사람이 들어 있느냐?" 선교사가 말했습니다. 사람이 나무속에 들어있는 것이 아니라 당신의 얼굴이 거울에 비친 것이라고 하자 토인은 그 거울을 팔라고 했습니다. 그 토인은 거울을 사자마자 땅에 내동댕이쳐서 깨뜨려 버렸습니다. 그 거울에 비치는 자기의 흉한 얼굴이 보기 싫어서 거울을 깬 것입니다.

예수님은 우리로 하여금 우리 자신의 모습을 보게 하십니다. 예수님의 말씀은 우리 자신을 볼 수 있는 영혼의 거울이요, 삶의 거울입니다. 그럼에도 불구하고 우리는 하나님의 말씀인 계시를 싫어합니다. 예수님의 하신 일 때문에 세상은 예수님을 미워했습니다.

"내가 아무도 못한 일을 그들 중에서 하지 아니하였더라면 그들에게 죄가 없었으려니와 지금은 그들이 나와 내 아버지를 보았고 또 미워하였도다."

요한복음에는 '일' 이란 단어가 27번이나 기록되어 있습니다. 그 중에 18번은 예수님이 하신 일인 기적을 말하고 있습니다. 이 기적을 행하시면 세상은 꼭 예수님을 미워했습니다. 나면서부터 맹인 된 자를 고치신 일을 하시자 예수님을 미워했고, 38년 된 병자를 고치시자 예수님을 미워했습니다. 죽은 나사로를 살리시자 예수님을 미워하면서 나사로까지 죽이려고 했습니다.

예수님의 일은 바로 성부 하나님의 일입니다.

"내 아버지께서 이제까지 일하시니 나도 일한다 하시매." (요 5:17)

"아버지께서 내게 주사 이루게 하시는 역사 곧 내가 하는 그 역사가 아버지께서 나를 보내신 것을 나를 위하여 증언하는 것이요." (요 5:36)

"내가 내 아버지의 이름으로 행하는 일들이 나를 증거하는 것이거늘." (요 10:25)

세상은 예수님의 말씀을 듣고도 불신했습니다. 예수님의 하신 일, 이적을 보고도 불신했습니다. 예수님께서는 아무도 못한 일을 하셨습니다. 말씀을 믿는 것은 깊은 신앙이고, 표적, 기사를 보고야 믿는 것은 얕은 믿음이지만, 유대인들에게는 조금의 믿음조차도 없었습니다.

하나님의 심판

"율법에 기록된 바 그들이 이유 없이 나를 미워하였다 한 말을 응하게 하려 함이라."

예수님은 시편 35:19, 69:4 말씀을 인용해서 이렇게 말씀하십니다. 최고의 미움은 십자가에서 나타납니다. 인간의 증오는 예수님을 십자가에 죽임으로 나타나지만, 그러나 하나님은 그 미움을 통해 구원 계획을 이루어 나가십니다. 하나님이 이유 없이 미워하는 이 불의를 간과하신다고 생각하십니까? 하나님의 아들을 무시하고 미워하는 자를 간과하신다고 생각하십니까? 예수님을 미워하는 것은 성부 하나님을 미워하는 것입니다. 이것은 하나님의 심판을 자초하는 것입니다. 하나님이 이것을 심판하십니다.

제24장

성령의 증거, 제자들의 증거

(요 15:26~27)

요한복음 15:26~27 "내가 아버지께로부터 너희에게 보낼 보혜사 곧 아버지께로부터
나오시는 진리의 성령이 오실 때에 그가 나를 증언하실 것이요,
너희도 처음부터 나와 함께 있었으므로 증언하느니라."

성령님은 예수님을 증거 하십니다.

영감으로 성경을 기록 하시어서 증거 하십니다.

우리도 예수님을 증거 해야 합니다.

빛으로, 사랑으로 오신 예수님을 증거 해야 합니다.

여러분은 자신이 하나님과 함께 일하는 자라는 생각을 해보았습니까? 여러분이 어느 회사에서 일하고 있을 때, 사장이 일하는 모습을 관찰한 후 회사의 중요한 일을 위하여 나와 함께 일하자고 한다면 얼마나 기쁘겠습니까? 미국 대통령이 당신을 선택하여 행정부의 중요한 일을 같이 하자고 한다면 얼마나 기쁘겠습니까? 이런 세상일을 맡겨도 기뻐하는데, 하나님이 여러분을 불러 하나님과 동업하는 동업자로 삼는다면 얼마나 영광스럽겠습니까?

"우리가 하나님과 함께 일하는 자로서 너희를 권하노니 하나님의 은혜를 헛되이 받지 말라."(고후 6:1)

사도 바울은 자신과 그와 동행하는 복음 전도자들을 가리켜 '하나님과 함께 일하는 자'라고 하였습니다. 오늘 본문 말씀에도 하나님의 일을 위하여 우리를 하나님의 동역자로 부르시는 말씀이 있습니다. 예수님은 마지막 교훈을 제자들에게 주시면서 예수님을 증거 하는 자 곧 예수님과 동역하는 자를 말씀하셨습니다. 첫 번째 동역자는 예수님이 보내시는 보혜사 성령 하나님이시고 두 번째 동역자는 제자들이라는 것입니다.

주님께서 제자들에게 먼저 이르시기를 "세상이 너희를 미워할 것이다. 이유 없이 연고 없이 너희를 미워하되 두려워 말라. 너희를 미워하는 것은 곧 나를 미워하는 것이요, 그것은 나를 보내신 성부 하나님을 미워하는 것이다,"라고 하시면서 미리 고난과 핍박을 받을 각오를 가지라고 하셨습니다. 그러나 그 핍박은 주님과 함께 당하는 핍박이므로 외롭지 않은 핍박이라고 하시면서 용기를 주려고 하셨습니다. 오늘 우리 크리스천이 당하는 고난과 핍박도 결코 홀로 당하는 고난이 아니라 주님과 함께 당하는 고난임을 알 때 우리는 결코 낙심하지 않습니다.

예수님은 제자들에게 "너희를 핍박하고 미워하는 세상에 대하여 예수 그리스도를 증거 하라," 하시는 사명을 더 해 주십니다. 이 사명을 주시면서 또

한 그들을 위로해 주는 말씀이 성령님이 너희와 함께 하신다는 것입니다.

성령의 증거

"내가 아버지께로부터 너희에게 보낼 보혜사 곧 아버지께로부터 나오시는 진리의 성령이 오실 때에 그가 나를 증언하실 것이요." 26절에서 주님은 성령님을 보혜사라고 하십니다. 보혜사는 돕는 자, 변호인, 위로하는 자라는 뜻입니다. 성령님은 성부 하나님과 성자 하나님으로부터 오시는 분이십니다.(요 14:26, 15:26) 그래서 성령님을 가리켜 하나님의 영이라고도 하고 그리스도의 영, 주의 영, 예수님의 영이라고도 합니다.

"베드로가 이르되 너희가 어찌 함께 꾀하여 주의 영을 시험하려 하느냐." (행 5:9)

"만일 너희 속에 하나님의 영이 거하시면 너희가 육신에 있지 아니하고 영에 있나니 누구든지 그리스도의 영이 없으면 그리스도의 사람이 아니라." (롬 8:9)

"주는 영이시니 주의 영이 계신 곳에는 자유가 있느니라." (고후 3:17)

"너희가 아들이므로 하나님이 그 아들의 영을 우리 마음 가운데 보내사 아바 아버지라 부르게 하셨느니라." (갈 4:6)

"자기 속에 계신 그리스도의 영이 그 받으실 고난과 후에 받으실 영광을 미리 증언하여 누구를 또는 어떠한 때를 지시하시는지 상고하니라." (벧전 1:11)

성령님이 예수 그리스도를 증거 하는 방법은 무엇일까요?

하나님께서는 성경 저자들에게 영감을 주어 예수 그리스도의 교훈을 기록하게 하므로 예수 그리스도를 증거 하십니다. 예수님의 제자들이 예수님의 교훈을 다 기억하지 못했습니다. 그러나 성령께서 그들에게 말씀들을 기억나게 하시고 예수님의 교훈의 참뜻을 깨닫게 하였습니다.

"모든 성경은 하나님의 감동으로 된 것으로." (딤후 3:16)

감동은 하나님이 숨을 내쉰 것입니다. 모든 성경은 하나님의 기운으로 된 산물입니다.

"예언은 언제든지 사람의 뜻으로 낸 것이 아니요 오직 성령의 감동하심을 받은 사람들이 하나님께 받아 말한 것임이라." (벧후 1:21)

구약의 선지자들은 성경이 하나님의 말씀인 것을 다음과 같은 말씀으로 증거 합니다. "주께서 이 같이 말씀하여 가라사대," "너희는 주의 말씀을 들을지어다," "주 하나님께서 내게 이처럼 보이시되," "주의 말씀이 내게 임하여," "만군의 여호와의 말씀이니라." 선지자들의 이 같은 상용구는 성경이 하나님의 말씀인 것을 분명히 증거 하는 구절들입니다.

하나님께서는 예레미야에게 직접 말씀하십니다.

"내가 너를 모태에 짓기 전에 너를 알았고 네가 배에서 나오기 전에 너를 성별하였고 너를 여러 나라의 선지자로 세웠노라." (렘1:5)

이 때 예레미야는 하나님에게 자신의 상태를 호소합니다.

"슬프도소이다. 주 여호와여 보소서 나는 아이라 말할 줄을 알지 못하나이다."

하나님께서는 예레미야가 증거하는 말이 하나님의 말씀이라는 것을 분명히 밝히십니다.

"여호와께서 그의 손을 내밀어 내 입에 대시며 여호와께서 내게 이르시되 보라 내가 내 말을 네 입에 두었노라." (렘 1:9)

사도 바울은 자기가 전하는 말씀이 하나님의 말씀이라는 것을 확신하였습니다.

"이러므로 우리가 하나님께 끊임없이 감사함은 너희가 우리에게 들은 바

하나님의 말씀을 받을 때에 사람의 말로 받지 아니하고 하나님의 말씀으로 받음이니 진실로 그러하도다." (살전 2:13)

성경은 영감으로 기록된 사실입니다. 사본학 연구가인 모세 스튜어트 (Moses Stuart)와 가베트(Garbett)는 성경의 사본을 수집했는데 수집된 역본이 80만 개가 되었습니다. 그 중에 79만 5천 개의 역본은 거의 차이가 없었고, 나머지 역본들 중에는 어떤 것은 특별한 구절의 의미를 수정했거나 특이한 어휘나 구절을 생략했습니다. 그러나 기독교 교리가 고쳐진 것은 하나도 없었고, 교리가 제거되거나 중요한 사실이 변경된 것이 하나도 없었습니다. 영감 된 하나님의 말씀인 성경을 카피한 것의 정확성을 믿어야 합니다. 성령님은 항상 하나님의 말씀과 함께 역사하십니다.

이제 성경의 여러 속성에 대하여 생각해 보려합니다.

●성경은 필요성이 있습니다. 성경은 신학의 원천으로써 절대적으로 필요하고 신앙의 법칙으로써 절대적으로 필요합니다.

●성경에는 신적 권위가 있습니다. 성경은 절대적인 권위와 최고의 권위를 가집니다. 인정받아야 하는 상대적 권위가 아닌 자체적 권위를 가진 절대적 권위입니다.

●성경은 명료성이 있습니다. 구원에 필요한 지식이 명백하게 성경에 나타나 있습니다. 성경은 절대로 애매모호하지 않습니다.

●성경은 충족성을 가지고 있습니다. 구약 39편과 신약 27편으로 이루어져 있는 성경은 계시로 충족합니다. 다른 계시가 더 이상 필요하지 않습니다. 이런 성경의 속성이 우리를 성경의 말씀대로 순종하게 합니다. 성경이 서라고

하는 데서 서야하고 가라고 하는 데까지 가야 합니다.

성령님이 예수 그리스도를 증거 하는 다른 방법은 무엇일까요? 내적 증거입니다. 성경은 하나님의 객관적 진리와 말씀입니다. 이 말씀이 각 개인에게 진리로 받아지고 수납할 수 있도록 성령께서 역사하십니다. 이것을 성령의 내적 증거라고 합니다. 성경이 하나님의 말씀이라고 받아지도록 하고, 예수 그리스도를 나의 구주라고 느껴지고 알게 되고 감사하도록 하는 일을 성령님이 하십니다. 성령님은 영적 진리를 이해하게 하십니다. 거듭나지 않은 자는 영적인 일을 깨달을 수 없습니다.

"육에 속한 사람은 하나님의 성령의 일들을 받지 아니하나니 이는 그것들이 그에게는 어리석게 보임이요, 또 그는 그것들을 알 수도 없나니 그러한 일은 영적으로 분별되기 때문이라."(고전 2:14)

우리가 전도 할 때 거듭나지 않은 자는 기독교 용어를 전혀 이해하지 못합니다. 그러나 이런 거듭나지 않은 자를 성령님이 영적으로 깨우치는 일을 하십니다. 그리고 이미 거듭난 자들에게는 깊은 진리를 깨닫게 하십니다.

성령님은 크리스천들에게 확신하도록 시키십니다. 영적 사실을 깨닫게 하는 것만으로 만족하지 않고 영적인 사실에 대하여 확신을 가져야 합니다.

"그가 와서 죄에 대하여, 의에 대하여, 심판에 대하여 세상을 책망하시리라. 죄에 대하여라 함은 그들이 나를 믿지 아니함이요. 의에 대하여라 함은 내가 아버지께로 가니 너희가 다시 나를 보지 못함이요. 심판에 대하여라 함은 이 세상 임금이 심판을 받았음이라."(요 16:8~11)

오순절에 성령이 충만한 역사가 일어났습니다. 베드로가 설교했을 때, 유대인들이 마음에 찔려 회개하며 "형제들아, 어찌할꼬?"라고 부르짖었습니다. 베드로가 선포했습니다.

"너희가 회개하여 각각 예수 그리스도의 이름으로 세례를 받고 죄 사함을 받으라 그리하면 성령의 선물을 받으리니."(행 2:38)

에디오피아 내시가 병거를 타고 가면서 성경을 읽었습니다. 성령이 빌립에게 임하사 그 내시에게로 갔습니다. 빌립이 그에게 묻습니다. "성경을 깨닫느냐?" 가르쳐 주는 자가 없으니 모르겠다고 하는 내시에게 빌립은 성령의 인도하심으로 예수 그리스도를 증거 하고 세례를 주었습니다. 이렇게 성령은 그리스도를 증거 하는 것입니다.

제자들의 증거

본문에 "너희도 처음부터 나와 함께 있었으므로 증언하느니라."는 뜻은 증거 해야 한다고 명령하시는 것 입니다. 성령님이 하고자 하는 것을 너희도 마땅히 해야 한다고 하시는 것입니다. 예수님은 우리에게 "예수님 안에 거하라,"고 하셨고 "서로 사랑하라,"고 명령하실 뿐 아니라 "증거 하라,"고 명령하십니다. 성령님은 제자들을 증인으로 고용하셔서 성령님의 인도와 복종을 받으라고 하십니다.

제자들은 처음부터 예수님과 동행했으니 예수님에 대한 지식이 너무나 확실하며, 예수님의 사역을 직접 목도했으니 바른 증인이 될 수 있습니다. 진리에 대한 개인적 체험으로 효력을 지닌 증인이 되는 것입니다. 증인은 입으로 증거 해야 합니다. 확신이 있고, 체험이 있으면 그것을 말로 정확하게 증거 해야 합니다. 확신을 갖고 체험한 예수 그리스도를 전도 대상자를 찾아 정확하게 증거 해야 합니다. 성령의 능력을 입도록 의지하며 그 능력으로 예수님을 증거 해야 합니다. 성령님이 예수님을 증거 하시는 것처럼 우리도 예수님을 증거 해야 합니다.

하나님은 우리가 예수님을 증거 하기를 원하십니다. 사도 바울은 '때를 얻든지 못 얻든지 전하라' 고 했습니다.

제25장

박해를 각오하라

(요 16:1~4)

요한복음 16:1~4 "내가 이것을 너희에게 이름은 너희로 실족하지 않게 하려 함이니, 사람들이 너희를 출교할 뿐 아니라 때가 이르면 무릇 너희를 죽이는 자가 생각하기를 이것이 하나님을 섬기는 일이라 하리라. 그들이 이런 일을 할 것은 아버지와 나를 알지 못함이라. 오직 너희에게 이 말을 한 것은 너희로 그 때를 당하면 내가 너희에게 말한 이것을 기억나게 하려 함이요 처음부터 이 말을 하지 아니한 것은 내가 너희와 함께 있었음이라."

예수님은 우리들에게 핍박을 예고하십니다.

출교와 죽임 당함을 예고하십니다.

박해 받는 것은 그리스도와 동일시된 것을 나타냅니다.

핍박이 하나님의 사랑에서 우리를 끊을 수 없기에 기뻐해야 합니다.

핍박과 박해가 있는 가시밭길을 통과하여

면류관을 얻는 영광의 길을 기쁘게 가야합니다.

요한복음 13장부터 16장까지는 예수님이 마지막 성찬예식을 하시며 남기신 말씀으로 유언과도 같은 말씀입니다. 두려워하는 제자들에게 위로와 경고를 주신 말씀입니다. 오늘 본문말씀을 하실 때는 예수님이 당장 십자가를 눈앞에 두고 계실 때였습니다. 불과 9시간 후에는 십자가를 지시게 되는데 이 같은 초 긴장상태에서 예수님은 제자들을 염려하시고 그들의 앞날을 위해 핍박을 예고하고 경고하고 격려하십니다.

성경은 성도와 핍박은 불가분의 관계라고 증거 합니다. 핍박당함은 손해 보는 것이아니라 기쁨과 유익이 있습니다. 예수님은 이 때 외에도 삼년 동안의 공생애 기간 동안에 핍박에 대해 말씀하셨습니다.

"의를 위하여 박해를 받은 자는 복이 있나니 천국이 그들의 것임이라. 나로 말미암아 너희를 욕하고 박해하고 거짓으로 너희를 거슬러 모든 악한 말을 할 때에는 너희에게 복이 있나니, 기뻐하고 즐거워하라 하늘에서 너희의 상이 큼이라 너희 전에 있던 선지자들도 이같이 박해하였느니라."(마 5:10~12)

베드로는 이미 고난을 체험하였고 또 큰 환난을 앞둔 여러 지역 교회들에게 이렇게 당부합니다.

"사랑하는 자들아 너희를 연단하려고 오는 불 시험을 이상한 일 당하는 것 같이 이상히 여기지 말고, 오히려 너희가 그리스도의 고난에 참여하는 것으로 즐거워하라 이는 그의 영광을 나타내실 때에 너희로 즐거워하고 기뻐하게 하려 함이라. 너희가 그리스도의 이름으로 치욕을 당하면 복 있는 자로다 영광의 영 곧 하나님의 영이 너희 위에 계심이라."(벧전 4:12~14)

제자들에게 핍박을 예고하심

예수께서는 제자들에게 당신이 떠난 후에 핍박과 박해가 오리라고 하십니다. 세상이 먼저 예수님을 미워하고, 하나님을 미워하고 너희들을 핍박할 것이라고 하십니다. 그러나 제자들의 고난은 외로운 고난이 아니라 주의 고난에 동참하는 것이라 하십니다. 예수님 제자가 된다는 것은 영광과 존귀와 칭찬과 명성을 얻을 수 있는 것이 아니라 고난과 핍박과 박해를 받는 것이라고 말씀하십니다. 이 고난이 제자들에게 임박했음을 알려 주십니다.

수난의 구체적 내용

첫째는 출교를 당합니다. 출교라고 하는 것은 오늘날 교회 회원권을 박탈당하는 것과는 차이가 있습니다. 오늘날에는 교회에서 징계를 받으면 다른 교회로 옮기거나 다른 교단으로 옮길 수 있습니다. 그러나 이스라엘 나라에서 출교를 당하는 것은 이스라엘의 공동사회에서 완전히 분리되고 소외되는 것입니다. 유대적 공동체는 회당이 있고 회당에서는 명부를 만듭니다. 열 가정이 모여야 회당이 성립됩니다. 출교는 이 공동체에서 제외된 자로 이방인보다 더 악하게 여기고, 출교된 자에게는 물건을 팔지도 사지도 않으며, 출교된 자가 걸어가면 그와 거리를 두고 걸어야 하고, 가정에서는 쫓겨나고, 직장을 잃고 다른 직장을 가질 수도 없으며, 사업을 할 수도 없습니다. 출교된 자의 장례식에는 아무도 참예하지 않고 시체에 침을 뱉습니다. 돌로 쳐 죽입니다. 유대사회에서 완전히 소외시키는 것이 바로 출교입니다.

초대교회의 스데반 집사가 출교를 당했습니다. 그리고 전혀 보호를 받지 못하므로 돌에 맞아서 죽었습니다. 나면서부터 맹인 된 사람도 예수님이 메시야라고 믿었기에 출교를 당했습니다. 그의 부모도 "그가 장성했으니 그에게 물어보시오."라고 하며 그의 보호를 외면했습니다.

둘째는 죽임을 당합니다. 야고보는 헤롯의 칼에 죽고, 베드로는 투옥을 당했고 나중에 십자가를 거꾸로 지고 죽었다고 전해집니다. 도마는 인도에서 살가죽이 벗겨져 죽었으며, 안드레는 헬라에서 x자형 십자가에 매달려 죽습니다. 다른 제자들도 모두 순교 당했습니다. 다만 사도 요한만이 고초를 치르다가 밧모섬에 유배 갔고 제자들 중에서는 제일 오래 살았습니다. 초대교회 교인들도 유대 종교지도자들에게 핍박과 박해를 받고 순교 당하기도 했습니다. 이것은 같은 유대인끼리의 내적 핍박입니다. 이런 내적 핍박 이외에도 외적인 핍박이 있었으니 그것은 로마의 핍박과 종교개혁 때의 핍박입니다.

핍박은 황제를 숭배하도록 로마가 통치하는 모든 나라에 통일 방안으로 채택했습니다. 그러나 기독교인들은 황제를 경배하지 않고 주님을 경배하니 핍박을 받았습니다. 주후 54년부터 68년까지 로마황제로 있었던 네로(Nero)와 주후 81년부터 96년까지 황제로 있었던 도미티아누스(Domitian), 249년부터 251년까지 황제였던 데키우스(Trajan Decius)의 박해는 역사상 그 유래를 찾아볼 수 없는 참혹한 박해였습니다. 그들은 수많은 기독교인들을 화형에 처했고, 원형경기장에 기독교인들을 몰아넣어서 맹수의 밥이 되게 만들었습니다.

종교개혁 때에도 이런 박해가 대단했습니다. 로마 가톨릭은 종교적인 이유로 기독교인들을 수없이 죽였습니다. 루터도 종교재판을 받으러 출두하라는 명령을 받았습니다. 사형을 받을 것이 뻔했지만 루터는 강력하게 말했습니다. '보름스로 간다. 그곳의 지붕위에 있는 기왓장의 수만큼이나 마귀들이 있을지라도 나는 가리라.' 최초로 성경을 영어로 번역한 윌리엄 틴들(William Tyndale, 1494년~1536년)은 성경을 영어로 번역했다는 죄목 때문에 로마 교황청으로부터 사형을 언도받고 순교했습니다. 그는 핍박을 받으면서 자기를 죽이려는 대적들과 직면했을 때, "나는 이 외의 것은 아무 것도 바라지 아니하였다,"고 하였습니다.

왜 유대인들과 로마 가톨릭 등 종교인들은 기독교인들을 핍박했습니까?

그들은 이런 행위를 '하나님을 섬기는 일'이라고 생각했기 때문입니다. '섬긴다,'는 말은 제사장이 제단에서, 또는 하나님의 성전에서 드리는 봉사를 나타내는 데 쓰이는 용어입니다. 이들은 기독교인들을 핍박하고 출교하고 죽이는 것이 하나님을 섬기는 일인 줄 알았습니다. 사도 바울도 처음에는 교회를 근절하고 하나님을 믿는 기독교인들을 투옥해서 죽이는 것이 하나님을 가장 잘 섬기는 줄로 생각했습니다. 그러던 바울이 다메섹 도상에서 예수님의 포로가 되었습니다. 스데반을 죽일 때도 하나님의 이름으로 죽였고, 예수님을 처형할 때도 율법을 빙자해서 죽였으며, 예수님의 제자들을 죽일 때에도 하나님의 일이라고 죽였습니다. 왜 이런 일을 했습니까?

"그들이 이런 일을 할 것은 아버지와 나를 알지 못함이라."(요 16:3)

그릇된 신앙의 무지는 사람을 죽입니다. 사울(바울)의 무지는 스데반을 죽였습니다. 유대인의 무지는 예수님을 죽였습니다.

독일에 '긴 칼을 가졌다고 다 요리사는 아니다,'라는 속담이 있습니다. 교회라고 다 교회는 아닙니다. 교회의 칭호만 가졌다고 다 교회는 아닙니다. 유대교는 기독교를 핍박했고 가톨릭교회는 기독교를 박해했습니다. 성부 하나님과 성자 예수님과 성령 하나님을 바로 알고 믿는 교회라야 진정한 교회입니다.

박해를 기뻐하라

왜 박해를 기뻐해야 합니까?

첫째, 박해 받는 것은 크리스천이 그리스도와 동일시된 것을 나타내기 때문입니다.

"그들이 이런 일을 할 것은 아버지와 나를 알지 못함이라." (요 16:3)

박해하는 자들은 아버지와 아들의 관계, 제자와 예수님과의 관계를 모르기 때문입니다. 박해 받는다는 사실은 신자와 예수님이 하나가 되어 연합되고 동일시 되었다는 것을 보여주는 증거입니다.

둘째, 핍박은 우연히 일어나는 것이 아니고 하나님이 우리를 향하여 어떤 목적을 가지고 계시기 때문에 일어납니다. 예수님은 제자들을 실족하지 않게 하시려고 핍박을 예고하셨습니다. 핍박을 당면해도 "내가 한 말을 기억하게 함이라,"고 하셨습니다.

우리에게 핍박이 오면 예수님의 예언대로 핍박이 왔구나 하는 믿음을 가져야 합니다. 신앙성장과 인내와 거룩한 생활을 하게 하려고 핍박을 당하게 하십니다. 베드로는 핍박을 크리스천의 신앙을 단련하게 하는 도가니, 용광로라고 했습니다.

"그러므로 너희가 이제 여러 가지 시험으로 말미암아 잠깐 근심하게 되지 않을 수 없으나 오히려 크게 기뻐하는도다. 너희 믿음의 확실함은 불로 연단하여도 없어질 금보다 더 귀하여 예수 그리스도께서 나타나실 때에 칭찬과 영광과 존귀를 얻게 할 것이니라." (벧전 1:6~7)

셋째, 핍박이 크리스천 생활에 아름다운 광채가 나게 합니다. 핍박과 시련, 고난 속에서 성도의 신앙은 다이아몬드와 같이 빛납니다. 바울과 실라가 빌립보에서 복음을 전하다가 고발을 당하여 심한 매를 맞고는 빌립보 감옥에 투옥되었습니다. 그러나 그들은 절망하지 않고 기도하고 찬송을 부르니 지진이 일어나서 옥터가 움직이고 바울과 실라를 묶어놓았던 쇠사슬이 풀렸습니다. 다른 죄수들도 모두 풀렸지만 아무도 도망치지 않았습니다. 잠시 후에 감옥에 온 간수가 감옥의 문이 다 열린 것을 보고는 자기에게 죄를 물을까 두려워 자결을 하려고 하는데 바울이 그를 말렸습니다.

"간수가 등불을 달라고 하며 뛰어 들어가 무서워 떨며 바울과 실라 앞에 엎드리고, 그들을 데리고 나가 이르되 선생들이여 내가 어떻게 하여야 구원을 받으리이까," 라고 묻자 바울이 대답하였습니다.

"주 예수를 믿으라 그리하면 너와 네 집이 구원을 받으리라."(행 16:31)

넷째, 핍박이 하나님의 사랑에서 우리를 끊을 수 없습니다. 사도 바울은 자기가 핍박당했던 사실을 이렇게 말했습니다.

"유대인들에게 사십에서 하나 감한 매를 다섯 번 맞았으며, 세 번 태장으로 맞고 한 번 돌로 맞고 세 번 파선하고 일 주야를 깊은 바다에서 지냈으며, 여러 번 여행하면서 강의 위험과 강도의 위험과 동족의 위험과 이방인의 위험과 시내의 위험과 광야의 위험과 바다의 위험과 거짓 형제 중의 위험을 당하고, 또 수고하며 애쓰고 여러 번 자지 못하고 주리며 목마르고 여러 번 굶고 춥고 헐벗었노라."(고후 11:24~27)

그러나 이렇게 많은 핍박이 사도 바울을 하나님의 사랑에서 떼어 놓을 수 없었습니다. 그는 단언하여 외쳤습니다.

"내가 확신하노니 사망이나 생명이나 천사들이나 권세자들이나 현재 일이나 장래 일이나 능력이나, 높음이나 깊음이나 다른 어떤 피조물이라도 우리를 우리 주 그리스도 예수 안에 있는 하나님의 사랑에서 끊을 수 없으리라."(롬 8:38~39)

아무리 핍박이 심해도 이 핍박이 하나님이 우리를 향하여 이루시고자 하는 목적을 좌절시키지 못하며, 하나님으로부터 우리를 분리시킬 수 없습니다. 그러므로 핍박을 기뻐해야 합니다.

죄인과 함께 융성함을 나누는 것보다 차라리 예수님과 함께 고독한 것이 낫습니다. 제자들이 출교를 당하고, 소외당하고, 심지어 죽임을 당해도 예수님이 함께 해주신다고 약속하셨습니다. 그러므로 핍박과 박해를 기뻐하라고 하십니다. 우리도 핍박과 박해를 기뻐해야만 합니다. 예수님은 안일한 길을 가라고 하지 않습니다. 핍박과 박해가 있는 가시밭길을 통과하여 면류관을 얻는 영광의 길을 가라고 하십니다.

제26장

성령의 역사

(요 16:5~11)

요한복음 16:5~11 "지금 내가 나를 보내신 이에게로 가는데 너희 중에서 나더러 어디로 가는지 묻는 자가 없고, 도리어 내가 이 말을 하므로 너희 마음에 근심이 가득하였도다. 그러나 내가 너희에게 실상을 말하노니 내가 떠나가는 것이 너희에게 유익이라 내가 떠나가지 아니하면 보혜사가 너희에게로 오시지 아니할 것이요 가면 내가 그를 너희에게로 보내리니, 그가 와서 죄에 대하여, 의에 대하여, 심판에 대하여 세상을 책망하시리라. 죄에 대하여라 함은 그들이 나를 믿지 아니함이요, 의에 대하여라 함은 내가 아버지께로 가니 너희가 다시 나를 보지 못함이요, 심판에 대하여라 함은 이 세상 임금이 심판을 받았음이라."

성령님은 우리에게 죄와 의와 심판을 깨닫게 하십니다.
예수님을 믿지 않는 것이 죄라는 것과
그리스도의 십자가에 우리의 구원이 있음을,
십자가로 심판에서 건지시며
예수님의 가르치신 모든 진리를 가르치실 것입니다.
성령님의 역사는 항상 그리스도 중심의 역사입니다.

예수님이 자기를 보내신 성부 하나님께로 돌아가신다고 말씀하실 때에 제자들은 단순한 육신의 이별만 생각하고 무거운 근심에 싸여있었습니다. 앞으로 9시간 밖에는 그들과 함께 하지 못하는 것을 예수님은 아시고 제자들에게 다시 "내가 떠나는 것이 유익하다,"고 말씀하셨습니다. 제자들은 스스로 부모를 잃은 고아로 생각했고 3년 동안 제자 훈련을 받은 사실이 허무한 데로 돌아가고 말 것이라고 절망했습니다. 주님이 떠나시면 다들 각각 흩어지고 말 것이라는 절망적인 생각을 한 것입니다. 그러나 예수님은 제자들의 생각과는 정반대의 사실을 설명하십니다.

예수님이 떠나가야 보혜사 성령님이 그들에게 오시기 때문에 제자들에게 유익하다고 말씀하십니다. 예수님과 성령님의 역사는, 예수님이 십자가를 지고 죽으시고 부활 승천하셔서 구원 사업을 성취한 후에 이루어지기 때문입니다. 예수님이 이루어 놓으신 예수 그리스도의 구원의 은혜를 성령께서는 죄인들에게 적용시키십니다.

"때가 차매 하나님이 그 아들을 보내사 여자에게서 나게 하시고 율법 아래에 나게 하신 것은, 율법 아래에 있는 자들을 속량하시고 우리로 아들의 명분을 얻게 하려 하심이라. 너희가 아들이므로 하나님이 그 아들의 영을 우리 마음 가운데 보내사 아바 아버지라 부르게 하셨느니라." (갈 4:4~6)

예수 그리스도께서 십자가에서 죽으셔야 성령님께서 그 구원의 은혜를 우리에게 적용시켜 주십니다. 예수님이 죽기 전 육신의 모습으로 계시는 동안에는 사람들이 어느 곳에서나 예수님과 함께 있을 수 없었습니다. 예수님이 부활하시기 전, 육신을 가지고 계실 때에는 시간과 공간의 제한을 받았지만 예수 그리스도의 영은 제약을 받지 않습니다. 사람이 어느 곳에 있든지 예수님의 영은 사람의 마음속에 함께 하십니다. 예수님은 약속하십니다.

"볼지어다 내가 세상 끝날까지 너희와 항상 함께 있으리라 하시니라." (마 28:20)

육신이 아닌 예수의 영이 함께 하십니다. 예수님의 영이신 성령님이 세상 끝날까지 함께 하십니다. 예수님의 영은 시간과 공간의 제한을 받지 않습니다. 그러므로 예수 그리스도가 제자들과 영원히 함께 하시려면 십자가에서 죽으셔야 했습니다.

성자 예수님이 보내신 성령을 예수님의 영, 그리스도의 영, 주의 영이라고 합니다. 성부 하나님이 보내신 성령을 하나님의 영이라고 부릅니다. 제자들, 성도들이 어느 곳에서 전도하든지 성령님은 그들과 함께 하십니다. 시간이나 공간의 제한을 받지 않으시고 역사하십니다. 성령님은 어떻게 역사하십니까?

"그가 와서 죄에 대하여, 의에 대하여, 심판에 대하여 세상을 책망하시리라."(요 16:8)

여기서 "책망하다,"는 헬라어 '엘렝크세이($\dot{\epsilon}\lambda\dot{\epsilon}\gamma\xi\epsilon\iota$)'로 그 의미는 '확신시킨다. 잘못을 깨닫게 한다,' 라는 뜻입니다.

성령께서는 어떤 일을 하십니까?

죄에 대하여 깨닫게 하시고 확신케 하심

성령님은 예수님을 믿지 않는 것이 죄라는 것을 깨닫게 하십니다. 유대인들은 예수님을 십자가에 달 때 자기들이 죄를 범한다는 생각을 하지 않았습니다. 그들은 하나님을 섬기고 있다고 생각했습니다. 그 후에 베드로가 성령이 충만하여 오순절 때 설교를 했습니다.

"그런즉 이스라엘 온 집은 확실히 알지니 너희가 십자가에 못 박은 이 예수를 하나님이 주와 그리스도가 되게 하셨느니라 하니라."(행 2:36)

베드로의 설교에 무리들은 마음이 찔렸습니다. 그래서 베드로와 사도들에게 묻습니다.

"형제들아 우리가 어찌할꼬." (행 2:37)

베드로가 대답했습니다.

"너희가 회개하여 각각 예수 그리스도의 이름으로 세례를 받고 죄 사함을 받으라." (행 2:38)

회개란 죄에 대한 지식을 갖고 감정으로 느껴서 아파하고 삶의 방향을 전환하는 것입니다. 무리들이 어떻게 자기들이 죄인임을 깨닫게 되었습니까? 베드로의 복음 해석이나 훌륭한 설교나 웅변 때문이었나요? 아닙니다. 성령께서 그들을 깨닫게 하시고 확신시켰기 때문입니다. 성령님은 모든 사람에게 죄의식을 가지게 합니다. 죄인이라고 지적하십니다. 성령님은 예수 그리스도의 십자가 앞에서 우리로 하여금 몸을 낮추게 하고 무릎을 꿇게 하십니다.

인도에서 선교를 하는 한 선교사가 환등기를 보여주었습니다. 환등기가 하얀 벽에 화면을 만들어 내면서 선교사는 예수 그리스도에 대해 이야기 했습니다. 십자가 장면이 비칠 때였습니다. 한 사람이 앞으로 걸어 나오더니 십자가의 예수님을 보고 외쳤습니다. "내려오십시오! 거기는 당신이 아니라 내가 달려야 합니다." 성령님이 그 인도사람의 마음에 죄의식을 불러일으키신 것입니다. 자기가 죄인임을 깨닫게 하신 것입니다.

전도 실습을 나가서 성령의 역사를 강조하려 할 때, 성령님이 먼저 가셔서 그들의 마음을 정돈시키십니다. 내가 믿게 하는 것이 아니라 성령님이 믿게 하시는 것입니다. 성령님께서 죄인 의식을 갖게 하시는 것입니다. 모든 사람은 죄인이고 그 형벌은 죽음이라는 복음을 제시하시면서 죄인임을 강조하는 것입니다.

여러분이 죄인임을 누가 깨닫게 하고 확신시켜 주십니까? 십자가 앞에서 감격하고 감사하도록 누가 작용하십니까? 2천 년의 세월이 흘렀고, 공간적으로는 팔레스타인에서의 사건이었습니다. 그런 십자가 사건 앞에서 죄를 자복하고 감격하는 것은, 시간과 공간의 제한을 받지 않으시는 성령님이 역사하시기 때문입니다. 지금도 성령님은 역사하셔서 죄를 깨닫게 하고 양심을 괴롭게 하고 바른 지도를 하게 하셔서 성화의 생활을 하게 하십니다. 성령의 역사를 거역하지 말아야 합니다.

의를 확신하게 하심

"의에 대하여라 함은 내가 아버지께로 가니 너희가 다시 나를 보지 못함이요."

아버지께로 간다는 말씀은 예수님의 십자가 죽음을 가리킵니다. 사람들은 의에 대해 오해를 합니다. 사람의 선을 '의' 라고 생각하고는 사람들의 선함을 30%, 50%, 80% 등으로 평가합니다.

어떤 사람은 예수님을 도덕적으로 선한 분이라고 생각합니다. 인간 중에서 최고로 선한 분이라고 생각합니다. 그러나 이런 생각이 맞을까요? 예수님의 '의' 는 전혀 죄가 없으심을 의미합니다. 무죄의 예수님을 의미합니다. 유대인과 로마인들은 예수님을 죄인이라고 십자가에서 처형했습니다. 그러나 성경에서는 예수님이 죄가 전혀 없으신 분이라고 기록하고 있습니다.

"우리에게 있는 대제사장은 우리의 연약함을 동정하지 못하실 이가 아니요 모든 일에 우리와 똑같이 시험을 받으신 이로되 죄는 없으시니라." (히 4:15)

로마군대 백부장은 마태복음 27:54에서 '예수님은 하나님의 아들' 이라고 고백합니다. 사울은 다메섹 도상에서 의인이신 예수님을 발견하고 자기의 죄를 깨닫습니다. 무죄자는 하나님의 아들이신 예수님 밖에는 없습니다. 예수님을 하나님의 아들이라고 확신시켜 주시는 분은 성령님이십니다. 베드로는 고백합니다.

"주는 그리스도시요 살아 계신 하나님의 아들이시니이다."(마 16:16)

예수님께서는 베드로의 대답에 그를 칭찬하십니다.

"바요나 시몬아 네가 복이 있도다 이를 네게 알게 한 이는 혈육이 아니요 하늘에 계신 내 아버지시니라."(마 16:17)

예수님의 의가 믿는 자에게 옮겨지는 것을 칭의라고 합니다. 예수님 고유의 '의' 는 믿는 자에게 전가되어 의의 옷을 입고 죄인이 의인으로 되는 것을 말합니다. 예수님은 재판장이시며 의인이십니다. 그리스도를 믿는 자가 나는 의인이 되었다고 깨닫고 확신하게 됩니다. 이것이 성령님의 역사입니다.

심판을 확신시키심

"심판에 대하여라 함은 이 세상 임금이 심판을 받았음이라."

세상 임금은 사탄을 가리킵니다. '받았음이라' 는 현재 완료형으로 마귀는 이미 심판을 받고 있다는 것을 의미합니다.

"하나님의 아들이 나타나신 것은 마귀의 일을 멸하려 하심이라."(요일 3:8)

"죽음의 세력을 잡은 자 곧 마귀를 멸하시며."(히 2:14)

예수님은 마귀를 멸하시려 오셨습니다. 마귀 들린 자들이 예수님 앞에서 떨고 두려워했습니다.

"그를 믿는 자는 심판을 받지 아니하는 것이요 믿지 아니하는 자는 하나님의 독생자의 이름을 믿지 아니하므로 벌써 심판을 받은 것이니라."(요 3:18)

마귀나 마귀에 속한 자들은 살아있을 때에도 예수님의 심판 아래에 있고, 장래에도 영원한 심판으로 지옥에 던짐을 받습니다. 그러므로 성도는 마귀의 세력을 두려워할 필요가 없습니다. 성경은 마귀 세력에게 "대적하라, 싸우라!"고 가르치십니다. 성령께서는 이 사실을 우리에게 가르치고 확신시키십니다.

성령님이 심판에 대하여 우리가 확신하고 깨닫게 하신다고 하는 것은 하나님에 대한 두려운 마음을 느끼게 하고, 죄를 지을 때 괴롭고 두려운 마음이 들게 하는 것입니다. 심판은 반드시 있으며 행한 대로 보응을 받는다는 것을 확신케 하시며, 장차 하나님의 심판이 있다는 사실을 깨닫게 하신다는 것을 말합니다. 그러므로 성령님은 사람들이 자기가 좋아하는 대로 살아서는 안 된다고 교훈하십니다. 심판을 예고하시고, 하나님의 심판대 앞에 서야 함으로 자기가 좋아하는 대로 살아서는 안 된다는 것입니다.

성령님은 죄를 깨닫게 하시고, 그리스도의 의를 확신케 하시며, 심판을 확신하게 하십니다. 그리스도의 십자가에 우리의 구원이 있음을, 그리스도의 십자가로 심판을 면하게 된다는 것을 가르치시고, 구원의 확신을 주십니다. 성령님의 역사는 죄와 의와 심판에 대해 확신케 합니다.

"그러하나 진리의 성령이 오시면 그가 너희를 모든 진리 가운데로 인도하시리니 그가 자의로 말하지 않고 오직 듣는 것을 말하시며 장래 일을 너희에게 알리시리라. 그가 내 영광을 나타내리니 내 것을 가지고 너희에게 알리시겠음이니라."(요 16:13,14)

이 말씀대로 성령의 역사는 항상 그리스도 중심의 역사입니다.

진리의 성령이 오시면

(요 16:12~15)

요한복음 16:12~15 "내가 아직도 너희에게 이를 것이 많으나 지금은 너희가 감당하지 못하리라. 그러나 진리의 성령이 오시면 그가 너희를 모든 진리 가운데로 인도하시리니 그가 스스로 말하지 않고 오직 들은 것을 말하며 장래 일을 너희에게 알리시리라. 그가 내 영광을 나타내리니 내 것을 가지고 너희에게 알리시겠음이라. 무릇 아버지께 있는 것은 다 내 것이라 그러므로 내가 말하기를 그가 내 것을 가지고 너희에게 알리시리라 하였노라."

진리의 성령은 우리를 모든 진리 가운데로 인도하시고
예수 그리스도의 구속사역에 대하여 분명히 깨닫게 하십니다.
진리의 성령은 장래 일을 알려주십니다.
그리스도의 사역과 성령님의 사역은 일치합니다.

예수님은 9시간 후에 십자가에 달려 죽으실 것을 아시고 제자들에게 용기와 격려와 위로를 주시는 말씀을 계속 하셨습니다. 제자들을 홀로 있게 하지 않는다는 예수님의 약속이 그들에게 큰 격려가 되었습니다.

"내가 아직도 너희에게 이를 것이 많으나 지금은 너희가 감당하지 못하리라."

예수님은 제자들에게 지금까지 많은 말씀을 하셨지만, 이 같은 종류의 말씀이 더 많다고 하십니다. 그러나 지금은 그들이 감당치 못한다고 하셨습니다. 장차 주님이 십자가에 죽으시고 부활, 승천하신 후에 성령님이 오셔서 깨닫게 해 주실 때에 그 진리를 깨닫게 된다는 뜻입니다. 십자가 사건과 부활 사건 이후에 성령님이 강림하시는 것입니다.

진리의 성령이 오시면 우리를 모든 진리 가운데로 인도하심

진리의 성령이란 성령의 인격성을 가리킵니다. 성령의 역사는 우리를 인도하시는 것입니다. 성령님은 우리를 인도하시는 것이지 내모는 것이 아닙니다. 성령의 역사가 간절하나 결코 강압하지는 않습니다. 죄인을 믿게 하실 때에 감동을 주십니다. 성령의 인도 없이 진리를 깨달을 수는 없습니다.

"내가 곧 길이요, 진리요, 생명이니."(요 14:6)

예수님은 길이요 진리이고, 성령님은 사람들을 그 길로 인도하여 진리에 도달하게 하십니다. 성령님은 예수님이 진리이심을 발견하고 깨닫게 하십니다. 성령님은 우리를 모든 진리 가운데로 인도하십니다. 우리를 전 구원 계시 체계(the whole body of redemptive revelation)로 인도하십니다.

"보혜사 곧 아버지께서 내 이름으로 보내실 성령 그가 너희에게 모든 것을 가르치고 내가 너희에게 말한 모든 것을 생각나게 하리라."(요 14:26)

여기에서 모든 것이란 진리를 말씀하십니다. 성령님께서 진리로 인도하신다는 의미는 제자들이 예수 그리스도의 생애의 교훈과 죽음과 부활 사건에 대하여 잊은 것을 기억나게 하신다는 말입니다. 그래서 성경을 기록하게 하십니다. "진리로 인도하신다,"는 말씀은 성령님이 제자들에게 계시를 주신다는 의미입니다. 기독교는 역사적 계시와 함께 시작합니다. 역사적 사실(historical fact)에 기초한 기독교를 생각해야 합니다. 신약은 하나님의 개입의 역사입니다. 신화나 철학이나 진화론에 근거한 것이 아니라 역사적 계시에 기초한 것입니다. 곧 계시는 바로 역사입니다.

진리의 성령은 예수 그리스도의 구속사역을 설명해주심

성령님은 어떤 새롭고 별다른 계시를 제자들에게 주시는 것이 아니라, 예수님의 속죄사업과 계시를 근거로 하여 설명하는 것뿐입니다.

13절에 "그가 스스로 말하지 않고 오직 들은 것을 말하며."란 십자가와 부활과 대속에 대해 설명하시는 것을 말합니다. 성경의 기록은 모두 성령님이 감동을 주셔서 기록한 것입니다. 성경의 초점은 예수 그리스도입니다.

"너희가 성경에서 영생을 얻는 줄 생각하고 성경을 연구하거니와 이 성경이 곧 내게 대하여 증언하는 것이니라."(요 5:39)

공관복음과 요한복음은 예수님의 생애와 교훈, 십자가 죽음과 부활, 승천 사건을 성령의 감동으로 기록하고 있습니다. 성령님의 역사는 구속사역을 잘 기록하고 설명하도록 우리에게 은사를 주십니다.

"하나님이 교회 중에 몇을 세우셨으니 첫째는 사도요 둘째는 선지자요 셋째는 교사요 그 다음은 능력을 행하는 자요 그 다음은 병 고치는 은사와 서로 돕는 것과 다스리는 것과 각종 방언을 말하는 것이라. 다 사도이겠느냐 다 선지자이겠느냐 다 교사이겠느냐 다 능력을 행하는 자이겠느냐. 다 병 고치는 은사를 가진 자이겠느냐 다 방언을 말하는 자이겠느냐 다 통역하는 자이겠느냐. 너희는 더욱 큰 은사를 사모하라 내가 또한 가장 좋은 길을 너희에게 보이리라."(고전 12:28~31)

이 은사들은 모두 예수 그리스도의 구속사역인 속죄의 은혜를 설명하고 증거 하기 위해 주신 성령님의 은사입니다.

사도 바울이 예수 그리스도를 가르치는 태도를 이렇게 말했습니다.

"우리가 이것을 말하거니와 사람의 지혜가 가르친 말로 아니하고 오직 성령께서 가르치신 것으로 하니 영적인 일은 영적인 것으로 분별하느니라."(고전 2:13)

성령님은 사도들을 사용하여 말씀하십니다. 성령님은 직접적으로는 예수 그리스도를 증거 하고 계시 하고 설명하실 뿐 아니라 또한 간접적으로 사도들을 통하여 예수 그리스도를 증거 하게 하십니다.

진리의 성령은 장래 일을 알려주심

장래 일이란 교회 설립 때부터 세상 끝날 때까지 하나님의 계획 속에서 진행되는 사건들을 말합니다. 구약에서는 메시야가 오심에 대해서, 신약에서는 예수님이 다시 오시는 것에 대해서 알려주십니다. '알리다'는 헬라어 '아낭겔로(ἀναγγέλλω)'로 '선언하다, 분명히 알리다,'는 뜻입니다. 예수님의 오심과 십자가 죽음, 부활 사건은 단회적인 사건입니다. 예수님에 대한 사건은 단회적입니다. 그러나 예수님에 대해 깨닫는 것은 계속적입니다. 제자들은 예수님의 십자가 죽음과 부활사건의 의미를 오순절을 통해 깨달았는데, 전도하면서 더 깨닫고, 핍박당하면서, 순교하면서 점점 더 깊이 깨달았습니다.

계시 사건은 단회적이나 계시의 이해는 계속적입니다. "진리의 성령이 장래 일을 알려주신다,"는 말씀은 '분명히 깨닫게 하여 주신다,'는 뜻입니다. 분명히 깨닫게 해 주시기 때문에 분명하지 않은 것은 성령님의 역사하심이 아닙니다.

구원은 삼위일체 하나님의 사역을 가리킵니다. 성부 하나님은 계획을 하시고, 성자 하나님은 그 일을 수행하시고, 성령 하나님은 그것을 적용하고 이해하게 하십니다.

"그가 내 영광을 나타내리니 내 것을 가지고 너희에게 알리시겠음이라. 아버지께 있는 것은 다 내 것이라."(요 16;14, 15)

성령님은 예수님이 이루어 놓으신 구원을 신자들에게 알려주십니다.

성부 하나님과 성자 하나님은 일체이십니다. 성자 하나님이 십자가에서 죽으시고 부활하신 후에 모든 것을 성자 하나님의 손에 맡기셨습니다. 성령님은 성자 하나님의 영광을 나타내십니다.

또한 성자 하나님은 성부 하나님의 영광을 나타냅니다.

"아버지께서 내게 하라고 주신 일을 내가 이루어 아버지를 이 세상에서 영화롭게 하였사오니."(요 17:4)

성부 하나님의 것은 성자 하나님의 것이요, 성령님은 성자 하나님의 것을 가지고 제자들에게 알리십니다. 성령님은 우리로 하여금 예수 그리스도를 보게 하시고 그리스도에게 복종케 하고 봉사케 하십니다. 그리스도의 사역과 성령님의 사역은 일치합니다.

제28장

빼앗을 수 없는 기쁨

(요 16:16~22)

요한복음 16:16~22 "조금 있으면 너희가 나를 보지 못하겠고 또 조금 있으면 나를 보리라 하시니, 제자 중에서 서로 말하되 우리에게 말씀하신 바 조금 있으면 나를 보지 못하겠고 또 조금 있으면 나를 보리라 하시며 또 내가 아버지께로 감이라 하신 것이 무슨 말씀이냐 하고, 또 말하되 조금 있으면이라 하신 말씀이 무슨 말씀이냐 무엇을 말씀하시는지 알지 못하노라 하거늘, 예수께서 그 묻고자 함을 아시고 이르시되 내 말이 조금 있으면 나를 보지 못하겠고 또 조금 있으면 나를 보리라 하므로 서로 문의하느냐, 내가 진실로 진실로 너희에게 이르노니 너희는 곡하고 애통하겠으나 세상은 기뻐하리라 너희는 근심하겠으나 너희 근심이 도리어 기쁨이 되리라. 여자가 해산하게 되면 그 때가 이르렀으므로 근심하나 아기를 낳으면 세상에 사람 난 기쁨으로 말미암아 그 고통을 다시 기억하지 아니하느니라. 지금은 너희가 근심하나 내가 다시 너희를 보리니 너희 마음이 기쁠 것이요 너희 기쁨을 빼앗을 자가 없으리라."

조금(잠깐)은 시간적으로 짧다는 의미입니다.

예수님은 그 짧은 시간에 인류구속사역이라는 큰 일을 하십니다.

십자가 고통은 잠깐이고 만민의 구원은 큰 일이라고 하십니다.

근심은 잠깐이고 기쁨은 영원하다고 하십니다.

본문 말씀에는 "조금 있으면 나를 보지 못하겠고 조금 있으면 나를 보리라," 라는 말씀이 반복되어 나타납니다. 이것은 시간적 의미입니다. 그러나 제자들은 이 의미가 무엇인지 알지 못했습니다. 자기들끼리 무슨 말씀인지 서로 궁금해 하고 있었습니다. 그러나 예수님은 그 말씀에 대하여 상세히 설명을 하지 않고 계속해서 말씀하십니다.

"조금 있으면 나를 보지 못하겠고 조금 있으면 나를 보리라."

왜냐하면 조금만 있으면 모든 것을 알게 되므로 구태여 설명할 필요를 느끼지 않으셨기 때문입니다.

'조금 있으면' 의 의미

본문 말씀에는 '조금 있으면' 이라는 표현이 7회나 나옵니다. "조금 있으면 나를 보지 못하고," 는 예수님이 십자가에서 죽으실 것을 말씀하십니다. 이제 9시간 후면 십자가의 죽음이 다가옵니다. "조금 있으면 나를 보리라," 라는 말씀은 예수님의 부활을 의미합니다. 죽은 지 삼일 후에 올 부활을 의미합니다. 그리고 오순절 성령이 강림할 때 예수님의 영은 세상 끝 날까지 함께 하십니다.

예수님이 보실 때는 9시간도, 3일 후도 모두 잠깐입니다. 평안한 10년과 병들어 고생하는 1년을 비교할 때, 병든 1년은 평안한 10년 보다 훨씬 더 긴 세월입니다. 예수님이 십자가에 못 박혀 고통을 당하실 때, 6시간은 우리의 일생이나 모든 인류의 고통과는 비교가 안 됩니다. 그것은 긴 고통의 시간입니다. 그러나 예수님은 십자가의 그 혹독한 고통의 시간을 '잠깐' 이라고 하셨습니다.

로마시대에 많은 기독교인들이 순교를 당했습니다. 원형극장에서 순교를 당하는 한 어머니가 어린 아이를 품에 안고 순교자 대열에 있었습니다. 맞은 편에는 굶주린 사자들이 입을 벌리며 성도들을 향해 달려들었습니다. 어린 아이가 공포에 질려서 울며 엄마의 품에 얼굴을 묻자 엄마는 조용히 아이를 타이릅니다. '얘야, 잠깐만 참아라. 곧 밝아질 것이야.' 사자가 물어뜯는 순간은 아프겠지만 그 순간, 잠깐이 지나면 하늘나라가 전개될 것이니까 잠깐만 참으라고 한 것입니다.

예수님은 지금 자기 눈앞에 십자가를 보고 계십니다. 그럼에도 조금 있으면 못 보겠고, 조금 있으면 보리라고 하시면서 십자가의 고통을 잠깐으로 생각하셨습니다. 잠깐이란 말은 시간적으로 짧다는 의미입니다. 그러나 그 짧은 시간에 인류구속사역이라는 큰 일을 하십니다. 십자가 고통은 잠깐이고 만민의 구원은 큰 일입니다.

그리고 잠깐이라는 말은 제한된 시간이라는 말입니다. 반드시 끝이 있는 시간입니다. 고통이 아무리 심하다고 해도 끝이 있다는 말입니다. 죽음을 맞을 시간은 괴롭고 힘들다고 생각하지만 그것은 '잠잔다.'는 것과 같은 것입니다. 죽음과 함께 의식이 끝나기에 어떤 고통이라도 죽음과 함께 끝납니다. 예수님의 십자가 죽음은 로마군인들이 아무리 괴롭힌다고 할지라도 영혼이 떠나가신 후에는 더 이상 괴롭힐 수가 없는 것입니다. 사실 두려워할 것은 끝 없는 고통입니다. 지옥의 고통입니다. 예수님은 몸과 영혼을 함께 지옥에 보낼 수 있는 하나님을 두려워하라고 교훈하십니다.

'잠깐'은 필연적입니다. 생명을 위해서는 죽음이 필연적입니다. 빛을 위해서는 어두움은 필연적입니다. 영광을 위해서는 오늘의 고통이 필연적입니다.

"그러므로 너희가 이제 여러 가지 시험으로 말미암아 잠깐 근심하게 되지 않을 수 없으나 오히려 크게 기뻐하는도다."(벧전 1:6)

"잠깐 근심하게 되지 않을 수 없다,"는 말은 필연적으로 얼마간의 고통이 꼭 있어야 함을 말하고 있습니다.

근심과 기쁨의 교체

예수님이 말씀하십니다. "너희는 곡하고 애통하겠으나 세상은 기뻐하리라 너희는 근심하겠으나 너희 근심이 도리어 기쁨이 되리라."

십자가 사건으로 제자들은 곡하고 애통하며 근심 중에 빠지지만 "그 근심이 도리어 기쁨이 되리라,"고 하십니다. 근심 자체가 기쁨으로 변하리라고 하시는 것입니다. 부활의 주님을 만날 때 기쁨으로 변합니다. 성령이 강림하시고, 오순절의 역사로 인하여 기뻐하게 됩니다. 용기 백배하게 됩니다. 그리스도의 증인이 되게 됩니다. 이 기쁨은 그들의 근심처럼 일시적인 것이 아니고 영구적인 것입니다. 근심은 잠깐이고 기쁨은 영원하다고 하십니다. 다윗은 노래합니다.

"그의 노염은 잠깐이요 그의 은총은 평생이로다 저녁에는 울음이 깃들일지라도 아침에는 기쁨이 오리로다."(시 30:5)

예수님은 제자들에게 9시간 후면 십자가 사건으로 근심하고 애통하리라, 그렇지만 3일 후면 예수 그리스도가 부활하시고 50일 후에는 성령이 강림하셔서 기쁨을 주리라고 하시는 겁니다. 고통이 기쁨이 될 것이라는 데 잠깐의 고통을 누가 거절하겠습니까? 기쁨으로 연결된 근심, 행복으로 끝나는 슬픔, 약속이 있는 고통이라면 누가 근심과 고통과 슬픔을 마다하겠습니까? 주님을 위해 헌신하고 눈물을 바친 자들, 주님을 위해 목숨을 바친 순교자들은 재림의 주님을 맞을 때, 부활의 그 아침을 맞을 때 얼마나 기쁠 것입니까?

예수님은 슬픔과 기쁨을 비교하시면서 해산의 비유를 말씀하십니다.

"여자가 해산하게 되면 그 때가 이르렀으므로 근심하나 아기를 낳으면 세상에 사람 난 기쁨으로 말미암아 그 고통을 다시 기억하지 아니하느니라."

해산의 고통은 갑자기 옵니다. 그 고통은 이루 말로 표현할 수가 없습니다. 그러나 아기를 낳으면 온 집안이 기뻐합니다. 그 극심한 고통을 잊고서 여자는 다시 애기를 가지려고 합니다. 기쁨이 그만큼 더 크기 때문입니다.

제자들이 얻을 이 기쁨은 누구에게도 빼앗기지 않는 기쁨입니다. 아무도 빼앗지 못하는 기쁨입니다.

"지금은 너희가 근심하나 내가 다시 너희를 보리니 너희 마음이 기쁠 것이요 너희 기쁨을 빼앗을 자가 없으리라."(요 16:22)

"평안을 너희에게 끼치노니 곧 나의 평안을 너희에게 주노라 내가 너희에게 주는 것은 세상이 주는 것과 같지 아니하니라."(요 14:27)

이 기쁨은 세상의 평안과는 다릅니다. 사도 바울은 이 기쁨을 소유한 자입니다. 감옥 속에서도 성경을 기록했습니다.

"주 안에서 항상 기뻐하라 내가 다시 말하노니 기뻐하라."(빌 4:4)

이 기쁨은 구원의 기쁨이고 소망의 기쁨입니다. 임마누엘의 기쁨입니다. 이 기쁨은 영원한, 불변의 기쁨이며 행복에 벅찬 기쁨입니다.

주님을 위해 고난의 쓴 잔을 마시며 희생하며 십자가를 지는 자만이 이 기쁨을 맛볼 수 있습니다. 주께서 주시는 이 기쁨을 체험하며 승리의 신앙생활을 해야 하겠습니다.

제29장

기도 응답의 약속

(요 16:23~27)

요한복음 16:23~27 "그 날에는 너희가 아무 것도 내게 묻지 아니하리라 내가 진실로 진실로 너희에게 이르노니 너희가 무엇이든지 아버지께 구하는 것을 내 이름으로 주시리라. 지금까지는 너희가 내 이름으로 아무 것도 구하지 아니하였으나 구하라 그리하면 받으리니 너희 기쁨이 충만하리라. 이것을 비유로 너희에게 일렀거니와 때가 이르면 다시는 비유로 너희에게 이르지 않고 아버지에 대한 것을 밝히 이르리라. 그 날에 너희가 내 이름으로 구할 것이요 내가 너희를 위하여 아버지께 구하겠다 하는 말이 아니니, 이는 너희가 나를 사랑하고 또 내가 하나님께로부터 온 줄 믿었으므로 아버지께서 친히 너희를 사랑하심이라."

기도는 구하는 것입니다.
기도는 성도의 특권입니다.
하나님은 누구의 기도나 다 들어주신다고 약속하지 않으셨습니다.
오직 예수님이 하나님이시고, 구원자이시고,
나의 구원을 완성하신 메시야이심을 믿고
그 예수님의 뜻에 일치하게 기도하는 자의
기도만 들어주십니다.

루 빈 토리(Reuben Archer Torrey, 1856~1928)박사가 기도의 중요성을 잘 열거하였습니다.

"성도의 생애는 항상 마귀와 싸우는 생활인데, 마귀와 싸울 수 있는 무기, 마귀와 싸워서 승리할 수 있는 무기로 주신 것이 기도다. 우리에게 필요한 것을 하나님이 주시기 위하여 기도하라고 하셨다. 기도가 사도들에게 있어서 가장 중요했던 것처럼 우리 성도들에게도 가장 중요한 것이다. 기도는 예수님의 지상생활이나 공생애에 있어서 가장 중요한 위치를 차지하고 있었다. 그러므로 예수님을 믿는 우리도 예수님의 기도생활을 반드시 본받아야만 한다. 기도는 예수님의 현재 사역 중에서도 가장 중요한 부분이다.

> 기도는 하나님이 때를 따라 돕는 하나님의 은혜로 받을 수 있게 하신 수단이다.
> 기도는 하나님의 기쁨을 충만히 얻을 수 있는 수단이다.
> 기도는 우리로 하여금 걱정과 근심으로부터 자유케 하고 평안을 얻게 하는 수단이다.
> 기도는 성령 충만을 받게 하는 수단이다.
> 기도는 예수님의 재림을 깨어 준비하게 한다.
> 기도는 우리의 영적 생활을 성장하게 한다."

기도의 본질

기도는 구하는 것입니다. 오늘 본문말씀에서는 '구하라,' 는 단어가 5회 나옵니다. 24절에 3번 25절에 2번 나옵니다. "너희가 내 이름으로 아버지께 구하라,"고 하십니다. 구하는 자의 자세는 겸손해야 합니다. 다니엘처럼 무릎을 꿇고 에스라처럼 엎드려서 기도해야 합니다. 구하는 말은 하나님께 따지는 식으로 기도하거나 하나님에게 불손한 말로 하거나 자기 과장이나 자랑의 말로 해서는 안 됩니다.

기도는 대화입니다. 서로간의 대화이지 독백은 아닙니다. 그러므로 기도는 자연스러운 것이 그 본질입니다. 부모와 자식 간의 대화처럼 자연스러운 것입니다.

기도는 성도의 특권

예수님은 우리에게 기도를 가르쳐 주셨습니다.

"그러므로 너희는 이렇게 기도하라 하늘에 계신 우리 아버지여 이름이 거룩히 여김을 받으시오며, 나라가 임하시오며 뜻이 하늘에서 이루어진 것 같이 땅에서도 이루어지이다. 오늘 우리에게 일용할 양식을 주시옵고, 우리가 우리에게 죄 지은 자를 사하여 준 것 같이 우리 죄를 사하여 주시옵고, 우리를 시험에 들게 하지 마시옵고 다만 악에서 구하시옵소서. 나라와 권세와 영광이 아버지께 영원히 있사옵나이다. 아멘."

예수님께서 우리에게 주신 기도의 교훈은 "예수의 이름으로 아버지께 구하라,"(16:23~24)는 것입니다. 우리가 예수님의 이름으로 무엇을 구하든지 예수님께서 행하시리라고 하십니다.

"너희가 내 이름으로 무엇을 구하든지 내가 행하리니 이는 아버지로 하여금 아들로 말미암아 영광을 받으시게 하려 함이라. 내 이름으로 무엇이든지 내게 구하면 내가 행하리라." (요 14:13~14)

기도는 권면이 아니라 명령입니다. 기도하라고 명령하시는 것이지 기도하는 것이 유익이나 보탬이 될 것이라는 말씀이 아닙니다. 그러므로 예수님의 명령에 따라 기도해야 합니다. 기도로 하나님의 은혜와 특권을 받습니다. 기도를 통해 문제 해결이 됩니다.

효과적인 기도 응답의 조건

본문말씀에서는 '내 이름으로' 라는 말씀이 3번 반복해서 나옵니다. "내 이름으로 구하라," 곧 "내 이름으로 기도하라,"는 의미는 무엇입니까? 우리는 예수 그리스도를 믿음으로 말미암아 그리스도와 동일시된 사람으로 하나님께 나오는 것입니다. 곧 구원받은 사람으로서 하나님께 나온다는 뜻입니다. 예수님의 이름은 주 예수 그리스도입니다. '주' 라는 말은 예수님의 신성을 뜻합니다. 곧 우리가 예수님이 하나님이심을 믿는 것입니다. '예수' 라는 말은 '구원하는 분' 을 뜻합니다.

"아들을 낳으리니 이름을 예수라 하라 이는 그가 자기 백성을 그들의 죄에서 구원할 자이심이라 하니라."(마 1:21)

예수(Jesus)는 고대 그리스어 이에수스('Ιησοῦς)의 라틴어 표기이며, 이에수스는 히브리어 여호수아(Jehoshua), 혹은 예슈아(Jeshua)를 코이네 그리스어로 옮긴 말입니다. 여호수아(Jehoshua)의 어원은 접두어 여(Je-, 야훼, 하나님)와 호세아(hoshea, 구원, 구세)를 덧붙여 이루어진 이름입니다. 곧 예수라는 이름은 "하나님의 구원" 이라는 의미입니다.

'그리스도' 라는 말은 '기름 부음 받은 자(the anointed one)' 즉 메시야를 뜻합니다. 구원사역을 위해 하나님께 기름 부음 받은자, 구세주를 말하는 것입니다.

'주 예수 그리스도의 이름으로 기도한다,' 는 의미는 예수님은 완전한 신성을 소유한 분이며, 하나님의 독생자이시고, 죄인을 구원하는 구원사역을 완성하신 분이심을 믿으면서 기도하는 것을 뜻합니다. 예수님이 십자가 부활사건으로 우리를 죄에서 구원하신 메시야임을 믿고 기도하는 것입니다.

하나님은 누구의 기도나 다 들어주신다고 약속하지 않으셨습니다. 예수님이 하나님이시고, 구원자이시고, 나의 죄를 십자가에서 속죄하시고, 3일 만에 부활하셔서 나의 구원을 완성하신 메시야이심을 믿는 자의 기도에만 응답하십니다.

예수님의 이름으로 기도한다는 의미는 무엇입니까? 예수님의 공로를 의지하고 기도하는 것을 의미합니다. 나의 어떤 장점이나 공로를 생각하고 기도하는 것이 아니라 예수님의 십자가 공로로 우리에게 전가된 의에 의지하고 기도하는 것입니다.

내가 은행에 계좌를 열었을 때 내 이름으로 사인된 수표가 있으면 돈을 인출할 수 있습니다. 그러나 저금되어 있는 액수보다 더 큰 액수의 수표는 인출할 수 없습니다. 하지만 나보다 엄청나게 재산이 많은 사람과 공동 명의로 은행계좌를 열었을 때는, 내 재산이 적은 것은 문제가 되지 않습니다. 내 재산보다도 더욱 큰 액수의 수표를 끊어도 그의 엄청난 재산이 있기에 아무런 문제가 없이 결재됩니다. 이런 것과 마찬가지로 예수님은 우리의 이름과 예수님의 이름으로 천국에 계좌를 연 것입니다. 우리의 이름은 보잘 것 없지만 예수님의 이름으로 모든 것을 구할 때 이루어지는 것입니다.

루빈 토리는 이렇게 말했습니다.

"기도란 내가 예수님과 함께 천국 은행에 계좌를 연 것이다. 내가 기도하며 하나님께 나아가는 것은 천국은행으로 가는 때이다. 나는 천국은행에 저금한 것이 전혀 없고 신용도 없기에 만일 내 이름으로 간다면 아무 것도 얻을 수 없지만 예수 그리스도는 천국에 무한한 신용이 있다. 예수님은 천국은행을 사용하도록 나와 함께 공동 명의로 해놓았으므로 예수님의 이름으로 천국은행에 갈 특권을 가졌다."

하나님은 우리의 공로를 보고 우리 기도에 응답해 주시지 않으십니다. 성경을 읽고, 연쇄 전도를 하고, 성경공부를 하고, 교회 봉사를 하는 등 무엇을 했다는 것이 하나님께 구할 공로가 되지 않습니다. 오직 우리는 예수님의 공로에 의지하여 기도해야 합니다.

'내 이름으로 기도한다,'는 것은 예수님의 뜻에 일치하게 기도한다는 의미입니다. 예수님이 원하시는 것을 구하는 것입니다. 예수님이 좋아하시고 기뻐하시는 것을 구하는 것입니다. 그렇다면 우리가 어떻게 예수님의 뜻을 파악할 수가 있을까요? 그것은 성경에 의해서 할 수 있습니다. 성령님의 감동으로 기록된 성경을 통해 성령님이 그 뜻을 우리에게 알게 하십니다. 성령님은 예수님의 뜻, 하나님의 뜻을 다 알고 계십니다.

"이와 같이 성령도 우리의 연약함을 도우시나니 우리는 마땅히 기도할 바를 알지 못하나 오직 성령이 말할 수 없는 탄식으로 우리를 위하여 친히 간구하시느니라. 마음을 살피시는 이가 성령의 생각을 아시나니 이는 성령이 하나님의 뜻대로 성도를 위하여 간구하심이니라."(롬 8:26~27)

성령님은 하나님의 말씀을 깨닫게 하시고 예수님의 뜻을 이해하도록 우리를 지도, 감화, 교훈하십니다. 그러므로 우리는 예수님의 뜻을 이해하기 위해 기도해야 합니다. 성령님의 조명을 요청해야 합니다. 예수님의 뜻을 이해하도록 가르쳐 달라고 기도해야 합니다.

"이것을 비유로 너희에게 일렀거니와 때가 이르면 다시는 비유로 너희에게 이르지 않고 아버지에 대한 것을 밝히 이르리라."(25절)

제자들은 예수님이 말씀하신 것을 전부 이해하지 못했습니다. 그러므로 제자들에게는 예수님의 말씀이나 비유가 모두 이해할 수 없는 교훈이었습니다. 그러나 성령 강림 이후에는 예수님이 말씀하신 의미를 확실히 깨달았습니다.

기도응답의 기쁨을 예수님께서는 확실하게 약속하십니다.

"지금까지는 너희가 내 이름으로 아무 것도 구하지 아니하였으나 구하라

그리하면 받으리니 너희 기쁨이 충만하리라." (24절)

선하시고 기뻐하시고 온전하신 예수님의 뜻을 파악하는 것이 기쁨입니다. 그 뜻대로 기도하는 것이 응답의 기쁨입니다.

중국에 선교를 시작한 영국 선교사 허드슨 테일러(James Hudson Taylor, 1832~1905)는 선교에 무척 어려움을 겪었습니다. 경제문제와 인력문제는 심각한 수준이었습니다. 그는 낙심했고, 기도했습니다. 그런데 기도 중에 성경을 읽다가 이 말씀이 그의 마음을 활짝 열어주었습니다. "나는 포도나무요 너희는 가지라." (요 15:5)

가지에 수분을 공급해 주는 것은 나무이므로, 가지는 그것을 받아들이기만 하면 되는데, 가지가 수분과 양분을 공급하려고 애쓰고 있는 것은 우스운 일이라는 것을 깨달은 것입니다. 예수님이 나무인데 가지인 자기가 낙심할 필요가 없다는 것을 깨달은 것입니다. 갑자기 태양 빛이 환하게 빛나는 것과도 같이 그의 마음이 환하게 밝아지기 시작했습니다. 그는 "내가 걱정할 것이 조금도 없구나. 주님께서 해 주시는데,"라는 것을 분명하게 알았습니다. 그는 기도했습니다. "주여, 이 시간 모든 문제와 염려와 근심을 주님께 맡기겠사오니 책임져 주시옵소서." 그는 그때부터 선교에 성공하게 되었습니다.

고아의 아버지라고 불리는 조지 뮬러(George Müller, 1805~1898)는 5만 번을 주님의 이름으로 기도 해서 응답을 받았다고 합니다. 주님이 나와 함께 싸인을 하셨으니 우리에게 부족함이 아무 것도 없다는 것을 믿으시기 바랍니다.

예수 그리스도의 기원과 최후

(요 16:28~30)

요한복음 16:28~30 "내가 아버지에게서 나와 세상에 왔고 다시 세상을 떠나 아버지께로
가노라 하시니, 제자들이 말하되 지금은 밝히 말씀하시고 아무 비유로도 하지
아니하시니, 우리가 지금에야 주께서 모든 것을 아시고 또 사람의 물음을
기다리시지 않는 줄 아나이다 이로써 하나님께로부터 나오심을 우리가 믿사옵나이다."

예수님은 인간의 몸을 입고 이 세상에 오셨습니다.

그리고 자발적으로 십자가에서 죽으셨습니다.

십자가 죽음으로 예수님은 하나님께로 다시 돌아가셨습니다.

우리의 중보자로서, 재림의 실재적 증거로써

하나님께로 돌아가신 것입니다.

사람이 만약 자기의 죽는 시간을 알고 있다면 어떻게 할까요? 하고 싶었던 것들을 최대한 해 보겠다고 애쓰는 사람이 있는가 하면 낙심하고 죽을 날만 기다리고 있는 사람도 있을 것입니다. 예수 그리스도는 내일 십자가 죽음을 앞두시고 자신이 누구인가를 제자들에게 말씀하시며 어디에서 왔다가 어디로 가는 목적지를 분명히 말씀하십니다.

"내가 아버지에게서 나와 세상에 왔고 다시 세상을 떠나 아버지께로 가노라."

이 짧은 말씀에 예수 그리스도의 선재, 성육신, 죽음, 승천의 네 가지 사실이 분명하게 나와 있습니다. 예수님은 단순하고도 직접적인 말씀으로 그의 생애를 요약해 주셨습니다.

예수 그리스도의 기원

예수님은 말씀하십니다. "내가 아버지에게서 나와"

예수 그리스도는 하늘의 기원을 가지고 계십니다. 예수님의 이 말씀을 제자들이 듣고 예수님이 하나님께로부터 나오심을 믿었다고 하였습니다.

"하나님께로부터 나오심을 우리가 믿사옵나이다." (30절)

제자들이 예수님이 하나님께로부터 오신 분임을 믿는다는 의미는 예수님이 메시야이심을 믿는다는 뜻입니다. 니고데모는 예수님을 이렇게 이해했습니다.

"우리가 당신은 하나님께로부터 오신 선생인 줄 아나이다 하나님이 함께 하시지 아니하시면 당신이 행하시는 이 표적을 아무도 할 수 없음이니이다." (요 3:2)

예수님께서 마르다에게 "나는 부활이요 생명이니 나를 믿는 자는 죽어도 살겠고, 무릇 살아서 나를 믿는 자는 영원히 죽지 아니하리니 이것을 네가 믿느냐(요 11:25~26)"고 묻자, 마르다는 이렇게 고백했습니다.

"주는 그리스도시요 세상에 오시는 하나님의 아들이신 줄 내가 믿나이다."(요 11:27)

또 베드로는 이렇게 고백했습니다.

"주는 그리스도시요 살아 계신 하나님의 아들이시니이다."(마 16:16)

유대인들과 논쟁하실 때에 예수님은 말씀하셨습니다.

"아브라함이 나기 전부터 내가 있느니라."(요 8:58)

예수님은 "내가 하늘에서 내려온 것은 내 뜻을 행하려 함이 아니요 나를 보내신 이의 뜻을 행하려 함이니라(요 6:38)."고 하시면서 예수님의 근원이 하늘에 있음을 말씀하셨습니다. 예수님이 겟세마네 동산에서 기도하신 말씀에서도 예수님의 근원이 나타납니다.

"아버지께서 내게 하라고 주신 일을 내가 이루어 아버지를 이 세상에서 영화롭게 하였사오니, 아버지여 창세전에 내가 아버지와 함께 가졌던 영화로써 지금도 아버지와 함께 나를 영화롭게 하옵소서."(요 17:4~5)

예수님의 이 말씀에는 예수님의 선재성과 신성이 내포되어 있습니다. 예수님은 공생애 3년간 자기가 누구임을 분명히 가르쳐 주셨습니다. 제자들과 함께 있을 때나 유대 군중 앞에서도 이 사실을 가르쳐 주셨습니다. 예수님의 이 말씀에 우리에게는 '예수님의 주장을 거짓으로 받느냐?' 아니면 '완전한 진실로 받느냐?'의 문제가 놓여 있습니다. 이미 우리는 예수 그리스도의 신성과 하나님이심을 확인합니다.

성육신

"내가 아버지에게서 나와 세상에 왔고,"(28절)라는 말씀에서 '왔다'라는 단어는 현재완료형으로 기록되어 있습니다. 이 의미는 어떤 일이 성취되어서 그 결과가 계속되는 것을 가리키고, 예수님의 성육신을 통해서 예수님이 계속하여 사람의 성품을 영원히 지니고 계신다는 의미입니다.

예수님은 "내가 왔다,"라고 하셨지, '내가 보냄을 받았다,' 라고 하시지 않으셨습니다.

"하나님이여 보시옵소서 두루마리 책에 나를 가리켜 기록된 것과 같이 하나님의 뜻을 행하러 왔나이다 하셨느니라." (히 10:7)

왜 예수님이 우리와 같은 인간의 성품을 입으셨습니까? 영원하신 하나님이 왜 성육신하셨습니까? 우리의 구주가 되시려고 성육신하신 겁니다. 예수님이 성육신하심은 희생제물이 되기 위함입니다.

"이는 황소와 염소의 피가 능히 죄를 없이 하지 못함이라. 그러므로 주께서 세상에 임하실 때에 이르시되 하나님이 제사와 예물을 원하지 아니하시고 오직 나를 위하여 한 몸을 예비하셨도다. 번제와 속죄제는 기뻐하지 아니하시나니." (히 10:4~6)

하나님께서는 짐승의 희생제물을 원치 아니하시고, 황소와 염소의 피가 죄인들의 죄를 없이 하지 못합니다. 그래서 하나님께서 한 제물, 한 몸을 준비하신 것입니다. 이것이 하나님의 뜻입니다.

도날드 반하우스가 어느 여학생과 구속에 대해 이야기했습니다. 한 재판관의 이야기를 합니다. 어느 날 재판정에 갔을 때, 재판관의 아들이 재판을 받기 위해 자기 앞에 서있었습니다. 운전을 무모하게 하다가 재판을 받게 된 것입니다. 재판관은 아들에게 벌금형을 언도했습니다. 아버지 재판관은 법이 정한 벌금 총액을 자기 아들에게 부과시켰습니다. 그리고 아버지 재판관은 재판장의 자리에서 일어나 그 아들의 벌금을 대신 담당했습니다. 이렇게 반하우스가 말하자 여학생은 물었습니다. "그러나 하나님은 재판 자리에서 내려오지 않았지요?" 반하우스는 대답했습니다. "예수 그리스도는 바로 하나님이십니다. 그가 하나님의 자리에서 내려오셔서 인간의 몸을 입으신 것입니다."

예수님은 하나님을 계시하려고 성육신하셔서 세상에 오신 것입니다. 예수님은 '하나님의 보내심을 받았다,' 고 하셨습니다. 예수님은 보이지 아니하시는 하나님을 보여주시기 위해 오신 것입니다. 빌립이 "하나님을 보여 달라고," 했을 때 예수님은 "나를 본 자는 아버지를 보았거늘(요 14:9)," 이라고 대답하셨습니다.

예수께서 당신을 이 땅에 보내신 이는 하나님이시라고 하신 구절들을 찾아봅시다.

"위로부터 오시는 이는 만물 위에 계시고 땅에서 난 이는 땅에 속하여 땅에 속한 것을 말하느니라 하늘로부터 오시는 이는 만물 위에 계시나니, 그가 친히 보고 들은 것을 증언하되 그의 증언을 받는 자가 없도다. 그의 증언을 받는 자는 하나님이 참되시다는 것을 인쳤느니라. 하나님이 보내신 이는 하나님의 말씀을 하나니 이는 하나님이 성령을 한량없이 주심이니라." (요 3:31~34)

"내 교훈은 내 것이 아니요 나를 보내신 이의 것이니라." (요 7:16)

"나는 내 아버지에게서 본 것을 말하고 너희는 너희 아비에게서 들은 것을 행하느니라." (요 8:38)

"내가 내 자의로 말한 것이 아니요 나를 보내신 아버지께서 내가 말할 것과 이를 것을 친히 명령하여 주셨으니." (요 12:49)

"나를 사랑하지 아니하는 자는 내 말을 지키지 아니하나니 너희가 듣는 말은 내 말이 아니요 나를 보내신 아버지의 말씀이니라." (요 14:24)

예수님은 성부 하나님께로부터 직접 들은 정보를 가지고 계십니다. 그러므로 예수님의 말씀을 믿어야 하며 영적사실에 대해 말씀하실 때에 믿어야 하는 것입니다. 신앙은 예수님의 말씀을 믿는 것입니다.

만약 미국 대통령에 대한 완전히 확실하고 믿을만한 정보를 얻으려면 대통령 가족들로부터 그 정보를 듣는 것이 가장 확실할 것입니다. 가장 가깝고 친근하고 친밀한 사람들이 가족이기 때문입니다. 신문기자나 다른 정보를 통해서 대통령에 대한 정보를 얻을 수도 있습니다. 그러나 친밀한 정보를 얻을 수는 없습니다. 가족은 대통령에 대한 가장 정확한 지식을 갖고 있습니다.

자발적 죽음

본문은 "다시 세상을 떠나 아버지께로 가노라."고 십자가 죽음이 예수님의 자발적인 것임을 밝힙니다. 예수 그리스도의 십자가 죽음은 하나님의 뜻을 이루어드린 것입니다.

"내가 내 목숨을 버리는 것은 그것을 내가 다시 얻기 위함이니 이로 말미암아 아버지께서 나를 사랑하시느니라. 이를 내게서 빼앗는 자가 있는 것이 아니라 내가 스스로 버리노라 나는 버릴 권세도 있고 다시 얻을 권세도 있으니 이 계명은 내 아버지에게서 받았노라."(요 10:17~18)

예수님이 하나님을 계시하기 위하여 육신의 몸을 입고 세상에 오신 것도 자발적인 행동이요, 예수님이 십자가를 지고 세상을 떠나심과 장차 부활 승천하심도 자발적인 행동입니다. 예수님은 자진하여 이 세상에 오셨고 자진하여 십자가를 지심으로 우리 죄를 속량하여 주셨습니다. 곧 예수님은 자진하여 자기 몸을 희생 제물로 하나님께 드림으로 우리의 죄를 구속하여 주셨습니다.

"하나님이 세상을 이처럼 사랑하사 독생자를 주셨으니 이는 그를 믿는 자마다 멸망하지 않고 영생을 얻게 하려 하심이라."(요 3:16)

"사랑하는 자들아 우리가 서로 사랑하자 사랑은 하나님께 속한 것이니 사

랑하는 자마다 하나님으로부터 나서 하나님을 알고."(요일 4:7)

하나님은 사랑이라고 밝히고 있습니다. 그 하나님의 사랑이 예수 그리스도의 십자가에 나타났습니다.

"사랑은 여기 있으니 우리가 하나님을 사랑한 것이 아니요 하나님이 우리를 사랑하사 우리 죄를 속하기 위하여 화목 제물로 그 아들을 보내셨음이라."(요일 4:10)

"내가 그리스도와 함께 십자가에 못 박혔나니 그런즉 이제는 내가 사는 것이 아니요 오직 내 안에 그리스도께서 사시는 것이라 이제 내가 육체 가운데 사는 것은 나를 사랑하사 나를 위하여 자기 자신을 버리신 하나님의 아들을 믿는 믿음 안에서 사는 것이라."(갈 2:20)

주님이 죄와 허물로 죽었던 우리를 살리려고 자진해서 자기 몸을 하나님 앞에 희생제물로 드렸다면, 우리도 자원하여 주님을 섬겨야 합니다. 예수 그리스도의 구원의 은총에 대해 고맙고 감격해서 주님이 세우신 교회를 정성껏 봉사해야 합니다. 주님을 바라보고 주님의 은혜에 감격하여 주님의 몸 된 교회를 섬기고 사랑해야 합니다.

예수 그리스도의 최후

예수님께서는 "아버지께로 가노라,"고 하십니다. 사도 바울은 이렇게 밝히고 있습니다.

"너희 안에 이 마음을 품으라 곧 그리스도 예수의 마음이니, 그는 근본 하나님의 본체시나 하나님과 동등됨을 취할 것으로 여기지 아니하시고, 오히려 자기를 비워 종의 형체를 가지사 사람들과 같이 되셨고, 사람의 모양으로 나타나사 자기를 낮추시고 죽기까지 복종하셨으니 곧 십자가에 죽으심이라,

이러므로 하나님이 그를 지극히 높여 모든 이름 위에 뛰어난 이름을 주사, 하늘에 있는 자들과 땅에 있는 자들과 땅 아래에 있는 자들로 모든 무릎을 예수의 이름에 꿇게 하시고, 모든 입으로 예수 그리스도를 주라 시인하여 하나님 아버지께 영광을 돌리게 하셨느니라." (빌 2:5~11)

예수님이 성부 하나님께로 돌아가시는 것은 중요한 의미가 있습니다. 그것은 **구원 사역이 완성되었다**는 것입니다. 구원사역이 완성되었기 때문에 성부 하나님께로 돌아가십니다. 우리는 완성된 예수 그리스도의 구원사역 때문에 위로와 안위를 얻고 기뻐할 수 있습니다.

"오직 그리스도는 죄를 위하여 한 영원한 제사를 드리시고 하나님 우편에 앉으사, 그 후에 자기 원수들을 자기 발등상이 되게 하실 때까지 기다리시나니, 그가 거룩하게 된 자들을 한 번의 제사로 영원히 온전하게 하셨느니라." (히 10:12~14)

예수님이 성부 하나님께로 돌아가신다는 중요한 의미는, **영적 은사와 축복을 우리에게 부여해 주신다**는 것입니다. 제일 큰 축복은 성령님을 우리에게 보내주신 것입니다. 교회에서 목사에게 가장 큰 모욕은 '성령을 받지 않고 사역하는 자' 라는 말이요, 신도에게 가장 큰 모욕은 '성령 없는 신자,' 라는 말입니다.

"그러나 내가 너희에게 실상을 말하노니 내가 떠나가는 것이 너희에게 유익이라 내가 떠나가지 아니하면 보혜사가 너희에게로 오시지 아니할 것이요 가면 내가 그를 너희에게로 보내리니." (요 16:7)

예수님이 성부 하나님께로 돌아가신다는 중요한 의미는, **우리의 중보자로서 우리를 위해 간구하는 것**입니다.

"누가 정죄하리요 죽으실 뿐 아니라 다시 살아나신 이는 그리스도 예수시니 그는 하나님 우편에 계신 자요 우리를 위하여 간구하시는 자시니라." (롬 8:34)

"그러므로 자기를 힘입어 하나님께 나아가는 자들을 온전히 구원하실 수 있으니 이는 그가 항상 살아 계셔서 그들을 위하여 간구하심이라."(히 7:25)

예수님이 성부 하나님께로 돌아가신다는 또 다른 중요한 의미는, **재림의 실재적 증거라는 것**입니다. 예수님은 하나님 우편에 계십니다. 사도신경에서 "저리로써 산 자와 죽은 자를 심판하러 오시리라,"고 하였습니다. 큰 권능과 영광과 천사장의 호령과 나팔소리 가운데 재림하십니다.

예수 그리스도의 선재성, 하나님과 함께 계심, 자발적인 성육신과 십자가의 죽음, 그리고 부활 승천은 우리의 가장 든든한 요새입니다. 예수님이 누구인가를 아는 것이 중요합니다. 믿음과 직접적인 예수님에 대한 바른 지식을 가지고 신앙고백을 하며 바른 신앙생활을 해야 하겠습니다.

제31장

승리자 예수

(요 16:30~33)

요한복음 16:30~33 "우리가 지금에야 주께서 모든 것을 아시고 또 사람의 물음을 기다리시지 않는 줄 아나이다 이로써 하나님께로부터 나오심을 우리가 믿사옵나이다. 예수께서 대답하시되 이제는 너희가 믿느냐, 보라 너희가 다 각각 제 곳으로 흩어지고 나를 혼자 둘 때가 오나니 벌써 왔도다 그러나 내가 혼자 있는 것이 아니라 아버지께서 나와 함께 계시느니라. 이것을 너희에게 이르는 것은 너희로 내 안에서 평안을 누리게 하려 함이라 세상에서는 너희가 환난을 당하나 담대하라 내가 세상을 이기었노라."

예수께서는 "내가 세상을 이겼다."고 하십니다.
예수님은 세상을 이기신 승리자이시기에
우리에게 궁극적인 평안을 누리게 하십니다.
예수님의 승리는 우리 모두의 승리입니다.

예수님이 십자가 죽음을 9시간 앞두시고 자기가 누구인가를 제자들에게 가르치셨습니다. 자기는 하나님께로부터 와서 하나님의 뜻을 이루고 하나님께로 돌아가신다고 하실 때 제자들은 예수님을 믿었습니다. 그런데 본문 30절을 보면 "하나님께로부터 나오심을 우리가 믿사옵나이다."라고 제자들이 고백했는데 이 때, 예수님은 "이제는 너희가 믿느냐."고 질문하셨습니다. 이 의미는 그들의 신앙과 고백이 진실하고, 신앙생활이 진지하다는 것을 인정하신 것입니다. 동시에 그 질문은 '너희의 신앙은 완전히 성숙한 것이냐? 성숙한 단계에 이르렀느냐?'고 물으시는 뜻입니다. 예수님은 여기에서 그들의 신앙이 성숙단계에 이르지 아니함을 지적하셨습니다. 그리고 앞으로 저들의 행동과 태도에 대하여 미리 예고 하셨습니다.

"보라 너희가 다 각각 제 곳으로 흩어지고 나를 혼자 둘 때가 오나니 벌써 왔도다 그러나 내가 혼자 있는 것이 아니라 아버지께서 나와 함께 계시느니라." (요 16:32)

예수님의 예고

예수님은 제자들이 흩어지리라고 예고하셨습니다.

"그 때에 예수께서 제자들에게 이르시되 오늘 밤에 너희가 다 나를 버리리라 기록된바 내가 목자를 치리니 양의 떼가 흩어지리라 하였느니라." (마 26:31)

이 말씀은 구약의 말을 인용하신 것입니다.

"만군의 여호와가 말하노라 칼아 깨어서 내 목자, 내 짝 된 자를 치라 목자를 치면 양이 흩어지려니와 작은 자들 위에는 내가 내 손을 드리우리라." (슥 13:7)

예수님과 제자들이 함께한 최후 만찬자리에서 11명의 제자들은 서로 격려하였습니다. 그러나 예수님을 반대한 바리새인과 서기관들의 무리는 많았습니다. 제자 11명이 이 많은 무리들을 어떻게 상대해서 승리하겠습니까? 예수님은 이 11명마저도 흩어지리라고 예언하십니다.

실제로 예수님이 겟세마네에서 체포되자 제자들은 도망을 갔습니다. 베드로는 칼을 휘둘렀고, 계집아이에게 예수님을 부인한 것을 포함해서 세 번이나 예수님을 부인했습니다. 예수님의 십자가 아래에는 사도 요한 외에는 아무도 없었습니다. 부활 후에 베드로와 여섯 제자가 예수님을 떠났습니다. 엠마오 도상의 두 제자도 예수님을 떠났습니다. 예수님은 그들의 불완전한 신앙을, 그들이 예수님을 배반하고 떠날 것을 미리 아셨습니다. 그래서 예수님은 예언하시는 것입니다. "너희가 흩어지리라."

오늘날 교회에도 불완전한 신앙을 가진 자들은 흩어지는 현상을 연출합니다. 핍박당하거나 믿지 못하게 하는 자신의 환경에 의해서, 또는 저 교인이 보기 싫어서 떠난다는 핑계, 건축을 해야 하고 전도와 선교를 해야 하는 경제적 부담감 때문에 교회를 떠납니다.

제자들이 떠나가고 배신했어도 예수님은 견고히 서 계십니다. 겟세마네 동산에서 체포되시고 핍박과 야유와 조롱 가운데서도 전혀 동요하지 않으시고 견고하게 서 계셨습니다. 빌라도 법정에서 사형선고를 받고서도 견고하게 서 계셨습니다. 십자가에 못 박혀서도 견고하게 서서 가상칠언을 하셨습니다. 그 결과 부활 후 제자들이 다시 모이게 하는 자석과 같은 응집력을 나타냈습니다. 흩어진 제자들은 마가 다락방에서 기도에 힘썼고 그들은 예수님 중심으로 모이고 결속하고 하나가 되었습니다.

예수님은 제자들에게 '혼동 속으로 들어가리라,'고 예고하십니다. 예수님은 말씀하십니다. "이제 너희가 믿느냐?" 동시에 그들 신앙의 불완전함과 미숙함을 지적하시면서 너희는 나의 십자가 죽음 앞에서 혼란한 마음을 가지리라고 하십니다. 하나님의 아들, 메시야이신 예수님이 왜 십자가에서 비참한 죽음을 맞는다는 말이냐고 이해를 하지 못하리라고 하십니다. 예수님을 떠난 엠마오 도상의 두 제자는 이렇게 넋두리 합니다.

"우리는 이 사람이 이스라엘을 속량할 자라고 바랐노라 이뿐 아니라 이 일이 일어난 지가 사흘째요."(눅 24:21) 이 두 제자는 이제 모든 일이 끝났다고 생각했습니다. 왜냐하면 예수님이 죽었기 때문입니다.

오늘날 미숙한 크리스천들은 신앙생활을 하면서 혼동 속에 빠집니다. 왜 믿음생활을 잘 해보려는 나에게 이렇게 힘겨운 시험과 고통과 질병을 주시냐고 외칩니다. 하나님은 정말 살아계시며 나를 사랑하시느냐고 외칩니다. 내 형편을 이해하시고 기억하시며 돌보시는 분인가를 의심합니다.

제자들은 혼동 속에 들어갔으나 예수님은 예언대로 십자가에서 죽으시고 부활하셨고 제자들에게 나타나셨으며 하늘에 올라가셨습니다. 예수님의 말씀은 견고하고 확실하며 그대로 성취되는 것입니다. 제자들에게 신앙을 회복하고 확신하게 하고 믿게 하는 증거를 주셨습니다.

또 예수님은 '고독에 빠지리라,' 고 예고하십니다. 고독에 빠지는 건 누구입니까?

여기서 예수님의 고독이냐 아니면 제자들의 고독이냐를 살펴보아야 합니다.

"너희가 다 각각 제 곳으로 흩어지고 나를 혼자 둘 때가 오나니 벌써 왔도다."

제자들은 도망가고 다 떠나가 버리고 예수님을 혼자 둡니다. 예수님은 제자들이 떠난다고 해서 고독하지 않았습니다. 제자들이 떠났음으로 아쉽지 않았습니다. 예수님은 성부와 성령과 항상 함께 하십니다. 고독한 것은 제자들이었습니다. 왜냐하면 인생의 중심이며 축이시던 예수님이 떠나셨기 때문입니다. 목적과 중심이 없는 인간이 될 때에 고독하게 됩니다. 예수님을 잃은 인간은 고독의 심연에 빠지고 맙니다.

예수님 중심의 세계는 광활한 세계입니다. 믿음의 날개를 치며 활동할 수 있는 자유가 있습니다. 예수님을 떠난 인간은 자기 자신의 작은 세계로 들어갑니다. 고독하고 외롭고 소외감과 답답함을 느낄 수밖에 없습니다. 마귀의 역사는 예수님 중심의 세계에서 나 중심의 개인주의, 이기주의의 좁은 세계로 흩어지게 합니다. 마귀는 교회를 흩어지게 하고, 분열을 조장하고 갈라놓습니다. 그러나 예수님의 십자가 부활을 확신한 자는 흩어지지 않습니다. 혼동을 일으키지 않습니다. 고독하지 않습니다. 이것이 참 성도요, 참 교회입니다.

제자들은 예수님의 부활 후에 능력과 권능을 받습니다. 핍박 중에도 고독을 느끼지 않습니다. 사도 바울은 옥중에서도 기뻐하라고 권고합니다. 왜냐하면 예수님은 고독을 느끼지 않으셨기 때문입니다. 항상 하나님과 함께 계시기 때문입니다. 예수님께서 항상 하나님과 함께 있노라고 말씀하셨기 때문입니다.

예수님의 유산

본문 33절에 "이것을 너희에게 이르는 것은 너희로 내 안에서 평안을 누리게 하려 함이라."고 주님은 말씀하셨습니다. 예수님의 마지막 만찬 때 제자들에게 주시는 축복의 유산은 "평안"이었습니다. 이것은 최고의 축복입니다. 예수님은 아버지 하나님께로부터 오셨습니다. 하나님의 뜻을 이루시고 세상을 떠나서 성부 하나님께로 돌아가십니다. 가룟 유다에게 배신을 당하시고, 베드로에게 세 번 부인을 당할 것입니다. 유대인들에게 미움을 받을 것이고 세상이 예수님의 죽음을 기뻐할 것입니다. 제자들이 예수님을 떠날 것이고 구약의 예수님에 대한 예언이 성취될 것입니다. 예수님 자신은 이런 고난과 괴로움, 죽음, 멸시를 당하지만, "너희는 내 안에서 평안을 누리게 함"

이라고 하십니다.

예수님은 이미 평안에 대해서 말씀하셨습니다.

"평안을 너희에게 끼치노니 곧 나의 평안을 너희에게 주노라 내가 너희에게 주는 것은 세상이 주는 것과 같지 아니하니라 너희는 마음에 근심하지도 말고 두려워하지도 말라."(요 14:27)

평안은 갈등과 충돌이 없는 것, 전쟁이 없는 것을 말합니다. 그러나 예수님은 크리스천의 평안은 환난이 없는 평안이 아니라 환난을 당하고 그것을 극복함으로 얻는 평안이라고 말씀하십니다.

그리스도를 바라보는 자는 평안을 얻습니다. 우리는 뒤를 돌아볼 필요가 없습니다. 하나님이 우리의 과거 실수를 아시니 하나님이 그것을 모두 맡아 주십니다. 우리는 앞을 볼 필요가 없습니다. 하나님이 미래를 내다보시니 하나님이 모든 문제를 나와 함께 당해 주십니다. 우리는 사방을 돌아볼 필요가 없습니다. 사방을 볼 때 공포에 싸입니다. 우리는 내 속을 들여다 볼 필요도 없습니다. 내 속을 들여다보면 낙심합니다. 우리는 예수님의 얼굴을 쳐다볼 뿐입니다. 그리하면 마음에 평안이 임합니다. 평안의 방해 요인은 죄입니다. 그리스도를 마음에 모시지 않으면 평안의 방해를 받습니다. 그리스도를 모시지 않고 죄악을 품으면 평안이 없습니다. 그리스도는 십자가로 죄를 이기셨습니다. 그런데도 우리가 죄를 품으면 평안이 없습니다. 죄는 심령의 불안 요인입니다.

케냐 나이로비에서 영국으로 가는 비행기가 이상으로 하루 연착했습니다. 그 이유를 찾아보니 비행기 날개 속에 쥐가 들어가 있었습니다. 고장의 원인을 찾아 다시 비행기가 떴을 때는 평안이 있습니다. 이렇게 평안이 없는 원인을 찾아야 합니다. 우리 심령의 죄를 찾아야 합니다. 평강을 빼앗아가는 죄를 찾아 원인을 없애야 합니다. 불안의 원인을 찾으려면 성경에 비추어 일어나는 양심의 소리를 들어야만 합니다.

"너희는 떨며 범죄 하지 말지어다 자리에 누워 심중에 말하고 잠잠할지어다." (시 4:4)

평안의 방해 요인은 관계이기도 합니다. 사람과 충돌되어 평안을 잃습니다. 이 원인을 그리스도가 정복해 주십니다. 이기주의, 개인주의는 폭군과도 같습니다. 세상 사람들이 다 죽더라도 나 하나는 살겠다고 하는 욕심이 이기주의고 개인주의입니다. 이런 자들은 평안이 없습니다. 우리는 남을 죽여 평안을 얻으려고 하지 말고, 나를 죽여 평안을 얻으려고 해야 합니다. 나를 죽일 능력은 그리스도만 가지고 계십니다. 예수 그리스도의 사람은 그 정과 욕심을 십자가에 못 박은 사람입니다.

마틴 루터는 "만일 어떤 사람이 내 마음의 문을 두드리며, 여기 누가 사느냐고 묻는다면 나는 대답하기를, 여기는 예수 그리스도가 살고 계신다, 전에는 마틴 루터가 여기 살았지만 지금은 죽었다고 대답하노라," 고 했습니다. 사도 바울은 말합니다.

"내게 사는 것이 그리스도니 죽는 것도 유익함이라," (빌 1:21)

승리자 예수 그리스도

"너희가 환난을 당하나 담대하라 내가 세상을 이기었노라." 예수님은 "내가 세상을 정복했다," 고 말씀하십니다. 이 얼마나 큰 보장이며 격려입니까? 마틴 루터는 이 말씀을 읽고, 이런 말씀은 로마에서 예루살렘까지 무릎을 꿇고 기어가면서도 전할 가치가 있는 말씀이라고 했습니다.

예수님의 승리를 세 분야로 나누어 볼 수 있습니다.

●첫째는 예수님의 생애입니다. 많은 슬픔과 사탄의 시험을 이기셨고, 유대

인들, 바리새인들, 서기관들의 온갖 시험을 다 이기셨습니다.

●둘째는 예수님의 죽음입니다. 주님은 십자가 죽음으로 사탄을 정복하셨고, 하나님의 뜻인 구속의 역사를 이루셨습니다. 죄로 인해 사람이 죽는 것은 사탄의 역사이고 십자가로 인해 사람에게 영원한 생명을 주시는 것은 예수님의 역사하심입니다. 예수님은 십자가에서 승리를 하셨습니다. 구원을 다 이루셨습니다.

●셋째는 예수님의 부활입니다. 부활을 통해서 죽음을 정복했고, 사탄의 권세를 제압했으며, 승천하셔서 하나님의 보좌에 앉아계십니다. 예수님은 만왕의 왕이시고, 만유의 주이십니다. "세상을 이기었노라,"는 과거형이고 과거사를 말하고 있습니다. 결정적인 이야기를 말 할 때 "세상을 이기었노라,"고 하십니다. 사건 자체를 말씀하는 사건적 시간관입니다.

요한계시록에는 예수님은 승리자라고 합니다. "이겼고, 이기며, 이긴다,"고 합니다. 십자가로 이기는 것입니다. 십자가는 패배가 아닙니다. 이 승리는 사랑으로, 믿음으로 이긴 것입니다. 하나님께 전부 위탁해서 이긴 것입니다. 내 원대로가 아니라 아버지의 원대로 이기신 것입니다.

예수님의 승리는 나의 승리입니다. "내가 세상을 이겼으니 너희는 두려워 말고 담대하라,"고 하십니다. 한국 선수가 외국에 나가 시합을 해서 승리를 하면 우리가 기뻐합니다. 그 선수가 이겼는데 왜 내가 기뻐합니까? 그것은 그가 한국을 대표한 까닭입니다. 그들이 이긴 것이 내가 이긴 것이기 때문입니다. 예수님은 머리시고, 우리는 그의 지체입니다. 예수님은 나의 대표이십니다. 나와 함께 이겨주시는 것입니다. 스데반이 예수 그리스도를 증언하고 순교 할 때 성령이 충만하여 하나님의 영광과 예수님께서 하나님 우편에 서신 것을 보았습니다. 예수님이 스데반을 도우시는 것입니다. 예수님이 대신

이겨주시는 것입니다.

승리하신 예수 그리스도를 바라보아야 합니다.

"너희가 환난을 당하나 담대하라 내가 세상을 이기었노라,"고 하십니다. 예수님의 승리는 나의 승리입니다. 예수님의 승리는 우리 모두의 승리이고 우리 교회의 승리입니다.

제32장

십자가의 영광

(요 17:1~5)

요한복음 17:1~5 "예수께서 이 말씀을 하시고 눈을 들어 하늘을 우러러 이르시되 아버지여 때가 이르렀사오니 아들을 영화롭게 하사 아들로 아버지를 영화롭게 하게 하옵소서, 아버지께서 아들에게 주신 모든 사람에게 영생을 주게 하시려고 만민을 다스리는 권세를 아들에게 주셨음이로소이다. 영생은 곧 유일하신 참 하나님과 그가 보내신 자 예수 그리스도를 아는 것이니이다. 아버지께서 내게 하라고 주신 일을 내가 이루어 아버지를 이 세상에서 영화롭게 하였사오니, 아버지여 창세 전에 내가 아버지와 함께 가졌던 영화로써 지금도 아버지와 함께 나를 영화롭게 하옵소서."

예수님의 십자가는 구원 사역의 완성이므로,
예수님의 십자가는 인간에게 영생을 알게 하기 때문에,
예수님의 십자가는 예수님이
성부 하나님에게로 돌아가는 사건이기에,
예수님의 영광이요, 하나님의 영광입니다.

요한복음 17장은 예수님이 대제사장으로 기도한 말씀을 기록한 것입니다. 이 기도를 드린 장소에 대해서는 정확히 알 길이 없으나 마지막 만찬을 다락방에서 나누시고 겟세마네 동산에 가시는 도중 성전에 들어가셔서 기도하셨다고 보는 견해가 유력합니다. 유월절 중에는 밤에도 성전 문을 열어두었기 때문에 예수님이 성전에 들어가셔서 기도했으리라고 봅니다. 이 기도에 대해 여러 신학자들이 말했습니다.

필리프 멜란히톤(Philipp Melanchthon, 1497~1560, 독일의 신학자, 종교 개혁자)는 "하나님의 아들이 스스로 드린 이 기도보다 더 높고 깨끗하고 아름다운 소리는 하늘에서도 땅에서도 들린 적이 없다."고 했고, 칼빈은 "이 기도는 예수님의 설교에 권위를 주는 인장이다."고 했으며, 루터는 "그 울리는 소리는 단순하나 그 깊이와 넓이의 풍성한 것은 이루 측량할 수 없다."고 했고, 벵겔(Johann Albrecht Bengel, 1687~1752)은 "이는 성서 전체 중 가장 쉽고 뜻은 깊은 한 장이다."고 했습니다.

본문 17:1~5의 말씀은 예수님이 자신을 위하여 기도하신 말씀입니다. 1절에는 예수님이 기도하시는 모습이 "눈을 들어 하늘을 우러러 이르시되."라 기록되어 있습니다. 오늘날 우리의 기도는 눈을 감고 고개를 숙이고 기도합니다. 이스라엘 사람들은 두 팔을 올리고 하늘을 바라보며 하나님을 쳐다보면서 이야기하듯이 기도합니다. 예수님의 기도 모습이 여러 가지 모습으로 표현 되어 있습니다.

"예수께서 눈을 들어 우러러 보시고 이르시되."(요 11:41)

"얼굴을 땅에 대시고 엎드려 기도하여 이르시되."(마 26:39)

예수님이 기도하는 모습이 여러 가지일지라도 예수님의 마음은 항상 하나님 아버지를 향해 있었습니다. 기도자의 눈은 어떤 경우이든 하늘을 향해야 합니다.

1절에서 다시 주님의 기도 내용이 나옵니다. "아버지여 때가 이르렀사오니 아들을 영화롭게 하사 아들로 아버지를 영화롭게 하게 하옵소서."

이 말씀은 주기도문의 첫 구절과 잘 조화됩니다.

"하늘에 계신 우리 아버지여, 이름이 거룩히 여김을 받으시오며."

우리를 통하여 하나님이 영광을 받으시기 위한 기도입니다. 나 한 사람 때문에 하나님께 욕이 돌아가는 일이 있어서는 안 됩니다. 혹시 믿지 않는 사람들에게 '너 때문에 예수 믿지 못하겠다,' 는 손가락질을 받지 않는가를 생각해야 합니다. 언제나 조심하여 하나님의 이름에 욕이 되는 일이 없도록 해야 합니다. 우리가 어떤 형편에 처하든지 나를 통하여 하나님께 영광 돌릴 수 있게 해야 합니다.

여기 예수님이 기도한 말씀 "아들로 아버지를 영화롭게 하게 하옵소서," 라고 한 말씀은 예수님의 수난과 십자가와 부활, 승천을 통하여 성부 하나님께서 영광을 받으시라는 말씀입니다. 특히 예수님이 십자가를 지심으로 성부 하나님이 영광을 받으시게 된다는 말씀입니다. 예수님은 자신이 지는 십자가의 영광을 말씀하고 계십니다.

십자가에서 죽음으로 하나님께 영광을 나타냄

예수님은 살아계실 때, 특히 공생애를 지나실 때, 많은 오해와 과소평가를 받으셨습니다. 그리고 심지어 귀신들린 자, 미친 자라고 하는 말까지 들으셨습니다. 수많은 환자를 고쳐주시고 죽은 자를 살려주셨지만 예수님은 땅위에서 천대와 멸시와 모욕을 받으셨습니다. 그러나 십자가에서 대속의 죽음을 죽으신 후에 예수님은 인정을 받으셨고 존귀와 높임을 받으셨습니다. 예수님의 십자가 사형을 집행한 로마 백부장은 이렇게 고백합니다.

"이는 진실로 하나님의 아들이었도다." (마 27:54)

"인자가 영광을 얻을 때가 왔도다,"고 하신 말씀은 예수님의 생애에 있어서 클라이맥스였습니다. 바로 이 클라이맥스란 예수님의 죽음을 의미합니다. 예수님은 십자가가 바로 자신의 영광이며 자기의 찬송이라고 하였습니다. 역사 속에 위인의 발자취를 남긴 사람들이나 순교자의 발자국을 남긴 성도들을 볼 때, 죽음이라는 클라이맥스 후에 그들의 고귀함과 존귀가 나타났습니다.

아브라함 링컨은 그가 살았을 때에 적들이 있었습니다. 링컨이 죽고 난 후에야 그의 위대함을 알게 되었습니다. 암살자의 일격이 링컨을 쏘아죽인 후에 그 방에서 나왔던 한 사람이 "이제야 그는 만대에 속한 사람이 되었다,"고 말했습니다. 링컨의 육군 장관이었던 스탠튼은 언제나 링컨을 조잡하고도 세련되지 못한 인간으로 간주하고 비평했던 사람인데, 링컨의 시체를 내려다보는 그의 눈에는 눈물이 가득 찬 채, "여기에 누운 사람은 이때까지 이 세상이 만난 자 가운데서도 가장 위대한 인류의 지도자이다,"라고 말했습니다.

잔 다르크는 영국인들에 의해 마녀, 이단자로 화형에 처해졌습니다. 군중 속에는 이 여자를 처형할 때 자기도 불 피울 나뭇단을 보태겠다고 맹세한 사람이 있었습니다. 그는 화형 장면을 보면서, "저 여성의 영혼이 있는 곳에 나의 영혼도 있게 하소서,"라고 했고, 영국 왕의 측근자는 "우리는 모든 것을 잃었노라. 한 사람의 성자를 화형 시켜 버렸으니..."라고 하면서 그 화형장을 떠났다고 합니다.

십자가는 구원 사역의 완성이므로 영광

"아버지께서 내게 하라고 주신 일을 내가 이루어 아버지를 이 세상에서 영화롭게 하였사오니."라는 말씀은 예수님이 이 세상에 오신 유일한 목적을 다 이루셨다는 뜻입니다. 그 계약은 구원(구속) 계약으로 예수님이 십자가에서 죽으셔야 이루시는 계약입니다. 예수께서 '내가 다 이루었다,'고 외치신 것은 구속 계약을 다 이루셨다는 말입니다. 그러나 이 말씀은, 아직 예수님이 십자가에 못 박히지 않으셨을 때, 아직 성전에서 기도하실 때에 하신 말씀입니다. 예수님은 이미 십자가에서 죽으실 것을 확실히 결심하셨습니다. 그리고 그것을 실행하실 능력을 가지셨습니다. 마땅히 하실 일을 생각하시고, 미래의 것일지라도 예수님은 어김없이 하실 확고 불변의 결심을 가지셨습니다. 예수님의 역사는 성부 아버지께서 맡기신 그 사명을 완수하는 데 있었습니다.

1차 세계 대전에 관한 유명한 그림이 있습니다. 그 그림은 매우 중요한 야전 전화선을 가설하고 있는 가설 통신병을 그린 것입니다. 중요한 메시지를 전달하는 전화선을 이제 막 완성한 그 순간 그는 저격을 당했습니다. 이 그림은 그가 죽음의 순간에 있는 것을 나타내고 있습니다. 그 그림의 아래에는 '개통'이라는 한 단어가 쓰여 있었습니다. 통신가설을 담당한 그 병사는 죽었습니다. 작전 수행에 중요한 메시지를 전달하는 전화선을 가설하기 위해 그는 목숨을 바쳤습니다. 이 그림이 예수님이 하신 일을 설명하는 조그마한 이야기가 될 것입니다.

예수님은 하나님의 사랑과 하나님의 메시지를 인간에게 전달해 주시고 십자가에서 죽으셨습니다. 그러므로 십자가는 예수님의 영광입니다. 왜냐하면 하나님이 하라고 주신 일을 다 이루셨기 때문입니다.

십자가는 인간에게 영생을 알게 하므로 영광

"영생은 곧 유일하신 참 하나님과 그가 보내신 자 예수 그리스도를 아는 것이니이다."라 17장 3절에서 주님은 기도합니다.

영생이 무엇이냐는 정의는 유일하신 하나님을 아는 것이라고 주님이 직접 말씀하신 것입니다. 그리고 하나님이 보내신 자 예수 그리스도를 아는 것입니다. 예수님을 알아야 하나님을 알 수 있습니다. 예수님을 모르면 하나님을 알 수 없습니다. 그래서 예수님은 제자들에게 자기의 죽음이 시시각각으로 다가오는 그때에도 예수님이 누구인지를 알라고 가르쳐 주셨습니다. 하나님을 아는 것이 영생의 본질입니다. 영생이란 생명이 영원토록 오래 지속된다는 의미가 아닙니다. 오래 지속되는 것은 반드시 축복은 아닙니다. 식물인간이나 중병에 걸려서 불행한 삶이 오래 지속되는 것은 축복이 아닙니다. 영생은 생명의 지속이 아니라 생명의 질을 가리킵니다. 영원이나 영생은 하나님께 적용되는 말입니다. 영생의 소유자는 하나님이십니다. 영생을 소유한다는 것은 하나님의 생명의 특질을 부여받는 것을 가리킵니다. 예수님의 십자가는 인간에게 영생을 주는 유일한 구원의 십자가입니다.

사도 바울은 말합니다.

"십자가의 도가 멸망하는 자들에게는 미련한 것이요 구원을 받는 우리에게는 하나님의 능력이라."(고전 1:18)

예수님의 십자가를 통한 이 영생을 우리는 현재도 소유하고 누리고 있습니다. '예수 그리스도를 안다,'는 것은 영생이라고 정의합니다.

하나님을 안다는 것은 하나님에 대한 지적 지식만을 가리키지는 않습니다. 하나님과의 친밀한 인격관계를 가지는 것이 아는 것입니다. 하나님과 가장 가깝고 가장 밀접한 인격관계를 가리켜 '하나님을 안다,' 라고 하는 것입니다. 이 같은 하나님과의 인격관계는 예수 그리스도를 통해서만 가능한 것입니다. 예수님을 통해서만 하나님이 어떤 분이신지를 아는 것입니다. 예수님을 통해서 우리는 하나님과의 친교를 가질 수 있습니다. 그래서 예수님은 죽음이 임박한 상황에서 제자들에게 예수님이 누구인지를 분명히 알도록 가르치셨습니다.

크로샤데(Grosheide)는 '하나님을 앎이 최고의 행복이다,' 고 했습니다. 예수 그리스도의 십자가는 사람에게 영생을 알게 하는 영광의 십자가입니다.

십자가의 예수님이 성부 하나님에게로 돌아가심으로 영광

본문 5절에 "아버지여 창세전에 내가 아버지와 함께 가졌던 영화로써 지금도 아버지와 함께 나를 영화롭게 하옵소서." 라고 하신 기도는 본래 영화로우셨던 예수님 당신을 하나님께 부탁하는 내용입니다.

예수님은 성육신하시고 이 땅에 오셔서 온갖 비하와 멸시와 천대와 욕을 당하셨습니다. 채찍을 맞으시고, 침 뱉음을 당하시고 구타를 당하시고 마침내 십자가를 지셨습니다. 예수님은 하나님으로서 영광 받으실 분이십니다. 예수님은 하나님으로부터 오셨고 하나님이 맡기신 사명을 완수하시고 하나님께로 돌아가십니다. 예수님의 출발과 귀환 사이에 세워진 공적은 십자가입니다. 예수님에게 있어서 십자가는 영광으로 이르는 개선문입니다. 예수님에게 십자가는 성부 아버지께로 귀환입니다. 사탄의 세력을 정복하고 인간 구원이라는 사역을 완수하시고 성부 아버지께로 귀환하는 것입니다.

예수님의 십자가는 영광스러운 십자가입니다. 유대인들이 생각했던 수치스러운 십자가가 결코 아닙니다. 헬라인들이 생각했던 미련한 십자가가 결코 아닙니다. 영생을 알게 하는 십자가입니다. 우리는 예수님의 십자가를 노래하고 찬양하고 증거 해야 합니다. 영광스러운 십자가를 지신 예수님을 위해 받는 고난을 기뻐하고 즐거워해야 합니다.

제33장

내게 주신 사람들

(요 17:6~8)

요한복음 17:6~8 "세상 중에서 내게 주신 사람들에게 내가 아버지의 이름을 나타내었나이다 그들은 아버지의 것이었는데 내게 주셨으며 그들은 아버지의 말씀을 지키었나이다. 지금 그들은 아버지께서 내게 주신 것이 다 아버지로부터 온 것인 줄 알았나이다. 나는 아버지께서 내게 주신 말씀들을 그들에게 주었사오며 그들은 이것을 받고 내가 아버지께로부터 나온 줄을 참으로 아오며 아버지께서 나를 보내신 줄도 믿었사옵나이다."

예수님은 우리에게 하나님의 이름을 나타내셨습니다.

예수님은 우리에게 하나님이 주신 말씀을 주셨습니다.

우리는 예수님의 말씀을 전적으로 받아들이고,

예수님의 말씀을 끝까지 순종하고 복종해야 합니다.

요한복음 17장은 예수님이 대제사장으로서 기도하신 말씀을 기록한 것입니다. 1~5절까지는 예수님이 자기 자신에 대하여 하신 말씀이고, 6~19절까지는 제자들을 위하여 기도하신 말씀이며, 20~26절까지는 온 교회를 위하여 기도하신 말씀입니다.

먼저 예수님이 제자들을 위하여 기도하신 내용을 살펴봅니다. 어떤 사람이 제자이며, 예수님이 제자들에게 무엇을 말씀하셨는지, 제자의 도리와 자세는 무엇인지를 가르치고 있습니다.

누가 예수님의 제자가 될 수 있나?

예수님은 6절에서 제자들을 가리켜, '세상 중에서 내게 주신 사람들,' 이라고 밝히고 있습니다.

"세상 중에서 내게 주신 사람들에게 내가 아버지의 이름을 나타내었나이다 그들은 아버지의 것이었는데 내게 주셨으며 그들은 아버지의 말씀을 지키었나이다."

이 구절에서 '내게 주신 사람들' 과 '내게 주셨으며' 라는 의미는 하나님이 선택하여 주셨음을 말씀하고 있습니다. 제자가 된다는 것은 자기 자신이 스스로 선택하여 되는 것이 아니라 하나님께서 선택함으로 되는 것입니다. 선택의 개념은 예정을 전제로 합니다.

"하나님이 미리 아신 자들을 또한 그 아들의 형상을 본받게 하기 위하여 미리 정하셨으니 이는 그로 많은 형제 중에서 맏아들이 되게 하려 하심이니라. 또 미리 정하신 그들을 또한 부르시고 부르신 그들을 또한 의롭다 하시고 의롭다 하신 그들을 또한 영화롭게 하셨느니라." (롬 8:29~30)

예정이란 시간적 차원에서보다 하나님의 주권적인 의미에서 생각해야 합니다. 이것은 하나님의 절대 권위 주권입니다. 사실 인간의 시간은 하나님 앞에서 그리 중요한 것은 아닙니다. 중요한 것은 하나님이 정하시고 선택하신다는 하나님의 주권입니다.

우리는 하나님의 절대주권을 잘 알지만 순간순간 잊어버릴 때가 있습니다. 그래서 내가 하나님을 선택했고 내가 하나님을 믿는다고 착각합니다. 내가 하나님을 사랑하고 내 힘과 내 능력, 내 재능으로 하나님께 봉사하고 하나님의 교회에 봉사한다고 착각하기 쉽습니다. 내가 애써서 하나님을 잘 믿는 것이 아니라 하나님의 주도적인 역사가 있어야 주님을 믿을 수 있고 교회에 봉사할 수 있으며, 주님을 사랑할 수 있습니다.

"사랑은 여기 있으니 우리가 하나님을 사랑한 것이 아니요 하나님이 우리를 사랑하사 우리 죄를 속하기 위하여 화목 제물로 그 아들을 보내셨음이라."(요일 4:10)

"너희가 나를 택한 것이 아니요 내가 너희를 택하여 세웠나니 이는 너희로 가서 열매를 맺게 하고 또 너희 열매가 항상 있게 하여 내 이름으로 아버지께 무엇을 구하든지 다 받게 하려 함이라."(요 15:16)

12제자는 예수님이 선택하셨습니다. 12제자 중 아무도 자신이 스스로 예수님의 제자가 되겠다고 한 사람은 없습니다. 이 사실을 예수님은 "그들은 아버지의 것이었는데 내게 주셨으며,"라고 표현하셨습니다. 그러므로 예수님의 제자 된 것은 전적으로 하나님의 은혜입니다. 12제자 중 그 누구도 자기의 공로나 자기의 이름을 나타내고 자랑할 수 없습니다. 하나님의 은혜만 자랑해야 합니다.

어느 집사가 목사에게 자기를 소개하면서 예수님을 믿은 지 3년 만에 집사를 땄다고 했습니다. 집사라는 직분은 내가 획득하거나 땄다고 생각할 수 없습니다. 하나님이 주셔야 하는 것입니다. 죄에서 구원 받는 것은 인간의 노력으로 가능하지 않습니다. 하나님이 완악하고 교만한 마음을 여시어, 강권적으로 복음을 듣게 하시고, 굳은 마음을 깨뜨려 열게 하시고, 교만한 마음을 쳐서 예수님 앞에 무릎을 꿇게 하시는 하나님의 주권적인 역사와 은혜로 죄에서 구원 받는 것입니다. 사도 바울은 말합니다.

"내가 나 된 것은 하나님의 은혜로 된 것이니." (고전 15:10)

예수님이 제자들에게 하신 일

"내가 아버지의 이름을 나타내었나이다." 라는 예수님의 기도는 매우 의미심장한 기도의 말씀입니다. 예수님이 제자들에게 성부 하나님을 알리고 가르치고 깨닫게 했다는 말씀입니다. 구약에서 이름이라는 단어는 지극히 독특한 뜻으로 쓰였습니다. 사람에게 말을 한다거나, 사람을 부를 때에 쓰이는 이름을 뜻하지 않습니다. 이름은 그 사람의 성격과 특징을 뜻하는 것입니다. 이름은 단순히 그 사람을 부르는 호칭만이 아니라 그 사람의 인격과 모든 것을 나타냅니다. 아브라함이란 뜻은 '많은 무리의 아버지' 이고 야곱은 '발꿈치를 잡은 자' 란 뜻이 있습니다. 예수라는 뜻은 '자기 백성을 저들의 죄에서 구원함' 을 의미합니다.

유대인들은 하나님의 이름 네 4글자를 부르지 않았습니다. 십계명에서 "너는 네 하나님 여호와의 이름을 망령되게 부르지 말라(출 20:7)," 고 하였기 때문입니다. 하나님의 이름이 너무 거룩하기 때문에 하나님의 이름 네 글자인 '여호와(야웨, יהוה, 로마자로 YHWH)' 에 모음글자를 붙여서 '나의 주님' 라는 뜻인 '아도나이' 라고 발음합니다. 우리는 지금 여호와의 이름을 너무 마음대로 부르고 있습니다. 그러나 이스라엘은 그렇지 않았습니다.

대제사장이 일 년에 한 번씩 지성소에 들어가서 제사 드리고 하나님이 이름 "여호와"를 한 번 부릅니다. 야웨, 여호와는 "스스로 존재하는 자(I am that I am),"입니다. 모세가 이스라엘을 구원하라는 사명을 하나님께로부터 받았을 때, 모세는 질문합니다.

"모세가 하나님께 아뢰되 내가 이스라엘 자손에게 가서 이르기를 너희의 조상의 하나님이 나를 너희에게 보내셨다 하면 그들이 내게 묻기를 그의 이름이 무엇이냐 하리니 내가 무엇이라고 그들에게 말하리이까." (출 3:13)

하나님이 대답하십니다.

"하나님이 모세에게 이르시되 나는 스스로 있는 자이니라 또 이르시되 너는 이스라엘 자손에게 이같이 이르기를 스스로 있는 자가 나를 너희에게 보내셨다 하라." (출 3:14)

이 거룩한 이름인 '여호와' 는 모세가 이스라엘을 애굽에서 구출하고자 할 때, 하나님께서 직접 알려주신 이름입니다. 예수님은 제자들을 통하여 만백성을 구원하고자 할 때에, 곧 전도사업을 할 때에 그들에게 하나님 아버지를 알려주셨습니다.

예수님의 기도, "내가 아버지의 이름을 나타내었나이다,"는 이런 뜻을 가지고 있습니다. '내가 하나님이 참으로 어떤 속성을 가지고 계시는지를 제자들에게 알렸다,' 는 의미입니다. 곧 예수님 자신이 하나님을 보여주었다는 의미입니다. 곧 예수님은 하나님의 계시자라는 의미입니다. 사람들은 예수님 안에서 하나님의 속성과 마음을 볼 수 있습니다. 이것이 예수님이 가르치신 하나님 이름의 중요한 뜻입니다. 예수님은 오늘 우리에게 하나님의 이름을 가르쳐 주심으로 하나님을 부를 수 있고 그 이름에 합당한 영광을 돌릴 수 있게 되었습니다. 아무리 미천한 크리스천이라 하더라도 하나님 이름을 부를 수 있고 하나님께 영광을 돌릴 수 있도록 예수님이 하나님 이름을 나타내 주셨습니다.

제자의 도리와 자세

성부 하나님께서 말씀을 예수님께 주셨고, 그 말씀을 예수님은 제자들에게 주셨습니다. 제자들은 예수님의 말씀을 전적으로 받아들였습니다.

"나는 아버지께서 내게 주신 말씀들을 그들에게 주었사오며 그들은 이것을 받고 내가 아버지께로부터 나온 줄을 참으로 아오며 아버지께서 나를 보내신 줄도 믿었사옵나이다."(요 17:8)

제자들은 의문점이나 모르는 점, 깨닫기 어려운 것은 조용한 시간을 이용하여 예수님께 다시 물어보았습니다. '씨 부리는 비유, 가라지 비유' 등을 한가한 시간에 다시 질문했습니다. 주님은 우리가 교인의 자리, 성도의 위치에만 머물러있기를 원치 않으십니다. 제자의 자리에 서기를 원하시고, 제자의 일을 하기를 원하십니다. 제자는 수고와 희생이 크게 따릅니다. 예수님은 말씀하십니다. "너희는 가서 모든 민족을 제자로 삼아." (마 28:19)

제자들은 모든 것이 성부 아버지께로부터 온 것임을 알았습니다. 제자는 반드시 하나님의 말씀의 뜻을 알고 깨달아야 합니다. 요한복음 중에서 예수님의 말씀을 알아듣지 못한 사람들을 우리는 만나보았습니다. 니고데모, 사마리아 여인이 전혀 알아듣지 못했습니다. 도마와 빌립도 그랬습니다. 도마는 부활을 의심했고, 빌립은 하나님을 보여 달라고 했습니다.

'알아듣는다' 는 말씀은 예수님의 말씀을 하나님의 음성으로 들을 수 있는 것을 말합니다. 그래야만 정말 알아들은 것입니다. 우리는 예수님을 통하여 하나님을 알아야 합니다. 예수님 안에서 하나님을 보고 예수님 안에서 하나님을 만나는 것입니다. 예수님은 말씀하십니다. "나를 본 자는 아버지를 보았거늘 어찌하여 아버지를 보이라 하느냐." (요 14:8)

제자들의 도리와 자세는 하나님이 예수님을 보내셨음을 믿는 것입니다.

"아버지께서 나를 보내신 줄도 믿었사옵나이다."

예수님은 하나님으로부터 오셨고 하나님이 예수님을 보내셨다는 것을 제자들이 믿었습니다. 곧 제자들은 예수님이 하나님이심을 믿었습니다. 제자들의 도리는 예수님의 말씀을 지키는 것입니다. "그들은 아버지의 말씀을 지키었나이다."

제자의 도리는 하나님의 말씀을 알았으면 행하는 순종이 있어야 합니다. '아버지의 말씀을 지킨다' 는 의미는 하나님의 말씀을 알고 순종하며 지킨다는 의미입니다. 제자는 마땅히 아버지의 말씀을 알고 순종하며 지켜야 합니다. 그래서 예수님의 제자들도 말씀을 알고, 전하고, 지키며, 순교까지 했습니다.

예수님은 우리를 택하시고 성부 하나님을 우리에게 계시하시고, 하나님을 알게 하셨습니다. 우리가 하나님을 택한 것이 아니라, 하나님이 우리를 택하여 하나님의 자녀로 삼으셨습니다. 이제는 예수 그리스도의 제자로 삼으시려고 하십니다. 제자의 마땅한 도리와 자세는 예수님의 말씀을 전적으로 받아들이고, 예수님이 누구이며 예수님의 말씀의 뜻을 알고 깨달아야 하며, 예수님은 하나님이 보내셨음을 믿어야 하고, 예수님의 말씀을 끝까지 순종하고 복종하며, 순교하기까지 지켜야 합니다.

제34장

제자들을 위한 기도

(요 17:9~10)

요한복음 17:9~10 "내가 그들을 위하여 비옵나니 내가 비옵는 것은 세상을 위함이 아니요 내게 주신 자들을 위함이니이다 그들은 아버지의 것이로소이다. 내 것은 다 아버지의 것이요 아버지의 것은 내 것이온데 내가 그들로 말미암아 영광을 받았나이다."

예수님은 우리를 성부 하나님의 소유라고 하셨습니다.

예수님은 우리가 부족하다는 것을 잘 알고 계십니다.

부족한 우리를 통해 예수님은 영광을 받는다고 하십니다.

우리의 거룩한 생활을 통해,

바른 신앙고백을 통해,

예수님은 영광을 받으십니다.

오늘 본문의 말씀은 바로 예수님이 제자들을 위해 기도하신 말씀입니다.

"내가 그들을 위하여 비옵나니 내가 비옵는 것은 세상을 위함이 아니요 내게 주신 자들을 위함이니이다 그들은 아버지의 것이로소이다."(17:9)

예수님의 시간표는 겟세마네 동산에서 기도하고 체포되어 십자가를 지시고 죽으시는 것입니다. 이 같은 시간표 속에 제자들이 어떠한 태도를 취할 것인가를 주님은 아시고 계셨습니다. 십자가 사건 이후 제자들이 흩어지고, 부활사건 이후에 다시 돌아와서 예수님의 증인이 될 것을 아시고, 그들을 위해 기도하셨습니다. 예수님의 이 기도는 중요한 기도입니다. 이 기도는 예수님의 소원인 동시에 목표였습니다.

왜 예수님이 제자들을 위해 기도했습니까?

제자들이 성부 하나님의 소유이기 때문

예수님은 제자들을 가리켜 '아버지께서 내게 주신 자들' 이라고 하셨습니다. 그리고 그 제자들을 '아버지의 것' 이라고 하셨습니다. '아버지께 속한 자들' 이라고도 하셨습니다. 예수님은 제자들을 3년 동안 사랑하시고 양육하시고 보호하시고 교육시키셨습니다. 이 제자들은 예수님께 속했을 뿐 아니라 하나님께 속한 자들입니다. 예수님이 제자들에게 준 교훈은 예수 그리스도에게 속한 자이고 성부 하나님께 속한 자라는 것입니다. 제자들을 성부 하나님께서 소중히 여기시니 성자 예수님도 소중하게 여기신다는 것입니다. 제자들에 대한 관심을 성부 하나님께서 가지심과 같이 성자 예수님도 가지십니다. 예수님이 귀히 여기시고 사랑하는 사람들은 하나님의 사랑과 존귀의 대상이 됩니다. 예수님은 오늘도 우리 각 개인을 위하여 기도하십니다. 예수님이 나를 귀하게 여김과 같이 다른 사람도 귀하게 여기십니다.

교회를 그리스도의 신부라고 합니다. 아버지가 딸을 시집보내면 딸이 다른 환경과 다른 가문에 어떻게 적응할 것인가, 사위가 딸에 대해 얼마나 관심을 가지고 사랑할까를 염려합니다. 딸이 사업에 실패하고, 재정적 손실을 입어 집을 잃을 위험에 처해 있고, 고통을 당한다는 딸의 편지를 받으면 아버지는 재정지원을 급히 해줄 것입니다. 그것은 아버지가 사위보다는 딸을 걱정하기 때문입니다. 하나님 아버지가 교회를 사랑하심도 이와 같습니다.

예수님은 우리 성도 한 사람 한 사람에 대하여 관심을 가지십니다. 왜냐하면 우리가 하나님께 소속되어 있기 때문입니다. 하나님이 우리를 소중히 여기시고 자비와 관심을 베푸시기 때문입니다.

"야곱아 너를 창조하신 여호와께서 지금 말씀하시느니라 이스라엘아 너를 지으신 이가 말씀하시느니라 너는 두려워하지 말라 내가 너를 구속하였고 내가 너를 지명하여 불렀나니 너는 내 것이라."(사 43:1)

"그러므로 이제부터 너희는 외인도 아니요 나그네도 아니요 오직 성도들과 동일한 시민이요 하나님의 권속이라."(엡 2:19)

예수 그리스도는 우리를 위해 중보 기도를 하십니다.(히 4:14~16) 우리에게는 큰 대제사장이 있습니다. 곧 승천하신 하나님의 아들 예수 그리스도이십니다. 우리의 대제사장이신 예수님은 우리의 연약함을 불쌍히 여기시는 분이시고, 시험을 받았으나 죄 없으신 분이십니다. 그러므로 때를 따라 돕는 은혜를 얻기 위하여 은혜의 보좌 앞에 담대하게 나아가야 합니다. 예수님은 우리가 필요할 때에 우리를 돕는 은혜를 주십니다. 하나님의 은혜가 필요할 때 주십니다. 시기에 꼭 맞추어서 주십니다.

예수님은 위대하신 대제사장이십니다. 예수님은 우리에게 기도의 큰 용기를 주십니다. 성부 하나님이 여러분을 소중히 여기시고 예수님도 우리를 그렇게 소중히 여기십니다. 그러므로 우리의 기도 응답은 확실합니다. '내 것은 다 아버지의 것이요 아버지의 것은 내 것이온데,' 라는 말씀은 성부 하나님과 성자 예수님이 공동으로 우리에게 관심을 가지시고 보살펴 주신다는 의미입니다.

제자들을 통해 영광을 받으시겠다고 기도하시는 주님

예수님은 본래 영광스런 하나님이십니다. 성육신하시기 전에는 성부 하나님과 같은 영광을 가지신 분이셨고, 승천 후에는 하나님의 영광을 소유하신 분이십니다. 예수님의 인격 자체, 존재 자체가 영광스러움입니다.

예수님은 장차 제자들을 통해서 영광을 받으시겠다는 것을 내다보시고 기도하셨습니다. 현재까지 예수님은 제자들을 통해서 영광을 받으신 것보다 망신당하신 일이 더 많습니다. 안식일에 제자들과 함께 밀밭 사이로 갈 때 제자들이 밀 이삭을 따서 비벼 먹었습니다. 그때 바리새인들이 비난을 했고, 예수님께서는 "그(다윗)가 아비아달 대제사장 때에 하나님의 전에 들어가서 제사장 외에는 먹어서는 안 되는 진설병을 먹고 함께 한 자들에게도 주지 아니하였느냐(막 2:26)," 고 그들에게 말씀하셨습니다.

베드로는 예수님을 세 번이나 부인했고, 가룟 유다는 예수님을 팔았습니다. 이런 사건을 예수님은 지금까지 경험하셨고, 앞으로도 일어날 것을 예견하셨습니다. 그래도 이들을 통해 영광 받으실 것으로 인해 감사하였습니다.

예수님의 이 기도는 감사가 내포되어 있습니다. 겟세마네 동산에서 체포되어 십자가를 지려고 하는 시점에서 제자들이 흩어질 것을 아시면서도 예수님은 감사하셨습니다. '내게 주신 자들' 인 제자들이 부족한 것을 예수님은 아셨습니다. 그러나 부족한 그들로 인하여 하나님께 감사했습니다. 그들로 말미암아 영광 받으실 것으로 인해 기도하셨습니다.

지금까지 건강하게 살아온 것에 대해 감사해야 합니다. 지금까지 무사하게 지낸 데 대하여, 현실에 대해 감사해야 합니다.

예수님은 제자들을 통해 영광 받으실 것을 내다보고 기도하셨습니다. 주님은 현재 우리에게서 실제적으로 확실하게 영광 받으시기를 원하십니다. 주님은 우리를 구원하심으로 영광 받으십니다. 구원의 감격으로 예배하고 찬송해야 합니다. 하나님께 영광을 돌려야 합니다. 헨델은 금식하면서 하나님께 영광을 드리기 위해 메시야를 작곡했습니다. 주님은 우리가 주님을 믿음으로 영광을 받으십니다. 믿음은 신뢰입니다.

도날드 반하우스 목사에게 어떤 사람이 질문을 했습니다. "하나님은 우리에게 무엇을 원하십니까?" "하나님이 세상에서 가장 원하시는 것은 우리가 그를 믿는 것입니다."

여러분은 하나님을 믿습니까? 여러분은 하나님이 아들을 구주로 보내심을 믿습니까? 여러분은 예수님을 여러분의 구주로 믿습니까?

제자들이 질문합니다. '우리가 어떻게 해야 하나님 일을 하오리까?' 주님이 대답하십니다. "하나님의 일은 너희들이 하나님이 보내주신 자, 곧 나를 믿는 것이다."

하나님을 믿는 자는 불평이 없고 걱정이 없고 내일에 대한 염려가 없고 좌절이 없습니다. 만일 환경을 불평한다면 하나님을 믿는 자가 아닙니다. 미래에 대해 염려한다면 하나님을 믿는 자가 아닙니다. 내가 예수님의 소유물임을 알고 내가 예수님의 뜻대로 준행하려 한다면 어느 환경 어느 처지에서도 주님과 함께 있다는 확신으로 기뻐할 수 있습니다.

우리의 거룩한 생활을 통하여 영광 받으시는 하나님

거룩하다는 것은 하나님의 속성입니다. 성경의 페이지마다 이 속성이 강조되고 있습니다. 오늘날 하나님의 속성은 사랑에 편중되어 있고, 그것만 강조하고 있습니다. 지옥을 부인하고 하나님의 위엄을 과소평가하거나 무시하는 경향이 있습니다. 그러나 하나님의 속성 중에서 가장 귀하게 나타나고 있는, 하나님이 말씀하신 가장 중요한 속성은 거룩하심입니다. "내가 거룩하니 너희도 거룩하라,"고 하셨습니다. 이사야에서는 하나님을 만군의 여호와로 거룩하심을 기록하고 있습니다.

"서로 불러 이르되 거룩하다 거룩하다 거룩하다 만군의 여호와여 그의 영광이 온 땅에 충만하도다 하더라."(사 6:3)

"만군의 여호와 그를 너희가 거룩하다 하고 그를 너희가 두려워하며 무서워할 자로 삼으라."(사 8:13)

"오직 만군의 여호와는 정의로우시므로 높임을 받으시며 거룩하신 하나님은 공의로우시므로 거룩하다 일컬음을 받으시리니."(사 5:16)

예수님은 기도하실 때에 먼저 하나님의 거룩하신 속성을 강조하십니다.

"그들을 진리로 거룩하게 하옵소서 아버지의 말씀은 진리니이다."(요 17:17)

예수님은 하나님의 거룩하심을 너무나 크게 강조하고 하나님의 속성인 거룩하심을 나타내셨습니다. 그 후에야 예수님의 사랑을 이야기합니다. 그러므로 하나님의 거룩을 강조하지 않는 사랑은 인본주의 사랑이요, 인간위주의 신앙일 수밖에 없습니다.

루터교의 신학은 '사람이 어떻게 의롭게 되느냐(以信稱義)'를 말하고 있습니다. 칼빈주의 신학은 '오직 하나님의 영광을 위하여,'를 강조합니다. 신본주의 신학을 말하고 있습니다. 신앙을 강조합니다. 하나님의 사랑만 강조하다보면 인본주의 신앙으로 흐릅니다. 먼저 하나님의 거룩하심을 강조하고 사랑을 이야기해야 건전한 신앙인입니다. 성화생활은 하나님의 영광을 들어내는 생활을 강조 합니다. 하나님의 거룩하심을 강조하지 않을 때는 세속화

되고 세상과 조화되며 하나님을 영화롭게 할 수 없습니다.

예수님에 대한 바른 신앙고백을 할 때 영광 받으심

우리가 세상 사람들 앞에서 예수님에 대한 바른 신앙고백을 할 때에 하나님께서 영광 받으십니다. 베드로가 신앙을 고백할 때 예수님께서 그를 칭찬하셨습니다. 신앙은 반드시 고백적이어야 합니다. 이 고백은 전도와 연결됩니다. 하나님은 하나님의 왕국을 확장하려고 노력할 때에 영광을 받으십니다. 왕국확장은 전도 선교를 통해서 이루어집니다. 제자들이 순교를 각오하고 증인으로 예수님을 증거 했습니다.

예수님은 지금도 우리를 위해 중보기도를 하십니다. 예수님은 성부 하나님과 함께 우리 각 개인에 대하여 관심을 가지십니다. 왜 우리가 남을 위해 기도를 해야 합니까? 그 이유는 우리들과 마찬가지로 그들도 성부 하나님과 성자 예수님에게 속해 있기 때문입니다. 그러므로 하나님이 귀하게 여기시는 그들을, 우리도 귀하게 여겨야 합니다. 이웃의 성공이 나의 성공이고 이웃의 실패가 나의 실패입니다. 이웃의 아픔과 괴로움이 나의 아픔과 괴로움이어야 합니다.

예수님은 성도들을 부르십니다. 이것은 개인적인 부르심입니다. 개인으로 두지 않고 교회 안에 넣으시기 위해 우리 개인을 부르십니다. 우리를 한 몸으로 두셨습니다. 그러므로 진정한 성도의 기도는 남을 위해서 하는 기도입니다. 하나님이 그들을 통해서 영광 받으시도록 기도해야 합니다.

거룩하신 아버지여

(요 17:11~13)

요한복음 17:11~13 "나는 세상에 더 있지 아니하오나 그들은 세상에 있사옵고 나는 아버지께로 가옵나니 거룩하신 아버지여 내게 주신 아버지의 이름으로 그들을 보전하사 우리와 같이 그들도 하나가 되게 하옵소서, 내가 그들과 함께 있을 때에 내게 주신 아버지의 이름으로 그들을 보전하고 지키었나이다 그 중의 하나도 멸망하지 않고 다만 멸망의 자식뿐이오니 이는 성경을 응하게 함이니이다. 지금 내가 아버지께로 가오니 내가 세상에서 이 말을 하옵는 것은 그들로 내 기쁨을 그들 안에 충만히 가지게 하려 함이니이다."

예수님은 우리들을 위해 기도하십니다.

우리들의 보전을 위해 기도하십니다.

우리들이 하나가 되게 기도하십니다.

예수님의 기쁨이 우리들의 마음에 충만하길 기도하십니다.

예수님은 하나님을 가리켜 거룩하신 아버지, 라고 부르면서 기도하셨습니다. 거룩은 이스라엘 종교의 기본 관념입니다.(레 19장) 거룩은 죄와 불의가 가까이 하지 못하는 하나님의 초자연적인 도덕적 속성입니다. 동시에 아버지는 사랑의 개념이 내포되어 있는 단어입니다. 예수님이 부르신 '거룩하신 아버지'는 거룩과 사랑을 동시에 가지신 분입니다. 하나님의 거룩하심을 잊어버리면 우리는 죄를 두려워하지 않을 것이며, 하나님의 사랑을 잊어버리면 우리는 낙심하게 됩니다. 성경은 하나님의 거룩하심과 사랑을 동시에 말씀하시고 가르칩니다.

이렇게 예수님은 하나님 아버지의 두 가지 속성을 말씀하시면서 제자들을 위해 기도하셨습니다. 오늘의 제자들을 위해서도 기도하신 것입니다. 기도의 내용은 무엇인가요?

제자들의 보전을 위해 기도하심

예수님은 제자들을 지켜달라는 기도를 하셨습니다. 앞으로 제자들이 당할 환난을 생각하시며 어려운 상황들이 펼쳐질 것이니 아버지께서 지켜달라는 기도를 하셨습니다. 하나님의 보호는 너무나 중요합니다. 어떤 사람이라도 하나님의 보호가 필요 없을 만큼 위대하고 담대한 사람은 없습니다. 하나님의 보호를 구약에서는 제일 먼저 축도로 기도드립니다. "여호와는 네게 복을 주시고 너를 지키시기를 원하며."(민 6:24)

하나님께서는 이스라엘이 광야생활을 할 때에 추위와 더위를 막아주시고, 외적 생활환경을 책임져 주셨습니다. 불 기둥과 구름 기둥으로 그들을 보호하셨습니다. 인간들이 하나님의 보호를 소홀히 하고, 하나님보다 세상왕을 더 귀하게 여겼던 것도 신정국가로서는 죄악이었습니다. 하나님은 이스라엘

을 눈동자 같이 보호하셨고, 독수리가 새끼를 보호함과 같이 보호하고 훈련시키셨습니다.(신 32:10~12)

특히 예수님의 기도는 하나님의 이름으로 저희를 보전해 달라는 기도였습니다.

하나님의 이름이란 무엇을 의미합니까? 소유를 의미합니다. 책 한 권을 살 때에도 책에 이름을 기록합니다. "아버지의 이름으로 지켜주소서," 란 "아버지의 소유로, 아버지의 것으로 지켜주소서. 아버지의 것으로 살게 하시고 일하게 해 주소서,"라는 기도입니다. 이제는 죽어도 아버지의 것이고 살아도 아버지의 것이란 말입니다. 사도 바울은 말합니다.

"우리가 살아도 주를 위하여 살고 죽어도 주를 위하여 죽나니 그러므로 사나 죽으나 우리가 주의 것이로다."(롬 14:8)

예수님은 말씀하십니다. "저희는 아버지의 것이로소이다."(요 17:9)

이름은 주인의 권위를 물려받는 것을 의미합니다. 천한 사람의 이름이 들어있으면 천하게 되고 훌륭한 사람의 이름이 들어있으면 훌륭한 것입니다. 예술품은 작가의 이름으로 그 가치가 결정됩니다. 작가가 누구냐에 따라 가격이 천양지차가 있습니다. 하나님의 이름으로 우리는 성도가 되고 존귀한 자가 됩니다. 천당의 유업을 얻습니다. "아버지의 이름으로 지켜달라,"는 기도는 하나님이 책임져 달라는 말입니다. 모든 것을 하나님께 일임하는 것입니다. 우리가 기도할 때, 하나님의 이름을 부르고 하나님의 이름을 찬양해야 합니다. 하나님이 모든 것을 책임져 주십니다. 우리의 생명, 생애, 모든 것을 책임져 주십니다. 우리는 끝날까지 하나님의 이름을 높이고 찬양하며 그 이름에 영광을 돌려야 합니다.

하나가 되게 하옵소서

하나 되어야 함은 너무나 잘 아는 일입니다. 그러나 그렇게 하기는 어렵습니다. 하나 되지 못해 겪는 어려움이 얼마나 많습니까? 마음도 둘로 분열되면 고민하고 복잡합니다. 그러나 하나 되면 편안합니다. 하나 된다는 것은 곧 한 목적을 가지는 것이요, 한 운명이 되는 것을 말합니다. 예수님의 기도 말씀에서 하나 되는 방법을 배울 수 있습니다. "우리와 같이 저희도 하나가 되게 하옵소서,"에서 우리는 성삼위일체를 말합니다. 성부, 성자, 성령은 일치되고 조화되어 하나를 이룹니다. 성삼위일체 하나님처럼 제자들도 하나가 되게 해달라고 주님은 기도하셨습니다.

하나 되는 비결은 하나님으로부터 배웁니다. 삼위 하나님은 완전한 하나이십니다. 아들이 육신의 몸을 입고 십자가에서 죽음으로 성부 하나님과의 구원계약을 이루셨습니다. 성자 하나님이신 예수님이 겟세마네 동산에서 "내 뜻대로 마옵시고 아버지 뜻대로 하옵소서,"라고 기도하였습니다. 내 뜻을 아버지 뜻에 복종시킬 때에 하나가 됩니다. 예수님은 아버지의 뜻에 따라 죽기까지 복종하셨습니다.

"사람의 모양으로 나타나사 자기를 낮추시고 죽기까지 복종하셨으니 곧 십자가에 죽으심이라." (빌 2:8)

우리는 하나님의 방법에 따라 하나 되어야 합니다. 곧 내 뜻을 하나님 뜻에 복종시킬 때에 하나 될 수 있습니다. 그러므로 하나님의 뜻이 무엇인가를 발견하고 기도해야 합니다. 하나 되는 신앙적 비결은 순교하기까지 복음을 전파하는 것입니다. 제자들은 교만했지만 오순절 성령의 역사 사건 후에 하나가 되었습니다.

예수님의 기쁨이 제자들의 마음에 충만하길 기도하심

이 기도는 큰소리로 하신 기도입니다. 17:13에 '이 말을 하옵는 것'은 헬라어 '랄레오, λαλέω로 큰소리로 말한다는 뜻입니다. 제자들에게 미치는 기쁨은 예수님의 기쁨이기에 큰소리로 기도하신 것입니다. 예수님의 마음에 있는 기쁨을 제자들의 마음에 주시라는 기도입니다. 주님은 우리가 기뻐하는 것을 원하십니다. 환경과 사건을 초월하여 기뻐하라고 하십니다. 크리스천의 기쁨이란 무엇입니까? 의로운 기쁨이고 진리와 함께 있는 기쁨입니다.

"이것을 너희에게 이르는 것은 너희로 내 안에서 평안을 누리게 하려 함이라." (요 16:33)

바로 성부 하나님과 함께 하는 기쁨입니다. 성부 하나님이 나와 함께 하는 기쁨을 잊지 말라고 하십니다. 원래 기쁨이란 혼자 얻어지는 것이 아니라 더불어 있는 것입니다. 에녹의 기쁨은 에녹의 삶에서 하나님과 동행했기에 이루어진 것입니다.

크리스천의 기쁨은 진리를 증거 하는 기쁨입니다. 수가성 우물가에서 사마리아 여인에게 복음을 전파하실 때 예수님은 그에게 생명을 주셨습니다. 배고픔을 잊어버릴 정도로 섬기면서 복음을 전파하셨고, 기뻐하셨습니다. 제자들이 사마리아성에 갔다가 돌아와서 예수님께 음식을 권할 때에 예수님은 "내게는 너희가 알지 못하는 양식이 있느니라,"고 하시면서 기뻐하셨습니다. 제자들은 그 의미를 알지 못하여 누가 예수님께 음식을 주었다고 생각했습니다. 예수님은 말씀하셨습니다.

"나의 양식은 나를 보내신 이의 뜻을 행하며 그의 일을 온전히 이루는 이것이니라." (요 4:34)

예수님은 이렇게 말씀 전파와 환자 치유와 생명 구원에 식사할 겨를 없이 바빴지만 기뻐하셨습니다. 크리스천의 기쁨은 희생의 기쁨입니다. 예수님은 말씀하십니다.

"인자가 온 것은 섬김을 받으려 함이 아니라 도리어 섬기려 하고 자기 목숨을 많은 사람의 대속물로 주려 함이니라."(마 20:28)

예수님은 자신의 몸을 하나님께 제물로 바치고 그 결과로 선민들에게 하나님이 주시는 구원의 은혜를 받게 하셨습니다. 십자가의 희생제물이 된 것은 자원하여 드린 것이요, 기쁨으로 드린 것입니다. 교회는 주님의 거룩한 몸입니다. 진정한 교회를 섬기는 것은 바로 예수님을 섬기는 것입니다. 예수님과 교회는 직결되어 있습니다. 예수님과 교회는 불가분리의 관계에 있습니다. 그러므로 교회를 위하는 것은 곧 예수님을 위하는 것이요, 교회를 위하지 아니하는 것은 예수님을 위하지 아니하는 것입니다. 교회를 위하여 희생하는 것은 예수님을 위해 희생하는 것입니다.

사도 바울은 이 희생의 기쁨을 체험한 사람입니다. 그는 "주 안에서 항상 기뻐하라."고 합니다.

"만일 너희 믿음의 제물과 섬김 위에 내가 나를 전제로 드릴지라도 나는 기뻐하고 너희 무리와 함께 기뻐하리니."(빌 2:17)

예수님은 제자들에게 이러한 기쁨이 충만하기를 위해 기도하셨습니다. 제자들은 이런 예수님의 기도에 그대로 응합니다. 그리고 거기에는 기쁨이 충만했습니다. 성령을 통해서 예수님은 제자들과 동행했고, 제자들은 진리와 동행함을 확신하고 기뻐했습니다. 제자들은 기뻐 복음을 증거 했고, 산헤드린 공회 앞에서도 기쁨으로 충만했습니다. 공회원들은 그런 제자들이 비정상인처럼 보여서 이상하게 생각했습니다. 제자들은 말했습니다. "너희 말을 듣는 것이 옳은가? 하나님의 말씀을 듣는 것이 옳은가 판단하라." 제자들은 희생의 기쁨을 알았습니다. 바쁜 삶을 살았고 마침내 생명을 바쳤습니다. 베드로는 십자가에 달려 순교했고, 안드레는 X자형 십자가에 달려 죽었습니다. 야고보도 목 베임을 당해 순교했고, 도마도 살가죽이 벗겨 죽으면서 순교했습니다. 그들의 상급은 천국에 있기에 그들은 기뻐하며 순교했습니다.

예수님은 기도하십니다. "저희를 보전해 주옵소서. 저들을 하나 되게 하옵소서. 내 기쁨을 저희 안에 충만하게 가지게 하옵소서."

제36장

진리로 거룩하게 하옵소서

(요 17:15~19)

요한복음 17:15~19 "내가 비옵는 것은 그들을 세상에서 데려가시기를 위함이 아니요 다만 악에 빠지지 않게 보전하시기를 위함이니이다. 내가 세상에 속하지 아니함 같이 그들도 세상에 속하지 아니하였사옵나이다. 그들을 진리로 거룩하게 하옵소서 아버지의 말씀은 진리니이다. 아버지께서 나를 세상에 보내신 것 같이 나도 그들을 세상에 보내었고, 또 그들을 위하여 내가 나를 거룩하게 하오니 이는 그들도 진리로 거룩함을 얻게 하려 함이니이다."

예수님은 우리가 악에 빠지지 않게 해달라고 기도하십니다.
사람은 진리를 발견하고 진리를 만나야 거룩해질 수 있습니다.
주님은 우리가 말씀으로 거룩하게 해달라고 기도하십니다.

예수님은 제자들과의 마지막 시간을 기도로 마무리하셨습니다. 목요일 밤에 최후의 만찬을 제자들과 나누시고 겟세마네 동산으로 기도하러 가시는 길에 예루살렘 성전에 들어가서서 기도를 하셨습니다. 예수님은 먼저 제자들을 사랑하여 그들을 위해 기도하셨습니다. 오늘 본문에서는 제자들을 위하여 두 가지를 기도하셨습니다.

제자들로 하여금 악에 빠지지 않게 해달라고 기도하심

"내가 비옵는 것은 그들을 세상에서 데려가시기를 위함이 아니요 다만 악에 빠지지 않게 보전하시기를 위함이니이다." (요 17:15)

예수님은 자기의 제자들이 세상에서 미움과 증오와 버림을 당할 것을 알고 계셨습니다.

"내가 아버지의 말씀을 그들에게 주었사오매 세상이 그들을 미워하였사오니 이는 내가 세상에 속하지 아니함 같이 그들도 세상에 속하지 아니함으로 인함이니이다."(요 17:14)

제자들이 세상에 거하지 아니하고 예수님께 속한 존재이므로 세상이 저들을 미워하고 싫어한다는 것입니다. 이런 고난의 세상에서 제자들을 천국으로 옮겨달라고 하나님께 기도한 것이 아니라 도리어 고난과 역경, 핍박이 많은 세상에 살면서 그 고난을 이기며 악에 빠지지 않게 해 달라고 기도하셨습니다.

우리는 어려운 일이 있으면 이것만은 피했으면 하고 도피할 생각을 합니다. 그러나 이것은 하나님이 원하시는 방법이 아닙니다. 어려우면 어려운 대로, 괴로우면 괴로운 대로, 있는 그 자리에서 악에 빠지지 않도록 주님에게 기도하는 것이 하나님이 원하시는 일입니다. 기독교는 현실도피적인 소극적 종교가 아니고, 어려운 현실 속에서 악을 이겨나가는 적극적인 종교입니다. 진정한 그리스도인은 곤란한 일을 회피하거나 괴로운 일을 도피하지 않고 도리어 역경을 직시하고 직면하면서 싸우고 이기려는 강한 의지를 가진 사람입니다. 그러므로 우리는 소극적인 기도나 도피적인 기도를 해서는 안 됩니다.

맥아더 장군의 자녀를 위한 기도문이 있지요.

> "주님, 내 아들을 쉽고 안전한 길로 이끄시지 마시고,
> 고난과 도전에 대하여 분투하고 항거할 수 있도록 인도하여 주옵소서.
> 그리하여 지금 여기에 그를 폭풍 속에서 용감히 싸울 줄 알고,
> 패자를 긍휼히 여길 수 있는 교훈을 알게 하소서."

이 얼마나 적극적인 기도입니까? 우리는 지금 어떻게 기도를 하고 있습니까? 우리 아이를 편안하게 해 주시고 병들지 않게 하시며, 어려운 일이 없게 해달라고 무사태평을 기원하며 기도드립니까? 이런 기도를 한다면 아마 그 자식은 사람 구실을 하기 힘들 것입니다. 환난을 피할 것이 아니라 환난을 이길 수 있는 힘을 달라고 기도해야 합니다. 고난을 도피하는 못난 인생이 되지 말고 고난 속에서 인내하고 승리하며, 고난 속에 숨겨두신 하나님의 뜻을 발견하도록 기도해야 합니다.

예수님은 제자들로 하여금 세상에 살면서 악에 빠지지 않도록 기도해 주셨습니다. 여기서 악이란 '악한 자' 또는 '악한 사람들'을 가리킵니다. 예수님의 이 같은 기도는 제자들의 행동을 강화시켰고 시험을 두려워하지 않는 용기를 주었습니다. 예수님의 복음을 제자들이 전하다가 체포되었을 때, 산헤드린 공회 앞에 붙들려가서 "너희가 더 이상 예수의 이름을 전하지 말라,"는 경고를 들었을 때, 베드로는 "우리가 너희 말을 듣는 것이 옳은가? 하나님 말씀을 듣는 것이 옳은가? 너희가 판단하라,"고 했습니다.

제자들이 오순절 성령 충만한 은혜를 받은 후부터 그들은 환난을 무서워

하지 않았습니다. 당시 종교지도자들의 위협을 조금도 두려워하지 않았고, 핍박과 희롱과 멸시받는 것을 기쁘게 생각했습니다.

"이것을 너희에게 이르는 것은 너희로 내 안에서 평안을 누리게 하려 함이라 세상에서는 너희가 환난을 당하나 담대하라 내가 세상을 이기었노라."(요 16:33)

주님은 제자들을 온상의 꽃으로 키운 것이 아니라, 비바람을 맞으면서도 꺾이지 않는 야생화로 키우고자 하셨습니다. 제자들을 위하여 기도하신 주님은 지금도 우리를 위해 이러한 기도를 하고 계시며, 우리 교회를 위해서도 이런 기도를 하고 계십니다. 악에 빠지지 않는 판단력이 분명한 성도가 되도록, 현실을 도피하지 않고 어려운 일을 회피하지 않는 담대한 신앙인이 되도록 주님은 오늘도 기도하고 계십니다.

사탄의 역사가 포효하는 사자처럼 나타날지라도 동요하지 않는 교회, 만세 반석이 되신 예수 그리스도의 터 위에 세워진 교회로서 진리의 횃불을 밝게 비추도록 주님은 오늘도 우리 교회를 위하여 기도하고 계십니다. 시험과 시련의 파고가 아무리 높아질지라도 하나님의 방주는 파선되지 않으며, 사탄의 궤계가 제 아무리 치밀해도 주님 피로 사신 하나님의 교회는 진리의 기둥과 터로써 주님 오시는 그날까지 그 위용을 나타낼 것입니다. 환난과 시험 속에서 단단해지고 강해지고 영글어졌던 서머나 교회처럼 우리 하나님의 교회도 죽도록 충성하는 순교자와 세계를 교구로 삼고 활약할 수 있는 선교사를 배출할 것입니다.

거룩하게 하옵소서 하는 기도

예수님의 제자들을 위하여 마지막으로 "저들을 거룩하게 해달라,"고 기도

하면서

"내가 세상에 속하지 아니함 같이 그들도 세상에 속하지 아니하였사옵나이다." (요 17:16)

라고 기도했습니다. 그런데 예수님은 제자들이 악에 빠지지 않게 해달라고 하는 기도를 하실 때에도 똑같은 말씀을 14절에 했습니다. 제자들은 세상에 속하지 아니하였으므로 세상의 미움과 질시를 받았습니다. 그래서 예수님은 적극적으로 제자들을 악한 자에게 빠지지 않게 해 주실 뿐만 아니라 거룩하게 해달라고 기도하시는 겁니다.

'거룩'이란 말은 히브리어 '카도쉬(קדוש)'로 '분리하다(to be set apart)'는 어근에서 온 말로, '분리하다, 벤다,'라는 뜻을 가지고 있습니다. 이 단어는 하나님에게 적용된 탁월한 종교적 용어입니다. 헬라어는 '하기아조(ἁγιάζω)'로 분리를 의미합니다. 거룩은 하나님과 어떤 인물이나 사물과의 사이에 존재하는 관계개념입니다.

거룩에는 위엄적 거룩과 윤리적 거룩이 있습니다. 하나님의 거룩은 그 본래적 의미에서 '하나님은 모든 피조물과 절대적으로 구별 되어 피조물 위에 위엄한 분'으로 나타나십니다. 하나님의 지극하신 완전, 전적 영광의 개념을 나타냅니다. 하나님은 죄로부터 분리되어 존재하시는 분으로 윤리적으로 완전하신 분입니다.

"그러므로 너희 총명한 자들아 내 말을 들으라 하나님은 악을 행하지 아니하시며 전능자는 결코 불의를 행하지 아니하시고." (욥 34:10)

"주께서는 눈이 정결하시므로 악을 차마 보지 못하시며 패역을 차마 보지 못하시거늘." (합 1:13)

"모든 사람과 더불어 화평함과 거룩함을 따르라 이것이 없이는 아무도 주를 보지 못하리라." (히 12:14)

하나님은 윤리적으로 완전하신 분이십니다. 이사야는 주께서 높이 들린 보좌에 앉으신 것을 보았을 때, 스랍 천사들이 서로 창화하는 소리를 이렇게 묘사하였습니다.

"서로 불러 이르되 거룩하다 거룩하다 거룩하다 만군의 여호와여 그의 영광이 온 땅에 충만하도다 하더라."(사 6:3)

하나님의 윤리적 거룩에 대하여 인간은 죄의식으로 반응합니다. 이사야는 하나님의 거룩하심 앞에서 자신을 이렇게 표현했습니다.

"그 때에 내가 말하되 화로다 나여 망하게 되었도다 나는 입술이 부정한 사람이요 나는 입술이 부정한 백성 중에 거주하면서 만군의 여호와이신 왕을 뵈었음이로다."(사 6:5)

이사야는 만군의 여호와 하나님을 보고 자신의 죄의식을 분명히 깨달은 것입니다. 베드로도 예수님을 보고 고백합니다. "나는 죄인이로소이다 하니."(눅 5:8)

신약에서보다 구약에서 하나님의 거룩이 탁월하게 나타납니다. 이 거룩의 개념은 하나님께 돌려집니다. 그리고 하나님과 관계되는 사람과 사물에게도 거룩의 개념을 부여합니다. 성전과 성막, 회막에도 관련됩니다. 하나님께 드리는 물건이나 금품을 '거룩한 물건, 거룩한 금전'인 '성물, 성금, 헌물, 헌금'으로 부릅니다. 하나님을 믿고 경배하는 사람들을 가리켜 '거룩한 사람'이라는 뜻의 '성도'라고 합니다. 거룩은 하나님을 위해 특별히 구별된 사람에게도 적용시킵니다. 예수님이 12제자들을 위하여 기도하실 때 "저희를 진리로 거룩하게 해 달라,"고 하셨습니다. 거룩한 이들은 구별된 사람들입니다.

예수님은 제자들을 속인으로 남아있게 하지 않으셨습니다. 성자가 되기를 위해 기도하셨습니다. 제자들은 초대교회를 이룩한 최초 멤버들이었습니다. 교회를 이루는 제자들이 세상과 구별된 사람, 성자가 되기를 위해 예수님이 기도하셨습니다. 초대교회는 거룩한 교회였습니다. 왜냐하면 거룩한 제자들과 성도들이 이룩한 교회였기 때문입니다.

모름지기 주님의 거룩한 피로 사신 교회는 거룩한 교회여야 합니다. 교회는 거룩한 성도들이 이룩한 교회이므로 마땅히 거룩한 교회입니다. 그러므로 하나님의 교회는 세상의 속된 요소나 세상 방법을 용납하거나 허용해서는 안 됩니다. 만일 그것을 용납한다면 교회는 더 이상 교회가 될 수 없습니다. 왜냐하면 거룩한 하나님과 교통할 수 없기 때문입니다. 교회가 세상을 따라가면 세속화되는 교회가 되고 맙니다. 교회는 세상에서 부름 받아 구별된 사람들이 모인 구별된 영적 집단입니다. 거룩한 교회가 거룩함을 유지하기 위해서는 온갖 고난을 겪을 각오를 해야 합니다. 신앙의 정절을 지키고 신앙의 순결을 유지하기 위하여 교회는 모름지기 고난과 핍박을 각오해야 합니다.

거룩이란 개념은 직분을 행할 수 있도록 그 사람의 정신과 마음과 성격의 특질을 갖추게 하는 것을 의미합니다. 만일 어떤 사람이 하나님을 섬긴다고 하면 그 사람은 자기 속에 하나님의 덕과 지혜를 가지고 있어야 합니다. 곧 거룩하신 하나님을 섬기고자 하는 자는 자기 스스로 거룩해야 합니다. 하나님이 하나님 자신의 특별한 일을 위하여 사람을 택하시고 직분을 주실 뿐만 아니고 그 일을 수행할 수 있는 특질을 갖추게 하셨습니다.

예수님의 제자들은 성품과 성격이 예수님의 제자로서 다듬어지지 않았습니다. 교만하기도 했고, 때로는 난폭하고 잔인하기도 한 사람들이었습니다. 그러나 오순절 성령 충만을 받은 후부터 새로운 성품과 특질을 소유했습니다. 예수 그리스도의 제자와 증인의 역할을 감당할 수 있었습니다.

"오직 너희를 부르신 거룩한 이처럼 너희도 모든 행실에 거룩한 자가 되라. 기록되었으되 내가 거룩하니 너희도 거룩할지어다 하셨느니라."(벧전 1:15~16)

거룩해지는 비결은 무엇일까요?

"그들을 진리로 거룩하게 하옵소서 아버지의 말씀은 진리니이다."(요 17:17)

진리로 거룩해질 수 있는 것입니다. 곧 하나님의 말씀으로 거룩해 질 수 있습니다. 예수님 말씀의 거울 앞에서 볼 때 나의 죄를 발견하고 회개하고 성화하게 됩니다. 이 성화는 죽을 때까지 지속되는 것입니다.

"청년이 무엇으로 그의 행실을 깨끗하게 하리이까 주의 말씀만 지킬 따름이니이다."(시 119:9)

사람은 진리를 발견하고 진리를 만나야 거룩해 질 수 있습니다. 그 진리는 하나님의 말씀이요, 예수 그리스도 자신입니다. 예수 그리스도는 오늘도 우리를 위해 기도하고 계십니다. 악에 빠지지 않게 하며, 악한 자의 술수와 궤계와 속임에 빠지지 않게 해 달라고 기도하십니다. 우리도 이 같은 기도를 드려야 합니다. 주님은 오늘도 우리가 속화되지 않고 성결하고 구별된 하나님의 자녀로 살기 위해 기도하십니다. 거룩한 하나님의 자녀들이 되도록 하기 위하여 기도하십니다.

거룩은 겸손, 믿음, 기쁨, 깨끗함, 섬김, 질서, 징계의 개념을 내포합니다. 우리도 주님을 본받아 말, 생각, 사상, 행동, 생활에 있어서 거룩한 성도의 모습을 나타내야 합니다.

제37장

세계 교회를 위한 기도

(요 17:20~26)

요한복음 17:20~26 "내가 비옵는 것은 이 사람들만 위함이 아니요 또 그들의 말로 말미암아 나를 믿는 사람들도 위함이니, 아버지여, 아버지께서 내 안에, 내가 아버지 안에 있는 것 같이 그들도 다 하나가 되어 우리 안에 있게 하사 세상으로 아버지께서 나를 보내신 것을 믿게 하옵소서. 내게 주신 영광을 내가 그들에게 주었사오니 이는 우리가 하나가 된 것 같이 그들도 하나가 되게 하려 함이니이다. 곧 내가 그들 안에 있고 아버지께서 내 안에 계시어 그들로 온전함을 이루어 하나가 되게 하려 함은 아버지께서 나를 보내신 것과 또 나를 사랑하심 같이 그들도 사랑하신 것을 세상으로 알게 하려 함이로소이다. 아버지여 내게 주신 자도 나 있는 곳에 나와 함께 있어 아버지께서 창세 전부터 나를 사랑하시므로 내게 주신 나의 영광을 그들로 보게 하시기를 원하옵나이다. 의로우신 아버지여 세상이 아버지를 알지 못하여도 나는 아버지를 알았사옵고 그들도 아버지께서 나를 보내신 줄 알았사옵나이다. 내가 아버지의 이름을 그들에게 알게 하였고 또 알게 하리니 이는 나를 사랑하신 사랑이 그들 안에 있고 나도 그들 안에 있게 하려 함이니이다."

예수님은 세계 교회를 위해 기도하십니다.
미래에 믿는 자들이 모두 하나 되게 기도하십니다.
사람들이 하나님의 사랑을 깨닫게 해달라고 기도하십니다.

요한복음 17장 전부는 예수님의 기도를 기록한 것입니다. 예수님의 기도를 세 부분으로 나누어 생각할 수 있습니다. 첫째 부분은 예수님이 자신을 위해 기도하신 것입니다. "십자가를 지고 희생하여 성부 하나님께 영광을 돌리게 하소서,"라고 기도하신 것입니다.

둘째 부분은 제자들을 위한 기도입니다. 고난과 괴로움이 많은 세상에서 제자들을 천국으로 옮겨달라는 것이 아니고, 죄악에 물들지 아니하고 자신들의 본분을 다하며 거룩한 제자들의 되기를 원하면서 기도하신 것입니다.

오늘 본문은 세 번째 부분으로 11제자들을 통하여 앞으로 믿음을 갖게 될 세상 사람들을 위해 기도하십니다. 이 기도 속에는 우리도 포함되어 있습니다.

"내가 비옵는 것은 이 사람들만 위함이 아니요 또 그들의 말로 말미암아 나를 믿는 사람들도 위함이니."(요 17:20)

이 얼마나 놀랍고 귀한 기도입니까? 이 기도는 미래를 위해 기도하신 것입니다. '그들의 말로 말미암아' 란 '믿는 사람이 전도함을 통하여' 란 뜻입니다. 앞으로 오고 또 오는 세대에 전도를 통해서 믿을 사람까지, 모두를 위하여 기도하신 것입니다. 예수님은 미래에 그렇게 된다는 확신을 가지고 기도하셨습니다. 예수님이 기도하실 때 당시의 심경은 어떠했을까요? 내일 십자가를 앞두고 있는, 죽음을 바로 눈 앞에 두고 있는 상태에서 기도드리고 있는 것입니다. 이제 내일이면 겟세마네 동산에서 체포되고 심문을 받고 재판을 받은 후에 십자가에서 처형 되는 매우 절박한 시간을 맞고 있었지만 예수님은 이 같은 절박한 사건을 넘어서 일어나는 영광스러운 승리를 바라보면서 기도하고 계셨습니다. 예수님은 자기가 양육한 제자들을 통하여 복음이 전파되고, 교회가 설립되고, 수많은 신자들이 생기는 사실을 내다보면서 믿는 자들을 위해 기도하셨습니다. 세계 교회를 위해 기도하셨습니다.

예수님의 기도를 배워야 하는 우리

우리는 일반적으로 괴롭고 어려운 일을 당하면, 그 일만 골똘히 생각하여 죽게 되었으니, 주여 어찌합니까? 하필이면 내가 이런 일을 당해야 합니까? 이렇게 기도하면서 함부로 불신앙적인 기도를 합니다. 잘 생각해 보시기 바랍니다. 나에게 불가능한 일이라고 해서 하나님께도 불가능한 일입니까? 나의 생각이 불행하다고 해서 하나님 보시기에도 불행하겠습니까? 육의 눈으로 보는 관점과 영의 눈으로 보는 관점이 서로 다릅니다. 내 사업이 망한다고 해도 하나님의 사업에는 실패가 없습니다. 예수님은 하루 후에 져야할 십자가 죽음을 앞두고 감사 기도를 하셨습니다. 제자들을 통하여 믿는 사람이 많아지고 교회를 설립하여 수많은 신자들이 교회로 몰려올 것을 내다보는 영적 안목을 가지고 감사 기도를 드렸습니다. 예수님은 십자가 죽음 사건 이후에 일어날 교회의 부흥을 미리 바라보시고 감사 기도를 하셨습니다.

예수님은 제자들을 믿으셨습니다. 예수님은 제자들의 동향을 다 파악하고 계셨습니다. 예수님이 체포당하신 이후에 예수님을 배반하고 도망칠 제자들을 미리 아시고, "너희들이 나를 떠나리라."는 예언까지 하셨습니다. 그러나 그들이 다시 회개하고 돌아올 것을 믿으셨습니다. 그래서 이 제자들을 통하여 예수님을 믿을 사람, 구원받을 사람들을 위해 기도하셨습니다. 예수님은 제자들의 교양과 인격이 현재 부족한 것을 아셨지만, 앞으로 성령 충만과 순교의 죽음을 죽을 것을 내다보시고 제자들을 믿으셨습니다.

이웃을 보는 관점이 신앙적이어야 하는 우리

우리가 이웃을 볼 때는 그들이 현재 보기에는 미숙하고 믿음이 부족하고 인격의 결함이 있는 것 같아도, 성령의 은혜를 받으면 주님이 저들을 귀하게 쓰신다고 믿어야 합니다. 전세계 교회를 위한 주님의 기도 내용은 무엇입니까? 하나 되게 해 달라는 내용입니다.

"아버지께서 내 안에, 내가 아버지 안에 있는 것 같이 그들도 다 하나가 되어 우리 안에 있게 하사."(요 17:21)

이 '하나가 되어' 란 행정이나 조직면에서 일치를 말하는 것이 아닙니다. 동일한 방법으로 교회를 조직하라는 것이 아닙니다. 동일한 방법으로 하나님을 예배하는 것도 아닙니다. 교회마다 예배의 순서가 다릅니다. 동일한 신조를 가지고 있는 것도 아닙니다. 웨스트민스터신앙고백이나 하이델베르그 교리문답서나 루터교의 신조가 조금씩 차이가 있습니다. 여기에서 예수님이 가르치신 '하나가 됨' 은 인격관계의 일치를 말합니다. 삼위일체 하나님은 인격관계를 가지십니다. 삼위일체 하나님은 본질에서 하나입니다. 뜻에서, 사랑에서, 궁극적인 목적에서, 하나입니다. 삼위일체 하나님에게는 교제와 사랑이 있습니다. 세계 교회의 일치는 예수님을 머리로 하는 교회라는 점에서 일치하고, 예수님은 몸이요, 모든 성도는 그의 지체라는 사실을 믿고 주장하는 일치를 말합니다. 일치의 정도(正道)는 성삼위 일치에 둡니다. 하나 되는 결과로 예수님이 그 교회 안에 계십니다. 외적으로는 세상으로 믿게 합니다. 교회의 하나 됨은 주께 순종함과 복종함과 십자가로 하나가 됩니다.

세계 교회를 위한 주님의 기도 내용

세계 교회를 위한 주님의 기도 내용은 하나 된 교회가 성삼위 하나님 안에 있게 해주시라는 내용입니다. 예수님은 요한복음 15:1에서 포도나무의 비유를 드셨습니다. 가지는 포도나무에 붙어 있어서 진액을 받아야 살 수 있듯이 우리도 그리스도 안에 붙어서 말씀을 받아 순종해야 그리스도와 우리가 하나 되는 것입니다.

　세계 교회를 위한 주님의 기도 내용은 '세상이 아버지께서 나를 보내신 것을 믿게 하소서,' 라는 내용입니다. 이것은 예수님의 교훈입니다. 이것을 주장하시자 유대인들이 돌로 치려했습니다. 성부 하나님과 성자 하나님은 동질이십니다. 이것은 하나님의 사랑을 의미합니다. 하나님의 사랑이 예수 그리스도를 통하여 구체적으로 사람에게 나타내심을 믿는 것을 의미합니다. 하나님은 높은 보좌에 계시면서 죄인들이 찾아오기를 기대하지 않고 도리어 낮은 인간을 찾아오셨습니다. 이 같은 하나님의 적극적인 사랑, 구원의 사랑을 믿게 해달라고 예수님은 지금도 기도하고 계십니다. 하나님의 이 사랑을 믿으면 내가 아무리 큰 죄인일지라도 낙심하지 않습니다.

　세계 교회를 위한 주님의 기도 내용은 "내게 주신 영광을 저희에게 주옵소서," 라는 내용입니다. 예수님이 말씀하신 영광이 무엇일까요? 예수님의 영광은 십자가에 달리심을 의미합니다. 크리스천의 영광은 각자가 져야할 십자가입니다. 예수 그리스도를 위하여 고통과 핍박과 비난과 모욕을 당하는 것이 영예이며 영광입니다. 그러므로 우리는 우리의 십자가를 징벌로 생각해서는 안 됩니다. 그것을 우리의 영광으로 생각해야 합니다. 예수님의 영광은 예수님이 하나님의 뜻에 완전히 복종하는 것입니다. 복종은 영광이지 굴욕이 아닙니다. "내 원대로 마옵시고 아버지 뜻대로 하옵소서," 라고 예수님은 기도하셨습니다. 피땀의 기도를 올렸습니다. 신자는 자신의 영예나 영광, 그리고 인생의 의미를 하나님의 뜻을 행하는 데에서 찾아야 합니다. 하나님은 자기를 영화롭게 하는 자를 높이며 귀한 존재로 인정하십니다. 그러므로 순종함이 크면 클수록 그만큼 영광도 큰 것입니다.

　세계 교회를 위한 주님의 기도 내용은 "아버지가 나를 세상에 보내신 것과 아버지가 세상 사람을 사랑하는 것을 알게 하소서," 라는 내용입니다. 사랑을 아는 것이 중요합니다. 왜냐하면 아무리 사랑을 해도 그 사랑을 깨닫지 못하면 효력이 없기 때문입니다. 그래서 예수님은 사람들이 하나님의 사랑을 깨닫게 해 달라고 기도하셨습니다.

우리는 하나님의 사랑을 알고 있습니까? 주관적으로 알고 있습니다. 객관적인 하나님의 사랑은 이렇게 평가해야 합니다. 내가 하나님의 사랑을 받고 있다는 사실을, 또 하나님이 나와 함께 하신다는 사실을 세상 사람들이 알고 있는가? 만일 세상 사람들이 이런 사실을 알고 있다면 우리는 하나님의 사랑을 아는 자들입니다.

야곱이 외삼촌 집에서 일할 때, 하나님이 양 떼, 염소 떼에 복을 주셨습니다. 야곱이 외삼촌 집을 떠날 때 라반이 말하기를 "하나님이 너와 함께 하시고 너 때문에 하나님이 우리 집에 복 주심을 분명히 보았다,"고 했습니다. 요셉이 보디발의 집에 있을 때, 하나님이 보디발의 집에 복을 주심을 그들이 알았습니다.

예수님을 믿는 신자가 직장인이라면 직장에서, '당신 때문에 우리 회사가 하나님의 복을 받았다,'는 말을 듣게 될 때 얼마나 좋은 일입니까. 이러한 간증을 위해 주님은 기도하십니다. 가정에서도 마찬가지입니다. 한 사람이 잘 믿으면 그 가정은 복을 받습니다.

다니엘과 세 친구는 느부갓네살 왕에게 "하나님이 너희와 함께 함을 아노라,"는 말을 들었습니다.

세계 교회를 위한 주님의 기도 내용은 "아버지여 내게 주신자도 나 있는 곳에 나와 함께 있어, 아버지께서 창세전부터 나를 사랑하시므로 내게 주신 나의 영광을 저희로 보게 하시기를 원하옵나이다,"라는 내용입니다.

예수님은 17:15에서 제자들을 괴로움 많은 세상에서 데려가시기를 위해 기도하지 않으시고 악에 속하지 않고 거룩한 자가 되게 기도하셨습니다. 그러나 여기서는 천국으로 인도하게 해 달라고 기도하셨습니다. 제자들이 사명을 다 마친 후에 천당으로 가게 해 달라는 기도입니다. 예수님은 천당의 존재를 분명히 말씀하셨습니다. 그리고 제자들을 그 곳으로 가게 해달라고 기도하셨습니다. 제자들과 믿는 성도들을 이 세상에 두시는 이유는 믿음의 성장과 교회에 봉사와 복음의 전도와 사명의 감당이라는 일이 있기 때문입니다. 성도는 핍박과 고생과 괴로움과 순교를 당하지만 결국에는 주님이 가신 곳으로 인도하십니다.

예수님의 기도는 이루어집니다. "나와 함께 있게 하소서,"라는 기도는 반드시 이루어집니다. 영원한 기쁨과 행복과 찬송이 있는 천당생활을 하게 하십니다. 그 곳에서 우리는 영광의 주님을 친히 볼 수 있습니다. 그리고 주님이 누리시는 영광을 우리도 함께 누릴 수 있습니다.

주님의 기도는 미래를 바라보고 내다보는 온 세계 교회를 위한 기도였습니다. 주님의 기도는 땅에서 하늘로 이어지는 기도였습니다. 주님의 기도는 이 세상에서 천당으로 이어지는 기도였습니다. 주님의 기도 때문에 우리는 오늘도 신앙생활을 하며, 주님의 일을 위해 봉사하고 전도하고 선교하게 됩니다. 주님의 기도로 우리는 천당에서 영원히 살게 되었습니다.

제38장

아버지께서 주신 잔

(요 18:1~11)

요한복음 18:1~11 "예수께서 이 말씀을 하시고 제자들과 함께 기드론 시내 건너편으로 나가시니 그 곳에 동산이 있는데 제자들과 함께 들어가시니라. 그 곳은 가끔 예수께서 제자들과 모이시는 곳이므로 예수를 파는 유다도 그 곳을 알더라. 유다가 군대와 대제사장들과 바리새인들에게서 얻은 아랫사람들을 데리고 등과 횃불과 무기를 가지고 그리로 오는지라. 예수께서 그 당할 일을 다 아시고 나아가 이르시되 너희가 누구를 찾느냐. 대답하되 나사렛 예수라 하거늘 이르시되 내가 그니라 하시니라 그를 파는 유다도 그들과 함께 섰더라. 예수께서 그들에게 내가 그니라 하실 때에 그들이 물러가서 땅에 엎드러지는지라. 이에 다시 누구를 찾느냐고 물으신대 그들이 말하되 나사렛 예수라 하거늘, 예수께서 대답하시되 너희에게 내가 그니라 하였으니 나를 찾거든 이 사람들이 가는 것은 용납하라 하시니, 이는 아버지께서 내게 주신 자 중에서 하나도 잃지 아니하였사옵나이다 하신 말씀을 응하게 하려 함이러라. 이에 시몬 베드로가 칼을 가졌는데 그것을 빼어 대제사장의 종을 쳐서 오른편 귀를 베어버리니 그 종의 이름은 말고라. 예수께서 베드로더러 이르시되 칼을 칼집에 꽂으라 아버지께서 주신 잔을 내가 마시지 아니하겠느냐 하시니라."

예수님은 자발적으로 십자가를 지셨습니다.
예수님은 체포당하는 순간에도
제자들을 보호하시고 사랑하셨습니다.
주님은 우리에게 질문하십니다.
"나를 위해 십자가를 질 수 있느냐?"

예수님이 성전에서 대제사장으로서 기도를 마치신 후 제자들을 데리고 기드론 시내를 건너 동산으로 들어가셨습니다. 이때가 유월절이었습니다. 유월절 양으로 25만 6천 마리의 양이 희생되었습니다. 예루살렘 성전에서 기드론 시내까지는 수로가 있었는데, 이 수로를 통하여 희생양들의 피가 흘러내려갔습니다. 이러한 수많은 양들이 희생되어 그 피가 제단에 뿌려졌을 때 그 성전 뜰은 어떠했는가를 상상할 수 있습니다. 예수님이 기드론 시내를 건너가실 때, 시내는 희생 제물로 드려진 어린 양의 피로 붉게 물들었습니다. 주님께서는 이 시내를 건너면서 분명히 자기 자신의 희생을 생각하셨을 것입니다.

이 기드론 시내는 숱한 역사가 담긴 곳입니다. 아사 왕이 이곳에서 그 어머니의 우상을 불살랐고(왕상 15:13), 요시아 왕 때는 이곳이 시민의 공동묘지였습니다(왕하 23:6). 다윗은 자기 아들 압살롬이 반란을 일으켰을 때 울면서 이 시내를 건넜습니다(삼하 15:23~30). 다윗은 자기의 죄 값으로 피난가기 위해 기드론 시내를 건넜으나, 예수 그리스도는 모든 인류의 죄를 구속하시기 위하여 이 시내를 건넜습니다.

예수님은 이 기드론 시내를 건너 겟세마네 동산으로 들어가셨습니다. 겟세마네란 말은 기름을 짠다는 뜻입니다. 이 언덕에서 자라는 감람열매를 가지고 기름을 짜냈다고 합니다. 예수님 당시 유복한 사람들이 이 감람산에 사유정원을 소유했다고 합니다. 예루살렘은 공간이 없었을 뿐 아니라 거룩한 도성이었으므로 거기에 비료를 뿌릴 수 없다는 금령이 내려져 있었습니다. 그래서 예루살렘에는 사유정원을 가질 수 없었습니다.

예수님은 부유한 예루살렘 시민들이 사유한 이 겟세마네 동산에 들어가셔서 기도하셨습니다. 예수님은 공생애 기간 동안 계속하여 이 동산을 찾아와 기도하셨습니다. 가룟 유다도 겟세마네 동산을 잘 알고 있었습니다. 그는 이곳에서 예수님을 체포하는 것이 제일 쉬운 일이라고 결정했습니다. 본문말씀에 '그 곳은 가끔 예수께서 제자들과 모이시는 곳이므로' 라 하여 예수님의 기도생활이 일상화되어 있음을 보여줍니다. 예수님을 체포하기 위해 출동한 군대는 상당히 많았습니다.

"유다가 군대와 대제사장들과 바리새인들에게서 얻은 아랫사람들을 데리고 등과 횃불과 무기를 가지고 그리로 오는지라."(요 18:3)

본문에서 '군대'는 헬라어 '스페이라(σπεῖρα)'로 보병대를 가리키는데 약 600~1,000명의 군사로 이루어져 있습니다. 또 '아랫사람'이란 성전경비병을 가리킵니다. 예루살렘 성전 당국은 질서를 유지하기 위하여 사설경비대를 가지고 있었습니다. 산헤드린도 법령을 수행하기 위해 경찰과 아랫사람(성전경비병)들을 데리고 있었습니다. 예수님을 체포하기 위해 1000여명이 겟세마네 동산에 파송되었습니다. 예수님이 조용히 기도하시는 겟세마네 동산은 갑자기 체포하러 출동한 군대와 아랫사람(성전경비병)들의 군화소리로 시끄러워졌고, 예수님을 찾는 이들의 시끄러운 말소리로 소동이 일어났습니다. 예수님의 체포된 장면을 살펴보면서 예수님이 십자가 죽음을 어떻게 대처하였는가를 생각해 보는 것이 중요합니다.

십자가를 앞두고 깊은 경지에 들어가셔서 기도하심

사도 요한은 "예수님이 동산에 들어가셨다,"고만 간단히 기록하였지만, 공관복음서에는 예수님이 십자가의 쓴 잔을 앞두고 간절히 기도하신 것을 강조하여 기록하고 있습니다. 특히 누가복음에는 예수님이 피땀을 쏟으시면서 기도하셨다고 기록하고 있습니다. 예수님은 공생애를 통하여 먼저 40일 금식기도를 하셨고, 공생애를 끝내실 때에도 겟세마네 동산에서 기도로 끝내셨습니다.

우리는 여기서 기도가 우리의 생애의 시작이요, 끝이 되어야 한다고 결론을 내려야 합니다. 예수님은 종종 이곳에 나와서 기도하셨습니다. 예수님이 이 동산에 오셔서 친히 기도하심으로 제자들에게 쉬지 않고 기도할 것을 교훈하셨습니다.

우리는 평상시에는 기도를 잘하지 않다가, 일이 터지고 사건이 생기면 급해서 기도를 합니다. 평상시 편안할 때는 마음대로 살다가 죽을 지경에 이르게 되어서야 기도하는 것, 매를 맞고 죽을 형편이 되어서야 기도하는 것은 바람직하지 않습니다. 사무엘처럼 우리는 기도 쉬는 죄를 범하지 않도록 기도해야 합니다.

예수님은 십자가 죽음 때문에 특별히 이 동산에서 기도하신 것이 아니라, 예루살렘에 오시면 저녁 식사 후에 늘 동산으로 기도하기 위해 가셨습니다. 예수님처럼 우리도 계속하여 쉬지 않고 꾸준히 기도해야 합니다.

용기와 권위로 죽음의 상황에 대처하심

유월절 무렵에는 만월이었습니다. 그래서 밤도 낮처럼 밝았습니다. 그런데도 군대들과 아랫사람(성전경비병)들은 등과 횃불을 들고 왔습니다. 환한 달빛 아래서는 이런 불들이 필요하지 않습니다. 그러나 그들의 생각에는 예수님이 나무 그늘 속이나 언덕 구석진 곳 같은 컴컴한 곳에 숨어 있지 않을까 생각해서, 어두운 곳을 샅샅이 뒤지기 위해서 등과 횃불을 가져온 것입니다. 그들은 예수님이 숨거나 도망치리라고 생각했지만, 막상 그들이 도착했을 때 예수님은 숨어있기는커녕 당당하게 그들의 앞으로 나아가셨습니다. 그리고는 누구를 찾느냐고 물으셨습니다. 그들은 나사렛 예수라고 말했습니다. 그때 예수님은 전혀 거리낌 없이 "내가 그니라,"고 하셨습니다.

"예수께서 그 당할 일을 다 아시고 나아가 이르시되 너희가 누구를 찾느냐." (요 18:4)

예수님은 겟세마네 동산에 들어오실 때, 마지막인 줄 아셨습니다. 그리고 죽음의 상황에 처했을 때 신령한 용기로 대처하셨습니다. 결코 두려워하지 않으셨습니다. 그리고 하나님의 권위를 가지고 그들 앞에 스셨습니다. 예수님께서 "너희가 누구를 찾느냐?"고 물으실 때, 그들은 "나사렛 예수,"라고 했습니다. 그때 예수님은 "내가 그니라,"고 말씀하셨습니다. 그 뜻은 예수님이 하나님이시라는 뜻입니다.

예수님이 "내가 그니라,"라고 말씀하시니 그들이 물러가서 땅에 엎드러졌습니다. 하나님 앞에 설 자가 아무도 없는 것입니다. 예수님은 전혀 무장하지도 않으시고 홀로 서 계시면서 1000명의 무장한 군사들을 쓰러뜨리고 말았습니다. 예수님은 신적 권위를 가지고 마주쳐 오는 군대의 세력을 넘어뜨리셨습니다.

체포당하는 현장에서도 제자들을 보호하고 사랑하심

예수님은 자기가 체포당하는 절박한 순간에도 제자들을 생각하셨고 사랑하셨습니다. 원수들이 예수님을 체포하러 왔을 때 예수님은 자신을 숨기지 아니하셨고, "내가 그니라,"고 하시면서 제자들이 갈 수 있도록 용납하라고 하셨습니다.

"너희에게 내가 그니라 하였으니 나를 찾거든 이 사람들이 가는 것은 용납하라 하시니." (요 18:8)

예수님은 끝까지 제자들의 안전을 염려하셨습니다. 제자들이 지금 당장은 비겁하여 도망을 가겠지만 장차 앞으로는 복음을 전하며 교회를 세우고 순교활 제자들이기에 무사히 겟세마네 동산을 빠져나가도록 부탁하셨습니다. 예수님은 이처럼 절박한 순간에도 자신을 생각하지 않으시고 제자들을 염려하셨습니다. 예수님은 자기 제자들을 끝까지 사랑하셨습니다.

스스로 십자가 죽음을 택하셨다는 것을 보여주심

베드로가 검을 빼서 제사장의 종 말고의 귀를 잘랐습니다. 실은 말고의 목을 치려고 했지만 투구 때문에 귀만 잘랐을 것입니다. 예수님은 잘려진 말고의 귀를 붙여서 고쳐주시면서 베드로에게 칼을 칼집에 꽂으라고 하셨습니다. 그러면서 예수님은 말씀하십니다.

"아버지께서 주신 잔을 내가 마시지 아니하겠느냐 하시니라." (요 18:11)

이 표현은 꼭 마셔야 한다는 강세형 표현입니다. 예수님은 겟세마네 동산에서 체포를 면할 수도 있었습니다. 그러나 예수님은 십자가 죽음을 스스로 택하신 것입니다. 체포당할 것을 미리 아시고도 장소와 시간을 변경하지 않으셨고, 겟세마네 동산 기도하시던 바로 그 자리에 계셨습니다. 십자가 쓴 잔은 아버지께서 주신 잔이라고 하면서 성부 하나님께 온전한 순종을 하신 것입니다.

십자가를 지는 것이 하나님의 뜻이라는 것입니다. 예수님은 이것으로 만족하셨고 충분했습니다. 예수님은 죽음의 자리에 이르기까지 하면서 충실하셨습니다. 성부 하나님이 요구하시는 일이라면 좋은 것이든 나쁜 것이든, 모순된 것이든, 부조리한 것이든 순종해야 합니다. 부조리한 것으로 말하자면 예수님 십자가처럼 부조리한 것이 어디 있습니까? 그럼에도 불구하고 예수님은 그 십자가를 스스로 택하셨고 성부 하나님께 온전히 순종하셨습니다.

우리는 흔히 '주님의 뜻대로 하옵소서,' 라고 입으로는 쉽게 말하지만 구체적 사건에 들어가서는 내 뜻과 비슷할 때만 아멘하고 틀리면 변명이나 억지 해석을 하여 주님의 뜻을 따르지 않고 내 뜻을 주장하고 맙니다. "내 주여, 뜻대로 하옵소서,"라는 기도는 이제부터 내게 전개되는 모든 것에 대하여 감사와 아멘으로 일관해야 한다는 뜻입니다. "아버지께서 주신 잔을 내가 마시지 않겠느냐,"고 하신 예수님의 말씀은 하나님께 순종하고 영광을 돌리는 마음으로 십자가를 진다는 뜻입니다. 이러한 결단은 하나님께 자신을 온전히 위탁한 사람만이 가질 수 있는 용기입니다. 죽기로 결심한 사람은 두려움이 없습니다. 자기 생명을 사랑하면 비겁하고 비굴한 사람이 될 수 있지만 내 뜻을 포기하고 나면 주님이 주시는 잔을 받을 수 있습니다. 바로 이것은 하나님에 대한 전적인 헌신입니다. 이 헌신이 있은 후에야 꺾일 수 없는 용기도 생기고 위대한 권능도 행사할 수 있고, 엄청난 역사를 이룰 수 있습니다.

주님은 이 시간 우리에게 물어보십니다. "십자가를 질 수 있느냐? 하나님 아버지께서 주신 잔을 받을 수 있는 결단이 있느냐? 하나님의 요구하시는 바가 모순된 것 같고 부조리한 것 같아도 무조건 복종할 수 있느냐?" 여러분은 예수님처럼 여러분 자신을 하나님께 전적으로 위탁할 수 있습니까?

제39장

안나스 앞에 서신 예수님

(요 18:12~14, 19~24)

요한복음 18:12~14 "이에 군대와 천부장과 유대인의 아랫사람들이 예수를 잡아 결박하여, 먼저 안나스에게로 끌고 가니 안나스는 그 해의 대제사장인 가야바의 장인이라, 가야바는 유대인들에게 한 사람이 백성을 위하여 죽는 것이 유익하다고 권고하던 자러라."

요한복음 18:19~24 "대제사장이 예수에게 그의 제자들과 그의 교훈에 대하여 물으니, 예수께서 대답하시되 내가 드러내 놓고 세상에 말하였노라 모든 유대인들이 모이는 회당과 성전에서 항상 가르쳤고 은밀하게는 아무 것도 말하지 아니하였거늘, 어찌하여 내게 묻느냐 내가 무슨 말을 하였는지 들은 자들에게 물어 보라 그들이 내가 하던 말을 아느니라. 이 말씀을 하시매 곁에 섰던 아랫사람 하나가 손으로 예수를 쳐 이르되 네가 대제사장에게 이같이 대답하느냐 하니, 예수께서 대답하시되 내가 말을 잘못하였으면 그 잘못한 것을 증언하라 바른 말을 하였으면 네가 어찌하여 나를 치느냐 하시더라. 안나스가 예수를 결박한 그대로 대제사장 가야바에게 보내니라."

예수님은 유대인들에게 체포되어 핍박과 고난을 받으셨습니다.
우리는 고난의 주님을 바라보면서
핍박을 당하더라도 진리와 의를 증거 해야 합니다.

예수님께서는 겟세마네 동산에서 체포되어 바로 안나스라는 사람에게로 끌려가셨습니다. 요한복음에만 예수님이 안나스에게로 끌려갔다는 기록이 있고, 다른 세 복음서에는 이런 기록이 없습니다. 사도 요한은 직접 예수님의 최후를 목격한 자요, 예수님의 가르침을 들은 자입니다. 그는 다른 복음서에서 취급하지 아니한 중요한 장면을 보충하여 추가로 기록하고 있습니다. 사도 요한은 사건자체보다 사건 속에 흐르는 의미를 말하고자 했습니다. 왜 요한이 안나스에 대하여 언급했는가를 성경 본문에서 살펴볼 수 있습니다.

대제사장 직분의 역사적 배경

예수님이 체포되어 먼저 안나스에게로 가서 심문을 받았고, 다음에 가야바에게로 가서 심문을 받았으며, 마지막으로 빌라도에게 가서 재판을 받으셨습니다. 먼저 안나스라는 인물에 대하여 생각하는 것이 중요합니다.

안나스는 주후 6년에서 15년까지 대제사장 직분을 가진 자였습니다. 그는 예루살렘의 왕권을 배경으로 한 권력자였습니다. 예수님 당시에는 로마가 예루살렘을 점령하고 통치하였는데, 정치, 경제, 사회적으로는 로마가 다스렸지만, 종교적으로는 유대민족을 다스릴 수가 없었습니다. 유대민족은 정치보다 종교를 더 중요시하는 민족이기 때문에 정치, 교육, 문화, 사회가 완전히 하나로 결합할 수 있는 무서운 힘을 가진 전체주의였습니다. 그러므로 정치적으로 로마가 유대민족을 다스리고 지배할 수는 있었지만 종교적으로, 정신적으로는 대제사장이 유대민족을 지배하고 있었습니다. 그리고 일 년에 3차씩 유월절, 맥추절, 수장절에는 온 유대민족이 예루살렘에 모여 일 주일씩 축제를 하고 행진을 벌이는데, 이 모임은 막강한 것이었습니다.

또한 실제적으로 예루살렘 성전을 중심으로 가끔 반란이 일어나 로마를 당황하게 하는 일도 있었습니다. 반란이 한 번 일어나면 그것은 종교성을 지니기 때문에 목숨을 건 저항이었습니다. 로마는 유대민족을 다루기가 매우 어려운 지경이어서 묘안을 내어 안나스를 유도했습니다. 그것은 대제사장으로 하여금 정치, 경제에 대한 권리를 마음껏 행사하도록 하고 경제적인 부도 보장해 준다는 조건을 내세웠습니다. 로마는 대제사장의 권력 남용으로 생기는 부패까지도 눈감아 주게 되었습니다. 이러한 혜택을 주는 동시에 로마 정부에서는 대제사장의 임기를 종신직으로 하지 말고 일 년마다 바꾸라고 하였습니다. 후임 대제사장은 임명제도로 하되 임명자는 물러서는 대제사장이 맡도록 하자는 제안이었습니다.

안나스는 자기 가문이 오랫동안 이 권좌를 누리기 위해서 로마정부의 제안을 수락했습니다. 여기에 안나스의 큰 잘못이 있습니다. 하나님의 법으로는 대제사장의 제도나 위치를 절대로 바꿀 수 없게 되어있는데, 그는 하나님의 법을 무시하고 로마 권력을 등에 업고 종교적인 정치를 한 타락한 자가 되고 말았습니다. 그래서 안나스가 대제사장 자리를 물러설 때에는 자기 아들에게 대제사장 직분을 계승하게 하고 자기는 뒤에서 원격조정을 하고 있었습니다. 그의 아들 다섯이 다 대제사장 자리를 잇게 되었고, 이것도 모자라서 그의 사위까지 세워 대제사장 자리에 앉게 하였습니다. 예수님을 심문했던 가야바는 안나스의 사위였습니다.

사도 요한은 이러한 역사적 배경을 잘 알고 있었기 때문에 가야바를 가리켜 "그 해의 대제사장 가야바(18:13)," 라고 기록하고 있습니다. 그 해의 대제사장이란 말은 대제사장의 종신직을 의미하는 것이 아니고 해마다 대제사장을 바꾸어 임명한 것을 가리키는 말입니다.

안나스 앞에서 불법재판을 받으심

안나스는 예수님을 체포하여 자기에게로 먼저 데려오라는 비밀 지령을 내렸음에 틀림이 없습니다. 아랫사람(성전경비병)들과 군인들이 겟세마네 동산에서 예수님을 체포하여 그해 대제사장인 가야바에게로 데려간 것이 아니라 안나스에게로 데려간 것입니다.

안나스는 예수님에 대하여 원한을 품고 있었습니다. 예수님의 성전 숙청 사건은 안나스에게 크나큰 손해를 안겨 주었습니다. 안나스 일가는 이방인의 뜰을 이용하여 성전에서 사용되는 제물을 독점 매매하였습니다. 제사장들은 흠이 없고 정결한 제물을 하나님께 제물로 바쳐야 한다고 가르치면서 유대인들이 가지고 오는 희생 제물을 모두 검사했습니다. 그러나 성전 밖에서 가져오는 제물은 모두 부정하고 흠이 있다고 판정을 했고, 성전 뜰에서 산 것은 모두 정결한 제물이라고 합격시켰습니다. 그러면서 성전 뜰에서 제물을 사도록 은근히 강요했습니다. 그 값은 성전 밖에서 사는 것보다 약 15배나 비쌌습니다. 이런 방법으로 안나스 일가는 부를 축적한 것입니다.

유대인 탈무드에 이런 구절이 있습니다. "화 있을지어다, 안나스의 집이여. 화 있을진저 저들의 울리는 뱀 같은 소리여, 그들은 대제사장. 그들의 아들은 금고지기, 그들의 사위들은 성전 관리인, 그리고 그들의 종들은 막대기로 백성을 때리고 있도다." 안나스 일가와 일족들은 악명이 높았습니다. 안나스에게 예수님은 그들이 불의한 이익을 얻지 못하도록 공격을 가했습니다.

선량한 하나님의 백성들을 예수님이 보호하고 옹호했습니다. 예수님은 제물을 파는 장사꾼들을 성전에서 몰아내셨습니다. 비둘기파는 사람들의 상을 엎어버리셨고, 돈 바꾸는 자들의 상을 전복시켰습니다. 이로 인해 안나스 재원에 손해를 입히고 그에게 공격을 가하셨습니다. 안나스는 시끄러운 갈릴리 사람 예수가 체포되고 패배당하고 좌절을 당한 것을 제일 먼저 비웃어주고 싶었습니다. 예수님을 우롱하고 싶은 것이 안나스의 소원이었기에 제일 먼저 자기에게로 데려오라 한 것입니다.

안나스는 사실상 대제사장이 아닙니다. 하나님의 법으로 말한다면 그는 대제사장이 아니고 단지 대제사장 가야바의 장인이라는 신분으로 예수님을 심문한 것입니다. 이것은 불법적인 처사입니다. 참 대제사장이신 예수님께서 거짓 대제사장, 타락한 대제사장 안나스에게 심문을 받으셨으니 예수님의 고통은 더욱 컸겠지요. 진리가 허위 앞에서 심문을 받으니 이 고통이 얼마나 심하겠습니까?

예수님이 안나스 개인에게 끌려가시게 되고 안나스 개인에게 심문을 받으신 것은 유대인 법에 의하면 불법적인 처사였습니다. 유대인의 법에 의하면 개인 앞에서 심문 받는 법이 없습니다. 법을 만드신 예수님, 십계명을 주신 입법자이신 예수님이 법을 지켜야할 준법자들에게 심문과 재판을 받으시는 것이 결코 합당한 일이 아닙니다. 이것은 어두움이 빛을 심판하려고 한 짓이며, 질그릇이 철장을 대항하려고 전쟁을 일으킨 행동이며 발뒤축으로 송곳을 차보려는 무모한 행동입니다. 안나스는 개인적으로 예수님을 모욕하고 심문하는 것을 무한한 영광으로 생각했을 것입니다. 그러나 이것은 너무나 모순인 동시에 예수님께 무한한 모욕을 드리는 불법행위였습니다.

안나스 앞에서 조롱과 멸시를 받으심(19~21)

안나스가 예수님의 제자들에 대하여 질문하였습니다. 곧 제자들의 수에 대하여 질문했습니다. 제자들의 수효를 몰라서 물은 것이 아닙니다. 지금 제자들은 다 도망가고 예수님 혼자 남으셨습니다. 안나스는 예수님의 가장 아픈 점을 찌르기 위해 이렇게 묻고 있는 것입니다. 그 동안 제자들을 길렀고 오천 명이 당신을 따른다고 떠들썩했는데 그들은 다 어디가고 지금 혼자 체포되어 이 자리에 왔느냐고 빈정대고 싶었습니다.

예수님은 안나스의 질문에 대답하지 않았습니다. 모든 것을 다 알고 하는 질문이니까 대답할 필요가 없습니다. 그러면 왜 이런 질문을 했습니까? 그것은 죄목을 만들기 위함이었습니다. 예수님을 십자가에 못 박기로 결정하고 체포했지만 마땅한 죄목이 없기에 예수님의 대답에서 죄목을 찾으려고 했던 간악한 안나스의 질문이었습니다. 예수님은 안나스의 의도적인 질문에 대답하지 않으셨습니다.

예루살렘 성전 숙청 후에 대제사장과 제사장들이 예수님께 몰려와서 당신이 무슨 권세로 이런 일을 하느냐고 물었습니다. 이때 예수님은 그들에게 다른 질문을 던지셨습니다. "세례 요한의 세례가 하늘로서냐 사람으로부터 왔느냐?"고 물으셨습니다. 무리들이 모르겠다고 답하자, 예수님도 내가 무슨 권세로 이 일을 하는지 너희에게 이르지 아니하리라고 대답하셨습니다. 예수님은 말씀하십니다.

"거룩한 것을 개에게 주지 말며 너희 진주를 돼지 앞에 던지지 말라."(마 7:6)

예수님은 완악한 인간, 깨닫지 못하는 사악한 인간을 개와 돼지에게 비유하였습니다. 지금 안나스에게는 예수님의 어떤 대답에도 상관없이 죽이기로 이미 결정하고 묻는 것이니 예수님은 그에게 대답을 하지 않으셨습니다.

다음으로 안나스는 예수님의 교훈에 대해서 질문을 했습니다. 이때 예수님은 자기가 가르친 진리에 대하여는 담대하게 서슴없이 대답을 하셨습니다.

"내가 드러내 놓고 세상에 말하였노라 모든 유대인들이 모이는 회당과 성전에서 항상 가르쳤고 은밀하게는 아무 것도 말하지 아니하였거늘, 어찌하여 내게 묻느냐 내가 무슨 말을 하였는지 들은 자들에게 물어 보라 그들이 내가 하던 말을 아느니라."

예수님의 가르침은 공개적이었고 개방적이었습니다. 유대인들이 많이 모이는 회당과 성전에서 가르치셨습니다. "나는 드러내 놓고 세상에 말하였다."라고 한 말씀은 예수님을 체포한 유대인 교권자들의 불법과 비도덕적인 면을 찌르는 말씀이었습니다. 당시 재판법은 반드시 증인이 필요하였고 더구나 피의자를 변호하는 증인이 우선적으로 초청되어야 했습니다. 예수님의 교훈은 보편성을 띤 정도(正道)였으므로 그것을 드러내 놓고 세상에 말하셨습니다. 안나스나 당시 종교지도자들은 음모를 꾸몄고 비밀 가운데 의논을 했으나 예수님은 공개적으로 진리를 가르치고 진리에 따라 살아야 한다고 외치셨습니다.

안나스 앞에서 폭행을 당하심

예수님은 안나스 앞에서 '내가 드러내놓고 회당과 성전에서 가르쳤는데, 그리고 비밀히 가르친 것은 전혀 없는데, 네가 어찌하여 내게 묻는가?' 라고 하셨습니다. 이때 아랫사람(성전경비병) 중 하나가 일어나 손으로 예수님을 쳤습니다. "네가 대제사장에게 이 같이 대답하느냐?"고 하면서 예수님을 쳤습니다. 이 아랫사람(성전경비병)은 법적으로 대제사장도 아닌 안나스에게 아부한 비참한 졸부요, 하나님의 아들이신 예수님을 손으로 때린 불행한 인간이었습니다. 예수님은 죄인의 손에 맞으시고 수모와 모욕을 당하셨습니다. 참 대제사장이 바로 예수님이신데 아랫사람(성전경비병)은 예수님을 때리므로 안나스를 대제사장으로 영화롭게 하였습니다.

예수님이 아랫사람(성전경비병)의 손에 맞으신 후 말씀하셨습니다.

"내가 말을 잘못하였으면 그 잘못한 것을 증언하라 바른 말을 하였으면 네가 어찌하여 나를 치느냐?" 참 대제사장이신 예수님을 때렸으므로 진리의 신인 예수님이 크게 격노하셨습니다. 그러면 예수님께서 이전에 말씀하셨던, "누구든지 네 오른편 뺨을 치거든 왼편도 돌려 대며, 또 너를 고발하여 속옷을 가지고자 하는 자에게 겉옷까지도 가지게 하며."(마 5:39~40)라고 하셨던 예수님의 가르침은 어떻게 되느냐고 물을 사람이 있을까요?

예수님의 이 교훈은 공의를 변증하지 말라는 것이 아닙니다. 무지한 자들 앞에서 진리와 공의를 증거 하지 말라는 뜻이 아닙니다. 우리가 박해와 핍박을 받더라도 공의를 증거 해야 한다는 의미입니다. 핍박자에게 원수를 갚지 말라는 뜻입니다. 복음을 전하다가 당할 희생을 각오하라는 뜻입니다. 예수님은 안나스 앞에서 공의를 증거 한 것뿐입니다. 그러나 예수님을 때린 아랫사람(성전경비병)은 진리나 공의보다 대제사장의 지위를 옹호하느라고 예수님을 때린 무지스러운 행동을 했습니다.

안나스는 예수님을 결박한 그대로 그 해 대제사장인 가야바에게 보냈습니다. 가야바에 대한 기록은 요한복음 11:47~50에 나옵니다. 가야바는 "한 사람이 백성을 위하여 죽어서 온 민족이 망하지 않게 되는 것이 유익하다,"라고 정치적인 발언을 한 자입니다. 여기서 '한 사람' 은 예수 그리스도를 가리킵니다. 예수님이 가는 곳마다 표적을 행하시고 유대군중이 따랐습니다. 그런 예수님을 보고 제사장들은 혁명이 일어날까 염려 했습니다. 그러면 유대민족은 로마정부의 감독과 박해를 받을 것이라고 했습니다. 그렇다면 예수 한 사람을 없애야 좋으리라고 결정했습니다.

가야바는 정치적 해결을 꾀했던 자입니다. 공리주의를 생각한 자입니다. 예수님 한 사람을 희생시키고 유대나라와 민족을 살리자는 공리주의를 주장한 자입니다. 대제사장으로서는 해서는 안 될 말을 한 자입니다. 왜냐하면 신앙세계에는 공리주의가 통하지 않기 때문입니다. 만 사람의 죄인보다 한 사람의 의인이 더 중요한 것이 신앙세계입니다. 하나님은 소돔과 고모라에 의인 열 명을 찾고 계신 것을 알아야 합니다. 가야바는 죄 없는 한 사람이 희생되는 것이 하나님 앞에서 무서운 죄가 된다는 것을 모르고 있었습니다. 가야바는 가장 불신앙적인 인간 철학을 말한 자입니다.

한 사람이 희생될 때 먼저 생각해야 할 것은 그 사람이 의인이냐 죄인이냐 하는 것을 우선 다루어야 합니다. 어떤 문제이든지 먼저 하나님의 뜻이 어디 있느냐를 생각해야 합니다. 그 문제에 하나님의 뜻이 있다면 어떤 희생을 지불해서라도 그 하나님의 뜻을 이루어야 합니다. 그러나 하나님의 뜻이 아닌 불의의 일이라면 설사 많은 사람을 살리는 일이라도 그것을 처리할 수 없는 것입니다.

가야바와 안나스는 예수님을 죽여야 한다는 목표를 관철시키려고 한 악인들입니다. 불의한 권세를 유지하기 위해 의인을 죽여야 한다는 것입니다. 역사적으로 볼 때, 죄인이 의인처럼 살기 위해 의인을 죄인처럼 죽이는 일이 언제나 있었습니다.

나 자신이 왕이 되면 예수님을 십자가에 못 박아야 합니다. 나 자신이 죄인인데 죄인임을 고백하지 않고 회개하지 않을 때, 의인 예수님을 십자가에 못 박아야 합니다. 안나스 앞에서 예수님은 모욕과 수모를 당하시고 견디기 어려운 고난과 핍박을 당하셨습니다. 아랫사람(성전경비병)의 손에 맞으셨고 가야바 앞에서 심문을 당했습니다.

우리는 고난의 주님을 바라보면서 핍박을 당하더라도 진리와 의를 증거해야 합니다. 우리는 안나스의 길을 답습하지 말아야 합니다. 우리는 가야바의 길을 답습하지 말아야 합니다. 우리는 예수님을 손으로 친 아랫사람(성전경비병)과 같이 되지 말아야 합니다.

시험에 빠진 이유

(요 18:15~18, 25~27)

요한복음 18:15~18 "시몬 베드로와 또 다른 제자 한 사람이 예수를 따르니 이 제자는 대제사장과 아는 사람이라 예수와 함께 대제사장의 집 뜰에 들어가고, 베드로는 문 밖에 서 있는지라 대제사장을 아는 그 다른 제자가 나가서 문 지키는 여자에게 말하여 베드로를 데리고 들어오니, 문 지키는 여종이 베드로에게 말하되 너도 이 사람의 제자 중 하나가 아니냐 하니 그가 말하되 나는 아니라 하고, 그 때가 추운 고로 종과 아랫사람들이 불을 피우고 서서 쬐니 베드로도 함께 서서 쬐더라."

요한복음 18:25~27 "시몬 베드로가 서서 불을 쬐더니 사람들이 묻되 너도 그 제자 중 하나가 아니냐 베드로가 부인하여 이르되 나는 아니라 하니, 대제사장의 종 하나는 베드로에게 귀를 잘린 사람의 친척이라 이르되 네가 그 사람과 함께 동산에 있는 것을 내가 보지 아니하였느냐. 이에 베드로가 또 부인하니 곧 닭이 울더라."

베드로는 닭이 울기 전에 예수님을 세 번 부인했습니다.
자기 과신과 기도 부족 때문에 믿음에 실패했습니다.
예수님을 멀리서 따르기에, 올바른 자리에 있지 않았기에
믿음에 실패했습니다.
악한 자들과 함께 하지 말아야 합니다.
오직 주님만을 따르고 기도하고 주님만을 믿어야 합니다.

아무리 신앙이 좋은 사람이라도 시험에 들면 비겁한 자가 되고 죄를 범하면 추한 자가 되고 맙니다. 베드로는 예수님의 수제자라고 불렸지만 일순간에 시험에 빠져 예수님의 배신자가 되고 만 모습을 오늘 성경 본문에서 역력하게 찾아볼 수 있습니다.

예수님이 안나스의 심문을 받은 후 곧바로 가야바 대제사장 앞으로 끌려가셨을 때였습니다. 예수님의 최후를 살펴보려고 베드로와 다른 제자 하나가 가야바 법정까지 따라갔습니다. 여기 다른 제자란 사도 요한을 가리키며 사도 요한은 대제사장과 아는 사람이었습니다. 어떻게 사도 요한이 대제사장을 알고 있었냐에 대해서는 여러 가지 견해가 있습니다.

사도 요한의 어머니 살로메는 성모 마리아와 자매간이고 그들은 제사장 계통인 엘리사벳의 친족이었으므로 사도 요한이 대제사장과 아는 사람일 수 있습니다. 사도 요한의 아버지 세베대는 갈릴리에서 큰 어업을 하고 있었는데 고용인들을 사용할 만큼 큰 여유가 있었습니다. 사도 요한 당시에는 냉동시설이 발달되지 않아서 신선한 생선을 먼 곳으로 이동하여 팔기는 매우 어려웠습니다. 소금에 절인 생선을 여러 곳으로 운반하여 팔았는데 요한의 아버지가 이 절인 생선을 대제사장 가정에 공급했을 것입니다. 요한이 생선공급 심부름을 하다가 자연히 요한은 대제사장 가야바를 알게 되었다는 것입니다.(H. V. Morton)

예수님이 가야바에게 심문을 받을 때 요한은 먼저 가야바 법정으로 들어갔으나, 베드로는 문 밖에 서있었습니다. 요한은 문지키는 여자에게 부탁하여 베드로도 안으로 들어오게 한 것입니다. 베드로가 이 법정 안으로 들어왔을 때에 문지키는 여종이 베드로에게 말하기를 '너도 이 사람 예수의 제자 중의 하나가 아니냐?'고 질문을 했습니다. 베드로는 '나는 아니다,'고 부정하면서 아랫사람(성전경비병)들과 함께 불을 쬐고 있었습니다. 공관복음에는 베드로가 예수님을 저주하면서 모른다고 세 번 부인했던 사실을 밝히고 있습니다. 겟세마네 동산에서 칼을 빼서 말고의 귀를 잘라내면서 예수님을 보호하고 예수님께 충성하던 베드로가 변신하여 예수님을 모른다고 하였으니 이 얼마나 섭섭한 이야기입니까?

왜 베드로가 시험에 빠졌습니까? 그가 시험에 빠진 단계를 살펴보면서 우리 자신도 이러한 시험을 받아 예수님을 부인하지 않는가를 따져보면서 우리의 자화상을 검토해 보아야 하겠습니다.

자신을 과신했기 때문

예수님은 베드로가 배반할 것을 미리 예언하셨고, 그것에 대해 미리 이렇게 말씀하셨습니다. "보라 너희가 다 각각 제 곳으로 흩어지고 나를 혼자 둘 때가 오나니."(요 16:32)

"너희가 다 나를 버리리라 이는 기록된 바 내가 목자를 치리니 양들이 흩어지리라 하였음이니라. 그러나 내가 살아난 후에 너희보다 먼저 갈릴리로 가리라. 베드로가 여짜오되 다 버릴지라도 나는 그리하지 않겠나이다. 예수께서 이르시되 내가 진실로 네게 이르노니 오늘 이 밤 닭이 두 번 울기 전에 네가 세 번 나를 부인하리라. 베드로가 힘 있게 말하되 내가 주와 함께 죽을지언정 주를 부인하지 않겠나이다 하고 모든 제자도 이와 같이 말하니라."(막 14:27~31)

예수님께서 베드로에게 말씀하십니다.

"내가 진실로 네게 이르노니 오늘 밤 닭 울기 전에 네가 세 번 나를 부인하리라."(마 26:34)

베드로가 맹세하여 대답합니다.

"내가 주와 함께 죽을지언정 주를 부인하지 않겠나이다."(마 26:35)

베드로는 예수님 앞에서 자기를 강조했습니다. 그는 자기를 다른 제자들보다 신앙이 우월하고 모범되며 더 강하다고 자부했습니다. "모두 주를 버릴지라도 나는 결코 버리지 않겠나이다, 내가 주와 함께 죽을지언정 주를 부인하지 않겠습니다,"라고 자신만만하게 대답했습니다. 시험은 여기서부터 시작된 것입니다. 자기를 특별한 사람으로 취급한 그 점이 오늘에 와서 넘어지는 결과가 된 것입니다.

남이 실수하는 것을 보면 나도 그렇게 실수를 범할 수 있다고 생각하는 것이 정상적이요, 좋은 판단입니다. 남이 죽는 것을 보고 나도 죽을 것이라고 생각하는 것입니다. 나만은 특별하다, 나만은 다 옳게 행동하고, 나만은 다 선하다고 생각하는 것은 벌써 마귀에게 시험하라고 신호를 주는 것입니다. 스스로 섰다고 하는 자는 넘어질까 조심해야 합니다. 잠언에서 말합니다. "자기의 마음을 믿는 자는 미련한 자요."(잠 28:26)

누가복음 22:61을 보면 더욱 가슴 아픈 구절이 나옵니다.

"주께서 돌이켜 베드로를 보시니 베드로가 주의 말씀 곧 오늘 닭 울기 전에 네가 세 번 나를 부인하리라 하심이 생각나서."

베드로가 예수님을 세 번 부인하는 말소리가 저쪽에 계신 예수님께 들렸던 것 같습니다. 그때 예수님이 뒤를 돌아 베드로를 보셨습니다. 예수님의 시선과 베드로의 시선이 마주쳤습니다. 베드로의 마음은 마냥 녹아내렸습니다. 그 시간에 예수님은 가야바로부터 갖은 모욕과 힐난과 비판을 받고 계셨습니다. 예수님이 직면하고 있는 어려움도 감당하기 어려운데 뒤에서 예수님의 수제자가 외면하는 소리가 들렸습니다. 예수님의 심정이 어떠했겠습니까? '저가 큰 실수를 하는구나,' 라고 생각하시며 예수님은 베드로에게 관심을 가지시고 돌아보신 것입니다.

D. L. 무디는 베드로의 시선이 예수님의 시선과 마주쳤을 때, 예수님의 눈은 이렇게 말했으리라고 상상했습니다. "베드로야, 네가 나를 모른다니 그게

사실이냐? 내가 너를 갈릴리 바다에서 불러내서 내 제자로 삼고 네게 베드로란 이름까지 주지 않았느냐? 바로 몇 시간 전에 네가 나를 부인할 것이라고 내가 경고까지 주지 않았느냐?"

우리도 무디의 이런 추리에 동감할 수 있습니다. 분명히 베드로의 시선이 예수님과 마주쳤을 때, 그는 큰 충격을 받았을 것입니다. 여기에서 베드로는 진짜 베드로가 된 것입니다. 예수님은 제자를 염려하셔서 뒤를 돌아보셨습니다. 우리도 때때로 시험에 빠져 예수님을 부인할 때가 있습니다. 말로 예수님을 부인하고 행실로 예수님 없이 살아갈 때가 있습니다. 그때마다 예수님은 우리를 돌아보시고 "네가 나를 모른다니, 그게 사실이냐?"고 물으십니다. 주님은 항상 내 언어, 내 행실을 지켜보시고 계신다는 사실을 명심해야만 합니다.

기도에 실패했기 때문

주님은 기도에 실패하지 않으셨습니다. 생각해보면 하나님이신 예수님께서 무슨 기도가 필요하실까 생각됩니다. 정작 기도가 필요한 사람은 베드로와 제자들이었습니다. 그러나 겟세마네 동산에서 베드로는 어려운 시간을 앞두고 기도에 실패했습니다. 겟세마네 동산에 11제자를 데리고 가서, 특별히 세 제자를 데리고 기도하러 가셨습니다. 베드로, 안드레, 요한을 데리고 가셔서 "시험에 들지 않게 깨어 기도하라,"고 하셨습니다. 그러나 그들은 결정적인 순간에 잠을 자고 있었습니다.

어려운 시험이 와도 기도하는 성도들에게는 하나님의 보호가 있으며 안전이 약속되어 있습니다. 기도는 하나님의 능력을 공급 받는 통로이며 하나님의 은혜를 충만히 받을 수 있는 통로입니다. 기도는 우리로 하여금 마귀와 싸위 승리하게 하며, 나 자신과 싸워 절제의 열매를 맺게 합니다. 하나님은 하나님 뜻대로 기도하는 자에게 궁극적인 승리를 안겨 주십니다.

기도해야 사무엘처럼 경건한 지도자가 되며, 기도해야 다니엘처럼 담대한 신앙인이 될 수 있습니다. 기도해야 사드락, 메삭, 아벳느고처럼 풀무불을 밟고 다닐 수 있으며, 시험의 불을 이길 수 있습니다. 기도해야 하나님의 일을 할 수 있고, 기도해야 바울처럼 세계를 복음화 하는 선교의 사역을 감당할 수 있습니다. 기도해야 이사야와 사도 요한처럼 하나님의 신비한 세계를 체험하고 확신할 수 있습니다.

기도하는 자에게 하나님은 비상한 능력과 은혜를 주십니다. 성령 충만을 주십니다. 하나님의 선하시고 기뻐하시고 온전하신 뜻이 무엇인지 분별할 수 있는 판단력을 주십니다. 기도하는 사람을 하나님이 지극히 사랑하시며, 기도하는 사람과 하나님은 동행하십니다. 기도하는 사람을 하나님은 높이 들어 사용하십니다. 오늘날 신자들이 왜 신앙생활에 실패하고, 왜 하나님의 책벌을 받습니까? 그것은 기도를 하지 않기 때문입니다. 오늘날 왜 신자들이 자폭행위 자학행위를 서슴없이 합니까? 그것은 기도하지 않기 때문입니다.

예수님을 멀리에서 따랐기 때문(눅 22:54, 26:58)

예수님이 체포되어 구속되어 갔을 때, 베드로는 두려워 떨면서 멀찍이 예수님을 따랐습니다. 사도 요한은 가야바 법정 뜰에 들어갔으나 베드로는 법정 문밖에 서있었습니다. 그래서 요한은 문지키는 여자 종에게 부탁하여 베드로를 안으로 들어올 수 있게 하였습니다.

"베드로가 멀찍이 예수를 따라 대제사장의 집 뜰에까지 가서 그 결말을 보려고 안에 들어가 하인들과 함께 앉아 있더라." (마 26:58)

베드로는 이스라엘 나라의 왕으로 오셨다고 생각한 예수님이 체포되어 갔으니 석연치 않아서 어떻게 되나 보려는 생각이 많았던 것 같습니다. 베드로는 예수님을 가까이 따르지 못하고 멀리서 따라갔습니다.　마태에 의하면 베드로는 예수님의 최후가 어떻게 되나 '결말'을 보려고 법정에 나갔다고 했습니다. 결과를 보려는 것은 합당치 않은 신앙입니다. 살든지 죽든지 주님과 함께 운명을 같이 하겠다는 그런 신앙의 자리에 들어가야 합니다. 결과를 보겠다는 것은 자기중심주의의 신앙생활이요, 자기 이익만을 생각하는 이기주의 신앙이기 때문에 나중에는 비참한 처지에 이르고 맙니다.

베드로는 가야바 법정 밖에 서서 예수님이 어떻게 재판을 받는가 기다리고 있었습니다. 베드로는 문밖에 서서 결과에 따라 결정하겠다는 시험에 빠지고 주님을 부인하는 비겁자가 되고 말았습니다. 주님께 완전한 헌신을 하려고 결단하는 사람은 시험에 빠지지 않지만, 미온적이요 불투명한 신앙을 가질 때는 나 자신도 모르게 시험에 빠지고 맙니다. 주님을 믿으려면 주님을 가까이 따라가야 합니다. 꾸준히 변함없이 전력을 다해서 주님을 따라가야 합니다. 이왕 믿을 바에야 우등생 신자가 되어야지 열등생으로 전락해서 되겠습니까? 예배 출석, 성경 읽기, 교회 봉사, 전도 생활에 있어서 주님을 가까이 따라야 합니다.

"하나님께 가까이 함이 내게 복이라."(시 73:28)

하인들과 함께 있었기 때문

현명한 사람은 설 자리와 앉을 자리를 분간합니다. 베드로는 가야바 법정 뜰에 들어와 예수님의 모습을 지켜본 것이 아니라, 아랫사람(성전경비병)들과 같이 불을 쬐고 있었습니다. 예수님과 가장 가까이 있어야 할 그가 예수님과 떨어져서 아랫사람(성전경비병)들과 함께 서 있었습니다. 이때 대제사장의 종이 베드로를 보고 "너도 예수의 제자 중 하나가 아니냐?"고 물었습니다. 이 종은 베드로의 칼에 귀를 잘린 말고의 친척이었습니다. 그러기 때문에 겟세마네 동산에서 칼을 휘두른 베드로의 모습을 똑똑하게 기억하고 있었습니다. 이 종이 '네가 동산에 있던 것을 내가 분명히 기억한다,' 라고 말했습니다. 이때 베드로는 나는 아니라고 대답했습니다. 예수님의 제자가 아니라는 것입니다.

베드로는 설 수 없는 자리에 위치해 있었으므로 예수님을 부인하게 되었습니다.

"복 있는 사람은 악인들의 꾀를 따르지 아니하며 죄인들의 길에 서지 아니하며 오만한 자들의 자리에 앉지 아니하고." (시 1:1)

베드로는 죄인의 길에 서 있었습니다. 거기서 아랫사람(성전경비병)들과 함께 불을 쬐고 있었습니다. 그 자리는 시험에 들 수밖에 없는 자리요, 그 자리는 예수님을 비평하고 비난하는 죄인의 자리인데도 베드로는 아랫사람(성전경비병)들과 함께 있었습니다.

스펄전 목사는 말했습니다.

"베드로는 위험한 자리에 서 있었다. 주님은 고난과 비난과 조롱과 희롱을 당하며, 구타를 당하고 있는데, 베드로는 숯불 가에서 자신의 안락만을 위해 서 있었다. 대제사장의 종들은 불가에서 자신의 몸을 녹이고 있었다. 베드로도 그들과 함께 자기 몸을 따스하게만 하고 있었다. 베드로는 악한 무리와 함께 서 있었다. 참으로 베드로는 악한 무리와 함께 할 수 없는 사람이 아닌가?"

베드로는 불의한 군중을 향해 진리를 증거 하지 못했습니다. 주님이 고난을 당하는 현장을 보면서 악한 아랫사람(성전경비병)들과 함께 불을 쬐고만 있는 베드로는 한심한 존재라고 할 수밖에 없습니다. 숯불은 베드로의 육신의 몸은 녹였지만 마음에 뜨거운 신앙의 열정을 일으킬 수는 없었습니다. 신앙이 내려갈 대로 내려간 베드로의 심령은 차디찬 얼음과 같이 변하고 말았습니다. 예수님은 시몬 베드로에게 경고하고 예언하셨습니다.

"시몬아, 시몬아, 보라 사탄이 너희를 밀 까부르듯 하려고 요구하였으나, 그러나 내가 너를 위하여 네 믿음이 떨어지지 않기를 기도하였노니 너는 돌이킨 후에 네 형제를 굳게 하라." (눅 22:31~32)

베드로는 불의한 장소, 택하지 아니해야 할 그 자리에 서있었기 때문에 시험의 바람에 겨와 같이 날려가고 말았습니다.

"악인들은 그렇지 아니함이여 오직 바람에 나는 겨와 같도다." (시 1:4)

베드로는 바람에 나는 겨와 같이 되고 말았습니다. 시편의 이 말씀이 베드로를 위해 주신 말씀일 것입니다. 베드로뿐만 아니라 악한 자리에 설 가능성이 있는 우리에게 주신 말씀입니다. "악인은 바람에 나는 겨와도 같다."

베드로는 불의한 아랫사람(성전경비병)들과 섞여 있었습니다. 그들과 섞여서 무슨 소득이 있었습니까? 베드로가 그들과 섞여있는 동안 예수님과는 점점 더 멀어졌습니다. 복 있는 사람, 진정한 신자는 악인의 꾀를 좇지 아니하고, 죄인의 길에 서지 아니하며, 오만한 자리에 앉지도 말아야 합니다. 만일 이 말씀을 거역하면 마귀의 시험에 빠져, 바람에 나는 겨와 같이 날려가고 말 것입니다. 베드로는 예수님의 시선과 마주쳤을 때 주님 말씀이 생각나서 밖에 나가 심히 통곡하며 회개 했습니다.

시험에 들지 않도록 주의하고 깨어있어야 합니다. 자기 자신을 과신하지 말아야 합니다. 주님을 가까이 따라야 합니다. 깨어서 기도해야 합니다. 악한 자들과 함께 하지 말아야 합니다. 설 자리 앉을 자리를 구별해야만 합니다.

제41장

빌라도 앞에 서신 예수님

(요 18:28~38)

요한복음 18:28~38 "그들이 예수를 가야바에게서 관정으로 끌고 가니 새벽이라 그들은 더 럽힘을 받지 아니하고 유월절 잔치를 먹고자 하여 관정에 들어가지 아니하더라. 그러므로 빌 라도가 밖으로 나가서 그들에게 말하되 너희가 무슨 일로 이 사람을 고발하느냐. 대답하여 이르되 이 사람이 행악자가 아니었더라면 우리가 당신에게 넘기지 아니하였겠나이다. 빌라도 가 이르되 너희가 그를 데려다가 너희 법대로 재판하라 유대인들이 이르되 우리에게는 사람 을 죽이는 권한이 없나이다 하니, 이는 예수께서 자기가 어떠한 죽음으로 죽을 것을 가리켜 하신 말씀을 응하게 하려 함이러라. 이에 빌라도가 다시 관정에 들어가 예수를 불러 이르되 네가 유대인의 왕이냐. 예수께서 대답하시되 이는 네가 스스로 하는 말이냐 다른 사람들이 나에 대하여 네게 한 말이냐. 빌라도가 대답하되 내가 유대인이냐 네 나라 사람과 대제사장 들이 너를 내게 넘겼으니 네가 무엇을 하였느냐. 예수께서 대답하시되 내 나라는 이 세상에 속한 것이 아니니라 만일 내 나라가 이 세상에 속한 것이었더라면 내 종들이 싸워 나로 유대 인들에게 넘겨지지 않게 하였으리라 이제 내 나라는 여기에 속한 것이 아니니라. 빌라도가 이르되 그러면 네가 왕이 아니냐 예수께서 대답하시되 네 말과 같이 내가 왕이니라 내가 이 를 위하여 태어났으며 이를 위하여 세상에 왔나니 곧 진리에 대하여 증언하려 함이로라 무릇 진리에 속한 자는 내 음성을 듣느니라 하신대. 빌라도가 이르되 진리가 무엇이냐 하더라 이 말을 하고 다시 유대인들에게 나가서 이르되 나는 그에게서 아무 죄도 찾지 못하였노라."

 하나님 나라는 영적 국가입니다.

예수님의 다스림은 전 세계적이요, 전 우주적이요,

전 역사적으로 시간과 공간의 제약을 받지 않습니다.

하나님의 왕국은 하나님의 섭리로 다스리는 왕국입니다.

예수님이 빌라도 앞에 서신 것이 아니라

사실은 빌라도가 예수님 앞에 선 자입니다.

예수님은 겟세마네 동산에서 체포되어 제일 먼저 안나스에게로 끌려가 셨습니다. 다음에 가야바 대제사장에게로 가서 심문을 받았으며, 헤롯에게로 갔다가 최종적으로 빌라도에게 가셨습니다. 새벽에 예수님은 여러 곳을 끌려 다니시면서 재판을 받게 되었는데 이 재판에는 몇 가지 모순이 있습니다.

첫째는 새벽에 재판을 한 것입니다. 이스라엘 나라 법에는 새벽에 재판을 하지 못하도록 명시되어 있습니다. 왜냐하면 밤에는 감정이 흔들리기 쉬우므로 재판은 반드시 낮에 하기로 되어 있었습니다. 그런데 예수님에 대한 재판을 낮에 했다가는 예수님의 추종자들 때문에 폭동이 일어날까 염려되어 새벽에 일사천리로 진행한 것입니다.

둘째로 무죄하신 예수님을 죽이려고 하면서 자기들의 몸은 더럽히지 않겠다고 빌라도 관정에 들어가지 않는 모순을 범했습니다.

"그들이 예수를 가야바에게서 관정으로 끌고 가니 새벽이라 그들은 더럽힘을 받지 아니하고 유월절 잔치를 먹고자 하여 관정에 들어가지 아니하더라."(요 18:28)

빌라도 관정이란 빌라도가 거주하는 궁전을 가리킵니다. 유대인들은 이방인의 집에 들어감으로 인해 더럽혀진다고 생각했습니다. 그리고 유월절에는 누룩 없는 떡을 먹어야 정결해 지는데 이방인의 집에 들어가면 누룩이 있습니다. 이것을 그들은 부정하게 여겼습니다. 유대인들은 로마 정권에 아부하여 그 권세를 통해 예수님을 죽이려는 목적을 달성하려고 했습니다. 그러나 이방인의 관정에는 들어가려고 하지 않았습니다. 그들은 유월절 날 무죄한 예수님을 죽이는 것은 아무렇지도 않게 생각하면서 로마 법정에 들어가는 것은 조심하여 거룩한 척하는 모순을 범하고 있었습니다.

셋째로 예수님을 십자가에 처형하는 것은 유대법에 의하면 큰 모순입니다. 예수님이 하나님을 모욕하고 훼방했다면 유대인의 법으로는 군중들이 모여서 돌로 쳐 죽여야 했습니다. (레 24:16) 이스라엘의 법으로는 십자가에 못 박는 법이 없었습니다. 십자가 사형법은 로마나 고대 페르시아에서 사용한 법이었습니다. 유대인들이 예수님을 죽이는 데 유대인의 법을 사용하지 않고 로마법을 이용했습니다. 율법에도 없는 십자가형으로 하나님을 훼방했다는 죄목으로 예수님을 처형했으니 그들은 율법을 어긴 자들입니다.

유대인들은 예수님을 빌라도에게 재판해 달라고 소송했습니다. 그들은 이렇게 말했습니다.

"이 사람이 행악자가 아니었더라면 우리가 당신에게 넘기지 아니하였겠나이다."(요 18:30)

유대인들은 예수님을 행악자라는 단정 하에 빌라도에게 넘겼습니다. 그러나 행악이라는 개념에 대하여 유대인과 로마법과의 견해는 다릅니다. 유대인에게는 하나님을 모독하는 것이 사형에 해당됩니다.(막 14:64, 레 24:16) 그러나 로마법에는 이런 것은 문제가 되지 않는 죄목입니다. 로마인들에게는 가이사를 반역하여 내란을 일으키면 사형에 해당합니다. 좌우간 유대인에게는 주님을 죽일 권리가 없었습니다. 로마법에 의하면 주님은 죽어야 할 죄목이 성립되지 않았습니다. 주님을 합법적으로 사형할 수가 없었습니다.

빌라도는 예수님에게서 사형에 해당하는 죄를 찾지 못하였으므로 책임회피를 했습니다. 유대인들에게는 사람을 죽이는 권한이 없는 약점을 알고 "너희가 그를 데려다가 너희 법대로 재판하라"는 야유 섞인 말을 했습니다. 유대인들은 빌라도에게 로마법에 따라 재판하여 예수님을 죽여 달라고 아첨했습니다.

주후 20년 경 유대지방이 로마의 직할 하에 들어가면서 그들에게는 사형권이 박탈되었습니다. 유대사회의 최고기관인 산헤드린에서는 출교, 매질하는 것 등의 징계처분은 할 수 있었지만, 사형집행의 권리는 없었습니다. 단 요세푸스의 기록을 보면 이방인이 경계를 넘어 성전 안 뜰에 들어올 때만은 죽일 수 있었다고 합니다. 스데반을 돌로 쳐 죽인 것도 불법이었습니다. 그러나 이러한 불법을 총독이 묵과해 주었습니다. 빌라도는 처음부터 끝까지 예수님에 대한 판결책임을 피하려고 했으나 유대교권자들과 군중들의 강요에 못 이겨 필경 사형 언도를 내리고 말았습니다.

로마 사형법에 따라 예수님이 십자가를 지고 죽어야 한다는 이 판결도 우연히 된 것이 아니라 하나님의 섭리로 된 것이요, 예수님의 예언대로 성취된 것입니다. 예수님이 본디오 빌라도에게 고난을 받는 것이 하나님의 뜻이었습니다.

"이방인들에게 넘겨 주어 그를 조롱하며 채찍질하며 십자가에 못 박게 할 것이나 제삼일에 살아나리라(마 20:19)," 라는 예수님의 예언이 성취된 것입니다.

스킬더 박사(Klaas Schilder, 1890~1952)는 예수님의 십자가 죽음에 대해서 이렇게 말합니다. "그리스도께서 빌라도에게 판결 받았기 때문에 로마의 사형방식으로 십자가에 죽으시게 되었다. 그것이 유대만 아니고 온 세계가 앙망할 수 있도록 되어 진 주검이다. 예수님이 유대인의 손에 죽으셨다면, 돌에 맞아 죽으셨을 것이다. 그러나 그것이 하나님의 뜻이 아니었다. 예수님은 유대인의 성전 그늘에서 죽으시지 않고, 랍비의 학교에서 죽으시지 않고, 온 세계의 밝은 해 아래서 죽으시게끔 되었다. 예수님은 세계 만인을 위한 죽음을 죽어야 하신만큼 높이 들려 죽으셔야 했다."

유대인들이 예수님을 재판해 달라고 요청하므로 본문 33절부터 빌라도가 예수님을 재판하는 장면이 나옵니다. 빌라도가 심문한 첫 번째 말이 "네가 유대인의 왕이냐," 는 것이었습니다. 이 같은 질문은 유대인들이 예수님을 고소할 때 그렇게 고소했기 때문입니다.

"고발하여 이르되 우리가 이 사람을 보매 우리 백성을 미혹하고 가이사에게 세금 바치는 것을 금하며 자칭 왕 그리스도라 하더이다." (눅 23:2)

이 고소는 거짓 고소입니다. 예수님은 백성들을 교도하고 선도하셨고, 천국의 양식을 주셨으며, 병자를 치료해 주셨습니다. 가이사에게 세금을 바치라고 하셨습니다. 동전을 보이시며 동전에 새겨진 얼굴이 누구의 얼굴이냐고 하시면서 가이사의 것은 가이사에게 바치고 하나님의 것은 하나님에게 바치라고 하셨습니다. 예수님의 왕에 대한 관념은 세상의 왕이 아니었습니다. 로마의 왕인 가이사의 자리를 빼앗으려는 왕이 아니라 천국의 왕, 만왕의 왕이셨습니다.

빌라도가 "네가 왕이냐,"고 물을 때, 예수님의 대답은 예기치 않게 빌라도를 수세에 몰리게 했습니다.

"이는 네가 스스로 하는 말이냐 다른 사람들이 나에 대하여 네게 한 말이냐."

빌라도가 스스로 한 말이라면 그것은 정치적인 왕을 뜻하는 것이므로 예수님의 대답은 '아니다,' 일 것입니다. 예수님은 로마의 왕 가이사가 아니시기 때문입니다. 빌라도가 '다른 사람들이 말하는 왕' 이라는 의미라면, 곧 유대인이 말하는 왕, 메시야라면 예수님의 대답은 '그렇다,' 일 것입니다.

빌라도는 대답대신에 다시 질문을 합니다.

"내가 유대인이냐 네 나라 사람과 대제사장들이 너를 내게 넘겼으니 네가 무엇을 하였느냐." 빌라도의 이 질문은 유대인 사이에 벌어진 종교적인 문제에 대해서는 흥미가 없다는 뜻입니다. 그리고 이것은 예수님이 물으신 말씀의 진의를 파악도 못한 말입니다. 다만 빌라도는 예수님의 문제를 정치적으로만 생각했고 그렇게 취급했습니다. 유대인과 공회가 너를 나에게 넘겨주니 이 사건을 처리하는 것이라고 하였습니다. 이때 예수님은 빌라도 앞에서 자기의 왕국에 대하여 증거 하셨습니다. 예수님 자신의 왕격(王格)을 증거 하셨습니다.

"내 나라는 이 세상에 속한 것이 아니니라,"고 하나님 나라에 대해 말씀하셨습니다. "이 세상에 속한 나라"가 아닌 하나님의 나라는 무엇입니까?

하나님 나라는 영적 국가라는 뜻

예수님은 영으로 다스리시는 왕이십니다. 영은 인간의 심령을 다스리는 유일한 힘입니다. 영계에서 되는 일을 우리 육안으로 알아보기는 쉽지 않습니다. 그러나 성령을 받고 참된 신자가 된 사람은 예수 그리스도의 영적 다스리심을 알 수 있습니다. 다스림이란 통치자의 주권을 가리킵니다. 예수 그리스도는 영적세계를 다스리시는 왕이십니다. 예수님께서 말씀하십니다.

"만일 내 나라가 이 세상에 속한 것이었더라면 내 종들이 싸워 나로 유대인들에게 넘겨지지 않게 하였으리라."

예수님은 베드로에게 말씀하셨습니다.

"너는 내가 내 아버지께 구하여 지금 열두 군단 더 되는 천사를 보내시게 할 수 없는 줄로 아느냐." (마 26:53)

열두 군단도 더 되는 천군천사가 오면 이 세상 어느 군대도 막을 수 없습니다. 예수님의 왕국의 성격과 예수님의 왕격은 먼저 영적이라는 것을 알아야 합니다.

아브라함 링컨이 암살당한 후, 그의 장례식이 열리던 시간에 뉴욕에는 5만여 명이 모여 술렁거렸습니다. 그들은 낙심했고 마음이 동요돼서 폭동이 일어나기 일보직전이었습니다. 그때 이 무리를 진정시킨 것은 제임스 가필드 장군(General James A. Garfield)이었습니다. 그는 동요하는 군중들을 향해 짧지만 위대한 연설을 했습니다. 그의 연설의 요점은 '링컨은 죽었지만 미합중국은 하나님이 다스린다(God reigns and the Government at Washington still lives!),' 고 하여 하나님의 왕국을 강조했습니다.

심령의 왕국, 영적 왕국은 예수님이 다스리시는 예수님의 왕국이십니다.

하나님의 섭리로 다스리는 왕국

하나님의 섭리는 역사 속에서 사건들로 나타나는 하나님의 간섭행위를 가리킵니다. 하나님의 섭리를 깨닫기는 쉽지 않습니다. 왜냐하면 하나님은 우리의 아버지요, 우리들은 그의 자녀이기 때문입니다. 아이들은 부모의 하는 일이나 깊은 뜻을 알기 어렵습니다. 그저 부모에게 의지하는 것으로 족합니다. 이와 같이 신자들이 하나님의 섭리를 이해하지 못해도 하나님을 의지하는 것으로 만족해야 합니다. 하나님의 섭리를 다 모르는 것이 신앙에 도움이 됩니다.

하나님의 섭리 중에 우리가 알 수 있는 것도 있습니다. 인간이 아주 극도로 악할 때에 하나님이 내리시는 벌로 나타나는 섭리는 우리가 알 수 있습니다. 소돔과 고모라 사건이나 모세에게 저항했던 다단, 온, 아비람 족장과 250인의 고라 사건을 보면 알 수 있습니다. 모세에게 저항했던 사람들은 땅이 입을 벌려서 모두 삼켜 죽었습니다. 이 사건으로 제사장 직분이 하나님이 명하신 것이라는 사실을 깨닫게 합니다. 그러나 하나님 섭리의 대부분은 그 의미를 즉시 다 알기 어렵습니다. 그러면 하나님의 섭리는 언제 알 수 있습니까? 하나님의 섭리의 역사가 지나간 후에 알 수 있게 됩니다.

"예수께서 대답하여 이르시되 내가 하는 것을 네가 지금은 알지 못하나 이후에는 알리라."(요 13:7)

하나님의 왕국은 우주적 왕국을 의미

예수님 나라가 세상에 속하지 아니하였다는 말씀은 세상나라보다 약하다는 말이 아닙니다. 예수님 나라의 관할이 못 미치는 영역이 있다는 말도 아닙니다. 도리어 예수님의 다스림은 전 세계적이요, 전 우주적이요, 전 역사적으로 시간과 공간에 제약을 받지 않습니다. 세상나라는 예수님의 통치 아래 있습니다. 나라의 흥망성쇠가 예수님의 통치 아래에 달려있습니다. 동양에 역사적 진리를 알려주는 책인 춘추전에는 "나라가 일어날 때 신께서 내려오고, 나라가 망할 때에도 신께서 내려오신다,"고 했습니다. 이것은 인류가 많이 지나보았던 경험을 토대로 생긴 상식적인 진리입니다. 국가의 흥망이 하나님의 섭리에 달려있습니다.

"여호와께서 집을 세우지 아니하시면 세우는 자의 수고가 헛되며 여호와께서 성을 지키지 아니하시면 파수꾼의 깨어 있음이 헛되도다."(시 127:1)

이 말씀에서 집을 국가로 바꾸어 생각할 수 있습니다. 로마는 700년 동안 유지되다가 망했습니다. 유사 이래 21개 문명이 결국 죄로 다 망했습니다. 예수님의 나라는 위에 있는 나라, 모든 죄에 대하여 심판하시는 나라입니다.

"빌라도가 이르되 내게 말하지 아니하느냐 내가 너를 놓을 권한도 있고 십자가에 못 박을 권한도 있는 줄 알지 못하느냐. 예수께서 대답하시되 위에서 주지 아니하셨더라면 나를 해할 권한이 없었으리니 그러므로 나를 네게 넘겨 준 자의 죄는 더 크다 하시니라." (요 19:10~11)

약 2000년 전에 공간적으로 예수님은 빌라도 법정에서 빌라도 앞에 서셨습니다. 예수님은 자기의 주권을 주장하셨고, 자기의 왕국을 설명하셨습니다. 예수님의 왕국의 성격은 세상에 속하지 않았습니다. 그 왕국은 영적왕국이고 하나님의 섭리로써 다스리는 나라이며, 우주적 왕국입니다. 그러므로 예수님이 빌라도 앞에 서신 것이 아니라 사실은 빌라도가 예수님 앞에 선 자입니다.

진리가 무엇이냐

(요 18:37~40)

요한복음 18:37~40 "빌라도가 이르되 그러면 네가 왕이 아니냐 예수께서 대답하시되 네 말과 같이 내가 왕이니라 내가 이를 위하여 태어났으며 이를 위하여 세상에 왔나니 곧 진리에 대하여 증언하려 함이로라 무릇 진리에 속한 자는 내 음성을 듣느니라 하신대, 빌라도가 이르되 진리가 무엇이냐 하더라 이 말을 하고 다시 유대인들에게 나가서 이르되 나는 그에게서 아무 죄도 찾지 못하였노라. 유월절이면 내가 너희에게 한 사람을 놓아 주는 전례가 있으니 그러면 너희는 내가 유대인의 왕을 너희에게 놓아 주기를 원하느냐 하니, 그들이 또 소리 질러 이르되 이 사람이 아니라 바라바라 하니 바라바는 강도였더라."

빌라도는 예수님이 말씀하신 진리에 대해 비웃었습니다.

예수님은 자기가 진리라고 하십니다.

진리는 예수 그리스도입니다.

우리는 이 진리를 위해 살아야 합니다.

예수님을 위해 살고 예수님을 위해 죽을 수 있어야 합니다.

빌라도 앞에서 예수님은 자기의 나라가 세상에 속하지 아니했다고 밝히셨습니다. 자기 나라는 영적인 나라요, 하나님의 섭리에 의해서 다스리는 나라이며, 우주적 왕국이라고 증거 하였습니다. 이때 빌라도는 "네가 왕이 아니냐,"고 물었습니다. 예수님은 "네 말과 같이 내가 왕이니라,"고 대답하셨습니다. 그리고 계속하여 이르기를 "내가 이를 위하여 태어났으며 이를 위하여 세상에 왔나니, 곧 진리에 대하여 증언하려 함이라,"고 하시면서 "무릇 진리에 속한 자는 내 음성을 듣느니라,"고 하셨습니다.

빌라도가 한 질문의 본 의미

예수님은 자기의 왕국은 세상에 속한 것이 아니요, 진리에 속한 왕국이라고 했습니다. 그러므로 진리를 아는 자, 곧 진리에 속한 자는 예수님의 음성을 듣는다고 말씀하십니다. 이때 빌라도가 "진리가 무엇이냐,"고 물었습니다.

웨스트코트(Westcott)는 "빌라도가 물은 것은 절대적 진리($\dot{\eta}$ $\dot{\alpha}\lambda\dot{\eta}\theta\epsilon\iota\alpha$)가 아니라 보편적인 진리($\dot{\alpha}\lambda\eta\theta\epsilon\dot{\iota}\alpha\varsigma$)였다,"고 했습니다. 스위스 신학자 고데이(Frédéric Louis Godet, 1812~1900)는 이렇게 말했습니다. "빌라도의 이 물음은 진리에 대한 열망적 탐구의 표시도 아니요, 진리에 대하여 오랜 탐구 후에 오는 실망의 표시도 아니었다. 그의 질문은 세상 사람에게서, 특히 정치가에게서 흔히 볼 수 있는 무성의한 표시에 지나지 않았다."

빌라도의 말은 진리가 무엇인가 하는 진지한 탐구자의 말이 아닙니다. 진리가 다 무엇이냐?고 하는 조소적인 태도로 질문한 것입니다. 빌라도는 정치가로서 소위 로마 철학에 젖어 있는 자입니다. 로마의 철학은 권력의 철학, 강자의 철학으로 강한 자가 진리이고 승자요 의인이라는 것입니다. 우리가 보듯이 정치 세계에는 누가 옳고 그르냐가 아니라 누가 승자이냐에 따라 진리가 결정됩니다. 이것이 바로 정치 철학인데 빌라도의 생각으로는 초라하게 체포되어 온 33살의 갈릴리 청년 예수가 어떻게 보였겠습니까? 여기에 무슨 진리가 있겠냐고 물을 수밖에 없었을 것입니다. 십자가에서 죽게 된 약자의 모습으로 무슨 진리를 논하느냐고 냉소적인 말로 "진리가 무엇이냐,"고 질문했던 것입니다. 빌라도의 물음 속에는 또한 이런 뜻도 내포되어 있습니다. "당신이 진리에 대하여 3년 동안 외쳐왔는데 당신과 함께 죽을 사람이 한 사람도 없느냐? 다 도망가고 혼자 와서 진리를 운운하니 한심하구나,"하는 조롱의 의미도 들어있었습니다. D. L. 무디는 '진리가 무엇이냐?' 고 한 질문은 예수님을 가장 아프게 한 질문이라고 말했습니다.

진리 자체인 예수님으로부터 진리를 배운 제자들, 고침 받은 환자들, 보리떡 다섯 개와 물고기 두 마리로 5천명을 먹이신 이적을 본 무리들, 죽은 지 4일 만에 살아난 나사로 등등, 많은 사람들이 예수님을 떠나버렸고, 예수님 홀로 빌라도 앞에서 심문을 받을 때, 빌라도는 초라한 모습으로 홀로 진리를 이야기하는 예수님을 보면서 보잘 것 없는 존재로 생각했을 것입니다. 그래서 "진리가 다 무엇이냐?"고 냉소적이요, 조소적인 질문을 던진 것입니다.

정말로 진리는 무엇입니까? 이 질문은 만인이 묻고자 하는 물음일 것입니다. 더욱 교회 안에서 이 질문은 아주 중요한 질문이요, 중대한 물음입니다. 철학자 키엘케고르는 "내가 그것을 위해 살고 그것을 위해 죽을 수 있는 진리를 발견하고 싶다,"고 했습니다. 현대인들은 진리를 찾고자 합니다. 예수님은 진리와 진리의 성질에 대해 여러 번 말씀하셨습니다.

진리의 예수 그리스도

예수님은 당신 자신이 진리라고 하셨습니다.

"예수께서 이르시되 내가 곧 길이요 진리요 생명이니."(요 14:6)

여기서 말씀하시는 진리는 곧 유일한 진리(ἡ ἀλήθεια)를 가리키며 절대적 진리를 말합니다. 예수님 당시의 헬라인들도 진리를 찾고자 무한히 노력했습니다. 소크라테스, 플라톤, 아리스토텔레스 등 많은 헬라 철학자들이 진리를 찾으려고 많이 연구했습니다.

플라톤의 예를 들어보겠습니다. 플라톤은 "진리는 한 부분에만 아니고 여러 부분에서 진리여야 한다."고 말했습니다. 의자에는 많은 스타일의 의자가 있습니다. 흔들의자, 책상의자, 서랍식 의자, 식탁 의자 등 많은 종류가 있습니다. 그럼에도 불구하고 의자에 대해 말할 때는 이런 각각의 종류의 의자들이 함께 공유하고 있는 일반적인 의자상, 즉 이상적인 의자상이 분명히 있습니다. 플라톤은 이러한 수준에서 분명히 진리가 되는 것은 다른 모든 부분에서도 진리여야 한다고 말했습니다. 이상적인 의자상은 인간의 생각에서 오는 것입니다. 인간 생각 속에서 우주의 궁극적인 의미를 규정짓는 것입니다. 그러나 마음의 이데아나 사람 자신의 이데아는 어디에서 옵니까? 헬라철학은 인기 있는 신에게서부터 온다고 말하고 있습니다. 플라톤은 "모든 신비를 밝혀주고 모든 것을 명백하게 보여줄 신으로부터 한 말씀이 오게 되었으면 얼마나 좋겠나,"라고 말했습니다. 플라톤 이후에는 이런 진리추구 운동에 대하여 냉소적인 반응을 보였습니다. 스토아철학은 이들을 냉소하면서 "억지로 웃으며 참자,"고 했고, 에피큐로스는 "좋은 느낌을 주는 것을 행하라,"고 진리추구보다는 쾌락을 강조했습니다.

빌라도는 헬라철학에서 이야기하는 진리를 알고 있었습니다. 그는 헬라철학의 진리론이 비실제적이고 무의미하다는 것을 알고 있었습니다. 그래서 예수님이 이야기하는 진리를 듣고 "진리가 무엇이냐,"고 질문한 것입니다.

헤겔은 진리의 문제를 해결하려고 나서면서 '상대주의론'을 주장했습니다. 진리는 절대적인 것이 아니라 언제나 전체 역사의 흐름을 따라서 발전되는 것이라는 주장입니다. 그는 명제와 반명제의 반등으로 나타나는 종합적인 명제에 대해서 밝혔습니다. 진리가 상대적이라는 헤겔의 주장은 진리는 누구를 향해 묻고 있느냐, 진리를 물은 기간이 언제냐에 따라 달라진다는 것입니다. 물론 이 주장은 어느 정도 신빙성이 있습니다. 이 주장에 따르면 지금의 진리가 20년 전에는 진리가 아닐 수 있었고, 20년 후에는 진리가 아닐 수도 있다는 것입니다. 나에게 진리인 것이 다른 사람에게는 진리가 아닐 수 있다는 것입니다. 미국에서는 진리이지만 중국에서는 진리가 아닐 수 있다는 것입니다. 이것이 헤겔이 현대인에게 물려준 유산입니다. 이 유산은 지금은 널리 확산되고 있습니다.

미국 루터교 신학자 마틴 마티(Martin Emil Marty, 1928~)는 복음주의 크리스천에게 이렇게 말했습니다. "누구나 다 그렇게 믿으니 이것을 믿으라. 이처럼 급속하게 성장하고 있으니 그것이 진리임에 틀림이 없다."

현대적인 관점에서 현대인들은 진실이냐 거짓이냐의 문제를 순전히 주관적인 판단에 의해 말하고 있습니다. 어떤 것이 자기들에게 어떤 느낌을 주느냐에 따라서 그것이 진리이냐 아니냐를 결정하는 것입니다. 불쾌함을 줄 때는 진리가 아니고, 쾌감을 줄 때 그것이 진리라고 생각하는 것입니다.

진리는 변하는 것이 아닙니다. 시간, 환경, 세월, 여건에 따라 변하는 것이 아닙니다. 현대인들은 진리를 사람들의 시녀로 삼으려는 잘못을 범합니다. 진리보다 사람을 높이는 것은 큰 죄입니다. 이런 진리는 인간의 편의주의에 따라 좌우되고 변동됩니다. 이런 진리는 진리가 아닙니다. 헤겔이 남긴 유산은 진리가 아닙니다.

진리는 하나님을 위한 것입니다. 인간은 그 어떤 진리 앞에서든지 하나님을 찾아야 하고 하나님을 사랑하고 경외해야 합니다. 하나님은 모든 것의 주님이십니다. 하나님을 종교적 영역에만 국한시키는 것은 하나님의 주권을 무시하는 큰 죄입니다. 하나님은 진리의 왕국을 세우시고 우리를 그 나라의 시민으로 만드셨습니다.

전보통신에 혁신적인 공헌을 한, 모스 전신기를 발명한 사무엘 모스 (Samuel Finley Breese Morse, 1791~1872)는 매일 일하고 있던 책상에 엎드려 있었습니다. 사람들이 그를 보고서 뭐하고 있느냐고 물었습니다. "하나님께 도움을 청하고 있다. 나는 내 연구실에 들어올 때마다, 오, 하나님! 나는 아무 것도 아닙니다. 제게 지혜를 주소서, 총명 있는 지혜를 주소서라고 기도한 다."고 대답했습니다. 그는 진리가 하나님께로부터 오는 것을 알았습니다. 과학적 진리까지도 하나님으로부터 온다는 사실을 알았습니다. 전신기를 발 명한 후에 그가 보낸 첫 메시지는 "나는 하나님이 하신 것에 대하여 감사한 다."는 것이었습니다.

성경이 가르치는 진리는, 상대적이 아니고 절대적이고 유일한 진리라는 것입니다. 절대적 진리란 예수님께서 "내가 곧 진리,"라고 선언하신 것입니 다. 헬라 철학자들은 진리에 대하여 연구한 학자들입니다. 그러나 그들은 진 리 자체를 발견하지 못했습니다.

모 대학의 철학교수가 강의 중에 한 여학생으로부터 '진리가 무엇인가?' 라는 질문을 받았습니다. 그 철학교수는 대답으로 플라톤과 칸트 등이 말한 진리를 소개했습니다. 그러나 그것은 절대적 진리가 아니었습니다. 학생들 은 그 대답을 듣고 반발하면서 말했습니다. "아니 진리 자체를 말해 주십시 오." 그러나 철학교수는 절대로 진리를 말할 수 없었고, 강의는 끝났습니다.

진리는 예수 그리스도입니다. 우리는 이 진리를 위해 살아야 합니다. 예수 님을 위해 살고 예수님을 위해 죽을 수 있어야 합니다.

제43장

아무 죄도 찾지 못하였노라

(요 18:38~40)

요한복음 18:38~40 "빌라도가 이르되 진리가 무엇이냐 하더라 이 말을 하고 다시 유대인들에게 나가서 이르되 나는 그에게서 아무 죄도 찾지 못하였노라. 유월절이면 내가 너희에게 한 사람을 놓아 주는 전례가 있으니 그러면 너희는 내가 유대인의 왕을 너희에게 놓아 주기를 원하느냐 하니, 그들이 또 소리 질러 이르되 이 사람이 아니라 바라바라 하니 바라바는 강도였더라."

빌라도는 예수님에게서 죄를 찾지 못했습니다.
예수님이 무죄하심을
하나님이 증언하셨고, 제자들이 증언했습니다.
예수께서는 우리의 죄를 담당하시고
영생을 주시기 위해 죽으셨습니다.
이것이 복음입니다.

빌라도는 "진리가 무엇이냐,"고 질문을 해놓고 대답을 기다리지도 않고 밖으로 나가서 유대인들에게 "나는 그에게서 아무 죄도 찾지 못하였노라,"고 말했습니다. 빌라도는 세 번이나 예수님에게서 죄를 찾지 못했다는 말을 한 것입니다.

"유대인들에게 나가서 이르되 나는 그에게서 아무 죄도 찾지 못하였노라."(요 18:38)

"빌라도가 다시 밖에 나가 말하되 보라 이 사람을 데리고 너희에게 나오나니 이는 내가 그에게서 아무 죄도 찾지 못한 것을 너희로 알게 하려 함이로라 하더라."(요 19:4)

"대제사장들과 아랫사람들이 예수를 보고 소리 질러 이르되 십자가에 못 박으소서 십자가에 못 박으소서 하는지라 빌라도가 이르되 너희가 친히 데려다가 십자가에 못 박으라 나는 그에게서 죄를 찾지 못하였노라."(요 19:6)

예수님이 무죄하시다고 한 것은 공식적인 로마 재판의 결론입니다. 예수님이 빌라도에게 첫 번 심문을 받은 것은 예수님이 친히 그리스도요, 왕이라고 하였다는 유대인들의고소 때문입니다. 즉 가이사의 원수라는 이유 때문입니다. 빌라도는 유대인들의 그 송사가 정당성이 없다는 것을 알았습니다. 예수님이 말씀하신 나라란 빌라도가 자세히 알아보니까 로마를 대적하는 것이 아니요, 지상의 나라가 아닌 것을 알았습니다. 그래서 빌라도는 군중들에게 "나는 그에게서 아무 죄도 찾지 못했노라,"고 선언했습니다.

예수님의 무죄성을 선언하는 두 번째 경우는 빌라도가 예수님을 헤롯에게 보냈다가 벌을 받지 않은 채 예수님을 다시 돌려받은 후였습니다. 이때 빌라도가 예수님의 무죄성을 선언했습니다.(요 19:4)

마지막으로 예수님의 무죄하심을 선언한 것은 빌라도가 예수님을 매질하도록 내어준 후였는데, 빌라도는 이렇게 매질을 허락하면 과격하고 악의에 찬 군중들을 만족시킬 것이라고 생각했습니다. 빌라도는 예수님을 매질하도

록 내어주면서 "나는 그에게서 죄를 찾지 못했다,"고 다시 선언했습니다.(요 19:6)

이때 유대지도자들은 예수님을 십자가에 못 박으라고 소리를 질렀습니다. 빌라도는 유대인들의 폭동을 감수할 마음은 가지지 아니하고 자신의 입장을 양보하면서 예수님을 십자가에 못 박도록 내 주었습니다. 빌라도는 예수님이 무죄하신 것을 알았고, 또 유대 군중들에게 세 번이나 예수님의 무죄함을 선언했으면서도 예수님을 십자가에 못 박도록 내어준 모순을 범했습니다.

갈보리 언덕으로 십자가를 지고 죽으러 가신 예수 그리스도는 정죄를 받지 않았고 죄가 없다고 선언 받으신 분이십니다. 예수님이 십자가를 지신 것은 세상 죄를 위해 하나님의 어린 양으로서 죽으신 것입니다.

구약에서 이스라엘 백성들이 유월절을 지킬 때에 양을 잡는데, 그 양은 흠이 없어야 했습니다.(출 12:5, 레 22:17~25) 유월절에 사용될 양이 흠이 있나 없나를 확인하기 위해서 그 어린 양을 사흘간 집에 가두어놓고 면밀히 검사했습니다. 그 어린 양이 흠이 하나도 없다는 것이 발견될 때에만 유월절 양으로 잡아서 사용했습니다. 유월절 양을 제물로 바치기 위해서 이스라엘 백성들이 검사한 것과 예수님이 빌라도 앞에서 심문 받은 사건과는 연관이 있습니다.

예수님은 빌라도 앞에서 흠과 티가 없으며 죄가 없음이 드러났습니다. 예수님은 공생애 삼년 동안 이스라엘의 집에 갇혀 있었다고 말할 수 있습니다. 공생애 초기에 세례 요한은 예수님을 가리켜 '세상 죄를 지고 가는 하나님의 어린 양'이라고 했습니다. 예수님은 공생애 동안 이스라엘 사람들 중에 출입하시면서 그들에게 점검을 받으신 것입니다. 그러나 그 어느 누구 한 사람도 예수님에게서 흠과 죄를 발견할 수 없었습니다. 로마 총독 빌라도는 예수님에 관하여 이 땅에서는 마지막으로 공식적으로 선언했습니다. 예수님에게는 죄가 없다고 하는 사실입니다.

"나는 그에게서 아무 죄도 찾지 못하였노라," 고 한 빌라도의 선언은 빌라도만 그렇게 한 것이 아니라, 예수 그리스도를 시험해 본 자들이나 어떤 관계를 맺고 있는 모든 사람들이 고백하는 말입니다.

성부 하나님의 증언

사람들 뿐 아니라 성부 하나님께서는 일찍이 여러 번 예수님의 죄없음을 선언하였습니다. 예수께서 세례 받으실 때에 하나님은 예수님의 무죄를 선언하셨습니다.

"하늘로부터 소리가 있어 말씀하시되 이는 내 사랑하는 아들이요 내 기뻐하는 자라 하시니라." (마 3:17, 막 1:11, 눅 3:22)

또 변화산에서 성부의 말씀이 있었습니다.

"말할 때에 홀연히 빛난 구름이 그들을 덮으며 구름 속에서 소리가 나서 이르시되 이는 내 사랑하는 아들이요 내 기뻐하는 자니 너희는 그의 말을 들으라 하시는지라." (마 17:5, 막 9:7, 눅 9:35)

성부 하나님은 성자 예수 그리스도를 기뻐하는 자요, 흠 없는 분이라고 증거 하셨습니다.

제자들의 증언

제자들이 처음에는 예수님에 대하여 이해하지 못한 부분이 많았습니다. 예수님의 사역의 목적도 모르고 예수님의 죽으심의 필요성도 이해하지 못했으며 부활사건도 잘 파악하지 못했습니다. 그러나 예수님의 인품이나 교훈에 있어서 완전무결한 도덕적 탁월성을 그들은 알고 있었습니다. 이 세상에서 아무도 예수님과 같은 완전무결한 분이 없다는 것을 알았습니다. 사도 요한은 예수님은 의로운 분(요일 2:1)이라고 했고, 사도 베드로는 오순절 날 설교에서 예수님을 가리켜 거룩한 자(행 2:27), 의로운 자(행 3:14)라고 불렀습니다. 베드로는 예수님을 흠 없고 점 없는 분(벧전 1:19)이라고 했고, 마태는 예수님을 임마누엘, 즉 우리와 함께 하는 하나님(마 1:23)이라고 했습니다. 도마는 예수님을 나의 주 나의 하나님(요 20:28)이라고 했습니다. 이 제자들은 예수님과 3년간 같이 살며 동숙하고 동행하면서 예수님을 가장 가까이 접촉했던 사람들입니다. 만일 예수님의 연약함을 발견할 수 있다면 이들이 가장 잘 알아냈을 것입니다. 그러나 이들은 예수님이 의로운 분, 거룩한 분이요, 자기들의 하나님이라고 고백했을 뿐만 아니라 주저하지 않고 빌라도처럼 "나는 그에게서 아무 죄도 찾지 못한다,"라고 선언했습니다.

유대 지도자들

유대지도자들 대부분은 예수님의 원수들이었습니다. 이들은 한 번도 예수님을 좋게 이야기한 적이 없고, 좋게 생각할 마음을 가진 적이 전혀 없었습니다. 이들은 서기관, 바리새인, 사두개인, 유대지도자들로서 예수님을 미워하고, 조그만 틈만 있으면 트집을 잡으려고 했던 악한 자들이었습니다. 예수님이 친히 자기가 하나님의 아들이요, 하나님 자신이라고 증거 하심으로 그들은 이런 주장이야말로 하나님을 모독하는 신성모독죄라고 판단했습니다. 그들은 예수님을 넘어뜨리고 죽이려는 계획을 세우고 기회를 포착하려고 적극적인 행동을 벌였습니다.

"거기서 나오실 때에 서기관과 바리새인들이 거세게 달려들어 여러 가지

일을 따져 묻고, 그 입에서 나오는 말을 책잡고자 하여 노리고 있더라."(눅 11:53~54)

간음죄를 범하다가 잡혀온 여자를 보고 유대인들은 "모세의 율법에는 이런 여인을 돌로 쳐 죽이라고 했는데, 당신은 어떻게 하시겠습니까?"라고 예수님께 물었습니다. 만약에 예수님께서 예스라고 하시면 로마의 법을 어기게 되고 노라고 하시면 모세의 법을 어기게 되는 함정이었습니다. 예수님께서는 이때 "죄 없는 자가 먼저 돌로 쳐,"고 하셨습니다. 돌로 먼저 치는 것은 증인이 되는 것입니다. 예수님은 죄를 용납하지 않으시면서도 그 여인에게 긍휼을 베푸는 일에 실패하지 않으셨고, 그들의 질문의 함정에서 빠져 나오셨습니다.

예수님께서 유대인들에게 질문하셨습니다. "너희 중에 누가 나를 죄로 책잡겠느냐(요 8:46),"고 하시자 유대지도자들이 예수님에게서 죄를 찾아내지 못했고, 그 죄 때문에 예수님이 처벌받아야 된다고 분명히 주장할 수 없었습니다.

유다의 증언

가룟 유다는 예수 그리스도의 공생애 기간을 통하여 예수 그리스도와 함께 있었고, 예수님을 관찰할 충분한 기회를 가졌었습니다. 그러나 가룟 유다는 예수님을 배반하여 판 후에 대가로 받은 은 30을 대제사장과 장로들에게 돌려주려고 애를 썼습니다. 가룟 유다는 말했습니다. "내가 무죄한 피를 팔고 죄를 범하였도다."(마 27:4)

이것은 빌라도가 "나는 그에게서 아무 죄도 찾지 못했노라,"고 한 말과 똑같습니다.

히브리서는 유대인 크리스천들에게 보낸 글로써 예수 그리스도의 무죄성을 강조하고 있습니다.

"이러한 대제사장은 우리에게 합당하니 거룩하고 악이 없고 더러움이 없고 죄인에게서 떠나 계시고 하늘보다 높이 되신 이라."(히 7:26)

예수 그리스도가 완전한 대제사장이고 완전한 제물임을 강조합니다.

"그가 우리 죄를 없애려고 나타나신 것을 너희가 아나니 그에게는 죄가 없느니라."(요일 3:5)

어떤 피조물이라도 예수님에게 죄가 있다고 말할 수 없습니다. 예수님의 제자들, 친척들, 예수님의 원수들까지도 예수님에게서 죄를 찾을 수 없었습니다.

예수님은 로마법에 의하여 무죄하다는 선언이 내려졌는데도 불구하고 죽으셨습니다. 로마서 6:23과 고린도전서 15:56를 통해 보면 죄의 삯은 사망이라고 했는데 예수님에게는 죄가 없는데도 죽으셨습니다. 죄가 없으신 분이 어떻게 죽습니까? 우리는 두 가지 차원에서 이 질문에 대답을 할 수 있습니다.

첫째, 인간적인 관점에서 대답할 수 있습니다. 유대지도자들의 미움과 빌라도의 도덕적 비겁성이 합해진 결과였습니다. 이 말은 인간의 마음이 하나님을 배역했기 때문이라는 말과 같습니다.

"다른 한 비유를 들으라 한 집 주인이 포도원을 만들어 산울타리로 두르고 거기에 즙 짜는 틀을 만들고 망대를 짓고 농부들에게 세로 주고 타국에 갔더니, 열매 거둘 때가 가까우매 그 열매를 받으려고 자기 종들을 농부들에게 보내니, 농부들이 종들을 잡아 하나는 심히 때리고 하나는 죽이고 하나는 돌로 쳤거늘, 다시 다른 종들을 처음보다 많이 보내니 그들에게도 그렇게 하였는지라. 후에 자기 아들을 보내며 이르되 그들이 내 아들은 존대하리라 하였더니, 농부들이 그 아들을 보고 서로 말하되 이는 상속자니 자 죽이고 그의 유산을 차지하자 하고, 이에 잡아 포도원 밖에 내쫓아 죽였느니라. 그러면 포도원 주인이 올 때에 그 농부들을 어떻게 하겠느냐. 그들이 말하되 그 악한 자들을 진멸하고 포도원은 제 때에 열매를 바칠 만한 다른 농부들에게 세로 줄지니이다." (마 21:33~41)

이 비유는 온 인류가 성부 하나님을 미워하기 때문에 죽임 당할 아들로 예수님을 보낸 것을 설명해 줍니다. 예수님의 죽음에 대한 한 국면을 말합니다.

둘째, 신적 관점에서 대답할 수 있습니다. 하나님이 그로 하여금 우리의 죄를 담당하게 하기 위하여 지명하신 때문입니다.

"여호와께서는 우리 모두의 죄악을 그에게 담당시키셨도다." (사 53:6)

"친히 나무에 달려 그 몸으로 우리 죄를 담당하셨으니 이는 우리로 죄에 대하여 죽고 의에 대하여 살게 하려 하심이라." (벧전 2:24)

왜 예수님이 무죄하심에도 죽으셔야 했습니까? 우리의 죄를 대신한 속죄의 죽음을 죽기 위해서입니다. 우리는 허물과 죄 투성이 입니다. 아무도, 어떤 사람도 자신이 죄가 없다고 말할 수 없습니다. 아담의 원죄로 말미암아 다 죄인이 되었던 우리가 아닙니까? 나는 내 죄 때문에 죽어야 마땅합니다. 그러나 하나님은 나의 죄를 예수님께 담당시켜 주시고, 예수님을 십자가에 죽게 하셨습니다. 그 예수 그리스도를 믿음으로 영생을 얻게 하신 것입니다.

예수님은 무죄하심에도 죽으셨습니다. 우리의 죄를 담당하시고 영생을 주시기 위해 죽으셨습니다. 이것이 복음입니다. 이 복음을 증거 해야 합니다.

제44장

헤롯 앞에 서신 예수

(요 18:38, 눅 23:6~12)

요한복음 18:38 "빌라도가 이르되 진리가 무엇이냐 하더라 이 말을 하고 다시 유대인들에게 나가서 이르되 나는 그에게서 아무 죄도 찾지 못하였노라."

누가복음 23:6~12 "빌라도가 듣고 그가 갈릴리 사람이냐 물어, 헤롯의 관할에 속한 줄을 알고 헤롯에게 보내니 그 때에 헤롯이 예루살렘에 있더라. 헤롯이 예수를 보고 매우 기뻐하니 이는 그의 소문을 들었으므로 보고자 한 지 오래였고 또한 무엇이나 이적 행하심을 볼까 바랐던 연고러라. 여러 말로 물으나 아무 말도 대답하지 아니하시니, 대제사장들과 서기관들이 서서 힘써 고발하더라. 헤롯이 그 군인들과 함께 예수를 업신여기며 희롱하고 빛난 옷을 입혀 빌라도에게 도로 보내니,"

헤롯은 예수님을 농담거리,
구경거리로 여겼고, 업신여겼습니다.
헤롯은 윤리적인 죄인입니다.
예수님을 조롱하는 자가 되지 말아야 합니다.
예수님을 업신여기지 말아야 합니다.
우리는 구경꾼 신자가 되지 말아야 합니다.

예수 그리스도는 송사 받은 죄목에 대하여 아무 혐의가 없었으므로 즉시 방면되어야 했습니다. 빌라도는 예수님을 공적으로 무죄하다고 세 번이나 선언해 놓고도 즉각 석방하지 않았습니다. 그 이유는 유대인들과 지도자들이 적극적으로 항거 운동을 벌였기 때문입니다. 로마법에 따라 공적으로 무죄선고를 내렸으나 빌라도는 유대인들의 반대 운동을 두려워한 나머지 예수님을 간접적인 방식으로 방면해 보려고 시도했습니다.

빌라도는 예수님을 석방해 보려고 세 가지를 시도했습니다. 첫째는 예수님을 매로 치게 하는 방법이었습니다. 그렇게 함으로 피에 굶주린 군중들로부터 동정을 살까 해서였습니다. 두 번째 방법은 명절에는 죄수 하나를 풀어주는 관례가 있는데 그렇게 하면 곧 예수를 방면하게 될 것이라고 빌라도는 생각했습니다. 세 번째는 빌라도가 처음으로 시도해 본 것인데, 예수님을 헤롯왕에게로 보내는 것이었습니다.

빌라도가 예수님에 대하여 무죄선고를 내리자 유대인들이 큰 소동을 벌였습니다. 그때 유대지도자들 중에 한 사람이 예수님이 갈릴리 사람이라고 빌라도에게 귀띔을 해 주었습니다. 빌라도는 이 정보를 듣고 예수님을 헤롯왕에게로 보내기로 했습니다. 갈릴리 지방은 빌라도가 지배하지 않고 헤롯왕이 지배하는 영역이었기 때문에 얼른 예수님을 헤롯에게로 보내어 책임을 회피하려고 했습니다. 이와 같이 예수님은 무죄 선고를 받았으나 헤롯에게로 넘겨져 헤롯의 앞에서 심문을 받게 되었습니다.

겟세마네 동산에서 체포당하신 예수님은 안나스 앞에서 심문을 받으시고, 다음에 가야바 앞에서 심문을 받으셨습니다. 세 번째로 빌라도 앞에서 심문을 받으셨고, 네 번째로 헤롯 왕 앞에서 서서 심문과 조롱과 멸시를 받으셨습니다. 헤롯 앞에서 심문 받은 사실은 누가복음에만 기록되어 있습니다.

먼저 성경에 등장하는 여러 헤롯왕들을 알아야 본문을 이해하는 데 유익합니다.

헤롯 가문은 반은 에돔족이고 반은 아랍인 혈통입니다. 혈통을 중요시 하는 유대인들이 싫어했던 건 당연하지요. 헤롯이 로마의 옥타비아누스와 안토니우스를 등에 없고 로마의 동맹자로서 유대의 분봉왕이 되었습니다. 유대의 수많은 보물과 돈이 뇌물로 들어갔습니다.

로마는 다른 지방처럼 유대에도 총독을 두었지만 분봉왕이라는 독특한 제도를 만들어 헤롯이 통치하게 했습니다.

헤롯은 로마의 환심을 사기 위하여 가이사라(카이사르의 도시)라는 이름의 도시를 많이 건설하였고 동시에 유대의 환심을 사기 위하여 기존에 있던 예루살렘 성전을 부수고 새 성전을 건축했습니다. 전체가 금으로 덮여 눈부신 빛을 반사하였다는 성전은 46년이 걸려 완공했으나 내부 장식은 로마군에 의해 사라질 때까지 끝을 내지 못했습니다.

그 이후에 여러 헤롯왕이 등장하기 때문에 이 처음 왕을 헤롯대왕이라고 부릅니다.

헤롯 대왕은 아기 예수 그리스도를 죽이려고 동방박사들에게 아기 위치를 알아보게 했고 베들레헴의 두 살 아래 아기들을 다 죽이라고 명령을 내렸던 악한 왕이었습니다. 권력을 유지하기 위해 자기 자녀들을 여러 명 죽였고, 자기 아내들도 여러 명을 죽였습니다. 이 일을 로마 황제 아우구스투스가 듣고 "헤롯의 아들이 되는 것보다 헤롯의 돼지가 되는 것이 더 낫다."고까지 했다고 합니다.

헤롯 대왕이 죽은 후에 주의 사자가 애굽에서 요셉에게 현몽하여 아기의 목숨을 찾던 자들이 죽었다고 전해주었습니다. 그러나 요셉은 아켈라오가 그의 아버지 헤롯에 이어 유대의 왕 됨을 듣고 거기로 가기를 무서워하다가 갈릴리 지방으로 갔습니다.

"아켈라오가 그 부친 헤롯을 이어 유대의 임금 됨을 듣고 거기로 가기를 무서워하더니 꿈에 지시하심을 받아 갈릴리 지방으로 떠나가" (마 2:22)

헤롯 아켈라오((Herod Archelaus)가 헤롯대왕이 죽은 후 예루살렘과 사마리아, 에돔지역을 분할 받았습니다. 그는 매우 폭력적인 정치를 했기 때문에 참다못한 유대와 사마리아 귀족들이 로마에 그를 숙청해 달라고 요청까지 할 정도였고 결국 왕위에서 쫓겨났기 때문에 유대 지역은 로마 총독에 의해 통치를 받게 되었습니다.

피비린내 나는 싸움 끝에 헤롯대왕은 안티파스(Herod Antipas)에게 왕국을 물려 주었습니다. 안티파스도 매우 악한 왕으로 나중에는 로마인들에게 제거 당했습니다. 그의 아버지 헤롯 대왕은 자기가 다스렸던 모든 지역을 안티파스에게 물려주려고 했지만 로마황제 아우구스투스에 의하여 거절당하고 다만 분봉왕이라는 칭호를 받고 갈릴리와 뵈레아 지방을 다스렸습니다.

이 헤롯 안티파스가 바로 세례 요한을 죽인 자입니다. 예수님께서 '저 여우' (눅 13:32)라고 까지 불렀던 자입니다. 세례 요한이 안티파스의 비윤리적인 행동을 신랄하게 책망했습니다. 곧 자기 동생이 아직도 살아있는데 그 동생의 이혼녀 헤로디아를 취한 것이 잘못 되었다고 책망했습니다. 헤로디아가 세례 요한을 미워한 건 당연했지요. 헤롯의 생일에 헤로디아의 딸이 헤롯의 앞에서 춤을 추었고, 헤롯은 만족해서 그 딸에게 무엇을 요구하느냐고 물었습니다. 그 딸은 '세례 요한의 목을 구하라,' 는 어머니 헤로디아의 지시대로 헤롯왕에게 요한의 목을 요구하였습니다. 헤롯왕은 자기의 권위와 신분 때문에 그녀의 청을 들어주었습니다. 이 헤롯 안티파스가 예수님께서 사역하실 때 갈릴리와 베뢰아 지방의 분봉왕이었습니다.

마태복음 16:13에 예수님께서 제자들에게 "사람들이 나를 누구라 하느냐?"라고 물으셨던 곳이 가이사랴 빌립보인데 이곳은 헤롯 빌립(Herod Philip II)이 지어 붙인 이름입니다. 그는 로마에 잘 보이려고 파이네온이라는 지역을 재건립한 후 헤롯대왕이 세운 '가이사랴' 와 구별하기 위해 황제와 자신의 이름을 따서 '가이사랴 빌립보' 라 불렀습니다. 그는 헤롯의 아들들 가운데 가장 온순하고 사람들의 존경을 받았다고 합니다.

그리고 나서 헤롯대왕의 손자이며 헤롯 안티파스의 조카이기도 한 아그리파 1세가 등장합니다. 사도행전 12장에 나오는 사도 야고보를 처형한 사람입니다. 그는 초대교회의 여러 지도자들을 괴롭혔습니다. 백성이 열렬히 환호할 때 하나님께 영광을 돌리지 않다가 벌레에게 먹혀 죽은 왕입니다.

헤롯 아그리파1세가 죽자 그의 아들 헤롯 아그리파 2세가 어린 나이로 왕위에 오르는데 그가 너무 어려서 이때부터 유대는 로마 총독의 관할하에 들어갔습니다. 이 아그리파 2세가 바로 사도 바울로부터 베스도 총독과 함께 증언을 들은 헤롯입니다. "아그립바 왕이여, 선지자를 믿으시나이까?"라는 바울의 증언을 듣고 "네가 적은 말로 나를 권하여 그리스도인이 되게 하려하는도다"라고 말했던 사람이지요.

다시 거꾸로 올라가 헤롯 안티파스의 이야기로 돌아갑니다. 세례 요한이 죽은 후에 예수님이 두루 다니며 전도하고, 이적의 놀라운 능력을 행사할 때마다, 헤롯 안티파스는 세례 요한이 다시 살아나 활동하는 것이라고 상상하였습니다. 그래서 헤롯이 예수님도 죽이려고 한다는 소문이 퍼졌습니다. 그때 예수님은 대답하시기를 "이르시되 너희는 가서 저 여우에게 이르되 오늘과 내일은 내가 귀신을 쫓아내며 병을 고치다가 제삼일에는 완전하여지리라 하라. 그러나 오늘과 내일과 모레는 내가 갈 길을 가야 하리니 선지자가 예루살렘 밖에서는 죽는 법이 없느니라."(눅 13:32~33)고 하셨습니다. 예수님은 헤롯 안티파스에게 여우라는 별명을 붙이셨습니다. 헤롯은 간교하고 교활하며 비윤리적인 인간이었으므로 이 같은 별명이 붙여진 것입니다.

예수님이 이런 사악한 인간 헤롯 안티파스에게서 심문을 받게 되었습니다. 이 때 빌라도와 헤롯 모두 예루살렘에 있었습니다. 이때가 유월절 기간이므로 빌라도는 유대인들의 소동을 두려워하여 질서유지를 위하여 예루살렘에 머물렀고, 헤롯 안티파스는 유대인의 절기에 경의를 표해서 유대인의 인기를 얻을 목적으로 예루살렘에 있었습니다.

예수님이 어떻게 헤롯에게 심문을 받았는지 누가의 증언을 살펴보겠습니다.

헤롯이 예수님을 구경거리로 생각함

"헤롯이 예수를 보고 매우 기뻐하니 이는 그의 소문을 들었으므로 보고자 한 지 오래였고 또한 무엇이나 이적 행하심을 볼까 바랐던 연고러라."(눅 23:8)

왜 헤롯이 예수님을 보고 심히 기뻐했습니까? 세례 요한을 죽인 후 헤롯은 항상 불안했습니다. 예수 그리스도께서 이적을 행하시고, 죄를 지적하시고, 천국에 관한 복음을 전파하셨습니다. 그래서 예수 그리스도의 활동이 바로 죽은 세례 요한이 일어나서 다시 활동을 하는 게 아닌가 생각했습니다. 그 때문에 예수님을 보고자 한 것입니다. 자신의 평소 공포심을 청산하려는 목적으로 예수님을 보고자 했습니다. 막상 예수님을 만나보니 세례 요한이 아님을 확인하고는 안도의 한숨을 쉬었습니다.

헤롯의 이 같은 태도는 여우처럼 교활한 행동입니다. 그의 공포나 그의 희열 모두가 다 스스로 자기를 속인 것입니다. 예수님의 소문을 듣고 세례 요한이 죽은 자 가운데서 다시 살아서 활동하는 것이 아닌가 상상한 것은 자기가 스스로 속은 것입니다. 예수님이 죄수로 자기 앞에 온 것을 보고 별 볼 일 없는 분으로 여긴 것도 스스로 속은 것입니다. 예수님은 세례 요한보다 더 위대하신 분이요, 두려운 분임을 알아야 했습니다.

헤롯이 기뻐한 두 번째 이유는 이적을 볼까 바랐기 때문입니다. 헤롯은 에서의 후손입니다. 에서처럼 그는 망령된 자입니다. 장자의 기업을 팥죽 한 그릇에 팔았던 에서 같은 망령된 존재가 바로 헤롯입니다. 예수님이 행하시는 거룩한 일, 이적을 구경거리로 여겼습니다. 헤롯은 거룩한 것을 육체적 호기심의 만족거리로 여겼습니다. 예수님은 구경거리가 아니라 섬김을 받아야 할 왕이신 데도 말입니다.

예수 그리스도는 우리가 쳐다볼 초상이 아니라 우리가 순종하고 복종해야 할 왕입니다. 헤롯의 망령된 행위는 예수님을 하나의 구경거리로 삼은 데에 있습니다. 그는 방종한 호기심을 가지고 예수에게서 무슨 이적 행할 것을 바랐던 것입니다. 우리의 신앙도 호기심만으로 멈춰서는 안 됩니다. 예수님을 구경거리로 삼아서는 안 됩니다.

스펄전 목사는 예수님을 구경거리로 생각하는 교인들에 대하여 이렇게 말했습니다. "하나님께 예배드리는 교회당은 그들의 극장이요, 목사는 그들에게 있어서 연기자요, 복음 자체는 극장의 재산입니다. 그들로 하여금 헤롯을 쳐다보게 하십시오. 헤롯은 그들의 지도자입니다. 그들이 진정으로 어떠한 자들인지, 또 어떠한 사람이 될 것인지를 헤롯이 여실히 보여주고 있습니다."

헤롯은 여러 말로 예수님을 심문했지만 예수님은 침묵으로 대하셨습니다. 헤롯 같이 망령된 자에게는 침묵함이 하나님의 뜻을 준수하는 것입니다. 망령된 자의 청구는 들어주지 않는 것이 하나님의 뜻입니다. 예수님이 왜 헤롯의 청구, 곧 이적 행함을 들어주시지 않으셨습니까? 이적은 하나님의 성역을 위한 것이지 한 개인의 사욕을 채워주기 위한 것이 아니었기 때문입니다. 예수님이 이적을 행하여 자신이 고난을 면하는 것이 하나님의 뜻이 아니기 때문입니다. 죄인처럼 고난 받고 십자가에 죽는 것이 하나님의 뜻입니다. 천국 비밀이 헤롯 같은 망령된 자에게는 허락되지 아니했기 때문입니다. 예수님은 말씀하십니다.

"거룩한 것을 개에게 주지 말며 너희 진주를 돼지 앞에 던지지 말라 그들이 그것을 발로 밟고 돌이켜 너희를 찢어 상하게 할까 염려하라."(마 7:6)

예수님은 결코 헤롯에게 복음의 진주를 주시지 않으십니다.

예수님이 이처럼 침묵하실 때 서기관, 바리새인들은 일어서서 헤롯에게 힘써 고소했습니다. 여기 서기관, 바리새인들이라는 단어에는 관사가 붙어 있습니다. 이들이 산헤드린 공회에서 대표로 파송된 자들이기 때문입니다. 이들이 서서 힘써 고소했으나, 헤롯은 예수님에게 아무런 정죄도 하지 못했습니다. 여기에서 예수님의 절대적인 무죄하심이 드러났습니다. 헤롯의 비행과 비윤리적인 행위를 예수님이 지적하지 않으셨어도, 동생의 아내를 데리고 사는 비도덕적인 헤롯이 순결하고 무죄하신 예수님을 정죄할 수는 없는 것입니다.

헤롯은 예수님을 하나의 농담거리로 생각함(눅 23:11)

"헤롯이 그 군인들과 함께 예수를 업신여기며 희롱하고 빛난 옷을 입혀 빌라도에게 도로 보내니."

여기 빛난 옷이란 왕의 옷을 가리키는데 홍포일 것입니다. 헤롯과 그 군인들이 이 홍포를 예수님에게 입히고 희롱했습니다. 곧 왕의 흉내를 내게 한 것입니다. 예수님은 대제사장들의 아랫사람(성전경비병)들에게 희롱을 당하셨고, 두 번째로 헤롯과 그 군인들에게 희롱당하셨습니다. 헤롯 왕은 예수님을 진지하게 대하기를 거절했습니다. 그는 예수님을 자기의 법정에서 하나의 진기한 것으로 보았고, 구경거리로 보았던 것이 그의 전부였습니다.

오늘날도 많은 사람들이 예수님을 진지하게 받아들이기를 거절하고 있다는 사실이 명백합니다. 프랑스의 철학자며 무신론자인 볼테르는 100년 이내에 기독교가 이 세상에서 사라질 것으로 보았습니다. 그러나 그가 1779년에 사망하자 독일 성서 협회는 볼테르의 집을 사들였고, 그가 사용하던 인쇄기로 산더미 같은 성경을 인쇄해서 반포했습니다.

우리는 예수님의 말씀을 농담거리로 받아서는 안 됩니다. 주님의 말씀과 교훈을 진지하게 받아들이고 순종하며 복종해야만 합니다. 만일 주의 말씀을 농담으로 받아들인다면 분명히 심판을 받을 것입니다.

헤롯은 예수님을 업신여김(눅 23:11)

"헤롯이 그 군인들과 함께 예수를 업신여기며."

이 말씀은 이 문장의 앞에 나와서 강조형으로 쓰였습니다. 이것을 다시 번역하면 '헤롯은 자기 뒤에 있는 군인들과 함께 예수님이 대단한 존재가 아니라고 생각하였다,' 로 할 수 있습니다. 헤롯은 왕의 지위를 확보하고 자기 배후에 강력한 호위병을 거느리고 있으므로 갈릴리 목수 예수는 문제가 되지 않는다고 생각했습니다. 헤롯은 예수님을 자기 일생에서 삭제해 버려도 상관이 없다고 생각한 인간입니다. 예수님이 이렇게도 필요 없는 존재이며, 버림받아야 할 분이십니까? 예수님 없이도 진정한 평안을 누리며 인생의 참된 의미를 찾을 수 있단 말입니까?

오늘날 우리의 신앙생활 중에 예수님을 업신여기는 요소는 없습니까? 예수 그리스도를 생의 중심에 모시지 않는 것은 예수님을 업신여기는 행위입니다. 이것이 주님이 원하시는 뜻인가를 먼저 생각하지 않는 것은 예수님을 업신여기는 요소입니다. 이것이 교회를 위한 일인가, 아닌가를 먼저 생각하지 않는 것은 예수님을 업신여기는 태도입니다.

하나님은 결코 경홀히 여김을 받지 않으십니다. 결코 인간이 하나님을 가볍게 대하거나 조롱할 수 없습니다. 예수님을 진지하게 대해야 합니다. 여러분은 여러분의 삶에 있어서 어떤 일에 대하여 가졌던 진지함보다 더 진지하게 예수님을 대해야 합니다. 예수님을 대할 때 어떤 인격적인 호기심으로 대하면 안 됩니다. 지적 호기심이나 감정적인 호기심으로만 대하면 안 됩니다. 더더구나 하나님이신 예수님을 업신여기는 태도는 진정한 성도에게는 있을 수 없습니다. 예수님은 거룩하신 분이십니다. 온전하시고 완전하신 분이십니다. 하나님은 "나는 너의 하나님 여호와"라고 말씀하십니다.

빌라도와 헤롯은 전에는 원수관계였습니다. 정치적으로 얽힌 사연으로 원수가 되었습니다. 그 한 가지 예로 누가복음 13:1에서 빌라도가 헤롯의 관할인 갈릴리 인을 죽였기 때문에 원수관계가 되었습니다. 그러나 헤롯과 빌라도는 예수님을 체포하고 심문하던 당일에 서로 친구가 되었습니다. 헤롯이 생각해보니 빌라도 역시 자기처럼 예수를 미워하고 있다는 공감대가 형성됨으로 빌라도에게 품었던 원망을 풀어버렸을 것입니다. 그리고 빌라도가 예수를 헤롯에게 넘겨준 것은 헤롯을 존중했기 때문이라고 생각하고 헤롯도 본래 가졌던 원한을 풀었을 것입니다. 예수님을 미워하고 싫어한 점은 빌라도나 헤롯에게 공통점이었습니다. 세상 사람들은 서로 원수관계에 있을지라도 예수 그리스도의 복음을 박해하고 핍박함에는 일치가 됩니다.

예수님은 침묵으로 일관하셨습니다. 고난 받는 것이 하나님의 뜻이라고 생각하셨습니다. 고난을 면할 수 없어서가 아닙니다. 예수님을 재판할 수 없는 죄인 헤롯이 예수님을 구경거리로 생각하는데 주님은 침묵하셔야 했습니다.

우리는 구경꾼 신자가 되지 말아야 합니다. 예수님을 조롱하는 자가 되지 말아야 합니다. 예수님을 업신여기지 말아야 합니다.

예수냐 바라바냐

(요 18:39~40)

요한복음 18:39~40 "유월절이면 내가 너희에게 한 사람을 놓아 주는 전례가 있으니 그러면 너희는 내가 유대인의 왕을 너희에게 놓아 주기를 원하느냐 하니, 그들이 또 소리 질러 이르되 이 사람이 아니라 바라바라 하니 바라바는 강도였더라."

빌라도는 하나님과 세상을 동시에 만족시키려 했습니다.

유대군중은 생명의 구주 대신 살인자를 선택했습니다.

의를 버리고 불의를 선택했고,

선을 버리고 악을 선택했습니다.

우리들은 결코 유대군중처럼 되어서는 안 됩니다.

헤롯 안티파스가 예수님을 심문했지만 예수님을 정죄할 수는 없었습니다. 예수님은 헤롯왕의 묻는 내용에 일체 대답하지 않으시고 침묵으로 대하셨습니다. 여기서부터 헤롯은 예수님을 업신여기고 조롱했습니다. 빛난 옷을 입힌 채로 빌라도에게 보냈습니다. 오늘 본문의 말씀은 헤롯의 심문을 받은 후에 빌라도에게로 와서 다시 재판을 받는 광경을 기록한 것입니다.

빌라도는 예수님에게서 아무런 죄도 발견하지 못하였으므로 석방하려고 했지만 유대군중들의 반대운동이 두려워서 간접적인 방법을 썼습니다. 그 한 가지 방법이 예수님을 헤롯 안티파스에게로 보낸 것입니다. 갈릴리 출신 예수를 갈릴리 통치자인 헤롯이 처리하도록 한 것입니다. 그러나 헤롯왕도 예수님에게 유죄선고를 내리지 못하고 다시 예수님을 빌라도에게 돌려보냈습니다. 빌라도는 예수님을 석방하는 두 번째 방법으로 유월절 명절에 죄수 한 사람을 석방해준 전례를 제시한 것입니다. 이 내용의 말씀이 39절에 나타나 있습니다.

빌라도의 모습

"유월절이면 내가 너희에게 한 사람을 놓아 주는 전례가 있으니 그러면 너희는 내가 유대인의 왕을 너희에게 놓아 주기를 원하느냐 하니."

빌라도는 유대인들에게 예수님을 석방해주랴, 아니면 바라바 죄수를 놓아 주랴? 이 중의 한 사람을 선택하라고 했습니다. 바라바는 당시 살인강도죄를 범한 유명한 죄수로 유대인들이 다 잘 알고 있었습니다. 바라바의 이름은 '발 압바(아버지의 아들)' 또는 '발 랍바스(랍비의 아들)'의 의미입니다. 후자의 뜻을 취하면 그는 산헤드린 회원의 아들로서 로마 정부에 반항했던 열심당원으로 봅니다. 로마정부에 반대운동을 하다 동굴에 은신하고 강도가 되었다는 전설이 있습니다.

빌라도는 이처럼 사회가 정죄하고 미워하는 강도, 살인자, 유명한 죄수인 바라바를 놓아주라고 할 사람은 아무도 없으리라고 혼자 생각했습니다. 그렇기에 자동적으로 예수님을 석방할 수 있으리라고 생각한 것이었습니다. 빌라도는 자신이 매우 지혜롭다고 생각했지만 그의 생각은 너무 어리석었습니다. 유대군중들은 서기관과 바리새인 등 유대지도자들의 부추김을 받아 바라바를 선택하도록 했기 때문에 빌라도는 놀라지 않을 수 없었습니다. 군중들은 이 사람 예수가 아니라 바라바를 석방시키라고 함성을 질렀습니다. 예수님을 십자가에 못 박으라고 소리쳤습니다.

독일의 신학자이며 시인인 크룸마허(Friedrich Adolf Krummacher, 1767~1845)는 이때에 빌라도가 군중들에게 선언해야 할 말을 안타까운 마음으로 이렇게 기록하고 있습니다.

"만일 빌라도가 양심의 지시를 따를 만큼 담대했고, 냉철한 분별력을 가지고 말할 수 있었다면 이렇게 말했을 것이다. '공의는 실행되어야 한다. 비록 세상이 망한다 할지라도 공의는 실천되어야 한다. 죄 없는 나사렛 예수는 자유롭게 석방시킨다. 내가 이 결정을 효력 있게 나타내기 위해 내 군대를 동원할 것이다.' 빌라도가 이렇게 선언했더라면 군중들은 마음의 찔림을 받고 틀림없이 벼락 맞은 것처럼 움츠려들고 기만에서 벗어나 그 힘 있는 빌라도 재판장에게 큰 소리로 박수갈채를 보냈을 것이다."

그러나 빌라도는 이런 재판의 선언을 하지 않았습니다. 그 이유는 하나님과 세상을 동시에 만족시키려 했기 때문입니다. 빌라도는 예수님을 순조롭게 석방시켜 예수님에게도 만족을 주고 싶었고, 군중들의 욕구도 충족시켜줌으로써 자기의 이름과 인기를 높이고자 했습니다. 이것이 빌라도의 약점이요 바보스런 태도였습니다.

오늘 우리의 생각과 사상에도 이런 빌라도 같은 요소가 있지 않은가 생각해 보아야 합니다. 우리는 하나님과 세상을 다 만족시킬 수 있는 위치에 있지 않습니다. 하나님을 기쁘시게 하기 위해 하나님을 따르고 하나님 편에 서든지, 아니면 세상 편에 서든지 양자택일을 하는 수밖에 없습니다.

바울은 갈라디아 교인들에게 자기의 위치와 목회적 주관을 뚜렷이 발표하여 말했습니다. "이제 내가 사람들에게 좋게 하랴 하나님께 좋게 하랴 사람들에게 기쁨을 구하랴 내가 지금까지 사람들의 기쁨을 구하였다면 그리스도의 종이 아니니라."(갈 1:10)

바울에게는 하나님을 기쁘시게 하는 목회와 하나님의 뜻을 따르는 생활이 그의 전부였습니다.

빌라도가 예수님을 재판하면서 예수님에게서도 좋은 말을 듣고 유대군중들에게도 인기를 잃지 않으려는 생각에 집착해 있었습니다. 그러나 빌라도의 이 같은 처세와 처신은 합당하지 않은 것이었습니다. 예수님의 무죄가 드러났다면 즉시 석방해야 하는데 유대군중에게 의견과 의사를 물어본 것은 있을 수 없는 일입니다. "예수냐, 바라바냐?"라고 물을 필요가 없었습니다.

우리는 의와 불의가 구분되고 선과 악이 분명히 색깔을 달리 나타냈을 때, 불의를 버리고 의를 따라야 합니다. 악을 버리고 선을 따라야 합니다. 인간의 뜻을 과감하게 포기하고 하나님의 뜻을 따라야 합니다. 세상의 넓은 길을 거절하고 믿음의 좁은 길을 따라야 합니다.

유대군중들의 모습

유대군중들의 행동은 주체성이 없었습니다. 당시 예수님을 죽이려고 음모와 획책을 꾸민 서기관, 대제사장, 바리새인, 사두개인들의 꼭두각시 노릇을 한 영적 맹인들이었습니다. 이들의 행동을 세 가지로 비판해 볼 수 있습니다.

첫째, 유대군중은 생명의 구주를 버리고 생명을 빼앗는 살인자를 선택했습니다. 빌라도가 예수님을 석방하랴, 바라바를 놓아줄까 하고 물을 때 군중들은 살인자요, 강도요, 죄수인 바라바를 놓아달라고 요청했습니다. 그들의 이 같은 요청은 당시 종교지도자들의 충동을 받았기 때문입니다. 이런 요청은 실제로 군중들의 요구와 주관이 아니라, 종교지도자들의 요구와 주장을 반영한 것입니다. 때로는 군중이 이처럼 어리석습니다. 여기 군중이란 무엇을 의미합니까? 여론을 가리킵니다. 종교지도자들은 예수 그리스도를 죽이려고 여론을 형성했습니다. 많은 인생들의 불행을 행복으로 바꾸어주신 예수님을 살인 죄수 이상으로 취급하여 십자가에 죽이도록 여론의 고함소리를 높였습니다. 예수 그리스도를 칭찬하고 존경하고 감사하지는 못할지언정 십자가에 처형해야 한다고 주장한 군중들은 참으로 어리석은 자들이었습니다.

예전 서부영화에 '야생녀'라는 영화가 있었다고 합니다. 미국 개척시대에 미망인이 된 한 백인 여자가 개척지에 찾아와 살고 있었는데 근처에 살고 있는 인디언들이 그를 보려고 몰려왔습니다. 백인 여자가 입고 있는 옷이나 가지고 있는 가구들이 인디언들에게는 모두 신기해 보였기 때문입니다. 어느 날 한 인디언 여자가 누런 돌멩이 하나를 가져와서 백인 여자에게 주었습니다. 그것은 인디언들에게는 별 쓸모없는 번쩍이는 돌멩이에 불과했습니다. 백인 여자도 그것이 처음에는 황금덩어리인 줄 모르고 그저 그 사례로 옷 한 벌을 인디언 여자에게 주었습니다. 그러자 근처에 사는 인디언들이 너도나도 금덩이를 가져와 백인 여자의 옷과 가구 등으로 바꾸어갔습니다. 그런데 한 인디언 여자는 무언가를 가져와서는 자기는 누런 돌멩이는 없지만 이것을 줄 터이니 한 가지만 줄 수 없느냐고 청했습니다. 받아보니 그것은 굉장히 큰 다이아몬드였습니다. 그래서 백인 여자는 그 인디언 여자에게 무엇이든지 갖고 싶은 것이 있으면 마음대로 가져가라고 했습니다. 이리하여 그 백인 여자는 큰 부자가 되었다는 이야기입니다.

가치 판단이 없는 사람은 가장 귀한 것을 버리고 쓸모없는 것이나 작은 것과 바꾸어버립니다. 유대군중들은 뚜렷한 주체사상이나 가치 판단이 없이 그저 유대 종교지도자들의 부추김이나 선동에 좌우된 자들입니다. 진리이신 예수님은 여론에 좌우되는 분이 아니셨고, 그 여론을 압도하고 정복하고 승리하신 분이십니다. 여론의 비합리성과 거짓됨을 십자가 죽음과 부활로 증명했습니다.

둘째, 군중들은 의를 버리고 불의를 선택하였습니다. 빌라도는 로마정부가 파송한 총독으로써 재판후 공적으로 예수님은 죄가 없다고 세 번이나 선언했습니다. 곧 예수 그리스도의 의로움을 인정하고 백성 앞에 선언했습니다. 그럼에도 불구하고 빌라도는 "내가 예수를 놓아주랴, 바라바를 놓아주랴?"고 군중들에게 물어보았습니다. 빌라도의 비합리적이요, 부조리한 이 물음에 군중들은 한 마디 항의도 하지 않았습니다. '당신이 예수를 죄가 없다고 선언했으면 석방할 일이지, 왜 석방을 지연하는가?' 라고 질문을 하는 사람이 있어야 하는 것 아닙니까? 오히려 그들은 의로우신 예수 그리스도를 십자가에 죽여야 한다고 소리쳤습니다. 이 얼마나 모순된 일입니까? 예수님의 의가 분명히 드러났음에도 불구하고 한 사람도 예수님의 의를 옹호하고 변명하며 나서는 자가 없었습니다. 오히려 예수님의 의를 묻어버리고 예수님이 불의하니 십자가에 못 박으라고 소리친 무리들이었습니다.

셋째, 군중들은 선을 버리고 악을 선택했습니다. 바라바는 분명히 강도요, 살인자로서 악을 행한 자이며, 지금 감옥생활을 하고 있는 자입니다. 그러나 예수님은 민중을 위해 선을 베푼 자이며 그리고 선 자체이십니다. 군중들은 이 두 가지 사실을 그들의 눈으로 확인하고 있었습니다. 그러나 유대군중들의 영안이 완전히 어두워지고 도덕적 판단력을 상실하여, 악한 사람을 선하다고 판단하고 선한 사람을 악하다고 보았습니다. 이 얼마나 엄청난 잘못과 모순입니까?

사람을 죽인 살인자 바라바를 선하다 하고 사람을 죽음에서 살리신 예수님을 악하다고 하는 판단은 정신이상자의 판단이지 건전한 자의 판단은 결코 아닙니다. 오늘날도 마귀의 역사는 성도들이 그릇된 판단을 하게 합니다. 에덴동산에서 행복하게 살고 있던 아담과 하와에게 하나님이 금하신 선악과를 따먹고 죽음의 비극을 맛보게 한 장본인이 바로 마귀입니다. 하나님은 아담에게 생명과를 먹게 하셨고, 선악과는 먹지 말라고 분명히 명령하셨을 뿐만 아니라, 이것이 선악과이고 저것이 생명과인 것을 분별할 수 있는 판단력과 지식을 주셨습니다. 그러나 마귀는 아담에게 그릇된 판단력과 잘못된 지식을 가지도록 유혹하여 아담으로 하여금 선악과를 따먹게 했습니다. 곧 그릇된 선택을 하도록 유혹했습니다. 아담을 유혹하여 그릇된 선택을 하도록한 마귀는 오늘날도 우리에게 악한 것을 선택하도록, 불의를 선택하도록 유혹하고 있습니다. 유대군중들을 유혹하여 예수님을 십자가에 못 박도록 고함을 지르게 한 마귀는 오늘날 여러 교회 안에서 악한 여론, 거짓 여론, 파괴적인 여론이란 우상을 만들고 있는 줄 알아야만 합니다. 그리하여 교회를 몰락시키고 성도들을 괴롭히고 분열시키는 일을 자행하고 있습니다.

여호수아가 가나안을 정복하고 12지파에게 그 땅을 분할해 준 후에 하나님 나라에 갈 시간이 임박하여 임종설교를 했습니다. 이스라엘 민족을 모아놓고 결단을 촉구했습니다.

"그러므로 이제는 여호와를 경외하며 온전함과 진실함으로 그를 섬기라 너희의 조상들이 강 저쪽과 애굽에서 섬기던 신들을 치워 버리고 여호와만 섬기라. 만일 여호와를 섬기는 것이 너희에게 좋지 않게 보이거든 너희 조상들이 강 저쪽에서 섬기던 신들이든지 또는 너희가 거주하는 땅에 있는 아모리 족속의 신들이든지 너희가 섬길 자를 오늘 택하라 오직 나와 내 집은 여호와를 섬기겠노라 하니."(수 24:14~15)

엘리야도 갈멜산에서 제단을 쌓은 후에 불의 응답을 받을 때에 이스라엘

군중들에게 확고한 신앙을 촉구했습니다.

"너희가 어느 때까지 둘 사이에서 머뭇머뭇 하려느냐 여호와가 만일 하나님이면 그를 따르고 바알이 만일 하나님이면 그를 따를지니라."(왕상 18:21)

신앙적으로 바른 선택을 할 때 승리하고 성공하며 행복한 생활을 할 수 있습니다. 그러나 불신앙적으로 잘못된 선택을 할 때는 실패하고 불행을 당할 수밖에 없습니다. 빌라도의 모습을 상상해보시기 바랍니다. 그는 세상도 만족시키고 예수님도 만족시키려는 두 마음을 품은 자로서 영원히 씻을 수 없는 죄인이 되고 말았습니다. 우리는 의를 의라고 말할 수 있어야 하고 불의를 불이라 말할 수 있어야 합니다. 우리는 의인을 의인이라고 말할 수 있어야 하고 죄인을 죄인이라고 규탄할 수 있어야 합니다. 우리는 하나님을 기쁘시게 하고, 하나님만 섬기는 단순한 신앙을 가져야 합니다. 신자다운 모습을 항상 분명하게 드러내야 합니다. 하나님의 진정한 교회의 성도들은 결코 유대군중처럼 되어서는 안 됩니다. 악한 여론, 거짓된 여론, 파괴적인 여론을 형성하는 것은 마귀의 장난임을 파악하고 이런 여론의 우상을 과감히 거절하고 분쇄해야 합니다.

주님의 모습을 상상해보시기 바랍니다. 예수님은 우유부단한 빌라도의 앞에서 침묵으로 자기가 진리임을 증거 하셨습니다. 허다한 군중의 고함소리가 들립니다. '예수를 십자가에 못 박으소서,' 하는 소리를 들으시면서도 예수님은 침묵하셨습니다. 그 예수님을 바라보면서 우리도 예수님을 따라야만 합니다. 십자가와 부활로 조용하게, 그리고 분명하게 자기가 진리인 사실을 나타내신 예수 그리스도를 믿어야만 합니다. 주님을 기쁘시게 하는 진정한 신앙의 무리가 되어야 합니다.

제46장

보라, 이 사람이로다

(요 19:1~5)

요한복음 19:1~15 "이에 빌라도가 예수를 데려다가 채찍질하더라. 군인들이 가시나무로 관을 엮어 그의 머리에 씌우고 자색 옷을 입히고, 앞에 가서 이르되 유대인의 왕이여 평안할지어다 하며 손으로 때리더라. 빌라도가 다시 밖에 나가 말하되 보라 이 사람을 데리고 너희에게 나오나니 이는 내가 그에게서 아무 죄도 찾지 못한 것을 너희로 알게 하려 함이로라 하더라. 이에 예수께서 가시관을 쓰고 자색 옷을 입고 나오시니 빌라도가 그들에게 말하되 보라 이 사람이로다 하매."

예수님은 죄가 없으신 데도 불구하고
우리를 위해 고난과 저주와 고통을 당하셨습니다.
조소와 경멸을 당하셨습니다.
우리의 죄를 속량하시려고 모욕과 채찍질을 당하셨습니다.
예수님은 죄가 없으신 분이십니다.
용기와 위엄이 있는 분이십니다.
왕 중의 왕이시며 만왕의 왕이십니다.
우리는 이런 예수님을 영광의 주로 믿고 따라야 합니다.

빌라도가 예수님을 석방하려고 한 두 번째 방법은 예수님을 채찍질한 것입니다. 예수님을 채찍질함으로써 사형을 대신하게 하여 예수님을 죽이려는 유대인들의 마음을 만족시켜보려고 했습니다. 이것은 빌라도의 나약하고도 야비한 수단이었습니다. 이 채찍질은 무서운 능욕이었습니다. 수형자의 옷을 벗기고 수형자를 기둥에 묶어두고 가죽 채찍으로 칩니다. 가죽 채찍에는 뼈 조각이나 납, 또는 예리한 쇠붙이가 달려있어서 채찍에 맞으면 졸도하거나 죽는 경우가 많다고 합니다. 이때 주님이 묶이신 기둥이라고 전해지는 것이 예루살렘 옛 도시에 있는 성묘 교회(聖墓敎會, Church of the Holy Sepulchre)에 보존되어 있습니다.

예수님은 이런 채찍에 수없이 얻어맞아 십자가를 질 수 없으리만큼 고통을 당하셨습니다. 십자가를 지고 갈보리 길로 가시다가 넘어져 일어날 수가 없었습니다. 그때 구레네 시몬이 예수님의 십자가를 대신 지고 갔습니다. 이 채찍질은 로마 형법에 외국인들이나 종들에게 주는 법이라고 기록되어 있습니다. 예수님은 무슨 법적 정죄도 없이 이렇게 채찍에 맞으신 것입니다. 예수님이 이렇게 채찍질을 당하신 것은 이사야 53:5의 예언이 성취된 것입니다. "그가 채찍에 맞으므로 우리는 나음을 받았도다."

예수님이 이렇게 불법 취급을 받으심은 그를 믿는 우리에게 하늘의 의를 입혀주시기 위함이었습니다. 예수님은 죄인 대신 맞으셔서 예수님의 의를 우리에게 입혀주셨습니다.

예수님은 가시면류관을 쓰셨습니다. 군인들이 예수님을 왕으로 가장하여 희롱하려고 가시로 면류관을 만들어 씌웠습니다. 금 면류관을 써야할 예수님이 가시면류관을 쓰신 것입니다. 가시는 범죄의 결과로 생긴 것입니다. 창세기 3:18에 아담이 하나님의 명령을 어기고 범죄했을 때, 땅은 저주를 받아 가시덤불과 엉겅퀴를 냈습니다. 주님이 가시면류관을 쓰신 것은 예수님이 인류의 죄 값을 대신 받으신 것입니다. 예수님이 이러한 고통의 면류관을 머리에 쓰신 것은 사람들이 머리로, 사상으로 많은 죄를 범하기 때문입니다. 인간들이 악한 도모와 계획을 얼마나 많이 합니까?

예수님에게 자색 옷을 입혔습니다. 자색 옷은 왕의 옷입니다. 이런 옷을 예수님께 입힌 것은 예수님의 왕 되심을 조롱하는 악행입니다. 마태복음에는 군인들이 예수님의 손에 갈대를 들렸다고 기록했습니다. 그것은 갈대로 왕의 홀을 대신하게 하여 조롱하려는 것이었습니다. 주님이 입으신 자색 옷에는 예수님의 피가 스며들었고 나중에 그 옷이 피로 물들고 말았습니다. 군인들이 이렇게 예수님을 채찍질하고 가시면류관을 씌운 후 자색 옷을 입히고 예수님 손에 들려주었던 갈대를 빼앗아 예수님을 때렸습니다. 그리고 예수님 앞에 무릎을 꿇고 희롱하면서 "유대인의 왕이여, 평안할지어다,"라 하면서 예수님께 침을 뱉고 손바닥으로 때렸습니다.

예수님은 무서운 육적고통을 당하셨고 심적 모욕을 당하셨습니다. 빌라도가 이런 행동을 군인들이 하도록 허락해준 이유는 유대인들로 하여금 그것을 보고 만족감을 가지도록 하는 데 있었습니다. 그리하여 예수님이 동정을 얻고 사형을 받지 않게 하려는 빌라도의 의도였습니다. 그러나 이것은 불의한 수단이었고, 나약하고 비루한 타협안이었습니다. 진리는 진리로만 세워지는 것이고 불의한 수단이나 나약한 타협으로 세워지는 것이 아닙니다.

예수님은 유혈이 낭자한 모습으로 가시면류관을 쓰시고 자색 옷을 입은 채 빌라도에게 이끌리어 유대군중들이 보는 앞에 서신 것입니다. 빌라도는 유대군중들을 향하여 "보라, 이 사람이로다,"라고 말했습니다. 예수님의 이러한 모습은 만인이 만 가지 생각을 할 수 있는 것이었습니다. 처참한 모습이라고 사람들의 동정도 일으킬 수 있는 모습이요, 못된 유대인들에게는 통쾌감을 불러일으키는 모습이기도 했습니다. 오늘의 진정한 성도들이나 역대 신실한 그리스도인들에게는 주님의 이 모습이 너무나 숭고한 모습이요, 모든 성도들의 숭앙의 대상이 되는 모습입니다. 그리고 예수님의 이 모습은 수

많은 미술의 걸작품을 낳았습니다. 주님의 이 같은 유혈이 낭자하고 초라한 모습을 이사야 선지자는 벌써 예언을 했습니다.

"그는 주 앞에서 자라나기를 연한 순 같고 마른 땅에서 나온 뿌리 같아서 고운 모양도 없고 풍채도 없은즉 우리가 보기에 흠모할 만한 아름다운 것이 없도다. 그는 멸시를 받아 사람들에게 버림 받았으며 간고를 많이 겪었으며 질고를 아는 자라 마치 사람들이 그에게서 얼굴을 가리는 것 같이 멸시를 당하였고 우리도 그를 귀히 여기지 아니하였도다."(사 53:2~3)

옛날에 유대인들이나 로마 군인들이나 현대인들이 예수님을 저주하고 혹은 멸시하며 혹은 무관심하게 여길지라도 주님을 믿는 우리에게는 너무나 귀하신 구세주요, 만민의 왕이십니다. 빌라도가 예수님을 가리켜 "보라, 이 사람이로다," 한 것은 엄청난 명언입니다. 예수님은 과연 어떤 사람입니까? 부당하게 매를 맞고 가시면류관을 쓰시고 자색 옷을 입으시고 빌라도에게 끌려 유대인들 앞에 서신 예수님은 과연 어떤 분이십니까?

무죄하신 분

예수님은 죄가 없으신 분이십니다. 빌라도는 공석에서, 법적으로 예수님은 무죄하다고 세 번이나 선언했습니다. 그가 한 말, '나는 그에게서 아무 죄도 찾지 못하였다,'는 헬라어로 "Ἐγω οὐδεμίαν εὑρίσκω ἐν αὐτῷ αἰτίαν"인데 이 말은 '나는 그에게서 어떤 하나의 죄도 찾지 못했다,' 라는 뜻입니다. 작은 죄 하나도 찾을 수가 없었다는 말입니다.

예수님의 무죄성에 대하여 빌라도가 이렇게 증언했을 뿐 아니라, 많은 다른 증언들이 있습니다.

"내가 무죄한 피를 팔고 죄를 범하였도다,"(마 27:4) 는 가룟 유다의 증언입니다.

"저 옳은 사람에게 아무 상관도 하지 마옵소서 오늘 꿈에 내가 그 사람으로 인하여 애를 많이 태웠나이다," (마 27:19) 빌라도의 아내의 증언입니다.

"헤롯이 또한 그렇게 하여 그를 우리에게 도로 보내었도다 보라 그가 행한 일에는 죽일 일이 없느니라," (눅 23:15)는 헤롯왕의 증언입니다.

"우리는 우리가 행한 일에 상당한 보응을 받는 것이니 이에 당연하거니와 이 사람이 행한 것은 옳지 않은 것이 없느니라," (눅 23:41)는 죽어가는 강도의 증언이었습니다.

"백부장이 그 된 일을 보고 하나님께 영광을 돌려 이르되 이 사람은 정녕 의인이었도다," (눅 23:47)는 예수님 십자가 처형의 책임자였던 백부장의 증언이었습니다.

"백부장과 및 함께 예수를 지키던 자들이 지진과 그 일어난 일들을 보고 심히 두려워하여 이르되 이는 진실로 하나님의 아들이었도다," (마 27:54)는 백부장과 예수님을 지키던 자들의 증언입니다.

예수님은 무죄하신 분이요, 죄인들을 위해 살았고, 죄를 위해 죽으신 분이십니다. 예수님은 자기 자신을 희생하신 분이요, 하나님의 은혜와 축복을 인간에게 전해주신 중보자이십니다.

용기와 위엄이 있는 분

예수님은 웃옷을 벗기고 등을 드러내신 채로 기둥에 묶이셨습니다. 긴 가죽 채찍에 맞고 또 맞아 등이 너덜너덜 하였습니다. 이런 매를 맞으면 실신하고 졸도할 수밖에 없고, 매를 맞다가 죽은 자들도 많은데 예수님은 이런 채찍을 감내하시고 유대무리 앞에 서셨습니다. 빌라도가 "보라, 이 사람이로다,"

라고 했을 때는 예수님은 수많은 매를 맞고 난 후였습니다.

태형을 당하고 유혈이 낭자한 자리에 있었지만 예수님의 자세는 흐트러지지 않았고, 오히려 용기와 위엄 있는 자태를 보여주셨습니다. 조롱과 멸시를 당하며, 침 뱉음을 당하고, 갈대로 맞고, 주먹으로 구타를 당하였어도 주님의 모습은 태연자약했습니다. 왜냐하면 예수님은 하나님의 아들이요, 천지를 지으신 창조주요, 인간도 만드신 조물주이시기 때문입니다. 예수님에게는 하나님의 위엄이 있었고 하나님의 거룩함이 빛났습니다. 빌라도와 군인들은 예수님이 하나님이심을 몰라보고 채찍질을 했지만 예수님은 늠름하셨습니다.

만왕의 왕

빌라도는 예수님을 세우고 "보라, 이 사람이로다,"라 했습니다. 예수님은 왕 중 왕이시며 만왕의 왕이시므로 그는 '보라, 왕이시로다,'고 말했어야 합니다. 예수님은 로마 군인들이 조롱하고 희롱하는 나약한 왕이 아니라, 우주를 정복하고 온 세계를 다스리는 진정한 왕이십니다. 가장 큰 고통의 순간에도 왕의 위엄과 모습을 드러내신 예수 그리스도이십니다. 비록 예수님이 가시면류관을 쓰시고 자색 옷을 입고 구경거리가 되었지만 예수님은 진정한 우리의 영광스러운 왕이십니다. 만왕의 왕이신 예수님은 그의 왕격이 조롱을 당하셨습니다. 왜 예수님이 왕으로서 조롱을 당하시고 고난을 당하셨습니까? 그것은 예수님이 우리의 왕격을 회복시켜 주시기 위함이었습니다. "생육하고 번성하여 땅에 충만하라, 땅을 정복하라, 바다의 물고기와 하늘의 새와 땅에 움직이는 모든 생물을 다스리라."(창 1:28)고 성경은 말씀하십니다. 우리는 범죄 함으로 왕격을 상실했기 때문에 왕이신 예수님이 친히 고난을 당하시므로 우리의 왕격을 회복시켜 주셨습니다.

이 날이 언제입니까? 바로 심판의 날입니다. 이 날이 어떤 이에게는 영원한 저주의 날이 될 것이며, 어떤 이에게는 영원한 축복의 날이 될 것입니다. 곧 예수 그리스도를 하나님의 아들로 믿고 복종하며 구주로 영접한 자들에게는 재림의 그날이 무한한 영광의 날이 될 것입니다. 주님이 이들에게 은총의 홀을 내밀 것입니다. "내 아버지께 복 받을 자들이여, 나아와 창세로부터 너희를 위하여 예비 된 나라를 상속받으라." (마 25:34)는 축복을 받을 것입니다. 그러나 예수 그리스도를 하나님의 아들로 믿지 않고 구주로 영접하지 않는 자들에게 그 날은 영원한 불행의 날이 될 것입니다. 저주를 받은 자들은 영원한 형벌의 지옥으로 가라는 심판을 받을 것입니다.

성경학자인 크루마허(F. W. Krummacher, 1796~1868)는 이렇게 말했습니다.

"이 사람을 보라!"는 외침의 소리를 또 다시 듣게 될 때가 온다. 그때는 무수한 매를 맞고 가시관을 쓰시고 자색 옷을 입은 피투성이가 되신 예수님의 모습이 아니라, 전혀 다른 예수님의 모습을 보리라. 그때는 예수님이 조롱 받은 의복을 입는 것이 아니라, 신적 위엄의 빛나는 옷을 입고 나타나실 것이다. 가시관을 쓰시고 나타나는 것이 아니라, 영광의 면류관을 쓰시고 나타나시리라. 갈대를 들고 나타나는 것이 아니라, 우주를 통치하는 홀을 들고 나타나시리라."

우리는 어떻게 예수님을 믿어야 합니까? 우리는 지금 예수 그리스도를 어떻게 바라볼 것입니까? 채찍 맞고, 가시관을 쓰시고, 자색 옷을 입으신 예수님이 우리 앞에 오셨다고 생각할 때 우리는 어떤 생각을 합니까? 무한한 존경과 경외심, 감사와 감격과 사랑의 마음으로 예수님을 바라보아야 합니다. 로마 군인들과 유대인들에게 조소와 경멸을 받으신 주님, 그 주님은 나를 사랑하심으로 내 대신 모욕과 멸시와 저주와 채찍질을 당하셨습니다. 우리는 예수님을 믿음으로 바라보아야 합니다. 나의 죄를 속량하시려고 대신 고난을 당하셨습니다. 우리는 헌신과 복종의 마음으로 예수님을 바라보아야 합니다. 주님이 나를 살리시기 위해 이처럼 고난과 저주와 고통을 무한정으로 당하셨다면, 나도 주님을 위해 헌신하고 복종해야 합니다. 제한을 두지 말고 헌신할 수 있어야만 합니다. 우리는 소망으로 예수님을 바라보아야 합니다. 수난의 예수님이 영광의 주님으로 바뀌어 다시 오십니다.

'이 사람(호 안드로포스, ὁ ἄνθρωπος)'은 일반적으로 인간을 나타내는 말입니다. 그러나 후세 헬라 사상가들이 이 말을 '하늘같은 사람, 이상적인 사람, 완전한 사람, 인류의 본이 되는 사람,'을 나타내는 데 사용했습니다.

모라비아 교회(The Moravian Church)를 창설한 진젠도르프 백작(Count Nicolaus Ludwig von Zinzendorf, 1700~1760)은 어느 날 마음속으로 여러 가지 사업들을 생각하면서 뒤셀도르프에 있는 한 화랑을 걷고 있었습니다. 그는 예수 그리스도의 참된 제자였습니다. 그러나 그는 아직도 고상한 일을 위하여 완전한 헌신을 하지 못했습니다. 그가 그날 갑자기 유명한 "에께 호모 (Ecce Homo: 빌라도가 한 말)"―'보라, 이 사람이로다'(이두 호 안드로포스, Ιδοὺ ὁ ἄνθρωπος를 라틴어로 번역한 말)라는 피 흘리시는 머리 위에 가시관을 쓰고 있는 예수의 모습을 그린 그림 앞에 멈추어 섰습니다. 이 그림은 진젠도르프에게 깊은 감명을 주었습니다. 이 그림을 그린 사람은 이런 말을 들었다고 했습니다. "나는 너를 위해 이 모든 것을 주었는데 너는 나를 위해 무엇을 했느냐?" 진젠도르프 백작은 그 자리에서 즉시 기도하기를 자신으로 하여금 주님의 고난에 동참할 수 있게 해 달라고 간구했습니다. 그 결과 연합 형제회(Unitas Fratrum, United Brotherhood)라는 세계에서 가장 위대한 선교 교회가 설립되었습니다.

제47장

정죄 받은 예수

(요 19:6~16)

요한복음 19:6~16 "대제사장들과 아랫사람들이 예수를 보고 소리 질러 이르되 십자가에 못 박으소서 십자가에 못 박으소서 하는지라 빌라도가 이르되 너희가 친히 데려다가 십자가에 못 박으라 나는 그에게서 죄를 찾지 못하였노라. 유대인들이 대답하되 우리에게 법이 있으니 그 법대로 하면 그가 당연히 죽을 것은 그가 자기를 하나님의 아들이라 함이니이다. 빌라도가 이 말을 듣고 더욱 두려워하여, 다시 관정에 들어가서 예수께 말하되 너는 어디로부터냐 하되 예수께서 대답하여 주지 아니하시는지라. 빌라도가 이르되 내게 말하지 아니하느냐 내가 너를 놓을 권한도 있고 십자가에 못 박을 권한도 있는 줄 알지 못하느냐. 예수께서 대답하시되 위에서 주지 아니하셨더라면 나를 해할 권한이 없었으리니 그러므로 나를 네게 넘겨 준 자의 죄는 더 크다 하시니라. 이러하므로 빌라도가 예수를 놓으려고 힘썼으나 유대인들이 소리 질러 이르되 이 사람을 놓으면 가이사의 충신이 아니니이다 무릇 자기를 왕이라 하는 자는 가이사를 반역하는 것이니이다. 빌라도가 이 말을 듣고 예수를 끌고 나가서 돌을 깐 뜰(히브리 말로 가바다)에 있는 재판석에 앉아 있더라. 이 날은 유월절의 준비일이요 때는 제육시라 빌라도가 유대인들에게 이르되 보라 너희 왕이로다. 그들이 소리 지르되 없이 하소서 없이 하소서 그를 십자가에 못 박게 하소서 빌라도가 이르되 내가 너희 왕을 십자가에 못 박으랴 대제사장들이 대답하되 가이사 외에는 우리에게 왕이 없나이다 하니, 이에 예수를 십자가에 못 박도록 그들에게 넘겨 주니라."

 빌라도는 자기 앞에 서신 예수님이 누구인지 알지 못했습니다.

세상을 구원하실 구주라는 사실을 몰랐습니다.

충성을 바칠 왕 중의 왕이라는 사실을 몰랐습니다.

자신의 권세가 하나님께로부터 온 것을 몰랐습니다.

무지한 빌라도를 보면서

우리는 먼저 그의 나라와 그의 의를 구해야 합니다.

늘 본문에 나오는 빌라도는 모순투성이의 사람이었습니다. 예수님이 죄 없으신 분이라고 세 번이나 공적으로 선언하고도, 로마법에 따라 예수님의 무죄를 선언해 놓고도 예수님을 십자가에 처형하도록 내어준 모순의 사람이었습니다. 빌라도는 의인 예수님을 죄인으로 처형 받도록 재판한 자요, 감히 인간이 하나님을 재판한 엄청난 모순을 범한 자입니다. 그는 왜 이 같은 엄청난 모순을 범했을까요?

예수님이 누구인지 알지 못했기 때문

유대인들이 예수님을 고소한 내용은 일곱 가지입니다.

첫째, 예루살렘 성전을 헐겠다고 위협했다는 혐의입니다.(마 26:61) 예수님이 "너희가 이 성전을 헐라 내가 사흘 동안에 일으키리라.(요 2:19)"고 한 것을 빌미로 그들은 이 사람의 말이 "내가 하나님의 성전을 헐고 사흘 동안에 지을 수 있다"고 말했다고 고발했습니다. 그 당시 헤롯이 유대인들을 위해 46년간 예루살렘 성전을 짓고 있었지만 건축은 아직 완료되지 않았습니다. 예수님이 하신 말씀은 자기 육체를 십자가에 못 박으면 사흘 안에 다시 살아나리라는 부활을 예언한 말씀입니다.

둘째, 반역자로 고소했습니다. 곧 예수님은 악을 행하는 자라는 것입니다. "이 사람이 행악자가 아니었더라면 우리가 당신에게 넘기지 아니하였겠나이다.(요 18:30)"라며 고소했습니다.

셋째, 나라를 어지럽히는 자, 즉 국가 교란죄로 고소했습니다. 예수님이 오병이어로 기적을 베푸신 후에 유대인들은 예수님을 왕으로 삼으려고 했기 때문입니다.

넷째, 유대인들을 부추겨 가이사 황제에게 세금을 내지 말라는 선동을 했다고 고소했습니다. 누가복음 23:2에 그 셋째 이유와 넷째 이유, 다섯째 이유가 잘 설명되었습니다. "이 사람을 보매 우리 백성을 미혹하고 가이사에게 세금 바치는 것을 금하며 자칭왕 그리스도라 하더이다"라고 고소했습니다. 이것은 대제사장과 서기관들이 보낸 자들이 예수님을 함정에 빠뜨리려고 "가이사에게 세금을 바치는 것이 옳습니까, 옳지 않습니까? 우리가 바치리까 말리이까?"라고 묻자 예수님께서 데나리온을 보이시면서 "가이사의 것은 가이사에게 하나님 것은 하나님에게 바치라,"고 한 것을 근거로 고소한 것입니다.

다섯째, 자신을 왕이라고 하였다는 죄로 고소했습니다.

여섯째, 백성들을 소동케 한 죄로 고소했습니다. "그가 온 유대에서 가르치고 갈릴리에서부터 시작하여 여기까지 와서 백성을 소동하게 하나이다(눅 23:5),"라 한 것입니다. 이 여섯 가지의 송사는 심각한 것이었습니다. 그러나 빌라도가 심사한 결과 예수님의 무죄함이 판명되었습니다. 사실 유대인들이 고소한 여섯 가지는 예수님을 죄인으로 판정 지우려는 구실을 찾기 위한 것이었습니다.

유대인들은 사실 이런 내용 때문에 예수님을 미워한 것은 아니었습니다. 예수님을 고소한 가장 중요한 이슈는 예수님이 하나님의 아들, 독생자라고 주장한 데 있었습니다. 예수님의 이 주장을 그들은 신성모독이라고 생각했습니다. 예수님 자신이 하나님이라고 주장하셨기 때문에 고소당하고 십자가에 못 박으라고 소리소리 질렀습니다. 그러나 이 문제는 빌라도에게는 심각하지 않았습니다. 종교적인 문제이기 때문에 빌라도는 자기가 관여할 문제가 아니라고 생각했습니다. 그래서 빌라도는 말했습니다.

"너희가 친히 데려다가 십자가에 못 박으라 나는 그에게서 죄를 찾지 못하였노라." (요 19:6)

유대인들이 예수님의 죄를 지적하는데, 그것은 자기를 하나님의 아들이라

했기 때문입니다. 그들의 주장은 이런 신성모독죄를 범한 자는 사형에 해당한다는 것입니다.

"여호와의 이름을 모독하면 그를 반드시 죽일지니 온 회중이 돌로 그를 칠 것이니라 거류민이든지 본토인이든지 여호와의 이름을 모독하면 그를 죽일지니라."(레 24:16)

유대인들은 예수님을 하나님의 아들, 즉 하나님 자신인 줄 알지 못했습니다. 하나님이 자기를 하나님이라고 계시하여 주시는데도 하나님을 모독한 것으로 생각하고 죽여야 할 자로 알았습니다. 예수님의 고통은 이때만큼 클 때가 없을 것입니다. 진리는 사람들로 말미암아 불신앙될 때에 가장 큰 고통을 당합니다.

예수님에 대한 빌라도의 의견과 유대인들의 의견은 서로 달랐습니다. 빌라도는 예수님을 무죄하신 분으로 로마법에 저촉 되지 않는다고 보았지만, 유대인들은 죄인으로 보았고 사형에 해당한 자로 보았습니다. 왜냐하면 예수님 자신이 하나님의 아들이라고 했으므로 사형에 해당한다는 것입니다. 빌라도는 유대인들의 이 말에 두려운 감정을 가졌습니다.

"빌라도가 이 말을 듣고 더욱 두려워하여."(요 19:8)

또한 빌라도의 아내의 말도 빌라도를 더욱 두려워하게 만들었습니다.

"총독이 재판석에 앉았을 때에 그의 아내가 사람을 보내어 이르되 저 옳은 사람에게 아무 상관도 하지 마옵소서 오늘 꿈에 내가 그 사람으로 인하여 애를 많이 태웠나이다 하더라."(마 27:19)

이 재판 자리는 빌라도가 예수님에게 마지막 사형 언도를 내리는 자리입니다. 빌라도는 예수님이 하나님의 아들이라는 말을 듣고 정신적으로 몹시 불안하고 두려웠던 나머지 다시 예수님께로 가서는 물었습니다. "너는 어디로부터냐."(요 19:9)

이 질문은 "네가 진실로 하나님의 아들이냐?"고 묻는 것입니다. 이 질문에 예수님은 더 이상 대답하지 않으시고 침묵을 지키셨습니다.

예수님은 공생애 3년간 자기가 하나님의 아들이심을 계속 가르치고 주장하면서 나를 믿으라고 했기 때문에 더 이상 이야기할 필요가 없으셨습니다. 공관복음에서 예수님은 여러 번 침묵하신 것을 볼 수 있습니다. 대제사장 앞에서(마 26:63, 막 14:61), 헤롯 왕 앞에서(눅 23:9), 빌라도 앞에서 심문을 받을 때(막 15:5) 침묵하셨습니다. 영국 속담에 '침묵도 또한 대답이다,' 란 말이 있습니다. 예수님의 침묵은 빌라도에게 전율을 일으키게 했고, 예수님의 침묵은 또한 빌라도를 심판하는 웅변적 선언이기도 했습니다.

예수님이 이처럼 침묵하신 것은 이사야 53:7의 성취이기도 합니다.

"그가 곤욕을 당하여 괴로울 때에도 그의 입을 열지 아니하였음이여 마치 도수장으로 끌려가는 어린 양과 털 깎는 자 앞에서 잠잠한 양 같이 그의 입을 열지 아니하였도다."(사 53:7)

빌라도는 예수님을 하나의 인간으로만 생각했습니다. 그래서 바라바 강도와 비교하여 보다 좋은 사람으로 생각했기에 유대인들이 놓아주기를 바랐습니다. 그래서 "예수를 놓아주랴, 바라바를 놓아주랴?"고 했던 것입니다. 우리가 예수님을 하나님의 아들로 알지 못하고 믿지 않고 타인에게 전도하지 않으면 빌라도와 같은 모순을 범하게 됩니다. 오늘날, 빌라도의 자리에 앉아 있는 사람들이 있습니다. 자유주의 신학자들(Liberal Theologians)은 예수님을 하나의 도덕적인 인간으로만 보고 이야기합니다. 또 오늘날 우리 크리스천들도 예수님을 하나님의 아들로 인정하고, 믿고 있기는 하지만, 예수님을 위해 살지 않습니다. 예수님을 나의 삶의 한복판에 모시지 않고 나의 삶에서 제외시키고, 무관심하거나 또는 외곽으로 돌리고 있지 않은가 생각해야 합니다. 이렇게 하는 것은 빌라도의 자리에 앉아있는 것과 같습니다.

예수님을 우리 삶의 한복판에 모셔야 합니다. 개인과 가정과 교회와 국가의 중심에 모셔야 합니다.

권세의 출처를 바로 알지 못했기 때문

빌라도가 "너는 어디로부터냐?" 곧 '네가 하나님의 아들이냐?'라는 질문을 던질 때에 예수님은 침묵하셨습니다. 예수님은 이미 빌라도에게 자신이 누구라는 것을 말씀하셨으므로 빌라도의 이 질문은 공연한 질문이고 신실하지 않는 질문이기에 예수님은 침묵하셨습니다. 이때 빌라도는 다시 말하기를 "내가 너를 놓을 권한도 있고 십자가에 못 박을 권한도 있는 줄 알지 못하느냐?"라고 했습니다. 빌라도의 이 말은 왜 나의 권세를 인정하지 않느냐는 뜻입니다.

예수님이 보통 사람 같으면 빌라도에게 여러 가지 변명을 했을 것입니다. 그리고 억울한 일을 당했다고 호소했을 것입니다. 빌라도는 예수님도 이런 간청을 해오기를 기대하고 있었을 것입니다. 그렇게 함으로써 자기 권세를 과시하고 싶었는데 예수님은 일체 말씀이 없이 침묵을 지키신 것입니다. 예수님은 빌라도에게 살려달라고 애원이나 간청을 전혀 하지 않으셨습니다. 오히려 빌라도가 예수님에게 그런 권세가 있다는 것을 강조하고 있는 형편이니 기막힌 일이지요. 사실 예수님은 하룻밤 구류를 당하거나 몇 년 감옥살이를 한다는 것이 아니고 죽느냐 사느냐 하는 엄청난 문제 앞에 서 있었습니다. 그럼에도 불구하고 예수님은 불안해하거나 살려달라고 애원하지 않으니 이것이 오히려 빌라도의 마음을 괴롭히는 것이었습니다.

예수님은 전혀 죽음을 두려워하지 않으셨고, 또한 죽음에 쫓기는 사람처럼 보이지 않았습니다. 예수님은 자기의 최후의 날이 십자가라고 하는 목표를 향하여 나아가는 승리의 행진을 하는 사람 같았습니다. 빌라도의 큰 무지는 자기가 가지고 있는 총독의 권세가 로마 황제로부터 온 줄 알았고, 그 권세를 자기가 마음대로 사용할 수 있는 권세인 줄 알았습니다. 그러나 예수님은 빌라도의 권세는 '위에서 주신 것'이라고 하셨습니다. 빌라도에게 위에서 권세를 주셨기에 예수님을 해할 수 있다고 예수님은 설명하십니다. 예수님은 빌라도의 권세가 자기에게서 나온 것도 아니고, 로마황제로부터 나온 것도 아니라고 밝히셨습니다. 그의 권세는 다만 '위에서 온 것'이라고 하셨습니다. 여기 '위'란 말의 뜻은 하나님을 가리킵니다(요 3:1~7).

모든 권세는 하나님이 주신 것입니다. 빌라도의 권세도 하나님이 주신 것입니다. 권세는 헬라어로 세 가지 의미가 있습니다. 먼저 '두나미스(δύναμις)'로 폭발적인 힘을 가리킵니다. 로마서 1:16절에 '복음의 능력'이 이 말을 사용합니다. 다음으로 '크라토스(κράτος)'로 정치적 힘을 의미합니다. 마지막으로 '엑수시아(ἐξουσία)'로 합법적인 권위로 하나님의 인정을 받는 권세를 가리킵니다. 예수님이 빌라도에게 권세는 하나님이 주신 것이라고 하실 때에는, 마지막 의미인 엑수시아를 사용하셨습니다. 빌라도의 권세는 하나님의 인정을 받은 것이라고 밝히신 것입니다. 곧 빌라도의 권세는 하나님의 간섭과 하나님의 작정 가운데서 행사되는 권세라는 말입니다. 그러므로 예수님을 재판하고 해하는 권세도 하나님의 작정과 섭리 아래서 이루어지는 것이지, 빌라도 자신의 권세로 되는 것이 아니라는 것입니다.

모든 권세가 하나님께로부터 왔다는 사실을 우리가 알게 될 때에 국가나 사회의 지도자의 권위에 순종해야 합니다. 진정한 크리스천은 준법정신이 투철해야 하며 시민법에 순종해야 합니다. 자동차를 운전할 때 교통법에 복종하고, 정당하게 세금을 내고, 권위의 자리에 있는 사람들이 가르치는 대로 따라야 합니다.

칼빈은 무정부상태를 반대하고 경계했습니다. 그는 악한 통치자들에게까지 복종해야 한다고 가르쳤습니다. 그러나 그것에는 한계가 있습니다. 하나님의 계명에 위배되는 것은 복종할 수 없습니다. 우리가 신사참배를 거부하는 것도 이런 이유에서입니다. 대제사장들과 관리들이 예수님의 말씀을 전파하는 베드로와 요한에게 경고했지만, 베드로와 사도 요한은 이렇게 대답했습니다.

"그들을 불러 경고하여 도무지 예수의 이름으로 말하지도 말고 가르치지도 말라 하니, 베드로와 요한이 대답하여 이르되 하나님 앞에서 너희의 말을 듣는 것이 하나님의 말씀을 듣는 것보다 옳은가 판단하라." (행 4:18~20)

칼빈은 자신의 저서 기독교 강요(Institutio Christianae Religionis)에서 이렇게 말했습니다. "우리는 마땅히 자기들의 공직을 정직하고 바르게 수행하는 방백들의 권위에 순종할 뿐만 아니라, 어떤 수단을 통해서든 일을 통제할 주장권을 가진 자들, 심지어 방백의 직무를 조금도 수행치 않는 자들의 권위에도 복종해야 한다."

예수님은 권세의 궁극적 원천이 하나님이심을 가리키면서 예수님을 빌라도에게 넘겨준 자의 죄는 더 크다고 언급하셨습니다. 여기서 더 크다는 말씀은 빌라도가 예수님을 재판하는 죄가 크다면, 예수님을 재판하도록 넘겨준 자들의 죄는 더 크다는 말씀입니다. 예수님은 빌라도의 죄를 담대하게 지적하셨습니다. 빌라도는 양심을 속이는 죄를 범하였습니다. 예수 그리스도가 무죄하다는 것을 잘 알고 있었고, 세 번이나 무죄를 선언하였으면서도 유죄 선고를 하려고 했습니다. 그는 하나님이 주신 책임을 거스르는 죄를 범하였습니다. 선과 악을 구별해서 선언해야만 했습니다.

예수님은 빌라도의 죄도 크지만, 예수님을 빌라도에게 넘겨준 자들의 죄가 더 크다고 하십니다. 가룻 유다의 죄가 가장 큽니다. 예수님과 가장 가까이 있었고, 예수님에 대한 가장 큰 지식을 소유했던 가룻 유다가 예수님을 팔아버린 죄가 가장 큽니다. 빌라도의 죄보다 그해 대제사장인 가야바의 죄가 더 큽니다. 대제사장과 군중이 합세하여 예수님을 죽이려 한 것은 자기들의 죄가 노출되기 때문입니다. 예수님은 빛으로 오셨습니다. 어둠 속에서는 어둠이 통하지만, 빛이 나타남으로 어둠 속의 온갖 것들이 노출되었습니다. 가야바에게 이런 큰 문제가 있습니다. 예수님이 살아있으면 가야바가 살 수 없다는 말입니다. 가야바가 무너지는 자기의 권위를 세우려고 하니 예수님을 죽일 수밖에 없었습니다.

이 원리는 우리 신앙인들에게도 해당됩니다. 내가 나를 죽이지 못하면 예수님을 십자가에 못 박아야 합니다. 죽어야 할 나의 부분들이 아직까지 살아 있다면 예수님을 십자가에 못 박는 일을 하는 것입니다.

진정한 친구를 발견하지 못했기 때문

예수님이 빌라도에게 "나를 네게 넘겨 준 자의 죄는 더 크다," 하실 때에 빌라도는예수님을 석방하려고 힘을 썼습니다. 아마 이 말씀을 들은 빌라도는 더 큰 두려움을 느꼈기 때문일 것입니다. 이때 유대인들이 또 소리 지르기를 "이 사람을 놓아주면 가이사의 충신이 아니라,"고 했습니다. 예수님은 자기를 왕이라고 자칭하는데, 그것은 로마 황제 가이사를 반역하는 행위라고 유대인들이 고함을 질렀습니다. 예수님이 가이사의 반역자라고 하면, 그를 놓아준 빌라도도 반역자가 되는 것입니다. 그 당시의 로마 황제는 티베리우스 황제(Tiberius Julius Caesar Augustus, 주전 42년~주후 37년, 재위기간 주후 14년~주후 37년)로 그는 의심과 시기심으로 많은 사람을 죽였습니다. 자기의 지위를 엿본다고 의심했기 때문입니다. 빌라도는 유대인들의 말을 듣고는 다시 재판석에 앉았습니다.

"빌라도가 이 말을 듣고 예수를 끌고 나가서 돌을 깐 뜰(히브리 말로 가바다)에 있는 재판석에 앉아 있더라." (요 19:13)

이 재판은 제 6시(오전 11~12시)에 행해졌습니다. 빌라도가 유대인들에게 "보라, 너희 왕이로다," 라고 할 때, 유대인들은 "없이 하소서, 가이사 외에는 우리에게 왕이 없습니다," 라고 소리쳤습니다. 언제부터 유대인이 가이사에게 충성했나요? 실제적으로 로마의 속국 아래에서 유대인들은 로마인들을 아주 미워했습니다. 그런데 예수님을 죽이기 위해서는 수단과 방법을 가리지 않았습니다.

빌라도는 가이사의 충신이 될 수 없다는 유대군중들의 고함소리에 위축당했습니다. 여기 충신이라는 것은 헬라어 '필로스(φίλος)'로 친구라는 뜻입니다. 빌라도는 죄인들의 진정한 친구이신 예수님을 자기 앞에 두고도 친구인 줄을 몰랐습니다. 빌라도는 불행한 인물입니다. 가이사의 친구가 되기 위하여 예수님을 배신하고 십자가에 처형하도록 재판한 미련한 사람입니다. 공의와 진리를 생각하기보다 먼저 자기 입장을 생각한 인간입니다. 의인이 죽든 말든 자기 자신의 총독 위치를 지키기에 급급했습니다.

우리가 분명히 깨달아야 할 것은 내 목숨보다 의와 진리가 먼저라는 것입니다. 배 고프냐, 배 부르냐가 우선이 아니라 그 일이 옳은가, 그른가를 먼저 생각해야 합니다. 신앙이란 먼저 나를 생각하는 것이 아니라 먼저 주님을 바라보고 생각하고 경외하고 찬송하는 것입니다. 예수님은 말씀하십니다.

"너희는 먼저 그의 나라와 그의 의를 구하라 그리하면 이 모든 것을 너희에게 더하시리라."(마 6:33)

이것이 성경의 원리입니다. 빌라도는 가이사의 친구가 되는 것을 더 중시했습니다. 그러나 가이사 티베리우스는 빌라도의 영원한 친구가 되지 못합니다. 빌라도의 지옥행을 막을 수 없었습니다. 자기 앞에 계신 친구 예수를 영접했더라면 영원한 행복을 가졌을 것입니다. 그는 진정한 친구를 발견하지 못하여 천추에 씻을 수 없는 죄를 범하고 말았습니다. 그의 죄는 사도신경에 "본디오 빌라도에게 고난을 받으사,"로 영원히 사람들의 입에 오르내리고 있습니다.

빌라도의 잘못된 재판에 대한 모순된 행위를 분석하면서 우리의 신앙생활을 재점검하고 정리해 봐야 합니다. 신앙생활의 정도를 걸어야 합니다. 모순

되지 않는 신앙생활을 하려면 예수님이 누구인지를 분명히 알아야 합니다. 예수님과 여러분과의 관계를 확실히 알아야 합니다. 그리고 분명히 고백해야 합니다. 권세의 궁극적인 출처는 하나님이심을 바로 알아야 합니다. 준법정신을 가져야 합니다. 사회생활이나 교회생활에서 법규를 지켜야 합니다. 위에 있는 권위를 인정해야 합니다. 예수님이 우리의 변하지 않는 유일의 친구임을 알아야 합니다.

혹시라도 여러분이 모르는 사이에 빌라도의 자리에 앉아 예수님을 재판하는 엄청난 모순을 범하지는 않습니까? 나의 눈에 들보는 보지 못하고 남의 눈에 티만 보고 있지는 않습니까? 나의 실수와 죄는 과소평가하고 타인의 실수와 죄는 침소봉대 하지는 않습니까? 예수님 중심의 생활보다 인본주의 신앙생활에 매력을 느껴 예수 그리스도를 아웃사이더로 밀어 내놓지 않습니까? 주님은 말씀하십니다.

"너희는 먼저 그의 나라와 그의 의를 구하라 그리하면 이 모든 것을 너희에게 더하시리라." (마 6:33)

제48장

골고다의 세 십자가

(요 19:17~18, 눅 23:32~43)

요한복음 19:17~18 "그들이 예수를 맡으매 예수께서 자기의 십자가를 지시고 해골(히브리 말로 골고다)이라 하는 곳에 나가시니, 그들이 거기서 예수를 십자가에 못 박을새 다른 두 사람도 그와 함께 좌우편에 못 박으니 예수는 가운데 있더라."

누가복음 23:32~43 "또 다른 두 행악자도 사형을 받게 되어 예수와 함께 끌려 가니라. 해골이라 하는 곳에 이르러 거기서 예수를 십자가에 못 박고 두 행악자도 그렇게 하니 하나는 우편에, 하나는 좌편에 있더라. 이에 예수께서 이르시되 아버지 저들을 사하여 주옵소서 자기들이 하는 것을 알지 못함이니이다 하시더라 그들이 그의 옷을 나눠 제비 뽑을새, 백성은 서서 구경하는데 관리들은 비웃어 이르되 저가 남을 구원하였으니 만일 하나님이 택하신 자 그리스도이면 자신도 구원할지어다 하고, 군인들도 희롱하면서 나아와 신포도주를 주며, 이르되 네가 만일 유대인의 왕이면 네가 너를 구원하라 하더라. 그의 위에 이는 유대인의 왕이라 쓴 패가 있더라. 달린 행악자 중 하나는 비방하여 이르되 네가 그리스도가 아니냐 너와 우리를 구원하라 하되, 하나는 그 사람을 꾸짖어 이르되 네가 동일한 정죄를 받고서도 하나님을 두려워하지 아니하느냐. 우리는 우리가 행한 일에 상당한 보응을 받는 것이니 이에 당연하거니와 이 사람이 행한 것은 옳지 않은 것이 없느니라 하고, 이르되 예수여 당신의 나라에 임하실 때에 나를 기억하소서 하니, 예수께서 이르시되 내가 진실로 네게 이르노니 오늘 네가 나와 함께 낙원에 있으리라 하시니라."

 예수님은 무죄함에도 십자가를 지셨습니다.
우리의 죄를 위해 십자가를 지셨습니다.
골고다 언덕으로 십자가를 지고 가시는 주님을 따라
우리도 우리의 십자가를 지고 주님만을 따라야 합니다.
종래에는 십자가가 나를 지고 갈 것입니다.

우리 그리스도교는 십자가의 종교라고 불립니다. 골고다 십자가에서 죽으신 예수 그리스도에게서 출발했기 때문입니다. 중세기의 역사를 장식한 십자군이 있습니다. 예루살렘 성지가 회교도들에게 점령당하고 유린당했을 때, 성지를 탈환해야 한다고 하면서 유럽의 왕들로부터 서민에 이르기까지 노소를 막론하고 십자가를 흔들면서 성지를 향해 진군했습니다. 십자가의 위세를 떨쳤던 시대라고 할 수 있습니다.

현재 모든 세계의 그리스도교도는 다 그 십자가로 표지를 삼고 있습니다. 1853년 크리미아 전쟁(크림 전쟁, 1853년~1856년) 때에 나이팅게일(Florence Nightingale, 1820년~1910년)은 아군과 적군의 구별 없이 부상병을 간호했는데, 이것으로부터 만국 적십자사가 창설되었습니다. 여기에서 십자가는 교회 밖으로 나가 사회복지의 상징이 된 것입니다. 현재 세계에는 스위스를 비롯하여 17개국이 십자가를 국기로 제정하고 있습니다.

이 십자가는 끔찍한 사형틀입니다. 십자가에 못 박는 처형방식은 페르시아에서 시작이 되었다고 합니다. 페르시아 인들은 땅이 거룩하다고 생각했기 때문에 범죄자가 그들의 시신과 피로 말미암아 땅이 더럽혀지는 것을 피하고 싶어 했습니다. 그래서 죄수를 십자가에 못 박아 거기서 죽도록 내버려 두었고, 십자가에서 죽은 시신은 독수리나 까마귀나 들개들이 와서 처리했습니다. 페르시아에서 시작된 십자가 처형방식이 카르타고 사람들에게 전해졌고, 로마 사람들은 카르타고 사람들로부터 이런 처형방식을 전수받았습니다. 그러나 로마 안에서는 십자가 처형이 사용되지 않았습니다.

이 십자가 처형은 노예들이나 비 로마시민에게 사용된 처형법입니다. 십자가에 처형되도록 선고가 내려지면, 그 죄수는 먼저 매를 맞습니다. 채찍으로 매를 맞는데 채찍은 가죽채찍으로 뼈나 쇠붙이를 박아서 맞으면 살이 찢어지고, 매를 맞다가 기절하거나 죽는 자도 있었습니다. 매를 맞은 후에 십자가 나무를 지고 사형장까지 가게 합니다. 처형부대가 죄수를 따라가는데 백부장 1명과 4명의 군인들이 죄수를 따라갑니다. 한 사람이 처형 받는 죄수의 죄목을 패에 써서 죄수 앞에 들고 갑니다. 이렇게 하는 것은 다른 사람으로 하여금 그러한 범죄를 행하지 말라는 경고이고, 만일 어느 사람이 그것을 보고 죄수의 혐의를 벗겨줄 증거를 가지고 있다면 그 행렬을 멈추고 그 소송사건을 재조사할 수 있게 하려 함이었습니다. 죄수가 십자가 처형 장소에 도착하면 옷을 벗깁니다. 그 옷은 군인들의 소유가 됩니다. 십자가 나무에 죄수를 눕히고 손과 발에 못을 박습니다. 때로는 발을 십자가 나무에 묶어두기도 합니다. 십자가에 달린 죄수는 그 충격과 심장 파열로 인하여 피를 쏟음으로 죽고, 아니면 질식해서 죽는다고 합니다.

우리 예수님이 이러한 죽음을 죽으셨습니다. 로마시대의 정치가, 철학자인 키케로(Marcus Tullius Cicero 주전 106년~주전 43년)는 십자가 형벌을 가리켜 가장 잔인하고 소름끼치는 사형이라고 했고, 로마의 역사가인 타키투스(Publius Cornelius Tacitus, 주후 56년~117년)는 십자가 형벌이 야비한 죽음이라고 했습니다. 예수님은 '해골의 곳'이라는 동산 모양이 해골 같이 생긴 곳에서 십자가를 지셨고, 히브리말로는 이 동산을 골고다라고 하고 라틴어로는 갈보리(Calvariae)라고 합니다.

우리는 오늘 본문에서 기독교의 원 십자가를 볼 수 있습니다. 국기에 있는 십자가나 국제 적십자의 십자가가 아니라, 주님이 못 박히신 십자가를 볼 수 있습니다. 이 십자가는 모든 십자가의 원형입니다. 예수님과 함께 두 강도가 십자가에 처형되어, 골고다 언덕에는 세 개의 십자가가 세워졌습니다. 세 개의 십자가를 함께 살펴보면서 예수님의 십자가의 성격에 대해 알아봅시다.

특이한 십자가

예수님이 지신 십자가는 두 강도가 진 십자가와는 다른 십자가입니다. 십자가 나무, 모형, 무게는 같았지만 십자가의 의미와 내용이 전혀 다릅니다. 두 강도는 저들이 지은 죄의 대가로 처형 받은 십자가였습니다. 여기 강도란 민중봉기자라는 뜻입니다. 로마에 반대하는 데모나 선동을 하다가 체포되어 십자가 처형을 받은 것입니다. 그러나 예수님이 지신 십자가는 자기의 죄 때문이 아니라 인류의 죄를 대신하여 지신 대속의 십자가입니다. 빌라도는 세 번씩이나 예수님이 무죄하다고 무죄선고를 하였으나 예수님은 십자가를 지셨습니다. 예수님은 죄 없는 죄인이요, 완전한 의인이면서, 최대의 죄인으로서 십자가에 달린 하나님이십니다. 우리 죄인들을 위해 대신 십자가를 지셨습니다.

예수님을 죽이려던 유대교권자들, 서기관, 바리새인, 제사장들이 은 30에 예수님을 매수했습니다. 은 30은 그 당시 노예 한 사람의 값이었습니다. 그들은 예수님을 살인강도 이하로 취급하였습니다. "예수냐, 바라바냐?"라고 선택권이 주어졌을 때, 그들은 강도인 바라바를 선택했습니다. 로마 군인들에 의하여 예수님은 왕으로 가장되어 조롱을 받으셨습니다. 예수님의 십자가 위에까지 '유대인의 왕 나사렛 예수' 라는 조롱의 명패를 붙였습니다. 예수님이 달리신 십자가는 로마사회에서 최악의 극형이었습니다. 나무에 달아 죽이는 것은 저주의 죽음입니다.

"사람이 만일 죽을죄를 범하므로 네가 그를 죽여 나무 위에 달거든, 그 시체를 나무 위에 밤새도록 두지 말고 그 날에 장사하여 네 하나님 여호와께서 네게 기업으로 주시는 땅을 더럽히지 말라 나무에 달린 자는 하나님께 저주를 받았음이니라."(신 21:23)

예수님은 본래 무죄하시나 십자가에 달려 계실 때에는 만고에 없는 대죄인이었습니다. 만인의 죄를 담당하셨기 때문입니다. 그래서 하나님이 얼굴을 예수님에게서 돌리셨습니다. 그때 예수님은 말씀하셨습니다. "나의 하나님, 어찌하여 나를 버리셨나이까?" 하나님의 버림을 받는 순간이 십자가에 달린 때였습니다.

분리의 십자가

예수님과 함께 두 강도가 십자가를 지고 처형당했습니다. 신약 외경에 의하면 두 강도의 이름은 '테스마(Thesma)'와 '게스타(Gesta)'였다고 합니다. 이들은 어제까지는 동료요, 공모자였지만 중앙에 있는 예수님의 십자가로 그들은 분리되었습니다. 그리고 이 분리는 영원한 분리였습니다. 여기서 회개한 강도는 테스마였고 게스타는 회개하지 않았습니다. 누가복음 23장에 이 두 강도의 분리를 상세하게 기록하고 있습니다.

첫째, 그리스도 관에 있어서의 분리입니다. 게스타는 주님에 대하여 오만 불손했고 주님이 자기와 같은 죄인이라고 보았습니다. 그러나 테스마는 예수님은 죄가 없으신 분이요, 우리의 죄 때문에 십자가를 지신 분임을 알았습니다.

둘째, 죄의식에 있어서의 분리입니다. 게스타는 자기가 죄인임을 깨닫지 못하였고, 억울하게 십자가 형벌을 당한다고 생각했습니다. 십자가 처형에서 풀려나기 위해 몸부림쳤습니다. 그러나 테스마는 솔직히 자기 죄를 시인하고 십자가형을 받음이 마땅하다고 고백했습니다.

"하나는 그 사람을 꾸짖어 이르되 네가 동일한 정죄를 받고서도 하나님을 두려워하지 아니하느냐. 우리는 우리가 행한 일에 상당한 보응을 받는 것이니 이에 당연하거니와 이 사람이 행한 것은 옳지 않은 것이 없느니라."

셋째, 내세관에 있어서의 분리입니다. 게스타에게는 내세가 보이지 않았습니다. 그는 최후까지 현세의 삶에만 치중했습니다. 십자가에서 내려가 살 길을 모색했습니다. 그는 "네가 그리스도가 아니냐 너와 우리를 구원하라,"고 했습니다. 그러나 테스마는 현세의 삶을 포기했고 미련을 두지 않았습니다. 그는 "예수여 당신의 나라에 임하실 때에 나를 기억하소서,"라고 했습니다. 십자가 죽음에서 천국을 바라보았습니다.

넷째, 구원에 있어서의 영원한 분리입니다. 게스타는 일생동안 강도생활을 한데다가, 십자가에 처형된 마지막 순간에도 하나님의 아들이신 예수님을 비방하고 조롱하는 죄를 더 첨가했습니다. 이 강도는 철두철미하게 죄를 범하고 죽음의 마지막 순간까지 죄를 짓다가 영원히 멸망당하고 말았습니다. 그러나 테스마는 비록 범죄 하여 십자가 처형을 받게 되었지만 최후의 순간에 회개했습니다. 예수님은 그에게 "오늘 네가 나와 함께 낙원에 있으리라,"고 말씀하셨습니다. 그는 구원의 보장을 받은 것입니다.

주님의 십자가는 분리의 십자가입니다. 십자가가 있는 곳에 죄와의 분리가 있고, 불의와의 분리가 있고, 불신앙과의 분리가 있습니다. 예수님의 십자가는 하나님의 뜻과 인간의 뜻을 분리시킵니다. 정과 사를 분리시킵니다. 예수님의 십자가는 참 신앙과 거짓신앙을 분리시키고 인본주의 신앙과 신본주의 신앙을 분리시킵니다.

백두산 꼭대기에 빗물이 떨어질 때, 그것이 동쪽으로 흐르면 두만강을 이루고 서쪽으로 흐르면 압록강이 됩니다. 백두산은 압록강과 두만강의 분수령입니다. 예수님의 십자가는 테스마 강도가 보았을 때 구속의 십자가요, 은총의 십자가이며, 축복의 십자가요, 생명의 십자가로써 은혜가 되었습니다. 그러나 게스타 강도가 보았을 때 예수님의 십자가는 자기의 십자가와 똑같은 저주의 십자가, 죽음의 십자가로만 보였습니다. 아무런 은혜가 되지 않았습니다.

양면의 십자가

양면이란 한편에는 엄격하고 한편에는 사랑이 넘쳤다는 뜻입니다. 이중성을 의미하는 게 아닙니다. 주님께서는 최후까지 회개하지 않고 발악하는 강도에 대해서는 일체 대답을 하지 않으셨습니다. 다만 침묵을 통하여 대답하셨습니다. 그 침묵은 하나님의 엄격하고도 준엄하신 심판을 의미합니다. 예수님의 침묵은 죄인과 하나님과의 영원한 단교를 의미합니다. 그러나 최후의 순간에 회개한 강도 데스마에게 주님은 부드러운 음성으로 "오늘 네가 나와 함께 낙원에 있으리라,"고 하셨습니다. 일생을 통하여 살인, 강도 행각을 벌인 추악한 인간이 최후의 순간에 뉘우칠 때 주님은 서슴지 않고 곧 구원하여 주셨습니다. 십자가에 달린 채 회개한 강도는 자기의 영적 궁핍과 가난을 인식했습니다. 그는 자기가 죄인임을 인식했습니다. 구주가 필요하다는 것을 절실히 느꼈습니다. 자기의 생명의 시간이 몇 시간 밖에 남지 않았을 때에 예수님을 찾았고 불렀습니다.

주님은 우리가 회개할 때에 너무 늦어서 들어줄 수 없다고 하시지 않으십니다. "주여, 당신의 나라가 임하실 때에 나를 기억하소서,"라고 강도가 간구하고 기도할 때, 주님은 "오늘 네가 나와 함께 낙원에 있으리라,"고 하셨습니다. 이 대화는 예수님께서 죄인과 나눈 마지막 축복의 대화요 소망의 대화였습니다. 이 대화는 강도에게 준 파격적인 은총이었습니다. 너무나 엄청난 은혜였습니다. 그는 이 순간부터 주님과 영원한 교제에 들어갔습니다. 여러분은 생명의 마지막 순간에 주님과 어떤 내용의 대화를 나누겠습니까? 오늘이 마지막이라면 어떤 대화를 나누겠습니까?

주님의 십자가는 이처럼 양면의 십자가입니다. 회개하지 않는 자에게는 엄격하게 심판하시며, 회개하는 자에게는 자애롭게 축복을 주시는 십자가입니다. 바울은 말합니다.

"십자가의 도가 멸망하는 자들에게는 미련한 것이요 구원을 받는 우리에게는 하나님의 능력이라."(고전 1:18)

생명이 있는 나무에 물을 주면 잘 자라고 꽃이 피어서 열매를 맺습니다. 그러나 죽은 나무에 물을 주면 더 빨리 썩게 됩니다. 이 같은 원리는 지식이나 권력, 과학에도 똑같이 적용됩니다. 십자가는 모든 자에게 무조건의 축복을 주는 것은 결코 아닙니다. 그것은 말할 수 없는 축복인 동시에 또한 저주인 것을 명심해야 합니다. 회개하지 않는 강도에게 예수님의 십자가는 저주였습니다. 일생동안 강도 생활하고 마지막 죽을 때까지 예수님을 비방하고 조롱하는 죄를 범하는 기회 밖에는 되지 않았습니다.

옛날에 한 왕이 자기 나라에 풍기가 문란하고 도덕이 땅에 떨어진 것을 보고 칙령을 내렸습니다. 이 칙령이 내려진 후에 누구든지 간음하는 자는 두 눈을 뺄 것이라고 공포했습니다. 그런데 이 영이 떨어진 후에 맨 처음 간음죄를 범해서 잡혀온 사람은 왕의 사랑하는 아들이었습니다. 왕자를 보고 당황하는 왕에게 신하는 "왕자의 눈을 빼겠습니까?"라고 물었습니다. 왕은 이때 중한 딜레마에 빠졌습니다. 아들을 용서하는 것은 왕으로서의 공의가 허락되지 않는 일이었습니다. 그러나 왕자의 두 눈을 뽑는 것은 아버지의 사랑이 허락하지 않는 일입니다. 왕은 고민하다가 마침내 결정을 하고는 명령을 내렸습니다. "왕자의 눈을 뽑으라!" 집행관은 왕의 명령에 따라 왕자의 한 눈을 뽑았습니다. 다른 눈을 뽑으려고 하는데 왕이 그것을 중지시키고 다른 한 눈은 왕이 직접 뽑겠다고 하면서 형리의 칼을 받아서는 자기의 눈을 하나 뽑았습니다. 땅바닥에는 붉은 피로 물들여진 눈알 두 개가 떨어졌습니다. 왕의 행한 일을 들은 온 국민은 두려워하고 감격하여 다시는 간음죄를 범하지 않았다고 합니다. 왕은 왕으로서의 공의와 아버지로서의 사랑을 다 보존한 것입니다.

예수님의 십자가에서 하나님의 지극한 사랑과 동시에 하나님의 엄격하신 공의를 봅니다. 하나님은 독생자를 죽이기까지 죄인인 인간을 사랑하셨습니다. 또한 아들을 죽이기까지 하면서 죄를 벌하심에 엄중하셨습니다. 하나님의 공의와 사랑을 예수 그리스도의 십자가에서 동시에 바라보는 것이 신앙의 요소입니다. 만일 하나님의 사랑을 느끼지 못하고 그 공의만을 바라보면 우리는 낙심할 것입니다. 만일 하나님의 공의를 깨닫지 못하고 그의 사랑만 생각하면 죄를 두려워하지 않을 것입니다.

"모세의 법을 폐한 자도 두세 증인으로 말미암아 불쌍히 여김을 받지 못하고 죽었거든, 하물며 하나님의 아들을 짓밟고 자기를 거룩하게 한 언약의 피를 부정한 것으로 여기고 은혜의 성령을 욕되게 하는 자가 당연히 받을 형벌은 얼마나 더 무겁겠느냐 너희는 생각하라."(히 10:28~29)

예수님의 십자가에 대한 완전한 이해는 사랑과 공의를 함께 생각하는 것입니다. 예수님의 십자가는 특이한 십자가입니다. 분리의 십자가입니다. 양면성의 십자가입니다. 예수 그리스도의 십자가는 복음입니다. 죄인을 용서하고, 구원하고, 영생을 주십니다. 이 구원은 엄청난 은혜요, 축복이요, 파격적인 은총입니다. 십자가의 은혜에 대하여 감사해야 합니다.

예수님께서는 자기의 십자가를 지시고 골고다로 가셨습니다. 우리에게 은혜를 주시려고 십자가를 지셨습니다. 우리는 이런 주님을 따라가야 합니다. 예수님은 말씀하십니다.

"누구든지 나를 따라오려거든 자기를 부인하고 자기 십자가를 지고 나를 따를 것이니라."(마 16:24)

예수님의 십자가를 이해하는 자만이 예수님을 따라갈 수 있습니다. 자기 십자가를 지고 예수님을 따라갈 수 있습니다.

우리가 부인해야 할 것은 무엇인지 생각해 봅시다.

자기 안일을 부인하는 것입니다.

"너는 그리스도 예수의 좋은 병사로 나와 함께 고난을 받으라." (딤후 2:3)

자기 견해를 부인해야 합니다.

"베드로에게 이르시되 사탄아 내 뒤로 물러가라 너는 나를 넘어지게 하는 자로다 네가 하나님의 일을 생각하지 아니하고 도리어 사람의 일을 생각하는도다 하시고." (마 16:23)

자기 지혜를 부인해야 합니다.

"하나님의 지혜에 있어서는 이 세상이 자기 지혜로 하나님을 알지 못하므로 하나님께서 전도의 미련한 것으로 믿는 자들을 구원하시기를 기뻐하셨도다." (고전 1:21)

자기 의지를 부인해야 합니다.

"만군의 여호와께서 말씀하시되 이는 힘으로 되지 아니하며 능력으로 되지 아니하고 오직 나의 영으로 되느니라." (슥 4:6)

자기 이론을 부인해야 합니다.

"성령이 아시아에서 말씀을 전하지 못하게 하시거늘 그들이 브루기아와 갈라디아 땅으로 다녀가, 무시아 앞에 이르러 비두니아로 가고자 애쓰되 예수의 영이 허락하지 아니하시는지라. 무시아를 지나 드로아로 내려갔는데, 밤에 환상이 바울에게 보이니 마게도냐 사람 하나가 서서 그에게 청하여 이르되 마게도냐로 건너와서 우리를 도우라 하거늘, 바울이 그 환상을 보았을 때 우리가 곧 마게도냐로 떠나기를 힘쓰니 이는 하나님이 저 사람들에게 복음을 전하라고 우리를 부르신 줄로 인정함이러라." (행 16:6~10)

"자기 십자가를 지고 나를 따르라,"고 하신 말씀은 십자가는 죽음이라는 말씀이십니다. 제물이 되어야 한다는 말씀이십니다. 죽어야 제물이 됩니다. 나를 완전히 죽여야 예수님을 따르는 것입니다. 사도 바울은 말합니다.

"형제들아 내가 그리스도 예수 우리 주 안에서 가진 바 너희에 대한 나의 자랑을 두고 단언하노니 나는 날마다 죽노라."(고전 15:31)

처음에는 십자가를 지고 주님을 따라가기가 쉽지 않습니다. 그러나 나중에는 십자가가 나를 지고 가는 것을 체험할 수 있습니다. 우리는 우리의 십자가를 지고 주님을 따라야 합니다. 뒤돌아보지 않고 오직 주님만을 따라야 합니다. 골고다 언덕으로 십자가를 지고 가시는 주님을 따라 우리도 우리의 십자가를 지고 주님만을 따라야 합니다.

제49장

무관심의 병

(요 19:23~24)

요한복음 19:23~24 "군인들이 예수를 십자가에 못 박고 그의 옷을 취하여 네 깃에 나눠 각 각 한 깃씩 얻고 속옷도 취하니 이 속옷은 호지 아니하고 위에서부터 통으로 짠 것이라. 군 인들이 서로 말하되 이것을 찢지 말고 누가 얻나 제비 뽑자 하니 이는 성경에 그들이 내 옷 을 나누고 내 옷을 제비 뽑나이다 한 것을 응하게 하려 함이러라 군인들은 이런 일을 하고,"

예수님 십자가에 대해 무관심하십니까?

무관심은 죄입니다.

예수님의 옷을 제비 뽑던 군인처럼 무관심하십니까?

주님을 사랑해야 합니다.

주님을 뜨겁게 사랑해야 합니다.

1933

년 1월 30일 아돌프 히틀러는 독일 수상으로 취임한 후 유대인들을 계획적으로 박해하기 시작했습니다. 새로 조직된 전국개신교 총회장 밀러 목사를 통하여 유대인들을 교회 행사에 가담할 수 없도록 법을 만들었습니다. 1933년 11월 13일 개최된 독일 크리스천 대회에서 회장인 호젠헤르더(Hosenherder) 목사는 유대인들은 독일국가에 해로운 존재들이므로 이들을 배척해야 한다고 주장했습니다. 이때 2만여 명의 크리스천들이 박수를 보냈습니다. 교회의 동의를 얻은 히틀러는 1935년 9월 15일, 뉴렌버그 국민대회에서 유대인들은 독일 국민이 될 수 없고 독일인은 유대인과 결혼할 수 없다고 했습니다. 이렇게 하여 히틀러는 독일뿐만 아니라 그가 점령한 모든 영토에서 유대인들을 체포하여 죽였습니다. 폴란드의 작은 도시 아우스비치 수용소에서는 50만 명이 넘는 유대인들이 가스 목욕탕에서 비참하게 질식사했습니다. 이때 독일에는 전 인구의 삼분의 이가 되는 3천만 명의 개신교 신자가 있었고, 1만 8천 명이 넘는 개신교 목사가 있었습니다. 이와 같은 히틀러의 잔인무도한 행위에 대하여 용감하게 항의한 신자는 니뮐러 목사와 본회퍼 목사뿐이었습니다. 본회퍼 목사는 1943년에 체포되어 2년 후에 사형 당했습니다.

노벨 수상자인 역사가 위젤 교수(엘리 위젤, Elie Wiesel, 1928년~)는 왜 그 당시에 온 인류가 침묵을 지키고 있었는가 하면서 매우 슬퍼했습니다. 위젤 교수는 "'내가 체험하고 확신한 것은 사랑의 반대는 미움이 아니고 무관심이다,"고 했습니다.

오늘 성경 본문에 철저히 무관심한 자들이 있습니다. 그들은 예수님의 십자가 아래서 예수님의 옷을 나눠가진 군인들입니다. 예수님에 대한 세상의 무관심을 이렇게 극명하게 나타낸 것은 없습니다. 십자가상에서 예수님은 처참하게 죽어 가고 있는데 십자가 밑에서는 군인들이 아무 일도 없는 듯이 즐겁게 주사위를 던지고 있습니다. 어떤 화가의 그림에 이것이 잘 표현되고 있습니다. 근대적인 도시 안에서 못 자국이 있는 양손을 펴고 계시는 예수 그리스도를 그렸습니다. 그 밑에는 군중들이 떼 지어 물결치고 있고, 한 사람의 간호원 만이 예수 그리스도를 바라볼 뿐, 예수님에게 눈길을 돌리는 자가 없습니다.

예수님을 십자가에 못 박아 처형하는 것을 네 명의 군인과 한 명의 백부장이 담당했습니다. 죄수를 십자가에 못 박을 때는 먼저 죄수의 옷을 벗깁니다. 윌리엄 버클리에 따르면 유대인들은 다섯 가지의 옷을 입었다고 합니다. 신발과 머리에 쓰는 터번, 띠, 소매가 짧고 무릎까지 내려오는 오버 겉옷이 있었습니다. 군인들은 4명인데 옷은 다섯 가지였습니다. 군인들은 두 번 제비를 뽑았습니다. 한 명이 하나씩 갖고 나머지 남은 것은 제비를 뽑았습니다. 속옷이 남았을 때 그들은 이것을 넷으로 찢지 말고 누가 가질지 또 제비를 뽑자고 했습니다. 속옷은 호지 아니하고 위에서 아래까지 한 조각으로 된 것입니다. 예수님의 옷을 제비 뽑아 가진 것에 대하여 이미 구약에는 예언되어 있습니다.

"내 겉옷을 나누며 속옷을 제비 뽑나이다."(시 22:18)

호지 않은 예수님의 속옷에 대하여 많은 해석들이 있습니다. "그것은 그리스도 교훈의 전체이다(오리겐)." "그것은 교회의 연합이다(키프리안)." 키릴은 "동정녀 탄생을 의미한다"고 했고, 레온 모리스, 아더 핑크, 쿠마허는 "그것은 죄인에게 전가된 예수 그리스도의 완전한 의다,"라고 했습니다.

우리가 생각해야 할 점은 두 가지입니다. 예수님의 고난과 죽음, 옷 벗기고 옷을 나눠가지는 이 사실이 우연히 일어난 것이 아니라 예언의 성취인 것입니다. 또 한가지는 이 엄청난 구원의 십자가 사건을 이해하지 못하고 감격하지 못한 군인들의 무관심입니다.

예수님은 공생애 마지막 주간에 특별히 어떤 성경을 기억하고 묵상하셨을까요? 아마 시편 22편일 것입니다. 이 시편 22편은 예수님의 고난을 예언한 내용입니다. 예수님이 십자가에 달리셨던 그날, 12시부터 3시까지 죽으시는 최후 시간에 예수님이 마음속으로 바로 시편 22편을 묵상하셨을 것 같습니다.

어둠이 시작되는 그 시간에 예수님은 큰 소리로 말씀하십니다.

"엘리 엘리 라마 사박다니 하시니 이를 번역하면 나의 하나님, 나의 하나님 어찌하여 나를 버리셨나이까 하는 뜻이라."(막 15:34) 이 말씀은 구약의 직접적인 인용입니다.

"내 하나님이여 내 하나님이여 어찌 나를 버리셨나이까."(시 22:1)

어둠이 끝나는 무렵에 예수님은 말씀하십니다.

"다 이루었다."(요 19:39) 이 말씀도 구약의 말씀입니다.

"와서 그의 공의를 태어날 백성에게 전함이여 주께서 이를 행하셨다 할 것이로다."(시 22:31) "주께서 이를 행하셨다,"는 말씀은 "다 이루었다,"는 말씀입니다. 예수님이 십자가에 달려 계시는 동안 예수님은 시편 22편 전체를 자세히 마음에 음미하고 계셨을 것입니다. 그리고 이방인 가운데 예수 그리스도의 복음이 확산되어 갈 것을 마음에 생각하셨습니다.

시편 22편에서 고난 받는 예수님의 모습 3가지를 살펴봅시다.

버림받은 예수 그리스도

"내 하나님이여 내 하나님이여 어찌 나를 버리셨나이까 어찌 나를 멀리 하여 돕지 아니하시오며 내 신음 소리를 듣지 아니하시나이까."(시 22:1)

십자가의 예수님은 죄인들 대신 형벌을 담당하셨습니다. 죄의 형벌은 사망이고, 사망은 하나님으로부터의 분리를 가리킵니다. 육체적인 죽음뿐만 아니라 영적 죽음을 뜻합니다. 생명의 원천이신 하나님으로부터 분리되는 것입니다. 예수님은 십자가상에서 하나님으로부터 분리되었습니다. 형벌을 받으셨습니다. 예수님의 울부짖음은 성부 하나님께 실제로 버림받은 자의 부르짖음입니다. 예수 그리스도는 성부 하나님으로부터 버림받았습니다. 신격 안에서 어떻게 분리가 가능한가요? 이것은 큰 신비입니다. 그러나 사실이 방법을 통하여 그리스도께서 우리의 구원을 성취하셨습니다.

고난 받는 예수 그리스도의 모습

"나는 벌레요 사람이 아니라 사람의 비방 거리요 백성의 조롱 거리니이다." (시22:6)

예수님이 자기를 벌레요 사람의 비방거리고, 백성의 조롱거리라고 하셨습니다. 벌레는 히브리어 "톨라아트"로 특별한 종류의 벌레를 가리킵니다. 이 벌레는 짙은 홍색 염료를 염출해 내는 벌레입니다. 멕시코에서는 코치닐(cochineal) 벌레라고 해서 이 벌레로 물감을 만듭니다. 톨라아트, 즉 이 벌레는 피에서 짙은 홍색 물감을 추출해낼 수 있습니다. 이 물감은 그 벌레가 으깨질 때 나는 것입니다. 광야생활에서 만나를 썩게 만드는 벌레가 이 톨라아트이고, 광야생활 때 성막의 세마포를 붉게 물들이는 염료로 이 톨라아트에서 나오는 피를 사용했습니다. 이스라엘 여인들의 주홍색 옷도 이 톨라아트에서 나오는 염료로 물을 들입니다. 예수님이 자신을 톨라아트, 즉 벌레라고 하실 때, 하나님의 백성들을 위하여 으깨지는 벌레로 자신을 생각하신 것입니다. 그 피를 통해서 우리는 빛나는 의복을 입게 되었다는 것을 상징합니다.

처형당하시는 예수님의 모습

"나를 사자의 입에서 구하소서 주께서 내게 응답하시고 들소의 뿔에서 구

원하셨나이다."(시 22:21)

이 말씀에서 '들소 뿔'이란 사람을 처형하기 위하여 들소 모형의 뿔에 붙잡아 맨 것을 말합니다. 길고 뾰족한 뿔을 가진 들소의 모형입니다. 이것이 십자가 매달림의 모형입니다. 버림받고, 으깨지고, 처형당하는 이 모든 개념들은 모두 예수님의 십자가 못 박힘을 설명하는 것입니다. 십자가상의 예수님은 구약에 예언된 사실이 자기에게 그대로 이루어진다는 것을 생각하셨습니다. 곧 자기의 고난과 의미와 목적을 생각하셨습니다.

다른 사람들을 생각하시는 주님

예수님은 십자가에 달려서 다른 사람들을 생각하셨습니다. 어머니를 생각하셨습니다.

"여자여 보소서 아들이니이다 하시고, 또 그 제자에게 이르시되 보라 네 어머니라 하신대."(요 19:26~27)

또 제자들을 생각하셨습니다. 예수님은 그들을 사랑하시되 끝까지 사랑하셨습니다. 그들을 위해 기도하셨습니다.

"내가 주의 이름을 형제에게 선포하고 회중 가운데에서 주를 찬송하리이다."(시 22:22)

12사도를 전에는 예수님을 따르는 자들이라고 했지만 이제는 하나님의 자녀라고 하셨습니다. 영광의 후사들이고 형제라고 부르셨습니다.

또 이방인들에게 복음이 선포될 것을 생각하셨습니다.

"내가 주의 이름을 형제에게 선포하고 회중 가운데에서 주를 찬송하리이다."(시 22:22)

"땅의 모든 끝이 여호와를 기억하고 돌아오며 모든 나라의 모든 족속이 주

의 앞에 예배하리니."(시 22:27)

열방의 모든 족속은 전 세계에 있는 모든 족속을 말하고, 우리도 포함이 되어 있습니다. 예수님이 십자가에 달리실 때 예수님은 여러분을 생각하고 계셨습니다. 예수님이 여러분 개인 개인을 위해 죽으셨습니다. 이방인에게 예수 그리스도의 복음이 확산될 것을 미리 내다보시고 그 영혼이 만족하셨습니다.

십자가상의 예수님은 자신을 생각하셨습니다. 시편 22편의 예언 말씀이 자기를 통하여 이루어진다는 것과 죄인을 구원하시는 사역이 성취됨을 생각하셨습니다. 그리고 예수님은 어머니와 제자들을 생각하셨고, 또한 온 세계에 구원의 복음이 전파될 것을 생각하셨습니다.

십자가 아래의 군인들은 예수님의 옷을 나누고 속옷을 제비 뽑아 누가 그 속옷을 가질 것에만 관심을 가졌습니다. 예수 그리스도의 구원사역에는 전혀 관심이 없었습니다. 십자가에 대하여 무관심했습니다. 그렇게도 엄청난 진리의 십자가, 생명의 십자가, 소망의 십자가인데도 그들은 무관심했습니다.

현대인들의 무관심의 병

현대인들은 무관심의 병에 걸려있습니다. 자기 영혼에 대하여 무관심합니다. 구원문제에 무관심합니다. 무서운 영적 질병을 앓고 있으며 영적 기근과 기갈 속에 있으면서도 무관심합니다. 영적 치료와 영적 배부름에 무관심합니다. 타인에 대해서도 무관심합니다. 은혜를 입고도 무관심한 삶을 삽니다. 강도를 만난 사람을 보고도 그냥 지나쳐 버리는 제사장, 레위인들과 같이 무관심합니다. 불행 당한 사람에 대해 무관심합니다.

가정 문제 상담자인 앤 랜더스(Ayn Randers)는 한 65세 부부의 기막힌 편지를 공개했습니다. 그 부부의 두 아들은 의사이고 한 아들은 은행가였습니다. 부부는 5남매의 학비와 결혼 때문에 상당한 빚을 졌습니다. 남편의 건강이 나빠져서 병이 악화되어 경제생활이 엉망이 되었지만, 자녀들은 찾아오지 않았습니다. 어머니가 자녀들에게 도와달라고 전화를 하자, 자녀들이 이렇게 말했다고 합니다. "파산을 하고 작은 아파트로 옮겨 가십시오." 부부는 이런 자녀들을 다룰 법률은 없는가 하고 한탄했다 합니다.

현대는 무관심이라는 고질병에 걸려있습니다.

1621년 청교도들이 처음 신대륙에 도착했을 때, 그들은 오랜 항해로 인해 굶고 병들고 기진맥진한 상태에 있었습니다. 그 당시 매사추세츠 주 동남부를 근거로 하여 거주하던 왐파노아그 족(Wampanoag)이라는 인디언들이 낯선 백인들을 도와주었습니다. 메이플라워 배까지 작은 배를 타고 가서 청교도들을 업고 부축하여 상륙하게 하였습니다. 주택과 마을의 건설에 협력했습니다. 인디언 중에 백인들을 미워하는 부족도 있었지만 이 왐파노아그 족은 백인들을 보호하고 옥수수 농사법을 가르쳐 주었습니다. 시간이 지나 청교도들은 첫 수확의 기쁨을 맛보았습니다. 백인들은 자기들을 도와준 왐파노아그 족을 초대해서 만찬을 베풀었습니다. 이것이 추수감사절의 기원이 되었습니다. 그러나 백인들의 감사는 너무나 짧았습니다. 이들은 영토 확장과 나라 건설에 치중해서 왐파노아그 부족들을 돌보지 않았습니다. 그 후 370년이 지난 때에 미 연방 정부 인디언 관리국은 염치도 없이 이런 보고를 했습니다. '왐파노아그 부족은 이미 없어진 부족이다. 그들의 땅은 없으며 그들의 언어나 문화도 찾을 길이 없다,'고 발표했습니다. 그러나 백인 중에 엘스워쓰 오클리(Ellsworth Oakley)씨는 해마다 왐파노아그 부족 중에 인디언 몇 명을 데리고 청교도 처음 도착지인 플리머스(Plymouth)에 가서 조상들을 추도하는 기도를 드린다고 합니다.

이런 역사를 볼 때 무관심은 죄입니다. 오늘의 신자들의 무서운 죄는 무엇입니까? 예수 그리스도의 구원의 십자가에 대한 무관심입니다. 나의 생명을 구원하시고, 영원한 천국에 들어가게 하셨는데, 이 은혜를 무관심으로 대할 수 있습니까? 십자가 아래서 예수님의 옷을 제비 뽑던 군인이 바로 오늘 나와 여러분이 아닙니까?

주님을 사랑해야 합니다. 십자가 은혜를 무관심하게 대하지 말아야 합니다. 그 은혜에 감격하고 주님을 뜨겁게 사랑해야 합니다. 교회를 사랑하는 것은 주님을 사랑하는 것입니다. 주님과 교회를 사랑해야 합니다.

제50장

다 이루었다

(요 19:30)

요한복음 19:30 "예수께서 신 포도주를 받으신 후에 이르시되 다 이루었다 하시고
머리를 숙이니 영혼이 떠나가시니라."

예수님은 "다 이루었다,"하시고 운명하셨습니다.

그리스도의 고난이 다 이루어진 것입니다.

예수님의 초림에 대한 예언이 다 이루어진 것입니다.

예수님이 완전한 속죄를 이루신 것입니다.

우리들의 죄가 완전히 대속된 것입니다.

예수님께서 십자가 위에서 하신 일곱 마디 말씀이 사복음서에 기록되어 있습니다. 마태복음과 마가복음에 하나, 누가복음에 셋, 그리고 요한복음에 셋이 있습니다. 이 말씀들의 순서를 살펴보면 다음과 같습니다.

어둠이 오기 전에 예수님은 말씀하셨습니다.

"아버지 저들을 사하여 주옵소서 자기들이 하는 것을 알지 못함이니이다."(눅 23:34)

"내가 진실로 네게 이르노니 오늘 네가 나와 함께 낙원에 있으리라."(눅 23:43)

"여자여 보소서 아들이니이다, 보라 네 어머니라."(요 19:26~27)

어두운 중에 예수님은 말씀하셨습니다.

"엘리 엘리 라마 사박다니."(마 27:46, 막 15:34)

어두움의 마지막에 예수님은 말씀하셨습니다.

"내가 목마르다."(요 19:28)

"다 이루었다."(요 19:30)

"아버지 내 영혼을 아버지 손에 부탁하나이다."(눅 23:46)

오늘 본문 말씀 "다 이루었다,"라는 말씀은 예수님께서 여섯 번째로 하신 말씀입니다. '다 이루었다'는 헬라어로는 단 한 단어로 "테텔레스타이 (Τετέλεσται)"로 되어 있습니다. 영어로는 "It is finished" 세 단어입니다. 헬라 웅변술은 몇 개의 낱말로 보다 많은 것을 말하느냐로 명연설을 따집니다. 곧 한 방울의 언어 속에 바다 같은 소재를 담는 것입니다.

예수님께서 하신 "다 이루었다,"는 말씀은 이제까지 이루어졌던 것 중에서 가장 큰 일을 함축하고 있습니다. 스펄전은 "이 한마디의 말을 설명하기 위하여 이제까지 발설된 모든 말, 또는 지금 사람들이 하는 모든 말을 다 동원할 필요가 있을 것이다,"고 하였습니다. 아서 핑크(Arther Pink)는 "이 말은 힘없는 한 선구자의 절망적인 부르짖음이 아니다. 또한 자기의 고통이 다 끝났다는 만족한 표현도 아니다. 그것은 또한 다 헤어진 목숨이 마지막 숨을 내쉬는 것도 아니다. 그것은 하늘로부터 이 땅에 오셔서 그 모든 일이 이제 이루어졌다는 신적 구속자 편에서 하신 선언이었다. 죄인들이 구원받기 위하여 율법이 요구하는 모든 것을 이루셨다는 선언이요, 우리 구속의 모든 값이 다 치러졌다는 선언이다,"라고 했습니다.

우리 주님이 죽어 가시면서 하신 이 여섯 번째 말씀, "다 이루었다"는 말씀은 성경에서 구체적으로 무엇을 말할까요?

그리스도의 고난이 다 이루어짐

이사야는 주님의 고난에 대하여 예언했습니다.

"그는 멸시를 받아 사람들에게 버림 받았으며 간고를 많이 겪었으며 질고를 아는 자라."(사 53:3)

예수님은 목마르고 주렸으며 삼 년 동안 머리 둘 곳이 없이 일하셨습니다. 조소를 당하고 송사를 받고 매를 맞고 십자가의 공포와 모욕을 당하셨습니다. 고난이 그리스도의 삶을 특징지었습니다. 예수님이 고난 받으신 것 같이 고난 받은 이는 하나도 없었습니다. 이제 다시 예수님의 얼굴에 침 뱉으며 욕설을 퍼부을 사람은 없습니다. 예수님을 다시 채찍질할 군인들도 없습니다. 예수님을 다시 조롱할 제사장들도 없습니다. 모든 것이 끝났습니다. 이제 예수님은 하늘 보좌에 앉으셔서 그 원수들이 발등상 되기까지 기다리고 계십니다.

스펄전은 말했습니다. "이제 가룟 유다여, 와서 입맞춤으로 그를 팔라, 이 사람아! 너로 하여금 하지 못하게 할 것이 무엇이겠는가? 빌라도여, 와서 무지한 척하면서 네 손을 씻으라. 그리고 그의 죄에 대하여 죄가 없다고 말하

라. 너희 서기관들과 바리새인들아, 와서 그를 송사하라. 또 너희 군중들과 이방의 오합지졸들아, 무덤에서 다시 일어나 그를 없이하라! 그를 십자가에 못 박으라고 소리쳐 보아라. 그러나 보라! 그들은 다 그로부터 도망쳤다. 그들은 산과 바위를 향해서 외친다. '우리에게서 떨어지라. 보좌에 앉으신 이의 얼굴로부터 우리를 가리우라.' 그럼에도 불구하고 어느 사람의 얼굴보다도 더 손상한 얼굴은 주님의 얼굴이다. 아무도 예수님을 멸시할 수 없다. 예수님의 생애에 충만했던 그 고난이 끝났다. 다 이루었다."

예수님의 초림에 대한 예언이 다 이루어짐

- 메시야가 죽어 가시면서 목마르실 때 신포도주를 받으실 것을 예언하신 것이 성취되었습니다(시 69:2).
- 예수님의 처녀 탄생 예언이 성취되었습니다(사 7:4, 갈 4:4).
- 예수님이 다윗의 혈통으로 탄생하실 것이라는 예언이 성취되었습니다 (창 22:18, 삼하 7:12~13).
- 예수님이 베들레헴에서 탄생하실 것이 성취되었습니다(마 5:2).
- 예수님의 애굽 피난과 나사렛으로 다시 돌아오실 것이 성취되었습니다 (호 11:1).
- 예수 그리스도의 나타나심이 엘리야 같은 사람이 나타난 후 성취되었습니다(말 3:1).
- 예수님이 모든 이적을 이루셨습니다. "그 때에 맹인의 눈이 밝을 것이며 못 듣는 사람의 귀가 열릴 것이며, 그 때에 저는 자는 사슴 같이 뛸 것이며 말 못하는 자의 혀는 노래하리니." (사 35:5~6)
- 나귀새끼를 타시고 예루살렘에 입성한 예언이 성취되었습니다(슥 9:9).

- 참 친구가 예수님을 배반할 것이 성취되었습니다. 가룟 유다의 배신이 구약의 예언대로 이루어졌습니다. "내가 신뢰하여 내 떡을 나눠 먹던 나의 가까운 친구도 나를 대적하여 그의 발꿈치를 들었나이다." (시 41:9)
- 자기 백성들에게 거절 받으실 예언이 성취되었습니다(사 8:14). 빌라도 법정에서 군중들은 소리쳤습니다. "저를 십자가에 못 박으소서."
- 범법자와 함께 취급 받는 예언이 성취되었습니다(시 53:12).
- 손과 발이 찢겨져야 한다는 예언이 성취되었습니다(시 22:16).
- 군인들이 속옷을 나누며 겉옷을 제비뽑는다는 예언이 성취되었습니다 (시 22:18).

예수님에 대하여 구약에서 예언한 것은 이루어지지 않은 것이 하나도 없습니다. 이것은 성경 자체의 가르침입니다.

예수님은 구약의 예언들을 십자가를 지시고 운명하시면서 "다 이루었다 (Τετέλεσται)"고 하셨습니다. 성경에서는 이 "다 이루었다,"는 말씀을 이렇게 기록합니다.

"예수께서 열두 제자를 데리시고 이르시되 보라 우리가 예루살렘으로 올라가노니 선지자들을 통하여 기록된 모든 것이 인자에게 응하리라(the Son of Man will be fulfilled, 텔레스떼세타이: τελεσθήσεται)." (눅 18:31)

"성경에 그를 가리켜 기록한 말씀을 다 응하게 한 것이라(they had fulfilled all, 에떼레산: ἐτέλεσαν)" (행 13:29)

확실하게 말해서 예수님의 메시야 사역과 생애에 있어서 이루어지지 않은 채, 예수님 안에 부족한 채 남아있는 것은 하나도 없습니다. 예수님은 참으로 메시야 이십니다. 십자가상에서 "다 이루었다," 하신 것은 예수님이 메시야 이심을 자증합니다.

예수님이 완전한 속죄를 이루심

성부 하나님과 성자 하나님인 예수 그리스도 사이에는 구속 언약이 있었습니다. 언약의 당사자는 성부와 성자이시고, 언약의 조건은 성자께서 육신을 입고 세상에 오셔서 십자가를 지시고 죽으신다는 것입니다. 그 결과로 죄인을 구원하십니다. 구속 언약의 조건은 그의 죽음, 순종입니다. 예수님은 세상에 오실 때에 이렇게 말씀하셨습니다.

"그러므로 주께서 세상에 임하실 때에 이르시되 하나님이 제사와 예물을 원하지 아니하시고 오직 나를 위하여 한 몸을 예비하셨도다. 번제와 속죄제는 기뻐하지 아니하시나니, 이에 내가 말하기를 하나님이여 보시옵소서 두루마리 책에 나를 가리켜 기록된 것과 같이 하나님의 뜻을 행하러 왔나이다."(히 10:5~7)

"나의 양식은 나를 보내신 이의 뜻을 행하며 그의 일을 온전히 이루는 이것이니라."(요 4:34)

"아버지께서 내게 하라고 주신 일을 내가 이루어 아버지를 이 세상에서 영화롭게 하였사오니."(요 17:4) 이 말씀은 예수님의 대제사장적 기도입니다. 예수님은 그의 생애 전체를 통하여 그 일을 염두에 두시고 그 일을 하는 데 전력을 기울이셨습니다.

"오직 그리스도는 죄를 위하여 한 영원한 제사를 드리시고 하나님 우편에 앉으사, 그 후에 자기 원수들을 자기 발등상이 되게 하실 때까지 기다리시나니 그가 거룩하게 된 자들을 한 번의 제사로 영원히 온전하게 하셨느니라."(히 10:12~14)

이 말씀은 예수 그리스도의 직무와 사명의 독특성을 보여줍니다. 예수님은 십자가에 죽으심으로 완전한 속죄를 이루셨습니다. 예수님은 단번에 죽으심으로 영원한 속죄를 이루셨습니다.

"이 뜻을 따라 예수 그리스도의 몸을 단번에 드리심으로 말미암아 우리가 거룩함을 얻었노라." (히 10:10)

존 머레이는 이렇게 말했습니다. "예수 그리스도의 제사를 어떤 시각으로 본다고 할지라도 우리는 그 제사의 독특성을 발견한다. 그의 인격과 사명과 직무의 독특성만큼 신성한 것으로 말이다. 그 분 말고 신인이 누구인가? 그 분 말고 그러한 제사를 드리기에 합당한 대제사장이 누구인가? 그 분 말고 대속의 피를 누가 흘렸는가? 그 분 말고 단번에 지성소에 들어가 영원한 구속을 성취한 이가 누구인가?"

로마 가톨릭에서는 세례 받기 전의 죄는 예수님의 피를 믿음으로 사죄함을 받으나, 세례 후에 지은 죄는 미사 행위나 보속 행위를 통하여 사죄 받는다고 합니다. 예수 그리스도의 완전 속죄를 믿지 않습니다. 그러나 성경은 말합니다.

"그러므로 이제 그리스도 예수 안에 있는 자에게는 결코 정죄함이 없나니." (롬 8:1)

성경은 예수 그리스도의 완전 속죄를 밝히 가르치고 있습니다.

"이와 같이 그리스도도 많은 사람의 죄를 담당하시려고 단번에 드리신 바 되셨고." (히 9:28)

구원의 대업을 완성하심

예수님이 "다 이루었다,"고 하신 말씀은 하나님의 백성을 위한 구원의 대업을 완성했다는 의미입니다. 이 말씀은 승리의 외침이요, 면류관을 획득한 사람의 외침입니다. 이 말씀은 자기의 과업을 완수한 사람의 외침입니다. 예수님은 승리자요 정복자로서 "다 이루었다,"고 승리의 선언을 하셨습니다.

예수님의 십자가의 죽음은 실패자의 죽음이 아니라 승리자의 죽음입니다. 사도 바울은 예수 그리스도께서 원수 사탄에게 최후로 승리하시고 그 옷을 벗어 버리시며 보무당당한 개선의 행진을 하신 사실을 이렇게 증언합니다.

"통치자들과 권세들을 무력화하여 드러내어 구경거리로 삼으시고 십자가로 그들을 이기셨느니라." (골 2:15)

큰 구원을 완성하시고 그 구원이 내 구원이 되게 하신 예수 그리스도를 위해서 우리는 무엇을 해야 합니까? 사울은 예수님을 만난 후 변화되었을 때, "주님 무엇을 하리이까," 라고 질문했습니다(행 9:5~6, 22:10).

주님은 대답하십니다.

"내 이름을 이방인과 임금들과 이스라엘 자손들에게 전하기 위하여 택한 나의 그릇이라." (행 9:15)

스펄전은 말했습니다.

"우리 몸에 호흡이 있는 한 그리스도를 섬기자.

우리가 생각할 수 있는 한, 말할 수 있는 한, 일할 수 있는 한 그리스도를 섬기자.

우리의 마지막 숨이 다 할 때까지 그리스도를 섬기자.

가능하다면 우리가 세상 떠날 때 그리스도를 영화롭게 할 어떤 일을 착수하도록 하자."

제51장

성경대로 된다

(요 19:31~37)

요한복음 19:31~37 "이 날은 준비일이라 유대인들은 그 안식일이 큰 날이므로 그 안식일에 시체들을 십자가에 두지 아니하려 하여 빌라도에게 그들의 다리를 꺾어 시체를 치워 달라 하니, 군인들이 가서 예수와 함께 못 박힌 첫째 사람과 또 그 다른 사람의 다리를 꺾고, 예수께 이르러서는 이미 죽으신 것을 보고 다리를 꺾지 아니하고, 그 중 한 군인이 창으로 옆구리를 찌르니 곧 피와 물이 나오더라. 이를 본 자가 증언하였으니 그 증언이 참이라 그가 자기의 말하는 것이 참인 줄 알고 너희로 믿게 하려 함이니라. 이 일이 일어난 것은 그 뼈가 하나도 꺾이지 아니하리라 한 성경을 응하게 하려 함이라. 또 다른 성경에 그들이 그 찌른 자를 보리라 하였느니라."

예수님께서 완전히 죽으셨습니다.
군인들은 예수님이 죽으신 것을 알고 다리를 꺾지 않았습니다.
완전히 죽어야 부활이 이루어집니다.
다리를 꺾지 않고, 완전한 부활이 이루어진 모든 사실은
성경대로 이루어진 것입니다.

피터 데이네카(Peter N. Deyneka, Sr. 1897~1987)라는 선교사가 있었습니다. 이 선교사는 러시아 선교에 평생을 바친 사람입니다. 그는 북유럽 사람들을 관광객, 또는 무역상으로 위장시켜 구소련으로 보내어 소련인들에게 성경을 전해주는 일을 하도록 했습니다. 그때는 소련의 문이 견고하게 닫혀있었을 때입니다. 한 번은 데이네카 선교사가 보낸 사람이 소련의 한 호텔에 묵으면서 이렇게 기도했습니다. "하나님이시여, 이 성경을 요구하는 사람들을 제가 발견할 수 있도록 도와주소서." 성경을 잘못 건네주면 큰 일이 납니다. 성경을 건네줄 사람을 분별할 수 있도록 기도한 것입니다. 그러면서 그가 기도 중에 성경을 펼쳐놓았는데 호텔 여종업원이 들어왔습니다. 성경을 보는 그 여종업원의 눈에서 광채가 났습니다. 이 사람이 생각하기를, '하나님이 저 여인에게 이 성경을 주라고 하시는 것이 아닐까?' 라고 생각하면서 그 여인을 주시했습니다. 그 여인이 가까이 오더니 그 성경을 만져보려고 했습니다. 이 선교사는 웃으면서 만져도 좋다고 하며 이 성경을 갖고 싶으냐고 물었습니다. 그 여인은 갑자기 눈물을 흘리면서 감사하다고 몇 번씩이나 인사를 하고 성경을 품에 안으면서 이렇게 말했습니다. "저는 이 성경을 갖기 위해 30년간이나 기도했습니다. 저는 하나님 말씀을 직접 읽어보기를 얼마나 소원했는지 모릅니다." 어쩌면 성경은 오늘 날 너무 흔하게 상품화되어서 우리 주변에 널려있기 때문에 성경의 가치를 모르고 있는지도 모릅니다.

공산치하에서 사람들의 마음이 공산주의로 물들여져야 할 터인데, 인간의 마음은 영혼의 양식인 성경을 사모하게 된 것입니다. 공산주의의 지배를 받은 것이 아니라 성경의 지배를 받은 사람입니다.

성경의 지배를 받은 사람들

유명한 미국 남북전쟁의 장군이었고, 천재적인 문학가인 루 월러스(Lewis Wallace, 1827~1905)는 무신론자인 그의 친구 잉거솔((Robert G. Ingersoll)과 함께 기독교의 신화를 영원히 도말해 버릴 책을 쓰자고 약속했습니다. 그들은 예수님을 믿고 예배하는 사람들이 그럴 듯한 굴레 안에 갇혀있는 것을 보고 분개했습니다. 월러스는 유럽과 미국의 유명한 도서관에서 기독교를 파괴할 자료를 찾으면서 2년 동안 연구했습니다. 그는 그 책의 제 2장을 쓰다가 갑자기 영안이 뜨여서 무릎을 꿇고 예수님에게 "나의 주, 나의 하나님," 이라고 크게 부르짖었습니다. 예수님이 하나님의 아들이요, 하나님이심을 부인할 수 없었습니다. 월러스가 사기꾼이라고 폭로하려고 결심했던 예수님이 그를 사로잡고 말았습니다. 후에 월러스는 지금까지 쓰였던 예수 그리스도의 생애에 관한 가장 위대한 소설 중의 하나인 벤허(Ben-Hur: A Tale of the Christ, 1880)를 썼습니다. 이 소설은 19세기에 가장 영향력 있는 크리스천 소설로 불렸고, 베스트셀러가 되었습니다. 월러스는 성경에 나오는 예수 그리스도를 만났고 예수님에게 완전한 포로가 되었던 것입니다.

성경의 역사는 예수님의 역사입니다. 세계의 모든 역사는 예수님의 이야기입니다. 예수님은 역사의 중심이요, 시간과 공간의 중심이십니다. 그러기에 이 세계 모든 나라의 연대표기는 하나님의 연도 안에(In the year of the Lord)라는 의미의 AD(라틴어 Anno Domini)와 BC(Before Christ, 예수 전)로 표기합니다. 공산주의 국가라도 이 표기는 동일합니다. 성경의 중심은 예수 그리스도이십니다.

"너희가 성경에서 영생을 얻는 줄 생각하고 성경을 연구하거니와 이 성경이 곧 내게 대하여 증언하는 것이니라." (요 5:39)

완전히 죽으신 예수님

오늘 본문의 내용은 두 가지로 구약의 예언이 성취되었음을 보여줍니다. 예수님이 십자가에 달려 고난당하실 때 그 다리가 꺾이지 않았고, 운명하셨을 때 군인들이 완전히 죽은 것을 확인하느라 그의 옆구리를 창으로 찔러 물과 피가 흘러내렸는데 이것도 구약의 예언이 성취된 것이라는 내용입니다. 곧 예수님의 십자가 사건의 모든 내용이 구약성경의 예언대로 되었다는 것입니다. 이 사실을 한 가지 씩 그 뜻을 생각하며 은혜를 받고자 합니다.

예수님이 체포되어 빌라도에게 재판을 받을 때 유대인들은 그 재판석에 들어가기를 거부했습니다. 왜냐하면 그들이 유월절 음식을 먹기에 합당하지 못할까 염려가 되었기 때문입니다. 예수님이 체포당하신 것은 유월절이었습니다. 그래서 유대인들은 빌라도가 재판하는 자리에 들어가기를 망설였습니다. 스펄전은 이렇게 말했습니다. "종교적인 망설임이 죽은 양심 속에서도 살아있을 수 있다."

로마인들의 관습은 십자가에 못 박힌 시신을 썩도록 내버려 두거나 새들이 쪼아 먹도록 했습니다. 카르타고와 페르시아 인들도 로마인들과 같은 관습이 있습니다. 그러나 그 당시 팔레스타인 지방에서는 로마의 법보다는 모세 율법의 지배를 받았습니다. 그래서 십자가에 달린 자들이 죽으면 장사를 지내도록 허락했습니다.

"사람이 만일 죽을 죄를 범하므로 네가 그를 죽여 나무 위에 달거든, 그 시체를 나무 위에 밤새도록 두지 말고 그 날에 장사하여 네 하나님 여호와께서 네게 기업으로 주시는 땅을 더럽히지 말라."(신 21:22~23)

더구나 모세의 법은 '범인의 처형을 유월절 전날에 행해서는 안 된다,' 고 가르칩니다. 절기 전날에 처형하지 말도록 하는 것입니다. 이런 법을 존중해서 유대 종교지도자들은 빌라도에게 십자가에 달린 자들을 빨리 죽게 그 다리를 꺾어달라고 요청합니다. 다리가 꺾여 지면 십자가에 못 박힌 사람은 자기 다리로 자신을 받치지 못하기 때문에 몸을 위로 쳐들 수가 없습니다. 그래서 횡경막에 압박이 가해져서 질식해 일찍 죽게 됩니다. 물론 빌라도는 십자가에 달린 시체들에 대해 관심이 없었습니다. 그래서 그는 유대지도자들의 소원을 들어주었습니다. 빌라도의 명령을 받은 군인들이 십자가에서 고통당하는 3인의 다리를 꺾기 위해 서둘렀습니다. 드디어 강도의 다리가 꺾여 졌습니다. 예수님에게 와서는 그가 이미 죽은 것을 알고 다리를 꺾지 않았습니다. 대신 군인 중 한 사람이 창으로 예수님의 옆구리를 찔렀습니다. 그 결과 예수님의 몸에서 물과 피가 흘러나왔습니다. 사도 요한은 이 사실들을 명확히 기록하면서 그것이 구약 예언의 성취로 일어났다고 했습니다.

"이를 본 자가 증언하였으니 그 증언이 참이라 그가 자기의 말하는 것이 참인 줄 알고 너희로 믿게 하려 함이니라."(요 19:35)

여기의 증언은 사도 요한의 증거입니다. 예수님이 그의 어머니 마리아를 요한이 돌보도록 십자가 위에서 말씀하셨습니다. 12제자 중 유일하게 사도 요한 만이 예수님의 십자가 곁에 있었습니다. 베드로가 대 제사장의 궁정으로 들어가도록 허락을 받아낸 이름을 밝히지 않은 제자도 바로 사도 요한입니다.

다리를 꺾지 않았다는 의미

이것은 예수님의 죽음이 확실하다는 증거입니다. 다리를 꺾는 것은 죽음을 재촉하는 것입니다. 예수님의 다리가 꺾이지 않은 오직 한 가지 이유는 예수님이 이미 죽었기 때문입니다. 예수님의 죽음은 확실성이 중요합니다. 이것은 부활과 관계가 있습니다. 단순히 기절하시고, 찬 무덤에서 살아나서 제자들에게 보인 것이 아닙니다. 사도 요한 당시의 그노시스 파는 예수님은 실제 몸을 입은 자가 아니라고 주장하면서 실제 부활을 불신했던 이단들입니다.

"내가 받은 것을 먼저 너희에게 전하였노니 이는 성경대로 그리스도께서 우리 죄를 위하여 죽으시고, 장사 지낸 바 되셨다가 성경대로 사흘 만에 다시 살아나사."(고전 15:3~4)

구약성경의 예언이 그대로 성취되었다는 계시를 보여줍니다.

"그의 모든 뼈를 보호하심이여 그 중에서 하나도 꺾이지 아니하도다."(시 34:20)

"그들이 그 찌른 바 그를 바라보고."(슥 12:10)

한 구절은 소극적으로 '예수님의 뼈가 꺾이지 아니하고 보호받음' 을 나타 냈고, 다른 한 구절은 적극적으로 '예수님이 찔려야 한다,' 는 것입니다. 군인 들이 하려고 한 것은 이 두 가지 예언의 정반대였습니다. 그들은 두 강도들의 다리와 함께 예수님의 다리를 꺾으려고 했습니다. 창으로 찌르려는 의도가 전혀 없었습니다. 그럼에도 불구하고 구약성경의 예언대로 이루어졌습니다. 예수님을 모르는 군인들이 자기 뜻대로 하지 못했고 하나님의 뜻대로 한 것 입니다.

스펄전은 말합니다. "우리 주님의 뼈는 꺾이지 아니해야 했으며, 그래도 주님이 창에 찔림을 받아야 했는데, 그것은 정말 일어날 수 없었던 일이었다. 그러나 그 일이 이루어졌다. 그러므로 다음에 일어날 것 같지 않는 하나님의 약속을 만나거든 견고히 그 약속을 믿어라. 또 하나님의 진리와 반대되는 일 이 진행되어 나가는 것을 보면 하나님을 믿고 다른 것을 믿지 말라. 사람들과 마귀가 하나님으로 하여금 거짓말을 하도록 부추기지만 하나님이 말씀하신 것을 꼭 붙잡으라. 하늘, 땅은 없어질지라도 하나님의 말씀은 일점일획이라 도 땅에 떨어지지 않기 때문이다."

예수님의 뼈를 꺾지 못한 이유는 성경에서 예수님이 유월절 양이기 때문이라는 사실을 말해줍니다. 유월절에 장자의 죽음이나 재앙을 면제 받았을 때 하나님은 이렇게 명령하셨습니다.

"한 집에서 먹되 그 고기를 조금도 집 밖으로 내지 말고 뼈도 꺾지 말지 며." (출 12:46)

"아침까지 그것을 조금도 남겨두지 말며 그 뼈를 하나도 꺾지 말아서." (민 9:12)

유월절의 어린 양은 삼 일간 가두어 두고, 흠이나 점이 없어야 했습니다. 죽이고 그 피는 문설주에 발라야 했고, 뼈를 꺾지 말아야 했습니다. 예수님이 죽임 받은 날은 유월절 전날입니다. 예수님은 우리 죄인을 대속하시기 위해 유월절 양으로 죽임을 받으셨습니다. 사도 요한이 이 사실을 알았습니다. 세례 요한도 미리 '세상 죄를 짊어지고 가는 어린양' 이라고 했습니다. 사도 바울은 말합니다.

"우리의 유월절 양 곧 그리스도께서 희생되셨느니라." (고전 5:7)

예수님은 창으로 옆구리를 찔리시어 물과 피를 다 쏟으셨습니다. 사도 요한이 이 사실을 명시한 이유가 있습니다.

"그들이 그 찌른 바 그를 바라보고." (슥 12:10)

"그 날에 죄와 더러움을 씻는 샘이 다윗의 족속과 예루살렘 주민을 위하여 열리리라." (슥 13:1)

사도 요한은 구약의 말씀을 기억하며 구약에서부터 죄를 씻기 위해 피, 즉 무죄한 피가 필요하다는 것과, 부정한 것을 정결케 하기 위해 물의 중요성을 알았습니다.

"피 흘림이 없은즉 사함이 없느니라." (히 9:22)

죄와 더러움에서 건져내고 씻는 일은 예수님의 죽으심 속에서 발견해야 한다는 가르침입니다. 예수님은 니고데모에게 말씀하십니다.

"예수께서 대답하시되 진실로 진실로 네게 이르노니 사람이 물과 성령으

로 나지 아니하면 하나님의 나라에 들어갈 수 없느니라." (요 3:5)

이 말씀에서 물은 죄 씻음을 나타냅니다.

윌리엄 쿠퍼(William Cowper)가 작사한 찬송가 '샘물과 같은 보혈은' 에서는 이 보혈로 죄 씻음 받음을 잘 나타내고 있습니다. 원문의 해석은 다음과 같습니다.

> "임마누엘의 혈관에서 흘러나오는 피로 가득 찬 샘 있네,
> 죄인들은 그 피로 씻겨 지고, 그들의 죄책 어린 모든 오염 사라지네.
>
> 죽어가는 강도 그 옛날에 그 샘을 보고 기뻐했네,
> 그 강도처럼 비열한 나도 거기서 내 모든 죄를 씻어 버리게 하소서.
>
> 믿음 가진 날부터 당신 상처에서 흐르는 그 핏줄기를 보았네.
> 구속하신 사랑이 내 노래 제목이 되어 죽을 때까지 그러하겠네.
>
> 죽어가는 사랑하는 어린양의 보배로운 피, 영원토록 그 능력 잃지 않아
> 결국 속량 받은 하나님의 모든 교회가 구원 받으리."

사도 요한과 윌리엄 쿠퍼뿐만 아니라 수많은 성도들이 예수님의 피와 물을 노래하고 찬송했습니다. 왜냐하면 나의 죄를 씻어주시고 구원을 주시기 때문입니다. 왜 예수님의 뼈가 꺾이지 않았는가, 그 이유는 몰라도 십자가에 죽으신 예수님을 좋아하고 믿습니다. 여러분은 이런 사람들에 포함되어 있습니까? 여러분의 마음의 문설주에는 유월절 어린양 예수님의 피를 발랐습니까? 진정으로 예수님을 믿습니까? 그렇지 않다면 예수 그리스도의 옆구리를 찌른 창이 여러분의 마음을 찌르기를 바랍니다. 이 구절을 기록한 요한의 의도가 무엇입니까? 뼈가 꺾이지 않은 예수님, 창에 찔려 피와 물을 흘리신 예수님을 믿게 함입니다.

개인의 삶과 우리 교회의 역사, 미국의 역사와 세계의 역사가 모두 성경대로 되어가는 것을 믿어야 합니다. 예수님을 믿는 바로 그 순간 생명을 얻고 영생을 얻습니다. 모든 일이 성경대로 이루어지고 되어간다는 것을 믿어야만 합니다.

제52장

요셉과 니고데모

(요 19:38~42)

요한복음 19:38~42 "아리마대 사람 요셉은 예수의 제자이나 유대인이 두려워 그것을 숨기더니 이 일 후에 빌라도에게 예수의 시체를 가져가기를 구하매 빌라도가 허락하는지라 이에 가서 예수의 시체를 가져가니라. 일찍이 예수께 밤에 찾아왔던 니고데모도 몰약과 침향 섞은 것을 백 리트라쯤 가지고 온지라. 이에 예수의 시체를 가져다가 유대인의 장례법대로 그 향품과 함께 세마포로 쌌더라. 예수께서 십자가에 못 박히신 곳에 동산이 있고 동산 안에 아직 사람을 장사한 일이 없는 새 무덤이 있는지라. 이 날은 유대인의 준비일이요 또 무덤이 가까운 고로 예수를 거기 두니라."

요셉과 니고데모는 숨어서 믿는 자들이었습니다.

그러나 예수님의 십자가 죽음을 통해

그들은 용기 있는 신자가 되었습니다.

숨어서 믿던 그들이 이제는 밝은 빛으로 나왔습니다.

로마에는 지하 몇 백 미터나 되는 지하 공동묘지가 있습니다. 이것을 카타콤(Catacombs)이라고 합니다. 이 중에도 가장 유명한 것이 성 카리스토 카타콤인데 지하 4층으로 되어있습니다. 이것을 성 카리스토 카타콤이라고 부르는 이유가 있습니다. 로마시대에 카리스토라는 처녀가 예수님을 구주로 믿고 기쁨의 생활을 하는데, 로마인들의 모진 핍박 때문에 견딜 수가 없어서 카타콤을 찾아가 피신하려고 했습니다. 그때 갑자기 로마 군인들이 이 카타콤을 급습했습니다. 카리스토는 로마 군인들에게 체포되어 최후 심문을 받게 됩니다. 예수를 믿지 않겠다고 자백하고 집으로 돌아가겠느냐, 아니면 이 창검에 찔려 죽을 것이냐고 군인들이 위협했지만 카리스토는 담대하게 '나는 예수님을 놓을 수가 없다,' 고 최후 고백을 했습니다. 이때 로마 군인들은 카리스토를 무참하고 잔인하게 죽였다고 합니다. 카리스토는 창에 찔려 죽어가면서도 손가락 3개를 펴 보이면서 '당신들은 성부, 성자, 성령의 삼위일체 하나님을 믿어야 합니다,' 라고 절규하면서 쓰러져 죽었습니다. 성 카리스토 카타콤 지하 4층에는 흰색 대리석으로 카리스토가 손가락 세 개를 내밀면서 쓰러지는 모습을 조각해 놓았습니다. 그녀는 죽음 앞에서도 성부, 성자, 성령 하나님을 전하고 담대하게 순교의 죽음을 죽었습니다. 이 아름답고 숭고한 성 카리스토의 신앙을 기념하기 위해 이 곳을 성 카리스토 카타콤이라고 부르게 되었답니다.

요셉과 니고데모는 숨어서 믿은 자들

예수님을 따르고 믿는 신자들 중에는 자기의 믿음을 외부로 나타내면서 믿는 자가 있는가 하면, 숨어서 마음으로만 믿는 자들이 있습니다. 오늘 본문에 나오는 요셉과 니고데모는 숨어서 믿는 자들이었습니다. 이 두 사람은 똑

같이 산헤드린의 회원으로서 유대 사회의 최고 지도자들이었습니다. 산헤드린 공회는 70명의 회원으로 사형권을 제외한 모든 권력을 가지고 유대 사회를 지도하고 있었습니다.

니고데모는 밤에 예수님을 찾아와서 거듭남의 교리를 들었습니다. 그는 예수님을 '하늘로서 온 선생'이라고 말한 사람입니다. 공회가 예수님을 체포하여 재판하려고 할 때 '무조건 체포하는 것은 율법에 어긋나는 행위'라고 하여 예수님을 보호하려고 한 사람입니다.

아리마대 요셉은 존귀한 공회원이요, 하나님 나라를 기다리는 사람(막 15:43)이고, 예수님을 정죄한 결의에 옳지 않다고 반대한 사람(눅 23:51)이며, 예수님의 제자(요 19:38, 마 27:57)였습니다. 그러나 이들은 숨어서 예수님을 믿은 자들입니다. 자기들의 신앙을 외부로 발표하지 않고 나타내지 않았던 신자들입니다. 왜 이들은 자기의 신앙을 외부로 드러내지 않았습니까?

"그러나 관리 중에도 그를 믿는 자가 많되 바리새인들 때문에 드러나게 말하지 못하니 이는 출교를 당할까 두려워함이라. 그들은 사람의 영광을 하나님의 영광보다 더 사랑하였더라."(요 12:42~43)

그들은 출교를 당할까봐 두려워했습니다. 유대사회에서 출교는 최고 형벌입니다. 사람들은 출교를 당한 자와 거리를 두고 걸어가고, 출교 당한 자에게서 물건을 사거나 팔지 않고, 출교를 당하여 죽은 자의 시신에 침을 뱉는 등의 완전한 차별대우를 했습니다. 유대사회에는 두 가지 종류의 출교가 있습니다. 하나는 케렘(Cherem)이라고 해서 완전한 출교를 말합니다. 이 출교는 종신토록 회중에서 추방을 당하고, 공적으로는 제쳐 놓은 사람으로 취급하고, 공중 앞에서는 저주를 당하고 하나님과 사람으로부터 절연을 당합니다. 또 다른 출교는 잠정적인 출교로써 한 달 또는 일정한 기간 동안의 출교를 말합니다. 유대인들은 출교 당하는 것을 유대사회와 하나님으로부터 추방당한다고 생각하고 두려워했습니다. 날 때부터 맹인이었던 사람의 부모는 자기

아들의 눈을 뜨게 해준 예수 그리스도를 메시야라고 하지 않았습니다. 출교를 당할까 두려워했기 때문입니다.

니고데모와 요셉도 산헤드린의 공회원으로서 최고회의 회원이지만 출교를 두려워했습니다. 당시 예수님을 구주로 고백하는 자에게는 출교의 형벌을 준다고 산헤드린이 결정했기 때문입니다. 그들은 지도자로서 자기들이 받는 존경을 유지하고 싶었기에 신앙을 외부로 드러내지 않았습니다. 니고데모가 예수님을 밤에 찾아간 것도 다른 사람의 눈을 피해서 밤 시간에 예수님을 만난 것이라고 해석합니다. 사도 요한은 말합니다.

"그들은 사람의 영광을 하나님의 영광보다 더 사랑하였더라."(요 12:43)

그들은 특권계급 의식을 가지고 백성의 존경을 받는 것이 예수님을 믿고 출교 당하는 것보다 낫다고 생각했습니다. 예수 그리스도를 구주로 고백하면 당시 자기들의 재산도 몰수당하므로 부에 대한 집착도 강했으리라고 봅니다. 이들은 물질과 명예를 희생하면서까지 예수님을 믿을 마음은 없었습니다. 믿음이 연약한 신자들이었습니다. 이런 연약한 믿음을 갖고 숨어서 믿는 믿음을 가진 요셉과 니고데모는 영적으로 큰 손실을 본 사람들입니다. 그들은 무슨 손실을 받았습니까?

하나님의 아들이신 예수 그리스도와의 밀접한 교제를 가지지 못했습니다. 만약 이들이 예수 그리스도를 구주로 고백했다면, 예수님의 3년 공생애 동안 얼마나 밀접한 교통으로 신령한 기쁨과 만족을 얻었겠습니까? 그러나 그렇지 못했기에 예수님과의 밀접한 교통뿐만 아니라 다른 신자와의 교제도 상실했습니다.

성경은 숨어서 겨우 믿는 신앙생활을 가르치지 않고 드러내놓고 고백하는 고백적 신앙을 가지라고 말합니다. 이것은 세례를 받을 때 공적 신앙 고백을 하는 것입니다.

"누구든지 사람 앞에서 나를 시인하면 나도 하늘에 계신 내 아버지 앞에서 그를 시인할 것이요, 누구든지 사람 앞에서 나를 부인하면 나도 하늘에 계신 내 아버지 앞에서 그를 부인하리라."(마 10:32~33)

"네가 만일 네 입으로 예수를 주로 시인하며 또 하나님께서 그를 죽은 자 가운데서 살리신 것을 네 마음에 믿으면 구원을 받으리라. 사람이 마음으로 믿어 의에 이르고 입으로 시인하여 구원에 이르느니라."(롬 10:9~10)

요셉과 니고데모는 예수님 장례를 위해 봉사한 자들

요셉과 니고데모는 예수님의 시체를 위하여 봉사한 사람들입니다. 빌라도 에게 가서 예수님의 시체를 안장하려고 하니 시체를 인도해 달라고 했습니다. 아리마대 요셉은 자기가 죽어 장사지내기 위해 예비한 무덤에 예수님의 시신을 장례 지내려고 했고, 니고데모는 수의와 몰약과 침향 섞은 것 100근(약 72파운드)를 준비했습니다. 몰약은 향기로운 목질을 가진 아라비아의 발사모덴드론(Balsamodendron) 나무에서 얻는다고 합니다. 침향은 목질에 송진을 함유한 것으로 가루향품을 만드는데 사용된 나무인 아갈로카(Agalocha)에서 뽑아냅니다. 예수님이 태어나시던 때에 동방박사 세 사람이 예수님께 예물로 황금과 유향과 몰약을 드렸습니다. 이 몰약은 그 양이 많으면 많을수록 더 높은 경의를 표하는 것이라고 합니다. 애굽인들은 장례 때 시신의 내장을 다 뽑아내고 몰약을 넣고 미이라를 만듭니다. 유대인들은 세마포에 시신을 싸서 몰약을 넣어 돌무덤에 장례를 지냅니다.

아리마대 요셉과 니고데모는 예수님의 시체를 잘 안장한 좋은 봉사를 한 사람들입니다. 만왕의 왕의 장례를 가치 있게 치룬 사람들입니다. 당시에 예수님의 제자 요한을 제외하고는 다른 제자들은 모두 도망쳤는데, 두 사람이 예수님의 시체를 잘 안장한 것은 얼마나 귀한 일입니까? 그러나 한 가지 아쉬운 일은 이들이 예수님이 살아계실 때 예수님께 봉사했더라면 얼마나 좋았을까 하는 것입니다. 이들이 산헤드린 공회에서 예수님의 불법 정죄와 재판에 대해 항의하고 시정 발언을 했다면 정말로 좋은 일이었지만, 그들은 아마 침묵했든지 불참했을 것입니다.

예수님이 살아계실 때 베다니의 마리아는 나드 한 옥합을 깨어 예수님의 머리와 발에 붓고 자기 머리카락으로 씻었습니다. 예수님은 마리아를 칭찬하시면서 기뻐하셨습니다. 마리아가 예수님의 장례를 준비했다고 칭찬하셨습니다. 니고데모와 요셉이 예수님이 살아계실 때에 봉사하지 못한 것은 애석한 일입니다.

예수님 생존 시에 바치는 충성이 죽은 후에 마련해 드리는 새 무덤과 수의보다 얼마나 더 귀하겠습니까? 생존 시에 보내주는 꽃은 단 한 개라 하더라도 죽은 후에 마련해 주는 화려한 화환보다 더 가치가 있습니다. 사람이 생존해 있을 때에 보내주는 사랑과 칭찬, 감사의 말은 단 한 마디라 하더라도 죽은 다음 드리는 온갖 찬사보다도 훨씬 낫습니다. 우리말에 환갑잔치는 미리당겨서 하는 것이 가능하지만 늦추어 하지는 말라는 말이 있습니다. 이것은 죽음이 언제 올지 모르기 때문입니다.

사실 예수님이 부자의 무덤에 들어가 장사지낸 것도 성경의 예언의 성취입니다.

"그의 무덤이 악인들과 함께 있었으며 그가 죽은 후에 부자와 함께 있었도다."(사 53:9)

예수님은 죄인들의 죄를 대신 지시고 죽으셨고 무덤도 자기 무덤이 아닌 아리마대의 무덤을 빌리신 것입니다. 죄가 자기의 죄가 아닌 것처럼 무덤도 자기의 무덤이 아니었습니다.

요셉과 니고데모는 예수님의 시신을 안장하면서 마지막으로 선한 봉사를 했습니다. 그러면서 예수님의 역사는 끝났다고 절망했습니다. 그들은 전혀 예수님의 부활을 생각하지 못했습니다. 이것은 무덤 문화입니다. 무덤에 갇혀있는 신앙입니다. 무덤은 죽음이고 죽음은 모든 것의 끝이라고 생각한 것입니다. 예수님 역사가 무덤으로 끝났다고 생각했던 것입니다. 오늘날 우리의 믿음을 약화시키고 허약하게 만드는 것이 바로 이 무덤 문화입니다. 무덤은 한국 사람들에게는 매우 중요합니다. 어떤 사람들은 방북을 해서 부모님의 무덤을 방문하고 성묘합니다. 어떤 목사님은 무덤에 가볼 필요가 없다고 합니다. 왜냐하면 부활할 터인데 무덤에 갈 필요가 있느냐는 것입니다.

많은 사람들이 무덤이 고향인 것처럼 생각하고 중요하게 여깁니다. 그러나 무덤이 크고 호화로우면 호화로울수록 후대에 그 무덤이 훼손될 가능성이 더욱 높습니다. 조선시대나 고려시대의 무덤, 진시황의 무덤, 공자의 무덤, 애굽의 피라미드도 모두 도굴되거나 훼손되거나 파헤쳐졌습니다. 무덤을 장식하거나 무덤에 드는 비용은 막대합니다. 그러나 부활의 진리를 알게 되면 이런 무덤의 비용이 얼마나 하찮은 것이라는 사실을 알게 됩니다. 무덤이 마지막 고향이 아닙니다. 무덤을 중요하게 여기는 죽은 신앙이 아닙니다. 산 신앙을 가져야 합니다.

용기 있는 신자가 된 요셉과 니고데모

요셉과 니고데모는 용기 있는 신자가 되었습니다. 숨어서 믿었던 요셉과 니고데모가 어떻게 숨은 신자의 자리에서 예수님의 제자 된 자신의 신분을 밝히게 되었습니까?

그것은 예수 그리스도 십자가 죽음 때문입니다. 십자가 사건이 그들로 하여금 예수님의 제자라는 사실을 다른 사람들에게 드러나게 했습니다. 그들은 십자가 사건으로 감격했습니다. 성소의 휘장이 찢어진 사실이, 의심 많고 주저하고 숨어서 믿는 그들에게 지대한 영향을 주었습니다. 십자가 위에서 예수님의 침착한 모습이 그들에게 영향을 끼쳤습니다. 가상칠언을 하시고, 사죄기도를 하시고, 다 이루었다고 말씀하시는 예수님의 모습이 그들에게 지대한 영향을 주었습니다. 예수님의 십자가 죽음의 사건은 숨어서, 주저하면서 믿는 그들의 소극적 믿음을 적극적인 믿음으로 변화시켜 주었습니다. 숨어서 마음으로만 믿었던 저들에게 고백적 신앙을 주었습니다. 그늘에서 믿는 믿음을 밝은 태양 아래서 믿을 수 있는 용기로 바꾸어 주었습니다. 산헤드린 공회를 두려워하지 않고, 출교도 겁내지 않는 신앙을 가지게 되었습니다.

지식도 용기가 곁들여지지 않으면 위선의 도구가 됩니다. 사랑은 용기가 없이는 실천되지 않습니다. 진리라는 것도 용기가 없으면 꽃 피울 수 없습니다. 대부분의 사람들이 부정과 불의를 몰라서 입을 다물고 있는 것이 아닙니다. 다만 용기가 없어서 그렇습니다. 토인비는 이런 상황을 문명 쇠퇴의 원인으로 지적했습니다. 그는 "이집트, 로마, 그리스, 어느 문명이나 한 문명이 쇠퇴한 원인은 국민들의 비겁한 마음, 지도자들의 비겁에 있었다,"고 말합니다.

1955년 가을 어느날, 미국 오리곤 주 유게네 마을에서 있었던 일입니다. 그날 신문에 마을 회관에서 종교 영화 집회가 있겠다는 광고가 나갔습니다. 많은 사람들이 모이지는 않았지만 서로 아는 사람들이 모여서 인사와 교제를 나누었습니다. 그 중에— 한 농부 부부가 참석했습니다. 영화가 시작되었고, 영화의 내용은 한국 6.25동란으로 생긴 전쟁고아들을 돌볼 수 있는 손길을 찾는다는 내용이었습니다. 농부 부부는 영화를 다 보고 난 후에 귀가 하면서 서로 얼굴을 마주보며 말했습니다. '우리는 가난한 농부야. 우리 같은 농부가 무엇을 할 수 있어?' 이렇게 자탄하면서 그 모든 것을 잊어버렸습니다. 그러나 날이 갈수록 그 영화의 장면들이 또렷하게 기억났습니다. 그래서 두 부부는 다시 기도를 했고, 마침내 자기들이 갖고 있던 농장의 일부를 팔아서 직접 한국에 가서 8명의 혼혈고아들을 데려와서 양자로 삼았습니다. 이 사실이 지방 신문에 실렸고, 그것을 본 사람들이 각 곳에서 고아들을 돕겠다고 나섰고 연락이 왔습니다. 이 농부 부부는 차츰 농토를 팔고 이 고아 입양 사업에 매달렸습니다. 마침내 그 부부는 1,600명의 전쟁고아를 미국의 각 가정으로 보내서 인연을 맺어주게 했습니다. 이 농부가 바로 그 유명한 홀트 아동복지회를 처음 시작한 해리 홀트와 그 부인 베르타 홀트(Harry Holt, 1905~1964, Bertha Marian Holt, 1904~2000)입니다.

'우리가 무엇을 할 수 있으랴?' 고 하면서 일 할 용기를 가지지 아니하고 시작하지 않는 사람들에게는 하나님께서 결코 일을 주시지 않으십니다. 그러나 '우리가 할 수 있어,' 하면서 용기를 가지고 일을 시작하는 사람들에게 하나님은 가장 위대한 일을 맡겨 주십니다.

니고데모와 요셉처럼 숨어서 믿는 소극적 신자가 되어서는 안 됩니다. 적극적인 신앙고백을 하고 확신을 갖고 적극적인 믿음을 가져야 합니다. 니고데모와 요셉처럼 예수님의 시체를 장례 지내는 봉사로 스스로 위로하고 만족하지 말고 살아계신 구주를 섬기고 봉사해야 합니다. 무덤 문화를 꽃 피우고 장식하지 말고 영원한 천국을 바라보고 하늘 본향에 소망의 닻을 던져야 합니다. 십자가 사건에서 새 힘과 용기를 얻었던 니고데모와 요셉처럼 우리도 용맹스런 그리스도의 군사와 정예병이 됩시다.

제53장

예수 부활의 사실성

(요 20:1~10)

요한복음 20:1~10 "안식 후 첫날 일찍이 아직 어두울 때에 막달라 마리아가 무덤에 와서 돌이 무덤에서 옮겨진 것을 보고, 시몬 베드로와 예수께서 사랑하시던 그 다른 제자에게 달려가서 말하되 사람들이 주님을 무덤에서 가져다가 어디 두었는지 우리가 알지 못하겠다 하니, 베드로와 그 다른 제자가 나가서 무덤으로 갈새, 둘이 같이 달음질하더니 그 다른 제자가 베드로보다 더 빨리 달려가서 먼저 무덤에 이르러, 구부려 세마포 놓인 것을 보았으나 들어가지는 아니하였더니, 시몬 베드로는 따라와서 무덤에 들어가 보니 세마포가 놓였고, 또 머리를 쌌던 수건은 세마포와 함께 놓이지 않고 딴 곳에 쌌던 대로 놓여 있더라. 그 때에야 무덤에 먼저 갔던 그 다른 제자도 들어가 보고 믿더라. (그들은 성경에 그가 죽은 자 가운데서 다시 살아나야 하리라 하신 말씀을 아직 알지 못하더라)이에 두 제자가 자기들의 집으로 돌아가니라."

예수님은 부활하셨습니다.

이것은 성경 예언의 성취입니다.

역사적 사실입니다.

주님은 오늘 우리에게 부활 신앙의 고백을 요구하십니다.

우리는 그 부활을 믿는 자요, 그 부활의 증인입니다.

프랑스의 복음서 비평학자인 어네스트 르낭(Ernest Renan)은 예수님의 부활에 대하여 이런 비평을 했습니다.

"부활을 믿는 그리스도인의 신앙은 환각을 보았던 막달라 마리아가 예수를 보았다는 생각을 하면서 퍼뜨린 괴상한 소문 때문이었다."

전혀 그렇지 않습니다. 마리아는 아무런 환각을 경험하지 않았고, 주님의 부활도 전혀 예기치 못했습니다. 예수님의 부활은 주관적 환각 현상이 아니고 막달라 마리아와 제자들과 그리스도인들에게 객관적으로 알려진 사실입니다.

"내가 받은 것을 먼저 너희에게 전하였노니 이는 성경대로 그리스도께서 우리 죄를 위하여 죽으시고, 장사 지낸 바 되셨다가 성경대로 사흘 만에 다시 살아나사."(고전 15:3~4)

성경 예언의 성취 사실

성경은 예수 그리스도의 부활을 예언하고 있습니다.

"이는 주께서 내 영혼을 스올에 버리지 아니하시며 주의 거룩한 자를 멸망시키지 않으실 것임이니이다."(시 16:10)

"여호와께서 그에게 상함을 받게 하시기를 원하사 질고를 당하게 하셨은 즉 그의 영혼을 속건제물로 드리기에 이르면 그가 씨를 보게 되며 그의 날은 길 것이요 또 그의 손으로 여호와께서 기뻐하시는 뜻을 성취하리로다."(사 53:10)

"요나가 니느웨 사람들에게 표적이 됨과 같이 인자도 이 세대에 그러하리라."(눅 11:30)

"이 때로부터 예수 그리스도께서 자기가 예루살렘에 올라가 장로들과 대제사장들과 서기관들에게 많은 고난을 받고 죽임을 당하고 제삼일에 살아나야 할 것을 제자들에게 비로소 나타내시니."(마 16:21)

"하나님의 도우심을 받아 내가 오늘까지 서서 높고 낮은 사람 앞에서 증언하는 것은 선지자들과 모세가 반드시 되리라고 말한 것밖에 없으니, 곧 그리스도가 고난을 받으실 것과 죽은 자 가운데서 먼저 다시 살아 나사 이스라엘과 이방인들에게 빛을 전하시리라 함이니이다 하니라."(행 26:22~23)

"마르다가 이르되 마지막 날 부활 때에는 다시 살아날 줄을 내가 아나이다. 예수께서 이르시되 나는 부활이요 생명이니 나를 믿는 자는 죽어도 살겠고"(요 11:24~25)

부활의 직접 경험 사실

오늘 본문의 말씀은 예수님의 부활을 믿는 사도 요한의 믿음을 매우 세밀하게 설명해 주고 있습니다. 예수 그리스도의 부활에 대한 위대한 역사적 증거들 중에 하나는 빈 무덤입니다. 주목할 점은 베드로와 요한이 무덤에 도착했을 때 그것은 빈 무덤이 아니었습니다. 예수님의 몸은 거기 없었으나 무엇인가 거기에 있었습니다. 곧 예수님이 입으셨던 수의였습니다. 수의에는 무언가 특별한 점이 있어서 결국 요한은 그것을 보면서 예수님의 부활을 믿은 것입니다.

"그 때에야 무덤에 먼저 갔던 그 다른 제자도 들어가 보고 믿더라."(요 20:8)

여기서 다른 제자란 요한을 가리킵니다.

부활절 아침의 시간적 요소는 무덤에서 베드로와 요한이 체험했던 것에 대하여 가치 있는 배경을 제공했다고 윌리엄 헨드릭슨은 다음과 같이 설명했습니다.

"예수님은 금요일에 십자가에 못 박히셨고 부활 때까지 무덤에 계셨다. 그 부활 사건은 분명히 주일 아침 새벽이 되기 전에 일어났다. 이 시점에 여인들이 예루살렘에서 예수님 시체에 바를 향유를 가지고 무덤으로 갔다. 그 무리속에 막달라 마리아와 야고보의 어머니 마리아도 있었다. 또 요안나와 다른 여인들도 있었다." (눅 24:10)

여인들은 무덤에 도착하여 무덤 입구의 돌이 옮겨진 것을 보고 깜짝 놀랐습니다. 그들은 무슨 일이 일어났을까 의아하게 생각했습니다. 어떻게 그 큰 입구의 돌을 옮겨놓고 무덤에 들어갈 것인가를 염려하며 왔던 그들을 위해 누가 돌을 옮겨 주었단 말인가 하고 생각했습니다. 막달라 마리아는 제자들을 어서 만나기 위하여 그곳을 떠났습니다. 제자들은 그 어느 한 사람도 예수님이 부활하셨다는 것을 상상도 하지 못했습니다.

잠시 후 시간이 더 지나 밝아졌을 때 여인들은 무덤을 들여다보기 시작했습니다. 그곳에는 천사가 있었습니다. 무서워하고 있는 여인에게 한 천사가 말했습니다.

"너희는 무서워하지 말라 십자가에 못 박히신 예수를 너희가 찾는 줄을 내가 아노라. 그가 여기 계시지 않고 그가 말씀 하시던 대로 살아나셨느니라 와서 그가 누우셨던 곳을 보라. 또 빨리 가서 그의 제자들에게 이르되 그가 죽은 자 가운데서 살아나셨고 너희보다 먼저 갈릴리로 가시나니 거기서 너희가 뵈오리라 하라." (마 28:5~7)

막달라 마리아는 베드로와 요한을 만났습니다. 요한이 예수님의 어머니를 모시고 있었으니(요 19:27) 아마도 요한의 집에서 만났을 것입니다. 두 제자는 즉각 무덤으로 달려갔습니다. 베드로보다 더 젊은 요한이 먼저 달려가 무덤에 도착해서 입구에 서서 그 안을 들여다보았습니다. 그리고 예수님이 입으셨던 수의를 발견했습니다. 그 때 베드로가 도착해서 요한을 밀치고 무덤 안으로 들어갔습니다.

헬라어 성경에는 요한이 무덤 안의 세마포 수의를 본 점에 대하여 "블레페이(βλέπει)"라고 하였습니다. "구부려 세마포 놓인 것을 보았으나 들어가지는 아니하였더니."(요 20:5) 이 말은 본다는 것을 가장 보편적인 말로 나타낸 것입니다.

그러나 베드로는 무덤에 들어가서 자세히 그 수의를 살펴보았습니다.

"시몬 베드로는 따라와서 무덤에 들어가 보니 세마포가 놓였고,"(요 20:6)

6절의 베드로가 보았다는 동사는 5절의 요한이 본 '보았으나'와는 다른 특별한 동사입니다. 이 단어는 헬라어 '데오레오(θεωρέω)'로 자세히 살펴보았다는 의미입니다. 성경은 베드로가 무엇을 살펴보았는지 말하고 있습니다. 베드로가 따라 와서 무덤에 들어가 보니, "또 머리를 쌌던 수건은 세마포와 함께 놓이지 않고 딴 곳에 쌌던 대로 놓여 있더라."(요 20:7)

베드로가 살펴보니 머리를 쌌던 수건이 딴 곳에 놓여 있는 것을 발견했습니다.

요한은 그 때서야 들어가서 베드로가 보았던 것을 보았는데, 이때 '보았다'는 말은 '오라오(ὁράω)'로 '보고 이해했다'는 뜻입니다. 그리고 예수님의 부활을 믿었습니다.

"그 때에야 무덤에 먼저 갔던 그 다른 제자도 들어가 보고 믿더라."(요 20:8)

여기 다른 제자는 사도 요한을 가리킵니다. 그는 그 수의를 보고 예수님의 부활을 이해하고(εἶδον) 믿었습니다(ἐπίστευσεν). 예수님의 머리를 쌌던 천은 예수님의 몸을 쌌던 세마포와 함께 있지 않았습니다. 머리를 쌌던 수건이 있었고, 보다 두드러진 것은 그것이 얼굴을 쌌던 모양으로 동그랗게 그대로 있었다는 사실입니다. 그것이 몸을 쌌던 세마포와 한 공간에 있었습니다. 요한이 이것을 보고 예수님의 부활을 믿은 것입니다. 요한은 직접 경험으로 예수님의 부활을 믿은 것입니다.

고린도전서 15:5~8에서는 부활하신 예수님을 경험적으로 만난 사람들의 명단을 보여줍니다. 시몬 베드로가 부활하신 예수님을 만났습니다.

"말하기를 주께서 과연 살아나시고 시몬에게 보이셨다 하는지라." (눅 24:34)

제자들이 부활하신 예수님을 만났습니다.

"곧 그 때로 일어나 예루살렘에 돌아가 보니 열한 제자 및 그들과 함께 한 자들이 모여 있어, 말하기를 주께서 과연 살아나시고 시몬에게 보이셨다 하는지라. 두 사람도 길에서 된 일과 예수께서 떡을 떼심으로 자기들에게 알려 지신 것을 말하더라. 이 말을 할 때에 예수께서 친히 그들 가운데 서서 이르 시되 너희에게 평강이 있을지어다 하시니." (눅 24:33~36)

500여 형제들이 부활하신 예수님을 만났습니다.

"그러나 내가 살아난 후에 너희보다 먼저 갈릴리로 가리라." (마 26:32)

"이에 예수께서 이르시되 무서워하지 말라 가서 내 형제들에게 갈릴리로 가라 하라 거기서 나를 보리라 하시니라." (마 28:10)

예루살렘 교회를 지도하게 되는 주님의 형제 야고보가 부활하신 예수님을 만났고, 모든 사도들이 예수님을 만났습니다.

"여드레를 지나서 제자들이 다시 집 안에 있을 때에 도마도 함께 있고 문 들이 닫혔는데 예수께서 오사 가운데 서서 이르시되 너희에게 평강이 있을 지어다 하시고." (요 20:26)

사도 바울도 예수님을 만났습니다. 사도 바울은 맨 나중에 된 사도로, 그 는 자신이 공로 없이 사도라는 과분한 은혜를 받은 자라고 했습니다. 바울은 자기 자신의 무가치함을 언급하지 않고는 그리스도에 의하여 그에게 수여된 영예를 결코 생각할 수 없었습니다(고전 15:8~10).

교회 역사적 사실

초대 교회를 지도한 사도들의 설교는 예수님의 십자가와 부활이 그 중심 메시지였습니다. 사도들은 이 복음을 전하기 위하여 자신들의 목숨을 내어 놓고 증거 했습니다.

"항상 우리와 함께 다니던 사람 중에 하나를 세워 우리와 더불어 예수께서 부활하심을 증언할 사람이 되게 하여야 하리라 하거늘." (행 1:22)

가룟 유다 대신 12제자단에 가입할 후보자의 자격은 예수 그리스도의 부활을 증거 할 수 있는 자라야 했습니다. 베드로는 구약을 인용해서 '죽어도 썩지 아니할 자(시 16:10)'를 설교했습니다.

"미리 본 고로 그리스도의 부활을 말하되 그가 음부에 버림이 되지 않고 그의 육신이 썩음을 당하지 아니하시리라 하더니." (행 2:31)

사도 바울은 아덴에서 에피큐로스와 스토아 철학자들에게 예수님과 몸의 부활을 전도했습니다.

"어떤 에피큐로스와 스토아 철학자들도 바울과 쟁론할새 어떤 사람은 이르되 이 말쟁이가 무슨 말을 하고자 하느냐 하고 어떤 사람은 이르되 이방 신들을 전하는 사람인가보다 하니 이는 바울이 예수와 부활을 전하기 때문이러라." (행 17:18)

사도 바울이 공회 앞에서 예수 그리스도의 부활을 증거 하면서 자기를 변호했습니다.

"바울이 그 중 일부는 사두개인이요 다른 일부는 바리새인인 줄 알고 공회에서 외쳐 이르되 여러분 형제들아 나는 바리새인이요 또 바리새인의 아들이라 죽은 자의 소망 곧 부활로 말미암아 내가 심문을 받노라." (행 23:6)

그리스도께서 부활하심으로 하나님의 아들로 인정되셨습니다.

"성결의 영으로는 죽은 자들 가운데서 부활하사 능력으로 하나님의 아들

로 선포되셨으니 곧 우리 주 예수 그리스도시니라."(롬 1:4)

"그리스도께서 만일 다시 살아나지 못하셨으면 우리가 전파하는 것도 헛 것이요 또 너희 믿음도 헛것이며."(고전 15:14)

오늘날 개혁주의 신앙과 청교도 신앙을 지지하는 교회들은 부활의 교리를 포함한 신앙 교리문답과 신앙고백서를 교회에서 교육하고 있습니다. 예배시 간에 사도신경이나 또는 니케아신경을 고백합니다. 성경공부 시간에 하이델 베르그 교리문답이나 웨스트민스터 대, 소 교리 문답, 혹은 벨직 고백서를 가 르칩니다. 반면에 부활신앙 고백을 예배 때에 생략하는 교회들이 증가하는 것을 봅니다. 산 부활 고백이 없는 교회가 되어가고 있는 것이 안타깝습니다.

"예수께서 이르시되 나는 부활이요 생명이니 나를 믿는 자는 죽어도 살겠 고, 무릇 살아서 나를 믿는 자는 영원히 죽지 아니하리니 이것을 네가 믿느 냐."(요 11:25~26)

주님은 오늘도 우리에게 부활 신앙의 고백을 요구하십니다. 예수 그리스 도의 부활은 사실이요, 그 부활을 믿는 우리에게도 그 부활은 진실입니다. 그 러므로 우리는 그 부활을 믿는 자요, 그 부활의 증인이어야 합니다. 진정으로 산 교회는 예수 그리스도의 부활을 역사적 사실로 믿는 교회입니다.

제54장

믿음이 죽은 날

(요 20;11~16)

요한복음 20;11~16 "마리아는 무덤 밖에 서서 울고 있더니 울면서 구부려 무덤 안을 들여다보니, 흰 옷 입은 두 천사가 예수의 시체 뉘었던 곳에 하나는 머리 편에, 하나는 발편에 앉았더라. 천사들이 이르되 여자여 어찌하여 우느냐 이르되 사람들이 내 주님을 옮겨다가 어디 두었는지 내가 알지 못함이니이다. 이 말을 하고 뒤로 돌이켜 예수께서 서 계신 것을 보았으나 예수이신 줄은 알지 못하더라. 예수께서 이르시되 여자여 어찌하여 울며 누구를 찾느냐 하시니 마리아는 그가 동산지기인 줄 알고 이르되 주여 당신이 옮겼거든 어디 두었는지 내게 이르소서 그리하면 내가 가져가리이다. 예수께서 마리아야 하시거늘 마리아가 돌이켜 히브리 말로 랍오니 하니(이는 선생님이라는 말이라)."

마리아는 예수님을 보았지만 알아보지 못했습니다.
예수님의 죽음과 함께 마리아의 믿음도 죽었기 때문입니다.
그러나 예수님이 그를 불렀을 때 죽은 믿음이 되살아났습니다.
죽은 믿음이 산 믿음이 된 것입니다.
우리를 위해 죽으신 예수님의 죽음에 초점을 맞추면
예수님을 사랑할 수 있습니다.
예수님은 여러분의 이름을 부르십니다.
이 순간에 바로 여러분의 마음속에 믿음이 다시 회복될 것입니다.

예수님의 제자들과 예수님을 따르던 여인들이 가장 쓰라린 비탄을 느끼고 우울 했던 날이 있었습니다. 그것은 예수님이 십자가에서 죽으시고 부활하신 날까지의 삼 일간이었습니다. 아리마대 요셉과 니고데모라는 두 사람이 예수님의 시체를 십자가에서 내려다가 돌무덤에 잘 안장했습니다. 시체에 침향을 넣고 세마포로 싸서 새 돌무덤에 장사 지냈습니다. 유대인들은 예수님이 살아있을 때에 죽었다가 부활한다고 예언한 일을 기억하고는 빌라도에게 다음의 세 가지를 요구했습니다. 첫째, 큰 돌을 굴려다가 무덤 문을 막았습니다. 혹시라도 예수님의 제자들이 예수님의 시체를 훔쳐다가 숨겨놓고 부활했다고 헛소문을 내면 시끄러워지니 사전에 이를 방지하기 위해서 큰 돌로 막아버린 것입니다. 둘째, 혹시라도 사람들이 이 돌을 옮기면 곤란하므로 거기에다 인봉을 했습니다. 누구도 손을 대지 못하도록 총독의 인으로 봉해 놓은 것입니다. 마지막으로, 이렇게 해놓고도 마음이 놓이지 않아 군대를 시켜 무덤을 지키게 했습니다. 이렇게 단단히 해 놓으면 만에 하나 예수님이 살아난다고 해도 도망갈 수 없도록 조치를 취한 것입니다. 이런 모습을 예루살렘 여인들이 다 보았습니다. 예수님의 시체가 어디에 안장되었는지 다 잘 알고 있었습니다.

없어진 예수님의 시체

우리 예전 한국 사람들은 부모를 장례지낸 후 아들이 부모의 묘 앞에 텐트를 치고 그 옆에서 3년을 살았습니다. 3년간 아침 일찍이 부모의 무덤을 방문하는 사람들도 많았습니다. 이 3년 동안에 만약 아이가 태어나면 그를 상놈이라고 해서 죽이기까지 하는 엄한 법도 있었습니다. 요즘에는 장례지낸 후 3일 만에 묘를 방문합니다.

이스라엘에서는 3일간 계속 묘지를 방문하는 풍습이 있었습니다. 왜냐하면 사람이 죽으면 그 영혼이 곧바로 떠나는 것이 아니라, 묘 주변에 머물러 있다가 시신이 썩어 얼굴 형태를 알아볼 수 없을 때 떠난다고 생각했기 때문입니다. 그래서 적어도 3일 동안은 죽은 사람의 영혼이 시체 가까이에 있다고 생각했으므로 3일간 묘를 방문하는 것입니다.

예수님이 십자가에 돌아가신 날 장사지낸 바 되었고, 그 이튿날은 안식일이므로 거룩하게 안식일을 지켜야 하므로 무덤을 방문하지 못했고, 안식일 다음 날 곧 주일 새벽이 되자마자 막달라 마리아가 예수님의 무덤을 찾아간 것입니다. 전설에 의하면 이 마리아는 창녀로서 일곱 귀신이 들렸던 여자인데 예수님이 그를 용서해 주시고 깨끗하게 해 주셨다고 합니다. 비싼 향유를 준비하여 예수님의 머리와 발에 부어드리고 머리카락으로 예수님의 발을 씻어드린 여자로서 제자들에게 비난을 들은 여자였습니다. 그러나 예수님은 마리아의 편을 들어주셨습니다.

예수님께서 바리새인 시몬의 집에 초대받았을 때에 마리아가 눈물로 예수님의 발을 적시며, 비싼 향유를 예수님께 부을 때 바리새인이 이 여인은 죄인이라고 비난했습니다. 그러나 예수님께서는 오백 데나리온을 빚진 자와 오십 데나리온을 빚진 자의 빚을 다 탕감해 주었을 때에 적게 탕감 받은 자는 적게 사랑하고 많이 탕감 받은 자는 더 많이 사랑한다고 하셨습니다.(눅 7:36~50) 마리아는 예수님을 사랑한 사람 중에 한 사람임에 틀림없습니다.

새벽에 예수님의 무덤을 찾아간 마리아는 실망했습니다. 예수님의 무덤에 큰 돌문이 옮겨졌고 예수님의 시체가 보이지 않았기 때문입니다. 마리아는 베드로와 요한을 찾아가 예수님의 시체가 없어진 것을 알렸습니다. 그때 베드로와 요한이 예수님의 무덤을 찾아와 살펴보고 시체가 없음을 확인한 후 돌아갔습니다. 베드로와 요한이 떠난 후에 마리아는 다시 예수님의 무덤을 찾아갔습니다. 그러나 예수님의 시체는 보이지 않았습니다. 그래서 마리아가 통곡하며 웁니다. 그때 예수님이 나타나셨는데도 불구하고 마리아는 예수님을 알아보지 못하고 동산을 지키는 동산지기인 줄 알고 예수님의 시체를 어디에 두었는지 알려달라고 했습니다.

예수님을 알아보지 못한 마리아

마리아가 그렇게도 사랑한 예수님을 왜 알아보지 못했을까요? 마리아가 바라던 것은 예수님의 시체였습니다. 그러니 부활의 예수님을 알아볼 수 있겠습니까? 예수님은 "누구를 찾느냐?"고 질문하십니다. 마리아는 어떤 사람이 아니라 어떤 것(시체)을 찾고 있었습니다. 여기에서 마리아의 믿음이 죽어있는 상태를 봅니다. 산 자를 만나지 못하고 죽은 시체만을 찾으려고 했습니다. 믿음이 죽은 사람은 예수님을 만나도 예수님을 알아볼 수가 없습니다. 엠마오 도상의 두 제자도 저희의 눈이 어두워서 예수님을 몰라보았습니다.

마리아가 예수님을 알아보지 못했던 이유 중에 다른 하나는 너무 많이 울었기 때문입니다. 마리아는 예수님의 재판 과정, 즉 가야바, 안나스, 빌라도의 재판 과정을 모두 본 여인입니다. 유대인들이 예수님을 십자가에 못 박으라고 고함치는 소리를 들었습니다. 예수님이 십자가에 못 박히실 때 한없이 울었습니다. 3일간 계속 울고 있었던 그녀를 우리는 충분히 상상할 수 있습니다. 이 울음은 절망과 좌절의 울음입니다. 예수님에 대한 연민의 울음이었습니다. 예수님의 무덤을 볼 때 그 눈에는 눈물이 가득히 고였고, 그 눈으로 천사를 쳐다보았습니다. 아마 그는 천사를 천사로 알아보았는지 조차도 모릅니다. 그녀는 부르짖습니다.

"사람들이 내 주님을 옮겨다가 어디 두었는지 내가 알지 못함이니이다."

울면 의식이 분명치 못합니다. 울음을 그치고 밝은 정신을 가져야 예수님의 하신 말씀도 생각나고 사람도 바로 보이게 됩니다. 감정은 이성의 지배를 받아야 건전한 감정이 됩니다.

마리아가 예수님을 알아보지 못한 다른 이유는 그의 선입견 때문입니다. 예수님이 묻힌 무덤은 아리마대 요셉이 제공한 돌무덤이기 때문에 이 동산을 지키는 동산지기가 있으리라고 하는 선입견이 있었습니다. 그래서 예수님이 "누구를 찾느냐?"고 물으실 때 마리아는 예수님을 동산지기인줄 착각하고 예수님의 시체를 달라고 요구한 것입니다. 이처럼 잘못된 선입견은 믿음을 방해하고 저해합니다.

누가복음 8:1 이하를 보면 예루살렘 여인들이 예수님의 순회 전도사역에 동참하여 자기들의 소유로 예수님과 12제자들의 생활을 돕고 섬겼습니다. 막달라 마리아도 예수님을 섬기고 따라다닌 여인입니다. 그는 예수님의 말씀을 수없이 많이 들었습니다. 부활과 십자가에 대한 이야기도 수없이 많이 들었습니다. 그는 그 말씀을 이해도 했고 예수님을 믿었습니다. 그러나 예수님이 십자가에 죽으실 때 그들의 믿음도 함께 죽었습니다. 그 여인의 믿음도 함께 죽었습니다.

예수님의 죽음과 함께 죽은 믿음

예수님의 제자들도 마찬가지였습니다. 그들은 훌륭한 신앙고백을 했습니다. 베드로는 "주는 그리스도시요, 살아계신 하나님의 아들이십니다," "우리가 주는 하나님의 거룩하신 아들이신 줄 믿고 알았나이다," "죽을지언정 주를 버리지 않겠나이다,"라는 고백을 했습니다. 그러나 예수님이 죽으실 때 그들의 믿음도 죽었고 흩어져 버렸습니다. 예수 그리스도께서 그들을 부르시기 전 상태로 돌아갔습니다.

도마도 말했습니다. "내가 그 손의 못 자국을 보며 내 손가락을 그 못 자국에 넣으며 내 손을 그 옆구리에 넣어보지 않고는 믿지 아니하겠노라." 맥라렌(Maclaren)은 도마를 가리켜 "그는 의심의 사람이라기보다는 공공연한 불신자이다,"라고 했습니다. '내가 이러이러한 증거를 가지지 않으면 나는 믿지 않겠다,' 라는 말과 '내가 이러이러한 증거를 가지면 믿겠다,' 라는 말은 전혀 다른 태도를 제시하는 말입니다. 전자는 고집을 부리겠다는 결심의 태도이고, 후자는 확신하려는 경향이 있는 어투입니다. 예수님의 제자들의 믿음이 이러한 수준까지 떨어지고 죽은 믿음, 공공연한 불신앙을 이야기했다면 마리아의 믿음은 어땠겠습니까?

이처럼 믿음이 죽은 마리아인데 그가 어떻게 예수님의 무덤에 갈 수 있었습니까? 예수님을 사랑했기 때문입니다. 자기를 용서해주시고 깨끗하게 해주신 예수님을 잊을 수가 없어서입니다. 마리아는 예수님의 고난의 현장을 세밀히 목격한 사람입니다. 예루살렘의 다른 여인들과 같이 주님이 고통당하시는 모습을 목격했습니다.(마 27:55~56, 막 15:40, 요 19:25) 예수님을 십자가에 못 박으라는 소리를 들었고, 빌라도 법정에 서신 예수님, 십자가를 지고 갈보리로 가는 예수님, 십자가를 감당치 못하여 쓰러지시는 예수님, 구레네 시몬이 예수님을 대신해서 십자가를 지는 모습, 십자가에서 주님이 하시는 말씀, "목마르다," "엘리엘리 라마 사박다니,"라고 부르짖는 예수님의 음성을 들은 사람입니다. 어둠도, 그리고 지진도 목격했습니다. 예수님 죽음의 전체를 목격한 사람입니다. 긴장 속에서 예수님의 모습을 보고, 예수님의 음성을 듣고 있는 막달라 마리아가 어떻게 그와 같은 예수님의 고난의 현장에 있었습니까? 그것은 호기심 때문이 아니었습니다. 믿음도 아니었습니다. 이 적이 일어날 것을 바라는 소망도 아니었습니다. 그것은 마리아가 예수님을 사랑했기 때문입니다.

이른 새벽에 예수님의 무덤을 찾아가려고 향유를 준비한 것도 예수님을 사랑한 때문이었습니다. 예수님의 부활은 꿈에도 생각해 보지 못한 믿음이 죽은 상태에서도 예수님의 시체를 보려고 무덤에 달려간 것은 그가 예수님을 사랑한 그 사랑이 남아있었기 때문입니다. 예수님의 시체를 둔 곳을 알려주면 자기가 다시 안장하겠다는 것이었습니다. 시체는 무겁습니다. 침향을 100근이나 넣었고, 세마포로 쌌습니다. 그 엄청난 무게의 시체를 어떻게 여인이 혼자 다시 안장할 수 있습니까? 그러나 마리아는 그것을 생각하지 않았습니다. 왜냐하면 예수님을 사랑했기 때문입니다. 이처럼 사랑은 불가능한 것을 하겠다고 제안하는 것입니다.

마리아는 한번이라도 더 예수님을 보고자 했습니다. 그래서 새벽에 예수님의 무덤을 찾아갔습니다. 한때 기독교 윤리를 뒤흔들어 놓은 명제가 있었습니다. '사랑만이 방법을 정당화한다,' 라는 플레처(Fletcher)의 유명한 말입니다. 참 사랑이라고 한다면 방법이 잘못되어도 정당화될 수 있다는 말입니다. 마리아의 방법도 잘된 것은 아닙니다. 예수님이 살아생전에 여러 차례 부활하시겠다고 말씀하셨으면, 이제 부활하신 예수님을 만날 생각을 해야 했는데, 썩은 시체를 보려고 새벽부터 찾아갔으니 그 정성은 갸륵하지만 신앙은 잘못된 것입니다. 그러나 주님은 그 잘못된 방법을 승화시켜서 결국은 부활하신 예수님의 거룩한 몸을 마리아가 제일 먼저 만나는 특권을 누리게 한 것입니다.

무덤에서 통곡하는 마리아에게 예수님은 "마리아야!" 라고 부르셨습니다. 마리아는 그 음성을 듣고서 "랍보니(Ραββουνι－나의 선생님이여)" 라고 대답했습니다. 목자가 양의 이름을 부르면 그 양이 목자의 음성을 알아보듯이 마리아는 예수님의 음성을 듣고 예수님임을 알았습니다. 기쁨으로 "나의 선생님이여!" 라고 불렀습니다. 바로 이 순간 마리아는 자기 자신의 부활을 체험했습니다.

믿음이 죽은 상태에 있었지만 거기에서 산 믿음을 얻었습니다. 예수님의 무덤 앞에서 죽었던 그의 믿음이 살아났고 사라진 소망이 또렷이 살아났습니다. 죽은 믿음이 산 믿음이 된 것입니다.

나는 믿음도 없고, 소망도 없고, 사랑도 없는 사람이라고 말하는 사람에게 권면합니다. "사랑부터 해 보십시오!" 예수님의 사랑은 어떻게 가능합니까? 예수님의 사랑은 어떻게 시작합니까? 예수님이 당신을 사랑했다는 것을 아는 지식으로부터 시작하기 바랍니다. 이 사실에서 우리는 하나님의 사랑을 확신하고 확증할 수 있습니다.

"우리가 아직 죄인 되었을 때에 그리스도께서 우리를 위하여 죽으심으로 하나님께서 우리에 대한 자기의 사랑을 확증하셨느니라."(롬 5:8)

여러분들을 위해 십자가에서 죽으신 예수님의 죽음에 초점을 맞추면 그 때문에 예수님을 사랑할 수 있습니다. 이때 예수님은 여러분의 이름을 부르십니다. 이 순간에 바로 여러분의 마음속에 믿음이 생기고 회복될 것입니다. 그런즉 믿음, 소망, 사랑, 이 세 가지는 항상 있을 것인데, 그 중에 제일은 사랑입니다.

제55장

새로운 관계

(요 20:17~18)

요한복음 20:17~18 "예수께서 이르시되 나를 붙들지 말라 내가 아직 아버지께로 올라가지 아니하였노라 너는 내 형제들에게 가서 이르되 내가 내 아버지 곧 너희 아버지, 내 하나님 곧 너희 하나님께로 올라간다 하라 하시니, 막달라 마리아가 가서 제자들에게 내가 주를 보았다 하고 또 주께서 자기에게 이렇게 말씀하셨다 이르니라."

예수님은 부활 후 마리아에게 나를 붙들지 말라고 하셨습니다.

부활하신 예수님은 우리와 다른 관계를 가지십니다.

예수님의 속죄 사역을 통하여 우리는 하나님의 자녀가 되었습니다.

하나님은 믿는 자의 하나님이십니다.

예수님과 영적으로 교제하며 영적으로 만나야 합니다.

사람들이 아주 반가운 친구나 가족, 친척을 만나면 악수를 하거나 포옹을 합니다. 그리고 너무 슬픈 일을 당할 때에도 포옹하면서 울음을 터뜨리기도 합니다. 예수님의 무덤에서 울고 있던 막달라 마리아에게 부활하신 예수님이 나타나셨을 때, 마리아는 기쁨에 벅찬 마음으로 예수님을 붙잡으려고 했습니다. 이때 예수님이 말씀하셨습니다.

"나를 붙들지 말라 내가 아직 아버지께로 올라가지 아니하였노라."

왜 예수님이 마리아에게 자기를 붙들지 말라고 하셨을까요? 이 난제에 대하여 몇 가지 해석이 있습니다.

예수님과 마리아와의 관계

스코필드 주석성경(Scofield Bible)은 1156쪽에서 다음과 같이 해석합니다. 예수님은 마치 대제사장이 속죄일에 피의 제사를 드리는 것처럼 행동하셨다는 것입니다. 일 년에 한 번씩 대제사장이 피를 가지고 지성소에 들어가서 제사를 드리는 것을 말합니다. 예수님은 부활하시어서 하늘 지성소에 피의 제사를 드리러 올라가신다는 뜻입니다. 막달라 마리아를 만난 그때 예수님은 하늘 지성소에 올라가시기 전이라는 말입니다. 그래서 붙들지 못하게 하셨다는 것입니다. 마태복음 28:9에서 다른 여인들은 예수님의 발을 붙잡고 경배했습니다. 막달라 마리아를 만난 다음부터 다른 여인들이 예수님의 발을 붙잡고 경배드릴 그 시간 동안 예수님은 하늘 지성소에 들어가셨다가 돌아오신 것이라고 봅니다. "아직 내가 아버지께로 올라가지 못했노라," 는 말씀에 치중하는 해석입니다.

이에 비해 테니(Tenny)는 다르게 해석합니다. 예수님이 아직 승천하지 않으셨고, 또 즉시 승천할 것이 아니라 또 다른 제자들도 만나보고 올라가시려고 하니까 아직 시간은 충분하다, 그러니 조바심을 가지지 말라고 해석합니다.

어떤 사람은 먼저 아버지께로 간 후에야 제자들과 접촉을 허락하겠다는 의미로 봅니다. 그러나 마태복음 28:9과 조화되기 불가능합니다. 어떤 사람은 이 말씀을 예수님의 자비로운 책망이라고 해석합니다. "나를 붙들지 말라,"는 것은 '나에게 매달리지 말라,' 는 의미로 '나를 붙잡고 땅에 머물게 해서는 안 된다. 오히려 새로운 기쁨의 메시지가 되어야 한다,' 는 말씀이라는 것입니다.

예수님이 마리아의 행동을 제지한 것은 마리아가 예수님을 보았을 때 생전의 모습으로 돌아왔다고 여겼기 때문에, 곧 예수님은 자기가 생전의 삶으로 복귀하는 것으로 오해받는 것을 막았다는 것입니다. 부활하시기 전의 예수님은 시간과 공간의 제한을 받았습니다. 인간의 몸을 입고 계셨기 때문입니다. 예수님은 로마 군인들에게 체포당하고, 가야바, 안나스, 빌라도에게 재판을 받으시고, 주리고 목마르시고, 고통을 당하시는 예수님이셨습니다. 십자가에서 꼼짝없이 처형당하신 예수님이셨습니다. 그런데 부활하신 예수님을 마리아가 보았을 때, 부활 전의 예수님으로 알고 교통하려고 하는 마리아의 신앙을 고쳐주시려고 붙들지 말라고 하셨습니다. 예수님이 나를 붙들지 말라고 하심은 접촉되는 그 자체를 금하시는 것은 아니었습니다. 도마는 예수님의 못 자국, 예수님의 창 자국을 만져본 후에라야 예수님의 부활을 믿겠다고 했을 때, 예수님은 그의 접촉을 허락하셨습니다. 여인들이 예수님의 발을 붙잡고 경배하는 것을 허락하시기도 하셨습니다.

마리아나 제자들은 예수님의 지상 공생애 기간 동안에 알았던 예수님을 다른 방식으로 알아야 한다는 것입니다. 공생애 기간에 예수님은 음식을 공급해주셨고, 육신적으로 만나는 나눔이 있었던 교제요, 얼굴을 보고 나누는 교제였습니다. 말을 들을 수 있는 교제였습니다. 그러나 부활의 주와 나누는 교제는 매우 영적인 교제입니다. 육신적인 것이 아니요, 얼굴을 보지 못하고 음식을 같이 나누지 않는 것이요, 예수님의 음성을 직접 듣지 못하고 나누는 교제입니다.

"그러므로 우리가 이제부터는 어떤 사람도 육신을 따라 알지 아니하노라 비록 우리가 그리스도도 육신을 따라 알았으나 이제부터는 그같이 알지 아니하노라."(고후 5:16)

육체를 따라서 그리스도를 아는 것이란, 제자들이 예수님의 공생애 기간 동안에 예수님을 알았던 것처럼 예수님께 듣고 예수님을 직접 보고 알았던 것을 가리킵니다.

"태초부터 있는 생명의 말씀에 관하여는 우리가 들은 바요 눈으로 본 바요 자세히 보고 우리의 손으로 만진 바라. 이 생명이 나타내신 바 된지라 이 영원한 생명을 우리가 보았고 증언하여 너희에게 전하노니 이는 아버지와 함께 계시다가 우리에게 나타내신 바 된 이시니라. 우리가 보고 들은 바를 너희에게도 전함은 너희로 우리와 사귐이 있게 하려 함이니 우리의 사귐은 아버지와 그의 아들 예수 그리스도와 더불어 누림이라."(고후 5:16)

오늘날 우리가 예수님을 아는 것은 영적으로 아는 것입니다. 성령께서 우리 마음에 예수 그리스도를 하나님의 아들과 구주로 나타내주는 내면적 증거로 예수 그리스도를 아는 것입니다.

"예수께서 제자들 앞에서 이 책에 기록되지 아니한 다른 표적도 많이 행하셨으나, 오직 이것을 기록함은 너희로 예수께서 하나님의 아들 그리스도이심을 믿게 하려 함이요 또 너희로 믿고 그 이름을 힘입어 생명을 얻게 하려 함이니라."(요 20:30~31)

사도 요한이 요한복음을 기록한 목적은 예수님께서 하나님의 아들 그리스도이심을 믿게 하려 함이요, 또 너희를 믿고 그 이름을 힘입어 생명을 얻게 하려 함입니다. 이 말은 마리아가 예수 그리스도를 자기의 구주로 알아야 한다는 뜻입니다. 믿음의 차원이 높아질수록 하나님과의 교제가 영적으로 깊어집니다. 어제 알았던 예수님과 오늘 만나는 예수님과는 차이가 있습니다. 작년에 만난 예수님과 올해 사귀는 예수님과는 영적 차원에서 차이가 있습니다. "나를 붙들지 말라,"는 예수님의 말씀은 마리아와 예수님과의 새로운 관계를 의미합니다. 부활의 예수님을 영적으로 교제하라는 말씀이십니다.

마리아와 성부 하나님과의 새로운 관계

예수님은 마리아와의 대화에서 마리아와 성부 하나님과의 관계를 밝히 말씀하십니다. 곧 우리와 성부와의 관계를 설명해 주십니다.

"너는 내 형제들에게 가서 이르되 내가 내 아버지 곧 너희 아버지, 내 하나님 곧 너희 하나님께로 올라간다 하라."

예수님이 아버지께로 올라간다고 하실 때, '우리 아버지께로, 우리 하나님께로 올라간다,'고 하시지 않으셨습니다. 예수님은 '내 아버지 곧 너희 아버지, 내 하나님 곧 너희 하나님'이라고 하셨습니다. 우리 아버지, 우리 하나님이라고 예수님이 말씀하셨다면 예수님 자신을 제자들의 수준에 같이 두신 것이라고 볼 수 있습니다. 예수님과 성부 하나님과의 관계는 독특한 의미에서의 관계이고 예수님은 하나님의 아들이십니다. 본질적으로 예수님은 하나님이십니다. 본래적으로 본질적으로 하나님의 아들이십니다. 우리 크리스천과 하나님의 관계는 양자에 의해 아들이 된 관계입니다. 예수 그리스도의 속죄 사역을 통하여 우리가 하나님의 자녀가 된 것입니다. 그러므로 하나님은 믿는 자의 하나님이십니다. 믿지 않는 자의 하나님은 아니십니다.

"이같이 한즉 하늘에 계신 너희 아버지의 아들이 되리니 이는 하나님이 그 해를 악인과 선인에게 비추시며 비를 의로운 자와 불의한 자에게 내려주심이라. 너희가 너희를 사랑하는 자를 사랑하면 무슨 상이 있으리요 세리도 이

같이 아니하느냐."(마 5:45~46)

하나님은 보편적이고 일반적인 은혜를 모두에게 주시지만, 우리 크리스천에게는 특별한 은혜를 내리십니다. 이것은 하나님이 만인의 아버지라는 뜻이 아닙니다. 보편적인 부성을 의미하지는 않습니다. 믿는 자에게 '하나님의 자녀가 되는 권세'라는 특별한 은혜를 주신 것입니다.

19세기의 독일의 유명한 자유 신학자이며 사학자인 아돌프 하르낙(Adolf von Harnack, 1851~1930)은 전체 기독교를 요약한 어구를 만들어 냈습니다. 그것은 '하나님의 부성과 인간의 형제애'라는 어구입니다. 하르낙은 이것이 성경의 교훈이라고 했습니다. 우리는 모두 한 아버지를 모시고 있고, 우리는 한 형제자매로 되어 있다는 것입니다. 그러나 하르낙의 문구는 성경의 의미를 잘못 전달하고 있습니다. 하나님은 결코 모든 인간의 아버지가 아니십니다.

"너희는 너희 아비 마귀에게서 났으니 너희 아비의 욕심대로 너희도 행하고자 하느니라 그는 처음부터 살인한 자요 진리가 그 속에 없으므로 진리에 서지 못하고 거짓을 말할 때마다 제 것으로 말하나니 이는 그가 거짓말쟁이요 거짓의 아비가 되었음이라."(요 8:44)

유대관원들의 아비는 마귀입니다. 그들은 그 마귀의 자식들입니다. 하나님은 오직 믿는 자의 아버지시요, 믿는 자만이 예수 그리스도 안에서 형제자매인 것입니다. 하르낙의 잘못은 이런 관계가 인간의 본능에 속한 것이라고 본 것입니다. 그러나 성경은 예수 그리스도의 십자가 죽음 사건과 부활로 말미암아 이루어지는 관계라고 가르칩니다. 예수 그리스도의 구원의 사건으로 우리는 하나님의 자녀가 되는 특권을 얻었고, 하나님을 아바 아버지라고 부를 수 있게 된 것입니다.

하나님의 자녀가 가지는 특권은 청구의 특권과 확신의 특권입니다. 하나님을 아버지라고 부를 수 있는 자녀에게는 하나님께 청구할 특권이 있습니다.

"너희는 다시 무서워하는 종의 영을 받지 아니하고 양자의 영을 받았으므로 우리가 아빠 아버지라고 부르짖느니라."(롬 8:15)

확신의 특권은 하나님의 보호와 하나님의 인도와 하나님의 복이 포함되어 있습니다. 하나님은 우리가 넘어지고 실족할 때에 일으켜 주시고, 고난 속에서도 우리를 인도해 주시고, 천국에 들어가도록 인도하십니다. 하나님은 우리의 영육 간에 복을 주십니다. 이런 모든 것을 확신할 수 있는 특권을 우리에게 주십니다.

마리아와 형제자매들의 관계

예수님은 마리아에게 "내 형제들에게 가서 내가 내 아버지 곧 너희의 아버지, 내 하나님 곧 너희의 하나님에게 올라간다고 하라," 하셨습니다. 부활의 기쁜 소식을 예수님의 제자들에게 전하라고 하십니다. 여기서 예수님은 자기의 제자들을 형제라고 합니다. 형제라는 단어는 요한복음에서 4번 나옵니다.(2:12, 7:3,5,10) 양부 요셉의 아들을 가리켜 예수님의 형제라고 했습니다. 그러나 요한복음 20:17에서 예수님이 내 형제라고 하신 것은 예수님의 제자들을 가리킵니다. 여기 제자란 '강력한 의미'를 지니고 있습니다. 예수님은 자기의 제자들에게 새로운 이름으로 '형제'라고 불렀습니다. 이것은 성경의 성취입니다. 시편은 이 형제의 관계를 이렇게 노래합니다.

"내가 주의 이름을 형제에게 선포하고 회중 가운데에서 주를 찬송하리이다."(시 22:22)

"내가 내 형제와 친구를 위하여 이제 말하리니 네 가운데에 평안이 있을지어다."(시 122:8)

형제는 많은 점을 공동으로 소유하고 있습니다. 같은 형제는 같은 골수나 피를 갖고 있기 쉬워서 이식 수술을 할 수도 있습니다. 형제는 동일한 유산을 물려받습니다. 마찬가지로 모든 참된 크리스천들은 그리스도와 함께한 후사들입니다.

"자녀이면 또한 상속자 곧 하나님의 상속자요 그리스도와 함께 한 상속자니 우리가 그와 함께 영광을 받기 위하여 고난도 함께 받아야 할 것이니라." (롬 8:17)

예수님은 마리아에게 새로운 영적 가족 관계가 형성된 것을 가르치십니다. 믿음으로 형제자매 관계가 이루어집니다. 부활의 회소식을 먼저 가장 가까운 형제들인 제자들에게 가서 전하라고 하셨습니다. 막달라 마리아는 제자들에게 가서 말했습니다. "내가 주를 보았다." 마리아는 더 이상 예수님의 시체에 대한 이야기를 할 생각이 없었습니다. 마리아는 살아계신 주님, 무덤에서 다시 살아나신 영광의 주님에 대한 이야기를 했습니다.

마리아의 메시지 속에 바로 기독교의 본질이 있습니다. 크리스천이란 '본질적으로 내가 주를 보았다,' 고 말할 수 있는 사람입니다. 기독교는 예수님에 대하여 알고 있는 것을 뜻하지 않고 예수님을 아는 것을 의미합니다. 기독교는 예수님에 대하여 논하는 것이 아니라 예수님을 만나는 것을 뜻합니다. 예수님이 살아계심을 확실히 체험하는 것입니다. 마리아는 부활하신 주님과의 새로운 관계로 나를 붙들지 말라고 하셨고, 부활의 소식을 제자들에게 전하라고 하셨고, 또 주님이 아버지께 올라가노라고 전하라 하셨다고 했습니다.

여러분은 주님과 새로운 관계를 맺은 것을 확신합니까? 예수님을 육신적으로 아는 것이 아니라 영적으로 알고 영적으로 교제하며 영적으로 만나는 것을 기억하십시오. 도마처럼 만져봐야 믿겠다, 경험해야 믿겠다고 하지 마십시오. 하나님의 자녀 됨을 확신하십시오. 신령한 가족 된 것을 확신하십시오. 그리고 교제하십시오.

제56장

주님이 주신 평강

(요 20:19~20)

요한복음 20:19~20 "이 날 곧 안식 후 첫날 저녁 때에 제자들이 유대인들을 두려워하여 모인 곳의 문들을 닫았더니 예수께서 오사 가운데 서서 이르시되 너희에게 평강이 있을지어다. 이 말씀을 하시고 손과 옆구리를 보이시니 제자들이 주를 보고 기뻐하더라."

부활 후 주님은 제자들에게 오셔서 평강의 축복을 주셨습니다.

주님이 주신 평강은 예수님의 십자가와 부활을 통하여

이루신 평강입니다.

우리의 죄를 대신하여 죽으시고

부활하신 예수님을 믿는 자에게 주시는 평강입니다.

엄청난 희생을 대가로 지불하고 주신 것입니다.

이 평강은 하나님과 더불어 가지는 평화입니다.

각 시대와 각 나라에서 널리 사용되었던 인사말을 비교해 보면 매우 재미있는 사실을 발견할 수 있습니다. 헬라인은 매우 낙천적인 인사말을 사용했습니다. '카이레(καιρή)' 라는 그리스의 인사는 즐거워하다는 뜻입니다. 당신이 만나는 모든 일에서 즐거움을 느끼기 바란다는 의미지요. 로마인들은 강건하고 용기 있는 것을 좋아했습니다. 그래서 인사말도, '아베, 살베, 발레,' 라고 했으며 이 의미는 '생명, 건강, 승리' 라는 뜻입니다. 항상 생명과 건강을 유지하고 마주치는 적과 어려운 난관에도 승리하라는 인사말입니다. 독일인은 'Farewell'이라고 하며 불확실한 세상, 예측할 수 없는 세상에서 주의하여 아무 사고도 만나지 않도록 하시라는 인사로 신상에 무슨 일이 생기더라도 잘 해결되길 바란다는 기원입니다. 동양인은 대부분 평안을 기원합니다. 전쟁 중에서도 평화가 깃들고 사막 길 여행에서 안전하며 밤길에 강도 만나지 않고 분쟁이 있을 때 원수의 함정에 빠지지 않기를 기원하는 것입니다.

부활하신 예수님이 제자들에게 처음 인사한 말은 히브리어로 "샬롬" 입니다. 유대인들의 인사법은 "샬롬" 이고 이 말은 인사할 때 언제든지 사용합니다. 물론 전화를 걸거나 받을 때에도 이 단어를 사용합니다.

"이 날 곧 안식 후 첫날 저녁 때에 제자들이 유대인들을 두려워하여 모인 곳의 문들을 닫았더니 예수께서 오사 가운데 서서 이르시되 너희에게 평강이 있을지어다." (요 20:19)

안식 후 첫날은 주일입니다. 주일에 제자들이 한 곳에 모인 것은 신앙을 돈독히 하려고 모인 것입니다. 그리고 서로를 위로하고 격려하기 위함이었습니다. 제자들을 중심으로 한 초대교회의 특징은 모이는 것이었습니다. 이들이 모인 곳에 주님이 나타나셔서 평강의 복을 주셨습니다.

평강에 대한 사전적인 의미는 적대감을 종식시키는 협약, 즉 평화조약을 의미하고, 공공질서를 유지하는, 즉 법질서의 붕괴를 방지하는 것을 의미하

고, 인격적 관계의 조화를 가리킵니다. 그러나 주님이 말씀하신 평강의 축복
은 이런 내용과는 전혀 다른 것입니다.

주님이 말씀하신 평강의 축복

주님이 언급하신 평강은 예수님의 십자가와 부활을 통하여 이루신 평강입
니다. 우리의 죄를 대신하여 죽으시고 부활하신 예수님을 믿는 자에게 주시
는 평강입니다. 그러므로 이 평강은 엄청난 희생을 대가로 지불하고 주신 것
입니다. 곧 이 평강은 하나님과 더불어 가지는 평화입니다.

"그가 찔림은 우리의 허물 때문이요 그가 상함은 우리의 죄악 때문이라 그
가 징계를 받으므로 우리는 평화를 누리고." (사 53:5)

하나님을 믿지 않고 예수 그리스도의 십자가 죽음과 부활을 불신하는 자
를 가리켜 하나님과 원수 된 자라고 하였습니다. 우리가 하나님과 원수 되었
을 때, 하나님과 원수 된 상태에 있는 우리를 위하여 주님이 십자가에서 희생
제물이 되시므로 우리가 하나님과 더불어 화목 되었고 평강을 얻게 되었습
니다.

"곧 우리가 원수 되었을 때에 그의 아들의 죽으심으로 말미암아 하나님과
화목하게 되었은즉 화목하게 된 자로서는 더욱 그의 살아나심으로 말미암아
구원을 받을 것이니라." (롬 5:10)

이 평강은 사죄의 평강입니다. 죄 사함을 받은 평강입니다. 죄를 지니고
있을 동안 평강은 없습니다. 죄는 불안과 걱정을 안겨주고 평안을 얻지 못하
게 합니다.

'천로역정'을 쓴 존 번연(John Bunyan, 1628~1688)은 죄책감으로 낙심되
는 경우를 두 번 만났습니다. 그는 죄책감에 빠져있을 때 이사야 1:18의 말씀

을 읽고 마음의 평안을 얻었습니다.

"여호와께서 말씀하시되 오라 우리가 서로 변론하자 너희의 죄가 주홍 같을지라도 눈과 같이 희어질 것이요 진홍 같이 붉을지라도 양털 같이 희게 되리라."(사 1:18)

예수님의 십자가 죽음은 우리의 죄를 흰 눈보다, 양털보다 더 깨끗이 씻어 주십니다. 하나님이 죄인을 용서하신다고 함은 그림에 나타난 인간을 사하신다는 것이 아니고, 참 죄인을 사하신다는 것입니다.

이 평강은 양심의 평강입니다. 예수님의 제자들은 십자가에 고난당하시는 예수님을 버려두고 배신하며 도망갔습니다. 얼마나 양심이 괴로웠겠습니까? 부활의 주님은 그들에게 나타나 "평강이 있을지어다,"라 하심으로 제자들은 양심의 평강을 얻었습니다.

이 평강은 구원의 평강입니다. 죄 사함을 받고 영원히 사는 구원의 평강을 얻었습니다. 죄인이 의인이 되었고, 부끄러운 양심이 기쁨과 자유를 누리는 양심이 되었습니다. 부활의 주님이 주신 평강은 죽음을 이기고 영원히 사는 평강입니다. 인생은 죽음을 두려워합니다. 아마 제일 무서워하는 것이 죽음일 것입니다. 예수님은 제자들에게 죽음을 이기는 평강을 주셨습니다.

"그러므로 우리가 믿음으로 의롭다 하심을 받았으니 우리 주 예수 그리스도로 말미암아 하나님과 화평을 누리자."(롬 5:1)

어거스틴은 그의 참회록에서 예수 그리스도를 발견하지 못하고 불신했을 때의 상태를 이렇게 기록했습니다. "나의 지성은 아무런 확실한 진리에 도달하지 못한 채 세상 조류를 따라갔다. 나의 감성은 잘못된 철학과 천박한 감각 사이에서 방황했다. 나의 의지는 확고한 의무와 사명을 수행할 수 없을 정도로 박약하였고 여러 사람의 감언이설에 따라 줏대 없이 밀려다녔다. 나의 양심은 죄에 대하여 무감각하였고, 죄 의식이 있을 때는 매우 고민하였다." 그러나 그가 예수 그리스도를 발견하고 만난 후부터 변화된 자기의 모습을 이렇게 말했습니다.

"나의 지성에 평강이 있어서 예수 그리스도의 광대한 진리의 세계에 잠겼다. 나의 감성에 평강이 있어서 예수 그리스도의 아름다움에 매혹되었다. 나의 의지에 평강이 있어서 내가 해야 할 일이 무엇인지 깨달았다. 나의 양심에 평강이 있어서 이미 내가 주님의 보혈로 깨끗이 씻겨 졌음을 깨달았다. 예수 그리스도 안에서 평안을 얻기까지 참 평안이 내게는 없었다. 당신께서 우리를 지으실 때 당신을 위하여 지으셨으니, 우리가 당신 안에서 안식하기 전에는 평안이 없나이다."

영국의 작가이며 신학자인 나다니엘 컬버웰(Nathaniel Culverwell, 1619~1651)은 "하나님은 사람을 창조하기 전에 안식하지 않으셨고, 사람은 하나님을 즐거워하기 전에 즐거울 수 없다,"고 했습니다. 웨일스의 목사였던 매튜 헨리(Matthew Henry, 1662~1714)는 "하나님과 교통하는 생활이 제일 즐겁다,"고 했습니다.

"평안을 너희에게 끼치노니 곧 나의 평안을 너희에게 주노라 내가 너희에게 주는 것은 세상이 주는 것과 같지 아니하니라 너희는 마음에 근심하지도 말고 두려워하지도 말라."(요 14:27)

예수님은 우리에게 평안을 주십니다. 성도 여러분은 어떻습니까? 이런 참된 평강이 있습니까? 주님을 만나십시오. 신앙생활을 하면서 이런 평강을 잃어버리고 산다면 비참한 크리스천입니다.

제자들에게 끼친 기쁨

예수님은 제자들에게 "평강이 있을지어다,"라고 하시면서 손과 옆구리를 보여주셨습니다. 제자들은 예수님을 보고 기뻐했습니다. 평강의 복을 주시는 분이 틀림없는 예수 그리스도이심을 알고 확인하였습니다. 제자들은 혼란과 불안이 사라진 기쁨을 받았습니다. 아기들이 낯을 가릴 때 자기 엄마나 아빠를 만나면 평안함을 느낍니다. 제자들은 두려움이 물러간 기쁨을 받았습니다. 예수님의 죽으심과 부활이 확실하다는 것에 기쁨을 느꼈습니다. 예수 그리스도께서 십자가에서 죽으실 때 그들은 신앙을 잃어버리고 공포에 싸였습니다. 공포에 사로잡혀 문까지 잠그고 두문불출했던 그들에게 부활의 주님이 나타나셨고, 죽어도 산다는 확신을 주셨습니다. 이런 확신이 있는 사람이 주의 일을 할 수 있습니다.

제자들은 믿음이 강화된 기쁨을 받았습니다. 주님의 예언이 성취된 것을 제자들이 깨달았고, 예언 성취에 따라 믿음이 강해졌습니다. 제자들은 소망이 소생한 기쁨을 받았습니다. 죽음 앞에서 절망을 두려워하지 않고 영원한 나라를 소망하게 되었습니다. 베드로는 이것을 산 소망이라고 하였습니다 (벧전 1:3). 제자들은 사명을 발견한 기쁨을 받았습니다. 세상에서 살아갈 의미를 발견했습니다. 부활의 증인이 되는 사명을 발견했습니다. 무엇을 해야 할까를 발견한다는 것은 가장 귀중한 일입니다. 하나님이 나에게 무엇을 시키시는가를 발견함은 더욱더 귀한 일입니다.

노벨의학상을 수상했던 프랑스의 의사이자 생물학자인 알렉시스 카렐 박사(Alexis Carrel, 1873~1944)는 "근심과 싸우는 방법을 모르고 마음에 불안과 불평을 가지고 사는 사람은 일찍 죽든지, 아니면 병에 걸려 오래 고생하든지, 가정이 파탄되든지, 경제적인 어려움에 처한다,"고 했습니다. 제 2차 세계대전 때 전사한 미군의 수는 30만 명인데, 같은 기간에 죽은 민간인의 수는 200만 명이라는 통계가 나왔습니다. 전사한 미군의 수보다 죽은 민간인의 수가 많은 것은 전쟁의 불안과 공포로 마음에 평화가 없어지므로 정신적인 건강을 잃어버렸기 때문입니다.

"채소를 먹으며 서로 사랑하는 것이 살진 소를 먹으며 서로 미워하는 것보

다 나으니라."(잠 15:17)

예수님을 믿으면 평안을 얻습니다. 믿고 난 후에는 심리적인 변화가 오고 평안해집니다. 평안의 주님을 모시고, 평화의 왕국을 건설합시다. 지극히 높은 곳에서는 하나님의 영광이요, 땅에서는 기뻐하심을 입은 자들 중에 평화입니다. 사람에게 평안은 좋은 보약이며 강장제가 됩니다. 근심과 걱정은 뼈를 마르게 하고 우리 생명에 무서운 독약과 같이 작용합니다.

자신의 마음에 평강을 얻고, 가정에 평강을 얻고, 교회에 평강을 얻게 하려면 온 세계에 이 평강의 복음을 전해야 합니다.

제57장

나도 너희를 보내노라

(요 20:19~21)

요한복음 20:19~21 "이 날 곧 안식 후 첫날 저녁 때에 제자들이 유대인들을 두려워하여 모인 곳의 문들을 닫았더니 예수께서 오사 가운데 서서 이르시되 너희에게 평강이 있을지어다. 이 말씀을 하시고 손과 옆구리를 보이시니 제자들이 주를 보고 기뻐하더라. 예수께서 또 이르시되 너희에게 평강이 있을지어다 아버지께서 나를 보내신 것 같이 나도 너희를 보내노라."

예수님이 부활하신 후 제자들에게 큰 사명을 주셨습니다.
예수님의 증인이 되라는 절대적인 명령입니다.
주님은 여러분을
복음의 전령관으로, 증인으로, 전도자로 보내시고자 하십니다.
주님의 지상명령은 꼭 준수해야 할 필수과목입니다.

미국이 낳은 위대한 설교가 제럴드 케네디 목사(Gerald Kennedy)는 자기의 어렸을 때 체험을 이렇게 소개하고 있습니다. 자기 할아버지가 종종 자기를 데리고 교회에서 가지는 기도회에 참석했습니다. 어린 소년에게 기도회는 너무 지루했습니다. 그러나 기도회를 마치고 돌아올 때에 할아버지가 점심과 캔디를 사주는 것을 생각하며 착한 소년을 가장했다고 합니다. 어느 날 제럴드 케네디가 살고 있는 마을에 서커스단이 들어와 공연을 하고 있었습니다. 이때 그는 사촌과 함께 서커스를 구경했는데 서커스를 처음 본 제럴드에게는 잊을 수 없는 즐거운 구경거리였습니다. 제럴드는 집에 오자마자 할아버지에게 의기양양하게 외쳤습니다. '할아버지, 한 번이라도 좋으니 서커스 구경을 가세요. 그러면 교회에서 가지는 기도회에 갈 생각은 없어질 거예요.' 어린 제럴드는 자기가 좋았던 것을 선전하지 않을 수 없었습니다.

내가 예수님을 좋아하고 기뻐하고 적극적인 증인이 되지 못하는 두 가지 이유가 있습니다. 그 하나는 나 자신에게 있어서 예수님이 선전할 만한 위치에 있지 않기 때문이요, 다른 하나는 예수님을 선전할 만한 용기가 없기 때문입니다. 예수님을 선전하려니까 어쩐지 멋쩍고 어쩐지 교육 받은 자로서 무식한 행동 같아서 예수님을 증거하지 못하는 것입니다.

오토 윌리엄스(Otto Williams)는 뉴욕에서 최고 번화가인 타임 스퀘어에서 10년 동안 전도했습니다. 흰 와이셔츠를 입고 넥타이를 매고 모자까지 단정히 쓰고 저녁 9시부터 10시까지 노방전도를 실시했습니다. 오토 윌리엄스는 내셔널 리뷰(The National Review)지와의 인터뷰에서 이렇게 말했습니다. "모두가 나를 미친놈이라고 취급했습니다. 허공을 향해 소리를 지르는 것 같았습니다. 그러나 10년 동안에 예수님을 믿겠다고 자발적으로 약속한 사람이 1000명이 넘었습니다. 나 같은 무식한 인간의 전도를 듣고 사람들의 마음이 움직였다는 사실은 믿을 수 없습니다. 그래서 내가 얻은 결론은 하나님께서 친히 역사하신다는 사실입니다."

예수님이 주신 사명

예수님이 부활하신 후 제자들에게 주신 큰 사명은 무엇입니까? 예수님의 증인이 되라는 절대적인 명령입니다.

"너희는 이 모든 일의 증인이라."(눅 24:48)

"그러므로 너희는 가서 모든 민족을 제자로 삼아 아버지와 아들과 성령의 이름으로 세례를 베풀고, 내가 너희에게 분부한 모든 것을 가르쳐 지키게 하라"(마 28:19~20)

"오직 성령이 너희에게 임하시면 너희가 권능을 받고 예루살렘과 온 유대와 사마리아와 땅 끝까지 이르러 내 증인이 되리라."(행 1:8)

본문에서 예수님은 귀한 말씀을 주십니다.

"아버지께서 나를 보내신 것 같이 나도 너희를 보내노라."(요 20:21)

사실 예수 그리스도는 성부 하나님의 보내심을 받아 세상에 오셨고, 성부 하나님이 보내신 그 뜻을 완수하셨습니다. 보내심을 받은 자를 사도라고 합니다. 히브리서 3:1에 예수님을 가리켜 우리의 믿는 도리의 사도라고 하였습니다. 예수님은 또한 제자들을 보내신다고 하셨습니다. 어디로 보내십니까? 세상으로 보내십니다. 세상으로 보내신 목적이 무엇입니까? 예수님을 증거 하는 증인이 되는 것입니다. 증인의 임무는 보고 들은 것을 그대로 말하는 사람입니다. 예수님에 대하여 보고 들은 것을 증거 하라고 예수님은 이들을 세상에 보내셨습니다. 곧 예수님께서 하나님의 아들로서 우리의 구세주요, 우리 죄를 속죄하신 분임을 증거 해야 합니다. 예수님만이 유일한 구주요, 그의 피만이 죄를 용서하신다는 기쁜 소식을 증거하는 것이 증인의 사역입니다.

미국 TV 인기 드라마 '가족의 모든 것(All in the family)' 에 이런 이야기가 있습니다. 주인공 아치 벙커(Arch Bunker)가 거리에 나가서 날치기를 목격합니다. 집에 와서 식구들에게 내가 날치기를 보았다고 말했더니 그 사위가 장인에게 하는 말이 그 날치기 용의자가 잡혀서 재판에 가면 그 때 자진해서 증인으로 출두하라고 했습니다. 아치 벙커는 그 권고를 거부합니다. "왜 내가 증인으로 나가야 하는가? 나갈 필요가 없다. 증인이 되면 어떻게 되는지 아는가? 하루 일 못하니 월급이 깎일 것이고, 법원에 가려면 와이셔츠, 넥타이를 매고 복잡한 다운타운에 가야하고, 재판을 무작정 기다려야 한다. 그러는 사이에 증언할 말을 다 잊어버리고 상대편 변호사에게 말려들어 노리개 감이 되는 것이 고작이다. 그런데 왜 내가 증인이 되어야 하는가?"

아치 벙커의 말은 오늘날 모든 크리스천들이 예수님의 증인이 되지 않는 이유를 그대로 대변하고 있습니다. 전도를 하려면, 금전적인 손해와 시간적인 손해를 보고, 에너지의 손해도 각오해야 하며, 귀찮기도 하지만 때로는 조소와 비난을 당하는 웃음거리가 되지 않을까 염려하여 전도할 용기를 가지지 못합니다. 그러나 주님은 용기 없는 우리들에게 약속하셨습니다. 성령께서 너희에게 먼저 역사하여 전도의 용기와 확신을 주리라고 하십니다.

"내가 아버지께로부터 너희에게 보낼 보혜사 곧 아버지께로부터 나오시는 진리의 성령이 오실 때에 그가 나를 증언하실 것이요, 너희도 처음부터 나와 함께 있었으므로 증언하느니라."(요 15:26~27)

성령께서 인도하시는 전도

본문에는 부활의 주님이 제자들을 전도인으로 보내시면서 성령을 받으라고 하셨습니다. "이 말씀을 하시고 그들을 향하사 숨을 내쉬며 이르시되 성령을 받으라."(요 20:22)

전도는 성령님이 함께 하시는 역사이며 성령님께서 선두에서 역사하심을 확신해야 합니다. 전도 대상자를 위해 가는 것은 성령께서 먼저 역사하시는 것입니다. 초대교회 신자들이 성령을 받았다는 증거가 있습니다. 핍박 때문에 불안과 공포에서 떨던 그들이 해방되어 예수 그리스도의 십자가와 부활을 증거 하려고 거리로 달려간 것 입니다. 성령을 받은 그들은 입이 열려 큰 소리로 예수 그리스도를 증거 했습니다. 벙어리 신자들이 외치는 신자로 변모한 것입니다. 그들의 입은 증인의 입이 되었습니다. 성령을 받은 그들은 자기만을 위하던 조막손이 활짝 열려 가난한 사람들에게 그리스도의 사랑을 증거 하는 증인이 되었고, 구제의 후한 손으로 변화되었습니다. 성령을 받은 그들은 앉은뱅이 상태에서 일어나 안디옥, 에디오피아, 로마를 향하여 달려가 힘차게 복음을 전하는 자들이 되었습니다.

신학자 반하우스는 현대는 너무나 크리스천 자폐증이 많은 것을 한탄했습니다. 크리스천 자폐증 환자는 그리스도를 표현하지 않는 중세를 말합니다. 말이 없고, 표정이 무감각합니다. 그는 말했습니다.

"현대 그리스도인들은 많이 듣습니다. 오고 가기도 합니다. 설교와 성경공부를 이해했다는 반응도 보입니다. 그러나 그들은 말을 하지 않습니다. 자기에게 일어난 놀라운 일을 증거 하지 않습니다. 자폐증 아이를 가진 부모가 얼마나 안타깝고 슬프고 마음이 아프겠습니까? 이와 같이 자폐증 크리스천을 둔 하나님 아버지도 몹시 슬프고 안타까워하십니다."

복음의 전령관

초대교회가 급성장하고 부흥한 것은 모든 교인이 복음의 뉴스를 전하는 전령관이 되었기 때문입니다. 옛날에는 정부의 뉴스를 전달해 주는 사람이 있었는데 이를 가리켜 케룩스(κῆρυξ)라고 했습니다. 케룩스가 북을 치면 사람들이 모입니다. 그는 사람들이 꼭 알아야 하고 누구나 생활에 적용해야 할 중대뉴스를 전하기 때문에 온 마을 사람들이 나와 케룩스의 뉴스 선포를 듣습니다.

초대교회가 기적적인 성장을 하게 된 것은 전 교인이 예수님의 케룩스가 되었기 때문입니다. 그 당시 크리스천은 일주일에 한 번 예배 하러 가는 신자들이 아니었습니다. 신자 전원이 자기 일터, 동네, 여행길에서까지 그리스도의 케룩스로서 복음의 뉴스를 전하는 자가 되었기 때문입니다.

예수님의 복음전도자로서 제자 훈련은 3년간 강훈을 시킵니다. 2명씩 짝지어 전도훈련을 시킵니다. 보고를 받으시고 기뻐하십니다. 주님이 제자들을 보내실 때 그냥 맨손으로 보낸 것이 아니고 전도자로서 훈련을 엄격하게 받게 한 후에 보냈습니다.

이사야 선지자가 소명을 받았을 때를 생각해 봅시다(사 6장). 그가 성전에서 기도하고 있을 때, 높은 보좌에 앉아계신 하나님의 옷자락이 성전에 가득했습니다. 스랍천사들이 모셨습니다. 스랍천사들은 하나님을 "거룩하다, 거룩하다, 거룩하다 만군 여호와여!"라고 찬양했습니다. 문지방의 터가 요동하며 집에 연기가 가득할 때, 이사야는 "화로다, 내가 망하게 되었도다. 나는 입술이 부정한 자로다,"라고 하였습니다. 그때 스랍 중에 하나가 제단의 핀 숯으로 이사야의 입술을 정하게 하였습니다. 그때 주께서 말씀하시길, "내가 누구를 보내며 누가 우리를 위하여 갈꼬?"

그때 이사야가 이렇게 외쳤습니다. "내가 여기 있나이다. 나를 보내소서."

여러분은 예수님의 부름을 받은 자들입니다. 예수님은 여러분을 보내시고자 하십니다. 여러분을 케룩스로, 증인으로, 전도자로 보내시고자 하십니다. 주님의 군병으로 징집하시는 것입니다. 주의 지상명령은 꼭 준수해야 할 필수과목입니다.

"많은 사람을 옳은 데로 돌아오게 한 자는 별과 같이 영원토록 빛나리라."
(단 12:3)

초대교회는 모이면 기도하고 흩어지면 전도했습니다. 문서전도, 매스컴 전도, 개인전도 등 각종 전도를 통해서 그리스도를 증거 해야 합니다. 전도대상자를 위해 기도하고 그들을 주님에게 이끌어야 합니다.

제58장

주님이 보여주신 손

(요 20:19~25)

요한복음 20;19~25 "이 날 곧 안식 후 첫날 저녁 때에 제자들이 유대인들을 두려워하여 모인 곳의 문들을 닫았더니 예수께서 오사 가운데 서서 이르시되 너희에게 평강이 있을지어다. 이 말씀을 하시고 손과 옆구리를 보이시니 제자들이 주를 보고 기뻐하더라. 예수께서 또 이르시되 너희에게 평강이 있을지어다 아버지께서 나를 보내신 것 같이 나도 너희를 보내노라. 이 말씀을 하시고 그들을 향하사 숨을 내쉬며 이르시되 성령을 받으라. 너희가 누구의 죄든지 사하면 사하여질 것이요 누구의 죄든지 그대로 두면 그대로 있으리라 하시니라. 열두 제자 중의 하나로서 디두모라 불리는 도마는 예수께서 오셨을 때에 함께 있지 아니한지라. 다른 제자들이 그에게 이르되 우리가 주를 보았노라 하니 도마가 이르되 내가 그의 손의 못 자국을 보며 내 손가락을 그 못 자국에 넣으며 내 손을 그 옆구리에 넣어 보지 않고는 믿지 아니하겠노라 하니라."

예수님은 여러 손을 가지고 계십니다.

예수님은 일하는 손을 가지셨습니다.

치료의 손과 축복의 손과 인도의 손을 가지셨습니다.

구원의 손과 부활의 손과 기도의 손을 가지셨습니다.

심판의 손을 가지셨습니다.

주님의 손을 바라봅시다.

부활하신 예수님께서 제자들에게 제일 먼저 보여주신 것은 자기의 손이었습니다. 십자가에서 상처 당하신 흉터가 그대로 있는 손을 보여주셨습니다. "너희에게 평강이 있을지어다," 라는 평강의 복을 주시면서 자기의 손을 보여주셨습니다. 예수님의 손은 어떤 손입니까?

일꾼의 손

예수님은 일하는 손을 가지셨습니다. 나사렛에서 목공소를 만들어 놓으시고 목수 일을 친히 하셨습니다. 전설에 의하면 예수님은 멍에를 잘 만드셨으므로 이스라엘 각지방에서 멍에를 만들어 달라는 주문이 쇄도했습니다. 멍에 하나를 만들어 목공소 문에 걸어놓고 그 밑에는 이런 글귀를 써놓았다고 합니다. "나의 멍에를 메고 내게 배우라. 그러면 너희 마음이 쉼을 얻으리니 이는 내 멍에는 쉽고 내 짐은 가볍다."

요셉이 일찍 죽고 나서 예수님이 가족 부양을 책임지시고 30년간 일하셨다고 합니다. 성육신하셔서 오신 예수님은 부지런히 일하셨습니다. 하나님이 우리에게 손을 주신 것은 일하라고 주신 것입니다. 동물은 발은 있으나 손이 없습니다. 인간만이 손을 가지고 있습니다. 하나님이 인간을 창조하실 때 손을 가진 피조물로 만드셨습니다.

뉴욕 메트로폴리탄 미술관 2층에는 '하나님의 손'이라는 조각 작품이 있습니다. 유명한 조각가 로뎅의 작품입니다. 젊은 남녀가 포옹하고 있는 모습인데, 그 뜻은 하나님이 인간을 만들어 지상에 갓 모습을 드러내는 것입니다.

하나님은 일하시는 분이십니다. 예수님이 말씀하십니다.

"내 아버지께서 일하시니 나도 일한다." (요 5:17)

인간을 가리켜 호모 파베르(Homo Faber)라고 합니다. 그것은 인간이 손을 갖고 일하고, 도구와 기계를 만들기 때문에 '도구의 인간,' 즉 '공작하는 동물'이라는 의미입니다. 지상에서 도구를 만들어 사용하는 피조물은 오직 인간뿐입니다.

"여호와를 경외하며 그의 길을 걷는 자마다 복이 있도다. 네가 네 손이 수고한 대로 먹을 것이라 네가 복되고 형통하리로다."(시 128:1~2)

하나님을 경외하는 자의 손은 수고의 대가를 꼭 받는다는 것입니다.

"누구든지 일하기 싫어하거든 먹지도 말게 하라."(살후 3:10)

치료의 손

수많은 종류의 환자들을 예수님께 데려왔을 때, 예수님은 그들의 육신의 병뿐만 아니라 영혼을 치료해 주셨습니다. 말 못하는 사람, 듣지 못하는 사람, 귀신 들린 사람, 중풍환자, 나병환자, 태어날 때부터 맹인이 된 사람을 치료하시는 치료의 손입니다. 사회에서 소외되고 따돌림을 받은 자들의 마음을 치료해 주시고 죄인의 마음을 치료해 주신 영적 의사이십니다. 인간사회에서 불치의 병자라고 제외시켜 놓은 환자라도 예수님은 그를 고쳐주셨습니다. 죽은 자도 살리셨습니다.

예수님의 치료의 손은 오늘도 역사하시며 작용하십니다. 우리의 손도 남의 상처를 치료해 줄 수 있는 손이 되어야 합니다. 아픔을 위로하고 괴로움을 함께 나누는 치료의 손이 되어야 합니다.

축복의 손

"사람들이 예수께서 만져 주심을 바라고 어린 아이들을 데리고 오매 제자들이 꾸짖거늘, 예수께서 보시고 노하시어 이르시되 어린 아이들이 내게 오는 것을 용납하고 금하지 말라 하나님의 나라가 이런 자의 것이니라. 내가 진실로 너희에게 이르노니 누구든지 하나님의 나라를 어린 아이와 같이 받들지 않는 자는 결단코 그 곳에 들어가지 못하리라 하시고, 그 어린 아이들을 안고 그들 위에 안수하시고 축복하시니라."(막 10:13~16)

어린 아이를 가진 어머니의 마음은 그 아이에게 예수님의 축복을 받게 하는 데 집중해 있습니다. 그러나 제자들이 이것을 저지하자 예수님이 분노하셨습니다. "어린 아이들이 내게 오는 것을 용납하고 금하지 말라 하나님의 나라가 이런 자의 것이니라,"고 하시면서 그들을 안고 머리에 안수하시고 축복하셨습니다.

인도하시고 구원하시는 손

예수님은 "나는 선한 목자라,"고 하셨습니다. 목자의 중요한 임무는 양떼를 푸른 초장 잔잔한 시냇물가로 인도하는 일입니다. 목자의 인도를 받을 때 안전하며 생명의 보호를 받습니다. 양의 시력은 15미터 밖을 보지 못한다고 합니다. 그래서 양들은 반드시 인도를 받아야 합니다. 이것은 우리 성도들의 모습과 유사합니다. 맹수의 위협을 받을 때에 목자가 방어하고 예시해 줍니다.

"내가 그들에게 영생을 주노니 영원히 멸망하지 아니할 것이요 또 그들을 내 손에서 빼앗을 자가 없느니라. 그들을 주신 내 아버지는 만물보다 크시매 아무도 아버지 손에서 빼앗을 수 없느니라." (요 10:28~29)

예수님은 우리의 생명을 보호하십니다. 현장에서 간음을 하다 잡혀온 여인의 생명까지 예수님은 보호하셨습니다. 예수님의 손은 오늘도 우리의 삶 전체와 생명을 보호하고 인도해 주십니다.

예수님의 손은 구원의 손입니다. 베드로가 바다에 빠졌을 때 예수님은 그를 건져주셨습니다. 십자가에서 양손에 못 박히시면서 우리 죄인들 모두의 생명을 구해주셨습니다. 이 손은 하나님과 원수 된 인간에게 화해의 손으로 오신 구원의 손입니다.

부활의 손

예수님의 손은 부활을 증거 하는 손입니다. 상처의 흉터를 보여주시는 부활의 증거물입니다. 십자가에서 죽으실 때 못 박히신 손은 못 자국 흉터가 있는 손입니다. 이 손은 다른 누구의 손이 아니라 부활하신 예수님의 손입니다. 이 손을 보고 제자들은 기뻐했습니다. 그들은 자기의 사명을 재발견했습니다. 그들의 손은 예수님을 증거 하는 손이 되었습니다. 전설에 의하면 베드로는 십자가를 거꾸로 지고 순교했고, 안드레는 X형 십자가를 지고 순교했습니다. 증인의 손은 십자가에 못 박히는 손입니다.

기도의 손

예수님은 성육신 하셔서 지상에 계실 때 인류를 위하여 기도하셨습니다. 승천하신 후에도 우리를 위해 중보의 기도를 하십니다.

"누가 정죄하리요 죽으실 뿐 아니라 다시 살아나신 이는 그리스도 예수시니 그는 하나님 우편에 계신 자요 우리를 위하여 간구하시는 자시니라."(롬 8:34)

"예수는 영원히 계시므로 그 제사장 직분도 갈리지 아니하느니라. 그러므로 자기를 힘입어 하나님께 나아가는 자들을 온전히 구원하실 수 있으니 이는 그가 항상 살아 계셔서 그들을 위하여 간구하심이라.”(히 7:24~25)

“그는 육체에 계실 때에 자기를 죽음에서 능히 구원하실 이에게 심한 통곡과 눈물로 간구와 소원을 올렸고 그의 경건하심으로 말미암아 들으심을 얻었느니라.”(히 5:7)

스펄전 목사가 런던 메트로폴리탄 교회에서 목회할 때, 등록교인의 수는 4446명이었고, 당시 세계에서 제일 큰 교회였습니다. 그 당시 매 주일마다 등록교인 20명의 명단을 가지고 가서 기도하는 할머니가 있었습니다. 할머니는 그 교인들을 위해 ‘믿음을 성장하게 하고, 훌륭한 교회의 일꾼이 되게 하소서,’ 라고 기도했습니다. 이 할머니가 죽었을 때 스펄전 목사는, “이 할머니는 나의 귀한 동역자였습니다.” 라고 했습니다. 12명의 뜨거운 믿음의 동역자와 기도의 동역자가 있으면 교회는 변화된다고 했습니다. 12명의 믿음과 기도의 선발대에 동참하지 않겠습니까?

이스라엘이 아말렉과 전투 할 때, 모세의 기도의 손이 올라갈 때는 승리했지만 내려올 때는 패전했습니다. 이때 아론과 훌이 돌을 가져와 모세를 앉게 하고 모세의 손을 양쪽에서 부축해서 결국 이스라엘의 승리를 가져오게 했습니다.

심판의 손

예수님의 손은 심판의 손입니다. 하나님은 성자 하나님에게 심판의 대권을 주셨습니다. 성육신과 십자가 대속의 보상으로 심판의 손을 주셨습니다. 양과 염소를 구별하여 심판하십니다. 진정한 크리스천과 거짓 크리스천들은 비슷하지만 믿는 자와 믿지 않는 자를 그때에 구별하여 심판하십니다.

예수 그리스도의 손은 사랑의 손, 치료의 손, 고난의 손, 구원의 손, 중보 기도의 손이고 심판의 손이라는 것을 잊지 말아야 합니다. 주님의 손을 바라봅시다. 우리의 죄를 담당하시려고 못 박히신 손, 치료의 손, 구원의 손을 바라봅시다. 기도하고 묵상할 때 십자가의 예수님 손을 묵상하십시다. 주님의 손을 본받읍시다. 일하는 손, 부지런한 손, 남의 상처를 싸매주는 치료의 손, 사랑의 손, 도움의 손을 본받읍시다. 주님의 손을 두려워합시다. 심판의 손을 두려워합시다. 정과 사, 선과 악, 양과 염소를 분별하시고 심판하시는 그 손을 두려워합시다. 주님의 손을 바라보고 위로받고 안심합시다. 인도의 손, 보호의 손을 기억하고 근심, 걱정을 모두 주께 맡기고 평안의 삶을 누립시다. 초조한 삶을 버리고 느긋하게 살아갑시다.

제59장

믿는 자가 되라

(요 20:24~28)

요한복음 20:24~28 "열두 제자 중의 하나로서 디두모라 불리는 도마는 예수께서 오셨을 때에 함께 있지 아니한지라. 다른 제자들이 그에게 이르되 우리가 주를 보았노라 하니 도마가 이르되 내가 그의 손의 못 자국을 보며 내 손가락을 그 못 자국에 넣으며 내 손을 그 옆구리에 넣어 보지 않고는 믿지 아니하겠노라 하니라. 여드레를 지나서 제자들이 다시 집 안에 있을 때에 도마도 함께 있고 문들이 닫혔는데 예수께서 오사 가운데 서서 이르시되 너희에게 평강이 있을지어다 하시고, 도마에게 이르시되 네 손가락을 이리 내밀어 내 손을 보고 네 손을 내밀어 내 옆구리에 넣어 보라 그리하여 믿음 없는 자가 되지 말고 믿는 자가 되라. 도마가 대답하여 이르되 나의 주님이시요 나의 하나님이시니이다."

도마는 예수님의 부활을 의심했습니다.

예수님은 도마에게 나타나셔서 손과 옆구리를 보여주셨습니다.

도마는 마침내 신앙을 고백했습니다.

예수님은 말씀하십니다.

"믿음 없는 자가 되지 말고 믿음 있는 자가 되라."

주일학교 교사 10년 정도 경험이 있는 여 집사가 목사님에게 이런 질문을 했습니다. "목사님, 정말 천당과 지옥이 있습니까? '있다, 없다' 로만 대답해 주세요." 목사님은 왜 갑자기 그런 질문을 하는지 되물었습니다. 그 집사가 대답하기를, "복잡한 문제가 많습니다. 고부간의 문제, 남편과의 문제, 자녀의 문제, 대인관계의 문제 등 수많은 문제가 있습니다. 하루도 편할 날이 없습니다. 답답합니다. 그러나 그런 문제보다도 더욱 중요한 것은 천당과 지옥이 확실하게 있다는 보장입니다. 천당과 지옥이 확실하게 있다는 보장만 있으면 이런 세상의 모든 문제는 중요하지 않지요. 얼마든지 그 어려움을 인내할 수 있습니다,"

정말로 중요한 말입니다. 우리에게 이것도 중요하고 저것도 중요하지만 가장 중요한 문제는 천당과 지옥이 있느냐 하는 것입니다. 다른 말로 바꾸면 부활사건입니다.

예수님께서 부활하신 것이 정말 사실입니까? 그리고 우리에게도 부활이 정말 있습니까? 이것보다 더 근본적이고 중요한 질문은 없습니다. 잘 산다는 것이 뭐 그리 자랑할 것입니까? 억울하고 고통스런 문제가 뭐 그리 큰 문제가 되겠습니까? 오늘의 불황이 무슨 큰 문제가 되겠습니까? 부활신앙은 기독교의 신앙에 있어서 가장 근본이요, 시작이며, 결론이기 때문에 가장 중요한 문제입니다.

오늘 성경 본문에는 이 부활의 문제를 가지고 고민하는 도마가 예수님을 만나는 장면이 나옵니다. 먼저 부활을 의심하는 도마의 모습이 나오고, 부활의 주님이 도마를 만나주시고, 드디어 도마가 믿음의 고백을 하는 주님과 도마의 대화가 기록되어 있습니다.

의심의 도마

도마에 대한 기사가 성경에 몇 군데 나옵니다.

"디두모라고도 하는 도마가 다른 제자들에게 말하되 우리도 주와 함께 죽으러 가자 하니라."(요 11:16)

예수님이 예루살렘에서 유대인들의 핍박을 당하실 때, 유대인들은 예수님을 돌로 쳐 죽이려고 했습니다. 예수님 일행은 그들의 손을 빠져나가 광야 건너편 지경에 머물렀습니다. 거기에서 예수님은 나사로가 죽었다는 부음을 듣고 제자들에게 나사로의 집을 방문하자고 하셨습니다. 나사로의 집은 예루살렘에서 매우 가까운 베다니였습니다. 제자들은 예수님의 베다니 여행을 만류하면서 말하기를 "방금도 유대인들이 돌로 치려했는데 또 그리로 가시려 합니까?"라 하면서 주저했습니다. 이때 도마는 "우리도 주와 함께 죽으러 가자,"고 했습니다. 도마의 이 말은 매우 용기 있고 기운찬 말 같지만, 사실은 음울한 말입니다. 여기에서 그의 말이 나타내 주는 것처럼 도마는 우울한 기질의 소유자였음에 틀림이 없습니다.

"내 아버지 집에 거할 곳이 많도다 그렇지 않으면 너희에게 일렀으리라 내가 너희를 위하여 거처를 예비하러 가노니, 가서 너희를 위하여 거처를 예비하면 내가 다시 와서 너희를 내게로 영접하여 나 있는 곳에 너희도 있게 하리라. 내가 어디로 가는지 그 길을 너희가 아느니라. 도마가 이르되 주여 주께서 어디로 가시는지 우리가 알지 못하거늘 그 길을 어찌 알겠사옵나이까."(요 14:2~5)

예수님의 천당의 약속을 들은 도마였지만 그 길을 알지 못한다고 했습니다.

"도마가 이르되 내가 그의 손의 못 자국을 보며 내 손가락을 그 못 자국에 넣으며 내 손을 그 옆구리에 넣어 보지 않고는 믿지 아니하겠노라 하니라."(요 20:25)

성경에 나타난 도마의 말을 유추해 볼 때 그는 회의주의자였습니다. 예수님의 부활에 대한 물적 증거가 있어야 부활을 인정하겠다고 했던 도마의 말은 확실한 부정이며 항의였습니다.

"내가 그의 손의 못 자국을 보며 내 손가락을 그 못 자국에 넣으며 내 손을 그 옆구리에 넣어 보지 않고는 믿지 아니하겠노라."

그는 예수님의 부활에 대해서 듣는 것으로 충분하지 않았습니다. 비록 다른 제자들이 예수님의 부활을 직접 보고 예루살렘의 여인들이 부활의 주를 만났을지라도 자기의 눈으로 확실하게 부활의 주를 봐야 믿겠다는 것입니다.

도마는 이런 우울한 성격과 회의주의적 기질로 인하여 다른 열 제자들과 함께 있지 않았습니다. 예수님은 부활하신 바로 그날, 제자들이 모인 곳을 찾아가셔서 평강을 주셨지만 의심의 사람 도마는 제자들이 모인 자리에 없었습니다. 불신앙을 수반한 슬픔 때문에, 그리고 낙심 때문에 제자들이 모인 그 자리에 오지 않았던 것입니다. 그러므로 도마는 첫 번째 주님을 만날 수 있는 기회를 놓치고 말았습니다. 그 기회는 은혜와 기쁨의 기회였고 위로와 용기를 얻을 수 있는 자리였는데도 말입니다.

오늘날도 교회 안에 도마와 같은 의심과 회의를 품고 믿는 자들이 있습니다. 이런 신자들은 자기의 위치와 자리를 지키지 않습니다. 그러다가 주님이 주시는 은혜와 문제 해결의 기회를 놓치고 마는 것을 봅니다. 목회자는 이런 빈자리를 볼 때 평소보다 그 자리가 넓게 보입니다.

주님을 만나는 도마

다른 제자들과 여인들이 부활의 주를 만나보았다는 소식을 도마가 들었습니다. 부활의 주님이 제자들에게 나타나셨다는 그 사건 이후에 8일째 되는 날, 도마가 제자들의 모임에 함께 참여했을 때였습니다. 부활의 주님이 도마의 앞에 나타나셨습니다. 핍박이 무서워 제자들이 문들을 다 잠그고 있는 그곳에 주님이 오셔서 "너희에게 평강이 있을지어다."라고 축복하신 후 도마에게 개인적으로 그의 요구를 들어주시겠다고 말씀하셨습니다. 도마가 했던 요구대로 예수님께서 명령하셨습니다. "나의 손을 보라." 그리고 "네 손을 이리 내밀라." "네 손을 그 옆구리에 넣어보라." 그리고 도마가 "믿지 아니하겠노라."고 말했던 것에 대하여 대답하셨습니다. "믿음 없는 자가 되지 말고 믿는 자가 되라."고.

도마를 대하시는 예수님의 사랑은 분명히 아직도 과거의 동일하신 예수님임을 나타내 주었습니다. 예수님의 사랑은 식지 않았습니다. 예수님은 도마를 꾸짖으실 수도 있었지만 그 반대로 도마를 부드럽게 사랑으로 대하셨습니다. 예수님은 도마에게 "네가 경험해 보아야 믿겠다고 하였으니 자, 경험해 보라."고 하심으로 그의 믿음을 되찾아주시고 있습니다. 예수님은 도마의 수준으로 내려오셔서 도마로 하여금 불신앙에서 믿음의 자리로 나아가도록 이끌어주셨습니다.

도마는 예수님께 손의 못 자국과 옆구리의 창 자국을 보여 달라고 요구할 자격이 없습니다. 예수님은 이처럼 요구의 자격조차도 없는 도마에게 자기의 흉터를 보여주시면서 "믿음 없는 자가 되지 말고 믿는 자가 되라."고 하셨습니다. 도마가 부활하신 주님의 못 자국과 창 자국을 시험해 봐야 하겠다고 한 것은 매우 잘못된 태도였습니다. 부활의 주님을 그렇게 대할 수가 없는 처지입니다. 도마는 정도(正道)의 선을 벗어나 믿음 없는 상태에서 예수님의 흉터를 보아야 하겠다고 주장한 것입니다. 그럼에도 불구하고 예수님은 그의 수준으로 내려오셔서 상처를 보여주시면서 도마에게 믿는 자가 되라고 권면하셨습니다.

우리 주님은 얼마나 은혜로우신지요. 우리는 하나님께 속한 어떤 것을 요구할 권한이 전혀 없습니다. 그런데도 불구하고 하나님은 우리에게 필요한 것을 주시려고 자세를 굽히십니다. 이것이 하나님의 한없는 사랑입니다. 우리가 하나님에 대하여 정직한 지성적 질문을 가지고 있다면 하나님은 지성적 대답을 제공해 주십니다.

"여호와께서 말씀하시되 오라 우리가 서로 변론하자." (사 1:18)

의심 많은 도마의 마음을 파고들었던 것은 예수님의 사랑입니다. 예수님께서 도마에게 십자가의 흉터를 보여주셨을 때, 도마는 감격했고 무릎을 꿇었습니다. 예수님은 도마에게 십자가의 예수님으로 나타나셨습니다.

신앙을 고백한 도마

도마의 요구대로 부활의 주님은 자기의 상처를 보여주셨습니다. 도마가 자기의 손가락으로 예수님의 손의 못 자국과 옆구리의 창 자국을 조사해 보았는지는 모르나 성경은 한 가지 뚜렷한 고백을 도마가 했다고 밝힙니다.

"나의 주님이시요 나의 하나님이시니이다." (요 20:28)

이 고백은 가장 위대한 신앙고백입니다. 이 고백에서 '주'는 여호와, 주재, 주권자라는 뜻입니다. '하나님'은 예수님에 대한 새로운 호칭입니다. 어느 사람도 예수님을 하나님이라 직접 부른 사람은 없습니다. 베드로는 '하나님의 아들'이라고 했습니다. 예수님에 대한 이 호칭은 믿음의 대단한 통찰력을 나타냅니다. 도마는 이것만으로 불충분하게 생각되어 '나의 주님, 나의 하나님,'이라고 일인칭 소유격을 써서 이렇게 불렀습니다. 이처럼 신앙고백은 개인적입니다. '우리 하나님, 우리 주님'보다 '나의 하나님, 나의 주님'이어야 합니다. 예수님의 부활사건이 도마에게 신앙사건이 되었습니다. 그는 예수님이 하나님이시라는 것을 완전히 깨닫고 고백했습니다. 도마의 이 고백은 단순한 외침이 아닙니다. 기쁨의 고백, 회개의 고백, 믿음의 고백, 충성의 고백이며, 주님을 경배하겠다는 고백입니다.

이런 신앙고백을 한 후에 도마의 생애는 어떠했는지 분명하지 않습니다. 도마는 인도에 가서 복음을 전하다가 순교하였습니다. 남인도 교회는 그 설립자의 뿌리를 도마에게 까지 소급합니다. 도마는 순교할 때 자갈밭에 끌려가서 피부가 모두 벗겨진 채 순교를 당했다고 합니다. 도마의 행적이 외경의 도마 행전에 소개되어 있습니다.

먼저 외경에 대해서 잠깐 살펴보겠습니다. 외경은 기원 전 2세기로부터 기원 후 1세기 사이에 유대교의 내부에서 기록된 것들 입니다. 최초의 헬라어 번역인 '70인 역'에 포함되어 있으면서도 히브리어 정경에는 들어가지 못했던 여러 문서를 말합니다. 사람들 사이에 내려오는 신화적인 전승(傳承)이 소설 형식을 지니고 있고 대부분이 노래나 기도로 되어 있습니다. 그 중에 일부를 소개해서 예수님 승천 하신 후 도마의 생애를 살펴보겠습니다.

예수님이 승천하신 후 제자들이 세계를 몇 개로 구분하고 복음을 전파하기로 제비를 뽑았는데 도마는 인도로 가는 제비를 뽑았습니다. 처음에 도마는 인도로 가기를 거부했습니다. 자기는 긴 여행을 할 만큼 건강하지 못하다고 말했습니다. "나는 히브리인이다. 인도 사람들 중에 들어가서 어떻게 설교를 할 수 있단 말인가?" 이 때, 예수님이 그 밤에 나타나셔서 "두려워 말라, 도마야! 인도에 가서 복음을 전하라. 나의 은혜가 너와 함께 할 것이다," 라고 하셨습니다. 그러나 도마는 완강하게 거절했다고 합니다. 그는 "예수님이 보내주시는 곳이라면 어디라도 보내소서. 그러나 인도에만은 가지 않겠습니다,"라고 대답했습니다. 그런데 인도의 상인 아바네스(Abbabes)가 인도의 왕 군다포루스(Gundaphorus)의 파견을 받고 숙련된 목수를 찾아 인도에 데려가려고 예루살렘에 왔다고 합니다. 예수님이 목수를 사려고 온 아바네스를 만나 '당신이 목수를 사려고 하는가?' 라고 물으셨습니다. 그가 그렇다고 대답하자 예수님이 '나에게 목수인 노예가 있는데 그를 팔고 싶다,' 고 하면서 멀리 떨어져 있는 도마를 가리켰습니다. 그래서 예수님과 아바네스는 목수의 가격을 정하고 도마는 팔려서 인도로 갔습니다.

예수님과 아바네스의 계약서 내용입니다. '목수 요셉의 아들인 나 예수는 이름을 도마라고 하는 나의 노예를 인도의 군다포루스 왕의 상인 아바네스에게 팔았다는 것을 인정함.' 증서를 작성한 후에 예수님은 도마를 찾아서 아바네스에게 데리고 갔습니다. 아바네스가 도마에게 물었습니다. '이분 예수가 너의 주인인가?' 도마는 '네' 하고 대답했습니다. 그러자 아바네스는 '내가 이분으로부터 너를 샀다,' 고 했습니다. 도마는 아무 말을 하지 않았습니다. 도마가 아침 일찍이 일어나서 기도하고는 예수님께 이렇게 말했습니다. "주 예수이신 당신께서 원하시는 곳이라면 세상 어디에라도 가겠습니다. 당신의 뜻이 이루어지이다." 도마는 주님께 순종하였습니다.

하나님은 우리에게 믿음 있는 자가 되길 원하십니다. 믿음이 충만하기를 원하십니다. 하나님은 이교도인 아브라함을 택하여 믿음의 기둥, 믿음의 조상으로 삼으셨고, 말 못하는 모세를 취하여 바로 앞에서 하나님의 말씀을 전달하는 가장 위대한 그릇이 되게 하셨습니다. 목동 다윗을 왕으로 만드셨고, 약하고 비겁한 베드로를 반석 베드로로 만드셨습니다. 성질이 급하여 우레의 아들이라는 별명이 붙은 요한을 사랑의 사도로 변화시켰습니다. 교회와 크리스천을 핍박하고 죽이던 사울을 하나님이 오른팔로 사용하시는 사도 바울로 변모시키셨습니다. 의심 많던 도마를 인도의 사역자로 보내셨습니다.

하나님은 오늘 믿음 없고 믿음 약한 우리를 믿음 충만한 일꾼으로 만드시기를 원하십니다. 믿음 없는 자가 되지 말고 믿음 있는 자, 믿음이 충만한 자가 됩시다. "믿는 자가 되라,"는 말씀은 예수님의 절실한 요구이며 바람입니다.

제60장

복된 믿음

(요 20:29~31)

요한복음 20:29~31 "예수께서 이르시되 너는 나를 본 고로 믿느냐 보지 못하고 믿는 자들은 복되도다 하시니라. 예수께서 제자들 앞에서 이 책에 기록되지 아니한 다른 표적도 많이 행하셨으나, 오직 이것을 기록함은 너희로 예수께서 하나님의 아들 그리스도이심을 믿게 하려 함이요 또 너희로 믿고 그 이름을 힘입어 생명을 얻게 하려 함이니라."

예수님은 "보지 못하고 믿는 자들이 복 되도다," 하셨습니다.
이 복은 예수님을 구주로 믿는 모든 사람들에게 주시는 복입니다.
예수 그리스도를 믿는 믿음으로 만족하고 기뻐하는 것이
복된 것입니다.

성경 속에는 축복의 말씀이 가득 차 있습니다. 성경은 축복으로부터 시작하여 축복으로 종결을 짓습니다. 하나님이 창조하실 때에 창조하신 것을 보시고 좋다고 말씀하셨고 축복으로 끝을 맺습니다.

"주 예수의 은혜가 모든 자들에게 있을찌어다 아멘." (계 22:21)

물론 성경에는 심판과 저주의 말씀도 있습니다. 그러나 축복의 말씀과 비교해 볼 때 축복의 횟수가 훨씬 더 많이 나옵니다. 구약에서 축복을 다루는 대목이 375회이고 신약에는 108회로 총 483회나 나옵니다.

인간을 창조하시고 하나님께서 아담에게 말씀하셨습니다.

"하나님이 그들에게 복을 주시며 하나님이 그들에게 이르시되 생육하고 번성하여 땅에 충만하라, 땅을 정복하라, 바다의 물고기와 하늘의 새와 땅에 움직이는 모든 생물을 다스리라 하시니라." (창 1:28)

아브라함에게 복의 말씀을 주셨습니다.

"내가 너로 큰 민족을 이루고 네게 복을 주어 네 이름을 창대하게 하리니 너는 복이 될지라." (창 12:2)

야곱에게 하나님께서 복을 주시는 말씀을 하십니다.

"야곱이 밧단아람에서 돌아오매 하나님이 다시 야곱에게 나타나사 그에게 복을 주시고." (창 35:9)

하나님이 이스라엘 백성 전체에게 복의 말씀을 주십니다.

"여호와는 네게 복을 주시고 너를 지키시기를 원하며, 여호와는 그의 얼굴을 네게 비추사 은혜 베푸시기를 원하며, 여호와는 그 얼굴을 네게로 향하여 드사 평강 주시기를 원하노라 할지니라 하라." (민 6:24~26)

"복 있는 사람은 악인들의 꾀를 따르지 아니하며." (시 1:1)

"행위가 온전하여 여호와의 율법을 따라 행하는 자들은 복이 있음이여." (시 119:1)

신약에도 축복의 말씀이 많이 나옵니다. 예수께서 주신 마태복음 5장에는

8복이 나옵니다. 마가복음 10:16에는 어린아이들에게 선언하는 복이 있고, 마태복음 24:46에는 신실한 종들에게 주시는 복이 있습니다. 누가복음 11:28에는 하나님의 말씀을 듣고 지키는 자에게 주시는 복이 있습니다.

본문 말씀은 예수님이 지상에서 계시는 동안에 마지막 주신 축복의 말씀입니다.

"보지 못하고 믿는 자들은 복되도다." (요 20:29)

이 말씀은 한 사람에게나 또는 제한된 부류에게만 주시는 복이 아니고, 예수님을 구주로 믿는 모든 사람들에게 해당하는 복입니다.

"보지 않고 믿는 자들이 복 되도다,"의 의미

예수님이 이 말씀을 하신 배경을 알아보아야 합니다. 도마는 부활의 주를 보아야 믿겠다고 했습니다. 예수님의 못 자국을 보고, 창 자국을 만져 보고 믿겠다는 것입니다. 그리고 보지 못하면 믿지 않겠다고 했습니다. 그때 예수님이 나타나셔서 자기의 상처 당한 손의 못 자국과 옆구리의 창 자국을 보여 주시면서 "믿는 자가 되고 믿음 없는 자가 되지 말라, 너는 나를 본 고로 믿느냐 보지 못하고 믿는 자들은 복 되도다," 하셨습니다. 보는 것으로 인하여 생기는 믿음도 좋은 것입니다. 그러나 들음으로 생긴 믿음은 더욱 훌륭한 것입니다. 이것이 성경 전체가 보여주는 교훈입니다.

마태복음 8:5~10에서는 가버나움 백부장의 믿음이 기록되어 있습니다. 백부장의 하인이 병에 걸려 몹시 괴로워하자 백부장이 예수님을 찾아와 치료를 부탁드립니다. 예수님은 "내가 가서 고쳐주마," 라고 하셨지만 백부장은 이렇게 말합니다.

"다만 말씀으로만 하옵소서 그러면 내 하인이 낫겠사옵나이다" (마 8:8)

요한복음 4:46~53에는 왕의 신하가 병든 자기 아들을 치료해 달라고 예수님께 요청합니다. 예수님께서는 다만 말씀으로 "가라, 네 아들이 살아있도다,"고 했고 그 왕의 신하는 예수님께서 하신 말씀을 믿고 집으로 돌아가면서 자기 아들이 살았다는 소식을 들었습니다.

사도 바울은 말합니다.

"그런즉 그들이 믿지 아니하는 이를 어찌 부르리요 듣지도 못한 이를 어찌 믿으리요 전파하는 자가 없이 어찌 들으리요."(롬 10:14)

"나를 보지 못하고 믿는 자들은 복되다,"는 말씀의 의미는 주관적 믿음보다 하나님이 제공하신 말씀에 대하여 믿는 믿음을 가지라는 것입니다. 주관적인 믿음은 환상을 보아야 믿겠다거나, 이적을 보아야 믿겠다거나, 내적 체험을 해야 믿겠다는 것입니다. 그러나 예수님이 말씀하시고 가르치는 믿음은 환상이나 이적, 내적 체험이 없이도 하나님의 말씀을 성경대로 믿게 되는 믿음입니다.

환난이나 고통, 시험과 의심으로 낙심이 되어 있을 때 하나님이 특별한 환상을 보여주시면 내 믿음이 좋아지겠다고 생각하기 쉽습니다. 하나님이 자신을 내게 보여주시어 내 시각이나 청각에 만족을 주셔서 내 믿음을 도와주시기를 원할 때가 있습니다. 성경에는 이런 환상이나 하나님이 자기를 보여주신 사건들이 많이 있습니다. 아브라함에게 세 사람이 방문하였고, 시내산에서 모세에게 떨기나무 불붙는 곳에서 하나님을 보여주셨고, 엘리야는 하나님이 세미한 소리 가운데 지나가시는 것을 보았고 이사야는 성전에서 기도할 때 하나님의 영광의 보좌가 높이 들린 것을 보았으며, 사도 바울은 셋째 하늘에 올라간 체험을 했고, 사도 요한은 밧모섬에서 하늘의 영광을 보고 계시록을 썼습니다.

그런데 우리는 어째서 그와 같은 것을 볼 수 없습니까? 우리도 그러한 것을 체험할 수 있으면 더 잘 믿고 그리스도의 충성된 증인이 될 수 있을 것인데 말입니다. 그러나 그렇지 않습니다. 이런 환상을 요구하는 사람은 보통 허영심이 작용하여 그렇게 됩니다. 이런 사람은 다른 사람들에게 '환상을 보았다'고 하여 다른 사람들 보다 더욱 잘 믿는다고 말하기 쉽습니다. 그러나 환상을 보았다고 큰 믿음으로 나아가지는 않습니다.

어떤 사람들은 이적을 보면 하나님을 더 잘 믿겠다고 합니다. 이적을 위해 기도하기도 합니다. 그러나 정반대의 경우가 생기는 것을 성경에서 볼 수 있습니다. 애굽의 바로는 장자의 죽음을 포함한 10가지 재앙의 이적을 보면서도 더욱 강퍅해졌습니다. 이스라엘 백성들은 광야생활을 할 때 하나님의 이적인 만나와 구름기둥, 불기둥을 보았지만 그들은 아론과 함께 금송아지를 만들어놓고 그것이 앞으로 이스라엘 백성들을 인도할 신이라고 했습니다. 예수님이 여러 가지 수많은 이적을 보이셨지만 그것을 본 이스라엘 백성, 유대인, 서기관, 바리새인, 사두개인들은 오히려 예수님을 못 박으라고 외쳤고, 결국 예수님을 십자가에 못 박았습니다. 예수님이 이적을 많이 행하신 곳인 가버나움, 벳세다의 사람들이 예수님을 믿었습니까? 아닙니다. 예수님이 그들을 보시고 한탄하셨습니다.

"너희에게 행한 모든 권능을 두로와 시돈에서 행하였더라면 그들이 벌써 베옷을 입고 재에 앉아 회개하였으리라."(마 11:21)

다니엘의 세 친구가 한 말이 있습니다. 그들이 하나님의 이적을 기대하고 믿었는데 바벨론 왕의 신상에 절하지 않았기에 칠 배나 더 뜨거운 풀무불에 던짐 받게 되었습니다.

"하나님이 우리를 건지시리라. 그러나 하나님이 그리 아니 하실지라도 우리는 절하지 않으리라."고 했습니다. 하나님의 이적이 나타나지 않더라도 우상에게 절하지 않으며 하나님을 믿으리라는 순교 신앙이 차원 높은 신앙입니다.

이적을 정의하여 하나님의 비상섭리라고 합니다. 어떤 경우에 차 사고를 당할 뻔 했는데 그 사고를 모면했다고 합시다. 그것이 하나님의 섭리적 이적이라고 할 수 있습니다. 그러나 한 주간 동안 사고 없이 운전한 것도 하나님의 이적적인 섭리입니다. 실패했는데 먹을 것을 주신 것이 하나님의 이적이라면 실직도 아니하고 궁핍해지지 않은 것도 하나님의 섭리입니다.

어떤 사람들은 특별한 은사 체험을 합니다.

"다른 사람에게는 같은 성령으로 믿음을, 어떤 사람에게는 한 성령으로 병 고치는 은사를, 어떤 사람에게는 능력 행함을, 어떤 사람에게는 예언함을, 어떤 사람에게는 영들 분별함을, 다른 사람에게는 각종 방언 말함을, 어떤 사람에게는 방언들 통역함을 주시나니." (고전 12:9~10)

이런 은사 체험을 하면 내 믿음이 더욱 견고해지리라고 생각합니다. 그러나 결코 그렇지 않습니다. 하나님이 때로 이런 체험을 주시어 교회를 유익하게 하시기도 하지만 사도 바울이 가르치는 중요한 점은 이런 은사를 체험하라고 촉구하지는 않는다는 것입니다. 오히려 은사 체험을 했다고 이야기하는 사람들을 조심하여 살피라고 했습니다. 은사를 체험했다고 자랑하는 사람, 자부심을 가지는 사람은 시험에 들까 조심해야 합니다.

하나님은 믿는 자를 복되다고 하셨지, 환상을 본 자, 이적을 본 자, 은사 체험을 한 자가 복되다고 하시지 않으셨습니다. 특히 요한복음에는 '믿는다,'는 단어가 헬라어 '피스튜오(πιστεύω)'로 동사형으로 나옵니다. 활동하고 생활하고, 일하고, 실천하는 믿음을 말합니다. 이 단어는 요한복음에 89회나 나옵니다. 로마서에는 55회 나오고, 마가복음에는 18회가 나옵니다.

요한복음에서는 믿는 것을 강조합니다. 믿음에서 얻은 복이 무엇입니까?

하나님의 자녀가 되는 복과 하나님의 유업을 받는 상속자가 되는 복입니다.

"영접하는 자 곧 그 이름을 믿는 자들에게는 하나님의 자녀가 되는 권세를 주셨으니." (요 1:12)

영생을 받는 복입니다.

"그를 믿는 자마다 멸망하지 않고 영생을 얻게 하려 하심이라." (요 3:16)

심판에서 구원받는 복입니다.

"아들을 믿는 자에게는 영생이 있고." (요 3:36)

"심판에 이르지 아니하나니 사망에서 생명으로 옮겼느니라." (요 5:24)

영원히 주리지 않고 목마르지 않는 복입니다.

"내게 오는 자는 결코 주리지 아니할 터이요 나를 믿는 자는 영원히 목마르지 아니하리라." (요 6:35)

부활의 복입니다.

"믿는 자마다 영생을 얻는 이것이니 마지막 날에 내가 이를 다시 살리리라 하시니라." (요 6:40)

"나는 부활이요 생명이니 나를 믿는 자는 죽어도 살겠고, 무릇 살아서 나를 믿는 자는 영원히 죽지 아니하리니." (요 11:25~26)

하나님의 영광을 보는 복입니다.

스데반은 믿음의 눈으로 예수님이 하나님 보좌 우편에 계심을 보았습니다. 예배 때에도 하나님의 임재를 보는 복입니다.

"네가 믿으면 하나님의 영광을 보리라." (요 11:40)

거룩한 생활을 하게 되는 복입니다.

성경에서의 어두움은 죄의 어두움입니다.(요일 1:5~10) 빛 가운데서의 삶은 거룩한 삶을 의미합니다.

"나는 빛으로 세상에 왔나니 무릇 나를 믿는 자로 어둠에 거하지 않게 하려 함이로라." (요 12:46)

예수님의 기도의 효력을 받는 복입니다.

"내가 비옵는 것은 이 사람들만 위함이 아니요 또 그들의 말로 말미암아 나를 믿는 사람들도 위함이니."(요 17:20)

예수 그리스도의 우리를 위한 기도는 얼마나 역사하는 힘이 많습니까?

성경에서는 환상을 보는 것, 이적을 보는 것, 은사체험을 하는 것이 복되다고 하지 않았습니다. 예수님을 보지 못하고 믿는 자가 복되다고 하셨습니다. 믿는 자가 복이 있습니다.

"예수를 너희가 보지 못하였으나 사랑하는도다 이제도 보지 못하나 믿고 말할 수 없는 영광스러운 즐거움으로 기뻐하니, 믿음의 결국 곧 영혼의 구원을 받음이라."(벧전 1:8~9)

예수 그리스도를 믿는 믿음으로 만족하고 기뻐합시다. 이것이 복된 것입니다.

제61장

성경의 목적

(요 20:30~31)

요한복음 20:30~31 "예수께서 제자들 앞에서 이 책에 기록되지 아니한 다른 표적도 많이 행하셨으나, 오직 이것을 기록함은 너희로 예수께서 하나님의 아들 그리스도이심을 믿게 하려 함이요 또 너희로 믿고 그 이름을 힘입어 생명을 얻게 하려 함이니라."

사도 요한은 요한복음의 기록 목적을 말합니다.
하나님의 아들 그리스도임을 믿게 하기 위하여 기록했습니다.
영생을 얻게 하기 위해 기록했습니다.
하나님의 아들, 예수 그리스도를 믿는 것은
하나님의 구원을 받을 확실한 표지, 믿음의 표지입니다.
믿음을 가지면 생명을 보장 받게 됩니다.
믿음은 생명입니다.

여러분들은 책을 읽으면서 왜 사람들이 책을 쓰는가 그 이유를 생각해 본 적이 있습니까? 어떤 사람들은 직업상 책을 씁니다. 대학교수들은 특히 그렇습니다. 의무적으로 일 년에 논문 몇 편 이상을 써야하고 책을 내야 합니다. 그렇게 하지 못하면 교수를 할 수 없게 됩니다. 또 어떤 이들은 책을 쓰는 것이 좋아 보여 책을 씁니다. 책을 쓰는 것이 공적 인물에게는 좋다고 생각하기도 합니다. 또 어떤 이들은 자기도취로 쓰기도 합니다.

요한복음 기록 목적

그러면 사도 요한은 요한복음을 왜 기록했습니까? 오늘 본문에 그 이유를 분명히 밝히고 있습니다.

"예수께서 제자들 앞에서 이 책에 기록되지 아니한 다른 표적도 많이 행하셨으나, 오직 이것을 기록함은 너희로 예수께서 하나님의 아들 그리스도이심을 믿게 하려 함이요 또 너희로 믿고 그 이름을 힘입어 생명을 얻게 하려 함이니라."

사도 요한은 성경을 기록한 목적을 두 가지로 분명히 밝히고 있습니다. 첫째 예수님을 믿도록 하기 위함이요, 둘째 믿음의 결과로, 영생을 얻게 하려는 데 있습니다. 이런 엄청난 목적을 가지고 사도 요한은 요한복음을 기록했다고 분명히 밝힙니다. 그는 자기를 나타내기 위하여, 요한복음을 기록하지 않았습니다. 사도 요한은 베드로, 야고보와 함께 변화산에서 영화로운 모습으로 변화하시는 예수님을 보았습니다. 그러나 요한복음은 세 복음서와는 달리 그것을 기록하지 않았습니다. 그러나 예수님이 누구라는 것을 확실하게 기록하고 있습니다.

"말씀이 육신이 되어 우리 가운데 거하시매 우리가 그의 영광을 보니 아버

지의 독생자의 영광이요 은혜와 진리가 충만하더라."(요 1:14)

사도 요한은 겟세마네 동산에서 예수님이 기도하시는 내용을 기록하지 않았습니다. 이 사실은 이것을 망각했거나 의심한 것이 아니라 예수님을 믿게 하는 데 필요한 내용만 기록했기 때문입니다. 사도 요한은 또한 요한복음에 자기의 이름을 밝히지 않고 예수님의 사랑하시는 제자라고만 했습니다. 그는 예수님께서 이 책에 기록되지 아니한 다른 표적도 많이 행하셨으나 기록하지 않았다고 했습니다. 이것은 모든 크리스천들이 배워야 할 점입니다. 그가 자기 이름을 내세우지 않고 오직 예수님을 나타내어야 한다는 점만 생각했고 기록했을 뿐입니다. 이것은 모든 크리스천의 목표입니다. 다른 사람들이 예수님을 바라보게 해야 한다는 생각만 한 것입니다. 크리스천은 다른 사람들이 나를 보게 해서는 안 됩니다. 오직 예수님만 바라보게 해야 합니다. 세례 요한이 "그는 흥하여야 하겠고, 나는 쇠하여야 하리라,"고 한 것과 동일한 맥락입니다.

또 사도 요한은 사람들의 호기심을 위해 이 책을 기록하지 않았습니다. 일반적으로 사람들의 호기심을 만족시키는 책은 잘 팔립니다. 왜냐하면 사람들은 모두 호기심을 갖고 있기 때문입니다. 유명한 사람에 대하여 책을 쓴다고 가정해 보십시다. 그 사람은 자기가 그 유명한 사람의 비밀을 누구보다도 더 많이 알고 있다는 것을 보여주려고 책을 씁니다. 그것은 다른 사람들의 호기심을 충족시킵니다. 만약에 여러분이 예수님에 대하여 책을 쓴다면, 기억에 남는 육신적인 묘사를 할지도 모릅니다. 얼굴모습, 눈과 머리의 색깔, 성격, 어린 시절, 공생애 시작 전에 사람들이 예수님에게 가졌던 생각 등등을 썼을지도 모릅니다. 예수님의 부활소식을 들은 유대지도자들의 반응이 어떠했느냐를 썼을지도 모릅니다.

그러나 성령님께서는 사도 요한에게 그런 점에 포인트를 두지 않게 하셨습니다. 예수님은 하나님의 아들이고 그리스도이심을 믿도록 우리 인간을 이끌어줄 것만 쓰게 하셨습니다. 복음서는 예수님의 전기가 아니라는 사실을 알아야 합니다. 또 사도 요한은 인간의 오락을 위해 책을 쓰지 않았습니다. 사람들은 오락을 좋아합니다. 만화는 어떤 어린이들도 다 좋아합니다. 짐승이나 나무들이 사람과 같이 생각하고 행동하는 것을 보여주는 상상의 만화는 어떤 어린이라도 좋아합니다. 우화를 좋아하고 추구하는 어른들도 있습니다. 성경기자들 이야기 속에 재미있는 요소들, 즉 역사적 사건이나 우화나 격언들이 있기는 하지만 누구도 이것이 저작의 중요한 목적이라고 생각하지 않습니다. 죄인이 회개하고 예수님께로 돌아와 예수님을 믿고 영생을 얻고 하나님을 기쁘시게 하는 삶을 갖도록 하려고 쓴 것입니다.

예수님이 하나님의 아들이심을 증거 하기 위해 기록

사도 요한은 말합니다.

"예수께서 제자들 앞에서 이 책에 기록되지 아니한 다른 표적도 많이 행하셨으나, 오직 이것을 기록함은 너희로 예수께서 하나님의 아들 그리스도이심을 믿게 하려 함이요 또 너희로 믿고 그 이름을 힘입어 생명을 얻게 하려 함이니라."

예수님이 행하신 수많은 표적이 있지만 부분만을 기록하는 목적은 예수님이 하나님의 아들이요, 그리스도이심을 믿게 하는 데 중요한 부분만을 기록했다는 것입니다. 예수님을 증거 할 목적으로 이렇게 기록했다는 것입니다. 사도 요한은 표적에 대해 예수님이 하나님의 아들이심을 나타내는 데 사용했다는 것입니다.

사도 요한이 예수님에 대하여 기록한 증거들을 봅시다.

세례 요한은 예수님을 보고 '세상 죄를 지고 가는 하나님의 어린 양'이라고 합니다. "이튿날 요한이 예수께서 자기에게 나아오심을 보고 이르되 보라 세상 죄를 지고 가는 하나님의 어린 양이로다." (요 1:29)

또한 '성령으로 세례를 주시는 분' 이라고 합니다. "나도 그를 알지 못하였으나 나를 보내어 물로 세례를 베풀라 하신 그이가 나에게 말씀하시되 성령이 내려서 누구 위에든지 머무는 것을 보거든 그가 곧 성령으로 세례를 베푸는 이인 줄 알라 하셨기에, 내가 보고 그가 하나님의 아들이심을 증언하였노라 하니라." (요 1:33~34)

안드레는 베드로에게 "우리가 메시야를 만났다,"고 합니다. "요한의 말을 듣고 예수를 따르는 두 사람 중의 하나는 시몬 베드로의 형제 안드레라. 그가 먼저 자기의 형제 시몬을 찾아 말하되 우리가 메시야를 만났다 하고" (요 1:40~41)

나다나엘은 이렇게 고백했습니다. "랍비여 당신은 하나님의 아들이시요 당신은 이스라엘의 임금이로소이다." (요 1:49)

수가 성 사마리아 여인이 예수님을 믿습니다. 그리고 그 여인은 사마리아인들을 예수님께로 인도합니다. "예수의 말씀으로 말미암아 믿는 자가 더욱 많아, 그 여자에게 말하되 이제 우리가 믿는 것은 네 말로 인함이 아니니 이는 우리가 친히 듣고 그가 참으로 세상의 구주신 줄 앎이라 하였더라." (요 4:41~42)

예수님 자신이 성경은 예수님에 대하여 증거 하는 것이라 하셨습니다. "너희가 성경에서 영생을 얻는 줄 생각하고 성경을 연구하거니와 이 성경이 곧 내게 대하여 증언하는 것이니라." (요 5:39)

예수님께서 오병이어의 이적을 베푸십니다. "그 사람들이 예수께서 행하신 이 표적을 보고 말하되 이는 참으로 세상에 오실 그 선지자라 하더라" (요 6:14)

베드로가 고백 합니다. "시몬 베드로가 대답하되 주여 영생의 말씀이 주께 있사오니 우리가 누구에게로 가오리이까. 우리가 주는 하나님의 거룩하신 자이신 줄 믿고 알았사옵나이다.”(요 6:68~69)

많은 사람들이 예수님을 믿습니다. “무리 중의 많은 사람이 예수를 믿고 말하되 그리스도께서 오실지라도 그 행하실 표적이 이 사람이 행한 것보다 더 많으랴 하니.”(요 7:31) “이 말씀을 들은 무리 중에서 어떤 사람은 이 사람이 참으로 그 선지자라 하며, 어떤 사람은 그리스도라 하며.”(요 7:40~41)

사람들을 믿게 하기 위해 기록

많은 사람들이 믿었습니다.

“이 말씀을 하시매 많은 사람이 믿더라.”(요 8:30)

예수님이 태어날 때부터 맹인인 사람을 고쳐주십니다. 눈 뜬 맹인은 예수님을 그리스도라고 하여 유대인들로부터 출교를 당합니다. 예수님은 그를 다시 찾아오셔서 예수님이 그리스도라는 계시를 주십니다. 눈 뜬 맹인은 고백합니다. “이르되 주여 내가 믿나이다 하고 절하는지라.”(요 9:38)

예수님은 양과 목자와의 관계를 말씀하십니다. 믿음을 말씀하십니다. “내 양은 내 음성을 들으며 나는 그들을 알며 그들은 나를 따르느니라.”(요 10:27)

나사로가 죽어 장사지낸 후에 4일 만에 예수님께서 살려주십니다. 그것을 보고 많은 유대인이 예수님을 믿었습니다. “예수께서 하신 일을 본 많은 유대인이 그를 믿었으나.”(요 11:45)

종려주일에 유대백성들이 호산나 찬송을 부르면서 예수님을 맞습니다. “종려나무 가지를 가지고 맞으러 나가 외치되 호산나 찬송하리로다 주의 이름으로 오시는 이 곧 이스라엘의 왕이시여 하더라.”(요 12:13)

관원 중에도 예수님을 믿는 자가 많아지지만 드러나게 믿지는 않습니다.

출교를 당할까 두려워서였습니다. "그러나 관리 중에도 그를 믿는 자가 많되 바리새인들 때문에 드러나게 말하지 못하니 이는 출교를 당할까 두려워함이라."(요 12:42)

도마가 믿음의 고백을 합니다. "도마가 대답하여 이르되 나의 주님이시요 나의 하나님이시니이다."(요 20:28)

요한복음의 대부분은 고난주간의 칠일 동안의 일을 기록한 것입니다. 이 기록을 보면서 우리가 받아들이고 믿는 방법을 ABC 형식으로 생각해 봅니다.

- 먼저 예수님에 대한 기본적 가르침을 사실로 받아들여야 합니다(Accept).
- 개인적으로 예수님을 믿어야 합니다(Believe).
- 자신을 예수님에게 의탁하십시오(Commit).

극심한 전투가 벌어졌을 때 군인들은 죽기도 하고 부상당하기도 합니다. 수많은 시체와 부상자들이 함께 어우러져서 참혹한 광경이 됩니다. 그 시체와 부상병 사이에서 군의관들은 부상당한 병사들이 살아날 가망성이 있는가를 살핍니다. 만약에 살아날 가망성이 있는 부상자가 있으면 군의관들은 그들 가슴 위에 눈에 띄도록 종이를 붙입니다. 그것은 살아있다는 표시이고, 후송병들이 그들을 병원으로 후송해서 살립니다.

하나님의 아들, 예수 그리스도를 믿는 것은 하나님의 구원을 받을 확실한 표지, 믿음의 표지입니다. 헐벗고 상처 난 죄인일지라도 이 믿음의 표지만 있으면 주님은 우리를 용납하시고 고쳐주시고 살려주십니다. 누구든지 믿음을 가지고 예수님께 소속만 되면, 생명을 보장 받게 됩니다. 믿음은 생명입니다.

제62장

예수를 알지 못한 이유

(요 21:1~4)

요한복음 21:1~4 "그 후에 예수께서 디베랴 호수에서 또 제자들에게 자기를 나타내셨으니 나타내신 일은 이러하니라. 시몬 베드로와 디두모라 하는 도마와 갈릴리 가나 사람 나다나엘과 세베대의 아들들과 또 다른 제자 둘이 함께 있더니, 시몬 베드로가 나는 물고기 잡으러 가노라 하니 그들이 우리도 함께 가겠다 하고 나가서 배에 올랐으나 그 날 밤에 아무 것도 잡지 못하였더니, 날이 새어갈 때에 예수께서 바닷가에 서셨으나 제자들이 예수이신 줄 알지 못하는지라."

예수님이 갈릴리 바다에 다시 나타나셨지만

제자들은 알아보지 못했습니다.

제자들의 마음이 예수님을 잠시 떠났기 때문입니다.

영안이 어두워졌기 때문에 예수님을 알아보지 못했습니다.

우리는 모든 것을 믿음의 눈으로 볼 수 있어야 합니다.

병중에 기억상실증이라는 병이 있습니다. 이 병에 걸리면 자신도 모르고 다른 사람도 모르는 바보가 됩니다. 부모도, 친척도, 친구도, 교인도 모릅니다. 본문에 보면 예수님을 알아보지 못한 일곱 제자가 있습니다. 예수님 부활후의 사건입니다. 베드로와 도마, 나다나엘(바돌로메), 세베대의 두 아들인 야고보와 요한, 다른 제자 두 명, 모두 7명이 갈릴리 바다로 물고기를 잡으러 갔습니다. 그런데 그날 밤 고기를 한 마리도 잡지 못했습니다. 이튿날 아침이 되어, 날이 새어갈 때에 예수님이 바닷가에 서셨으나 제자들은 예수님이신 줄 알지 못했습니다. 왜 제자들은 예수님과 삼년간 동행하고, 침식을 같이 한 예수님을 알아보지 못했을까요?

시간적으로 새벽이기 때문에 예수님이신 줄 분간 못해서 였을까요? '날이 새어 갈 때에'는 헬라어 '프로이아스(πρωίας)'로 이른 아침을 말하는 것이지, 사람을 알아볼 수 없는 새벽이 아닙니다. 마태복음 20:1에서는 이 말이 그 날의 일이 시작되는 시간을 가리키고 있습니다. 포도원 주인이 포도원의 품꾼을 구하기 위해 '이른 아침'에 나갔다고 했습니다. 그 '이른 아침'이 시간적으로 어두워서 예수님을 알아볼 수 없었다는 의미가 아닙니다.

그러면 거리가 너무 멀어서 예수님을 알아보지 못했을까요? 요한복음 21:8에서 제자들이 탄 배와 육지와는 불과 오십 칸, 즉 약 90미터밖에 되지 않았으니 사람들을 얼마든지 알아볼 수 있는 거리였습니다. 그런데 왜 예수님을 알아보지 못했습니까?

제자들의 마음이 잠시 나마 예수님에게서 떠났기 때문

잠시 동안이나마 제자들의 마음이 예수님에게서 떠났습니다. 베드로가 다른 제자들에게 "나는 물고기를 잡으러 가겠노라,'고 했습니다. 부활의 주님을 만나본 예수님의 수제자가 왜 물고기를 잡으러 가겠노라고 했습니까? 부활의 주님이 갈릴리에서 만나자고 약속했으므로 무료하게 시간을 보내느니 물고기나 잡으면서 예수님을 만나기 위한 것입니까? 본문을 살펴볼 때 그런 것은 아닌 듯 합니다. 잠시 동안이나마 베드로의 믿음이 떨어져 예수님을 떠난 상태였다고 볼 수 있습니다. 예수님과 함께 동행 하며 침식을 같이 했던 제자들이 예수님이 예전처럼 함께 하시지 않았기에 예수님과의 관계가 잠시나마 소원해졌을 것입니다.

그러나 무엇보다 예수님의 부활신앙에 대한 결핍이 문제였으리라고 봅니다. 베드로는 매우 활동적이고 적극적인 성격의 소유자입니다. 그는 행동하고 난 후에 생각하는 사람입니다. 그는 "나는 물고기 잡으러 가노라,"고 말했습니다. 그 말은 '나는 물고기 잡으러 가는데 같이 가자,' 고 하는 권유의 말이기도 합니다. 이에 비해 요한은 생각하고 행동하는 사람입니다. 내가 믿음이 떨어지면 나 자신만이 아니라 타인도 나와 같은 수준의 믿음으로 되기를 은근히 바랍니다. 이것이 잘못되고 병든 신앙인의 모습입니다. 예수님에게서 마음이 떠난 사람은 예수님을 알아볼 수가 없습니다. 예수님에게서 마음이 떠난 사람은 예수님의 몸 된 교회를 알아볼 수 없고 관심이 적어집니다.

실패에 집착했기 때문

베드로와 여섯 제자는 삼년 전에 잡아보았던 그물을 다시 꺼내어 고기를 잡으러 나갔습니다. 밤새도록 수고했지만 아무 것도 잡지 못했습니다. 헛된 수고였습니다. 아마 베드로는 생계비를 마련하려고 했을 것입니다. 자기의 먹고 살 일이 그물에 달려있는 줄 알았습니다. 그러나 그는 그 밤에 실패하고 말았습니다.

누가복음 5:1~11에서도 베드로가 예수님의 제자로 부름 받을 때에 이 같은 실패의 밤이 있었습니다. 예수님이 베드로에게 말씀하셨습니다.

"시몬에게 이르시되 깊은 데로 가서 그물을 내려 고기를 잡으라."(눅 5:4)

여기에서 예수님이 가르치신 교훈은 베드로에게 사람 낚는 어부로 일하라는 것입니다. 고기 잡는 것은 복음 전파를 의미하며 고기는 전도해야 할 사람을 가리킵니다. 오늘 본문에서 예수님의 부활 후에 베드로는 고기를 잡다가 똑같은 일을 겪게 됩니다. 예수님이 오셔서 지시하기 전까지는 아무 것도 잡지 못했습니다. 예수님은 이렇게 교훈하십니다.

"나를 떠나서는 너희가 아무 것도 할 수 없음이라."(요 15:5)

베드로와 제자들은 왜 실패했습니까? 복음전파 하는 활동을 포기하고 자기 직업을 가지고 생활비를 얻을 걱정에 싸여있었기 때문입니다. 그들에게 남은 것은 좌절과 낙심과 피곤과 배고픔 밖에는 없었습니다. 실패한 일에 집착하였으므로 바닷가에 오신 예수님을 그들은 알아볼 수 없었던 것입니다.

우리가 기억해야 할 일은 우리 신자들이 비록 실패했을 때에라도, 범죄 했을 때에라도, 예수님은 항상 우리를 찾아주신다는 사실입니다. 실패한 그 제자들에게 예수님은 찾아 오셨습니다. 예수님은 항상 내 곁에 와 주십니다. 우리가 아무리 실패하고 낙심할지라도 우리의 시선은 항상 주님께로 향해야 합니다.

철학자 하이데거(Heidegger)는 인간 실존은 세상에 던져진 존재라고 보았습니다. 사방으로 포위된 처절하고 답답한 인간이며, 탈출구를 찾을 수 없는 인간 존재라는 말입니다. 그러나 성경은 '위의 것을 바라보고 찾으라,' 고 하면서 통로가 있음을 가리킵니다.

"그러므로 너희가 그리스도와 함께 다시 살리심을 받았으면 위의 것을 찾으라 거기는 그리스도께서 하나님 우편에 앉아 계시느니라. 위의 것을 생각하고 땅의 것을 생각하지 말라."(골 3:1~2)

야곱은 부모를 떠나 광야길을 가다가 베델에서 하늘까지 닿은 사닥다리를 보았습니다. 하나님이 야곱에게 약속하십니다. "네가 어디로 가든지 내가 너와 함께 하리라," 하시면서 "너를 반드시 이 땅으로 돌아오게 하리라,"고 약속하십니다. 우리의 삶이 지치고 피곤하고 비록 실패했을지라도 주님이 바로 내 곁에 계심을 잊지 말아야 합니다.

제자들이 빈 배로 돌아왔을 때에 50칸 거리(200규빗)의 바닷가에 주님이 와계셨습니다. 주님은 문제를 해결해 주시려고 오셨습니다. 실패에 집착하지 마시기 바랍니다. 모든 것이 합력하여 선을 이루게 하시는 주님을 바라 보십시오.

영안이 어두워졌기 때문

제자들이 바닷가에 와 계시는 예수님을 몰랐던 이유는 거리나 시간의 문제가 아니고, 외부적 문제가 아니라 가장 치명적인 자신 속에 있는 문제 때문이었습니다. 그들의 영적인 눈이 어두워졌기 때문입니다.

막달라 마리아의 경우를 봅니다. 마리아가 예수님의 무덤을 방문했을 때에 빈 무덤만을 보았을 뿐, 예수님의 시체는 보이지 않았습니다. 천사가 "여자여, 어찌하여 우느냐,"고 물었을 때 마리아는 사람들이 내 주님을 가져다 어디 두었는지 알지 못하기 때문에 운다고 대답했습니다. 예수님이 마리아 뒤에 와서 "울며 누구를 찾느냐,"고 물었을 때에도, 마리아는 그를 동산지기로 생각했지 예수님인 줄 알지 못했습니다. 부활의 신앙이 전혀 없던 마리아는 예수님을 알아볼 수 없었습니다. 육신의 눈은 있었으나 불신앙의 눈이 그를 가려서 예수님을 알아볼 수 없었습니다. 그의 영적시력은 거의 맹인에 가까웠습니다. 예수님이 마리아를 부르자 비로소 영적 눈이 뜨였습니다.

엠마오 도상에 나타난 예수님을 두 제자가 알아보지 못했습니다. 예수님이 그들과 동행하면서 질문하셨습니다. 그들은 요즘 예루살렘에서 생긴 사건에 대해 말했습니다. 예수님의 죽음과 부활에 대한 소식을 듣고도 정말 부활사건이 있었는지를 의심했습니다. 예수님은, "미련하고 선지자들이 말한 모든 것을 마음에 더디 믿는 자들이여, 그리스도가 이런 고난을 받고 자기의 영광에 들어가야 할 것이 아니냐."(눅 24:25~26)고 하셨습니다.

예수님은 "이는 주께서 내 영혼을 스올에 버리지 아니하시며 주의 거룩한 자를 멸망시키지 않으실 것임이니이다(시 16:10)" 시편을 말씀하시면서 부활의 예언을 들려주셨습니다. 구약의 말씀으로 부활 예언이 성취됨을 강조하셨습니다.

"그들이 서로 이야기하며 문의할 때에 예수께서 가까이 이르러 그들과 동행하시나, 그들의 눈이 가리어져서 그인 줄 알아보지 못하거늘."(눅 24:16)

그들은 회의와 의심으로 눈이 가려졌습니다.

50칸이나 되는 가까운 곳에 오신 예수님을 왜 7제자들이 알아보지 못했습니까? 그들의 영적 시력이 약화되었기 때문입니다. 문제는 나에게 있는 것입니다. 나의 영적 시력이 약해지면 예수님을 알아볼 수 없습니다. 예수님을 볼 수 없는 시력이면 만사를 제대로 볼 수 없습니다.

예수님은 날 때부터 맹인 된 자를 고쳐주셨습니다. 눈에 진흙을 발라주시고 실로암 못에 가서 씻으라고 했습니다. 이 날이 안식일이었기에 바리새인들이 예수님을 모함한 이유가 되었습니다. 그들은 안식일에 병 고치는 것을 금하였습니다. 맹인은 예수님을 만나고 믿었습니다. 이것은 메시야의 표적입니다. 예수님은 말씀하십니다.

"예수께서 이르시되 내가 심판하러 이 세상에 왔으니 보지 못하는 자들은 보게 하고 보는 자들은 맹인이 되게 하려 함이라 하시니, 바리새인 중에 예수와 함께 있던 자들이 이 말씀을 듣고 이르되 우리도 맹인인가. 예수께서 이르시되 너희가 맹인이 되었더라면 죄가 없으려니와 본다고 하니 너희 죄가 그대로 있느니라."(요 9:39~41)

바리새인들은 죄가 눈을 가려서 맹인이 된 자들이었습니다. 예수님의 표적, 기적, 이적을 행하심을 보고도 하나님의 아들이심을 믿지 않았습니다. 그들은 맹인임에 틀림이 없습니다. 그들은 예수님을 몰라 본 영적 맹인들이었습니다.

예수님을 알아보려면 우리의 영안을 치료하는 것이 필요합니다. 예수님은 라오디게아 교회가 영적 맹인이라고 말씀하시면서 "내게 안약을 사서 눈에 발라 보게 하라(계 3:18)," 고 하십니다. 날 때부터 맹인 된 사람을 고쳐주신 예수님은 진흙을 맹인의 눈에 발라 고쳐주셨습니다. 예수님을 알아보려면 주님의 이 같은 치료의 손이 필요합니다. 믿음의 안경으로 모든 만사를 믿음의 눈으로 볼 수 있어야 합니다. 왜 주님이 우리에게 고난을 주시는가, 왜 주님이 우리에게 기쁨을 주시는가를 생각하면서 하나님의 간섭을 통해 섭리를 발견하시기 바랍니다.

제63장

해변의 복음

(요 21:5~14)

요한복음 21:5~14 "예수께서 이르시되 얘들아 너희에게 고기가 있느냐 대답하되 없나이다. 이르시되 그물을 배 오른편에 던지라 그리하면 잡으리라 하시니 이에 던졌더니 물고기가 많아 그물을 들 수 없더라. 예수께서 사랑하시는 그 제자가 베드로에게 이르되 주님이시라 하니 시몬 베드로가 벗고 있다가 주님이라 하는 말을 듣고 겉옷을 두른 후에 바다로 뛰어 내리더라. 다른 제자들은 육지에서 거리가 불과 한 오십 칸쯤 되므로 작은 배를 타고 물고기 든 그물을 끌고 와서, 육지에 올라보니 숯불이 있는데 그 위에 생선이 놓였고 떡도 있더라. 예수께서 이르시되 지금 잡은 생선을 좀 가져오라 하시니, 시몬 베드로가 올라가서 그물을 육지에 끌어 올리니 가득히 찬 큰 물고기가 백쉰세 마리라 이같이 많으나 그물이 찢어지지 아니하였더라. 예수께서 이르시되 와서 조반을 먹으라 하시니 제자들이 주님이신 줄 아는 고로 당신이 누구냐 감히 묻는 자가 없더라. 예수께서 가셔서 떡을 가져다가 그들에게 주시고 생선도 그와 같이 하시니라. 이것은 예수께서 죽은 자 가운데서 살아나신 후에 세 번째로 제자들에게 나타나신 것이라."

예수님께서 갈릴리 해변에서 기쁨의 복음을 주십니다.

"얘들아"하고 친근하게 부르시는 복음을 주십니다.

"너희에게 고기가 있느냐,"는 질문의 복음을 주십니다.

"그물을 배 오른편에 던지라,"는 명령의 복음을 주십니다.

주님의 말씀을 듣고 순종하면 많은 축복을 받습니다.

예수님을 발견하고 만나고 교제할 수 있습니다.

신령한 축복을 누릴 수 있습니다.

본문의 말씀은 예수님의 한없는 사랑을 보여주는 장면입니다. 예수님을 떠난 일곱제자가 밤새도록 그물질을 했지만 아무 것도 잡지 못한 채, 피곤과 절망과 좌절을 안고 빈 배에 육신을 맡기고 밝은 아침을 맞이했습니다. 그들은 아마 밤새도록 돌아가면서 그물을 던졌을 것입니다. 그러나 고기는 한 마리도 잡지 못했습니다. 그들의 수고는 헛수고로 돌아갔고 빈 그물만 빈 배에 싣고 돌아왔습니다. 그때 갈릴리 바닷가에서 기쁜 세 마디 말씀이들려왔습니다. "얘들아," "너희에게 고기가 있느냐?" "배 오른편에 그물을 던져라! 그리하면 얻으리라." 갈릴리 바다 해변에서 들려온 음성은 분명히 복되고 기쁜 소리였습니다. 이 음성은 바로 그들의 스승이요, 구주이신 예수 그리스도의 말씀이었습니다.

예수 그리스도의 복된 음성은 제자들에게만 들려주신 것이 아니요, 오늘 우리에게도 동일하게 들려주시는 복된 음성입니다.

"얘들아"하고 부르시는 복음

이 단어는 헬라어 '파이디아(Παιδία)'로 부모들이 자기의 자녀들을 부를 때에 부르는 친절한 부름이며 사랑의 부름입니다. 아무 소득도 얻지 못한 채 절망의 노를 저어 바닷가로 나오려는 저들에게 예수님은 "얘들아," 하고 부르신 것입니다. 예수님의 이 부름의 소리는 제자들의 허전한 마음을 채워주시고 깨우쳐 주시는 생명의 부름이었습니다. 이른 아침에 누가 이렇게 불러주는 것일까? 누가 이처럼 실패한 존재를 정답게 불러주는 것일까? 제자들의 청각은 매우 예민해졌습니다. 예수님은 자기의 제자들에게 "얘들아," 하고 부르심으로 자연스런 접촉을 하려 하셨고, 자기가 진정한 사람인 것을 나타내려 하셨습니다.

성경에는 하나님이 죄인을 찾아 부르는 음성으로 가득 차 있습니다. 하나님께서 아담을 부르십니다. "여호와 하나님이 아담을 부르시며 그에게 이르시되 네가 어디 있느냐."(창 3:9) 아담이 범죄 한 후 동산 숲속에서 나무 잎사귀로 옷을 해 입고 숨어있는 아담을 부르셨습니다. 하나님이 아담이 숨어있는 장소에 가지 못하셔서 이렇게 부르신 것이 아니라 아담의 불쌍한 처지를 다 아시고 구원해 주시려고 부르신 것입니다.

하나님이 아브라함을 부르십니다.

"여호와께서 아브람에게 이르시되 너는 너의 고향과 친척과 아버지의 집을 떠나 내가 네게 보여 줄 땅으로 가라. 내가 너로 큰 민족을 이루고 네게 복을 주어 네 이름을 창대하게 하리니 너는 복이 될지라."(창 12:1~2)

하나님이 사무엘을 4번이나 부르셨습니다(삼상 1장). 한나가 기도하여 얻은 사무엘을 젖 뗀 후에 여호와의 회막에서 자라게 하였는데 하나님은 어린 사무엘에게 하나님의 뜻과 예정을 말씀하여 주셨습니다. 엘리 가정의 부패와 그 아들의 타락, 그리고 제사를 무시하는 것에 대해 말씀해 주셨습니다.

하나님은 사울을 어떻게 부르셨습니까?(행 9장). 다메섹 도상에서 "사울아, 사울아, 어찌하여 나를 핍박하느냐?"고 하셨습니다. 로마로 압송되어 갈 때 14일간 표류하게 되었을 때에도 예수님께서 바울을 부르셨습니다. "바울아 두려워하지 말라 네가 가이사 앞에 서야 하겠고 또 하나님께서 너와 함께 항해하는 자를 다 네게 주셨다."(행 27:24)

감람산 기슭에서 예수님은 예루살렘을 부르시면서 우셨습니다.

"예루살렘아 예루살렘아 선지자들을 죽이고 네게 파송된 자들을 돌로 치는 자여 암탉이 그 새끼를 날개 아래에 모음 같이 내가 네 자녀를 모으려 한 일이 몇 번이더냐 그러나 너희가 원하지 아니하였도다."(마 23:37)

예수님은 유대인들을 구원하시려고 초청하셨으나 그들이 응하지 않았습니다.

예수님은 의인을 부르러 오신 것이 아니고 죄인을 불러 회개시키려 오셨습니다. 주님은 오늘도 실패한 인생의 배를 탄 사람들을 부르십니다. 수고하고 무거운 짐 진 자, 소외당하고 고통당하는 자를 부르십니다. 고민하고 괴로워하는 자를 부르십니다. 주님의 부르심은 은혜로운 부르심이요, 소망으로 초대하시는 부르심입니다. 2천년 전 갈릴리 바닷가에서 실패한 제자들을 "얘들아," 하고 부르신 예수 그리스도께서 오늘 아침 우리를 찾아 오셔서 "파이디아"라고 부르시는 음성을 듣고 싶습니다. 우리들의 어려움을 아시고 부르시고 계시는 음성을 들어야 하겠습니다.

"너희에게 고기가 있느냐,"는 질문의 복음

예수님이 하신 "너희에게 고기가 있느냐?"는 물음은 제자들로부터 부정적인 대답 을 전제하고 물으신 질문입니다. "너희가 아무 것도 잡지 못했지? 나 없이는 너희가 아무 것도 할 수 없어. 다시 한 번 이 교훈을 명심하고 배워야 한다,"는 뜻의 말씀입니다.

"너희에게 고기가 있느냐?"는 질문은 스스로 진단해 보고 대답하라는 말씀입니다. 이 질문은 우리에게도 던지시는 질문입니다. 우리가 우리 자신의 생각대로 무슨 일을 처리해 나가려고 할 때 예수님은 질문하십니다. '너희가 무얼 잡았느냐? 성공했느냐? 만족하냐? 이런 질문을 하심으로써 우리들이 굶주림과 궁핍과 실수를 깨닫고 주님께로 돌아오게 하십니다. 이 질문은 그들을 불쌍히 여기시며 동정하는 질문입니다. 예수님은 그들의 실패한 모습, 가련한 모습을 아시고 도와주시려고 하신 것입니다. 제자들의 마음이 갈릴리 바다로 향한 것을 꾸짖거나 책망하시려고 하신 것이 아니고 그들을 불쌍히 여기셔서 하신 질문입니다. 예수님이 "너희에게 고기가 있느냐?"고 물으실 때 그들은 솔직하게 자기들의 실패를 인정했습니다. 이 질문은 사실 예수 님이 단순히 물질적인 면에서 취급한 물음만은 아닙니다. 제자들의 대답인 "없습니다,"는 내용도 물질적으로 고기가 없다는 의미만은 아닙니다. 이 의 미는 "우리에게 지금 고기가 없을 뿐 아니라, 주님을 사랑하는 마음도 없습 니다. 주님을 삼년간 쫓아다녔으나, 지금은 겨자씨 한 알만한 믿음도 없습니 다. 신앙 양심도, 신앙 의지도 보잘 것 없이 약화되었으며, 신앙 인격은 형편 없습니다,"라는 고백입니다.

주님은 우리에게도 같은 질문을 하십니다. "너희에게 고기가 있느냐?" 이 질문은 너희에게 진정한 믿음이 있느냐? 너희에게 진정한 크리스천의 사랑 이 있느냐? 성령의 열매가 있느냐? 전도의 결실이 있느냐? 너희에게 회개에 합당한 열매가 있느냐? 선한 열매가 있느냐? 교회를 위한 진정한 봉사가 있 느냐? 이런 질문을 하시는 것입니다.

제자들이 왜 그날 밤에 아무 것도 잡지 못했습니까? 왜 헛된 수고를 밤새 도록 했습니까? 그물이 낡아서인가요? 기술이 부족해서인가요? 갈릴리 바 다에 고기가 없어서입니까? 그 이유는 신앙적인 차원에서 발견해야 합니다. "너희가 나를 떠나서는 아무 것도 할 수 없느니라,"하셨습니다. 예수 그리스 도를 상실했기 때문입니다. 주님을 떠난 사람은 헛수고 밖에 할 것이 없습니 다. 저들은 부활의 주님을 떠나서 사람 욕심대로 살려고 했습니다. 예수님을 생각하는 일보다 배와 그물만 있으면 삶의 염려는 없다는 안일한 생각 때문 에 실패했습니다. 다시 말하면 제자들은 잠시나마 자신들의 사명을 망각했 기 때문에 실패의 쓴 잔을 마시게 된 것입니다. 갈릴리 바다의 어부들을 사람 낚는 어부, 사도로 비약시켜주신 주님의 은총을 망각했기 때문에 저들은 실 패의 쓴 맛을 본 것입니다.

"여호와께서 집을 세우지 아니하시면 세우는 자의 수고가 헛되며 여호와 께서 성을 지키지 아니하시면 파수꾼의 깨어 있음이 헛되도다." (시 127:1)

예수님 중심이 아닌 생각, 결정, 주장, 행동은 모두 헛된 것임을 알아야 합니다. 이런 것을 인본주의 산물이라고 하는데, 하나님은 이런 인본주의 산물을 하나도 남김없이 헛되게 만들어 버리십니다. 다윗을 죽이려던 아히도벨의 모략을 헛되게 하시고, 모르드개를 장대에 달아 죽이려던 하만의 모략을 헛되게 만드셨습니다. 예수님을 십자가에 처형하면 기독교의 복음은 끝장나리라고 생각했던 유대인들의 생각과 기대를 하나님께서 헛되게 만드셨습니다. 예수 그리스도의 부활사건을 통하여 그들의 계획을 헛되게 하셨습니다. 예수님 중심으로 하지 않은 일, 예수 그리스도의 정신으로 하지 않은 모든 일은 하나님이 헛되게 만드신다는 사실을 명심해야 합니다.

"그물을 배 오른편에 던지라,"는 명령의 복음

제자들이 "고기가 없나이다,"고 보고했을 때, 바닷가에서 기쁜 소리가 들려왔습니다. "배 오른 편에 그물을 던지라. 그리하면 얻으리라." 제자들은 밤이 새도록 갈릴리 바다를 샅샅이 뒤지면서 그물을 내렸지만 아무 것도 잡지 못했는데 예수님의 말씀대로 배 오른편에 그물을 던졌더니 많은 고기를 잡았습니다. 주님은 왜 배 오른 편에 그물을 던지라고 하셨습니까? 만일 왼편에 던지라고 하셨다면 왼편에서 고기를 잡을 수 있었을 것입니다. 누가복음에는 "깊은 데로 그물을 내려 고기를 잡으라,"고 기록되었습니다. 두 배에 만선을 이루도록 고기를 잡았던 베드로가 예수님의 말씀을 순종함으로 다시 한 번 축복을 체험했습니다.

이 고기 잡은 사건에서 중요한 요점이 무엇입니까? 어디서 잡았느냐가 중요한 것이 아니라 어떻게 했기에 고기를 잡았느냐 하는 문제가 더욱 중요한 것입니다. 일곱 제자들이 갈릴리 바다를 다니면서 그물을 던졌지만 아무 것도 잡지 못했습니다. 장소나 위치에 문제가 있었던 것이 아닙니다. 어떻게 했을 때 고기를 잡았는가가 중요한 문제입니다. 예수 그리스도의 지시를 따라서 예수님께 순종하여 일을 하느냐, 아니면 우리 자신의 지혜와 생각으로 먼저 일을 착수하느냐는 문제를 여기에서 깨닫고 결정하라는 것입니다.

우리가 살아가는 데 있어서, 주의 일에 봉사하는 데 있어서, 어떤 위치에서, 어떤 자리에서 하느냐가 중요한 문제가 아닙니다. 어떻게 주의 일을 하느냐가 중요한 문제입니다. 장소와 지위가 중요한 것이 아니라 방법이 중요한 것입니다. 주님의 말씀에 순종하는 생활에서 기쁨과 만족, 행복을 얻을 수 있습니다. 주님이 시키시는 대로 복종할 때에 신령한 만족이 있습니다. 제자들이 예수님의 명령에 순종하여 그물을 오른편에 던졌을 때 많은 축복을 받았습니다. 153마리나 되는 많은 고기를 잡았습니다. 그러나 그물이 찢어지지 않았습니다.

이 고기의 숫자에 대해 많은 신학자들이 그 의미를 부여했습니다. 어거스틴은 10은 구약의 숫자, 7은 신약의 숫자로, 10은 십계명의 율법을 의미하고 7은 성령의 완전한 숫자인 신약을 의미한다고 했습니다. 10과 7의 합은 17이고 17까지 숫자의 합은 153이 된다고 설명했습니다. 즉 1+2+3+4+...+17=153으로 신약과 구약의 모든 선택된 하나님의 백성을 의미한다고 했습니다. 알렉산드리아의 키릴은 100은 이방인의 수이고 50은 유대인의 수이며 3은 삼위일체의 수라고 했습니다. 이방인과 유대인이 삼위일체인 하나님을 믿음으로 구원을 얻는다고 했습니다. 고대 동물학자들은 물고기 종류를 153종으로 분류합니다. 이 숫자는 인류 전체의 인종을 상징한다고 히에론은 말했습니다. 바렛은 사도들의 전도를 받고 구원 받은 사람의 숫자를 가리킨다고 했습니다. 템플과 렌스키는 많은 수의 고기가 잡혔다는

사실적 보도이고 그 이상의 의미는 없다고 했습니다. 놀라운 사실은 엄청나게 많은 물고기가 잡혔고 그물이 찢어지지 않았다는 것입니다. 내가 학교

다닐 때 모나미 볼펜이 처음 나와서 인기가 있었습니다. 그 볼펜대에는 검은 글씨로 153을 적어 놓았습니다. 모나미 볼펜의 사장이 크리스찬이었기 때문입니다.

제자들은 예수님의 명령에 순종해서 예수님을 발견하였습니다. 요한이 이렇게 많은 고기를 잡았을 때 "주님이시다." 외쳤습니다.

"예수께서 사랑하시는 그 제자가 베드로에게 이르되 주님이시라 하니 시몬 베드로가 벗고 있다가 주님이라 하는 말을 듣고 겉옷을 두른 후에 바다로 뛰어 내리더라."(요 21:7)

베드로가 겉옷을 두른 것은 아마 그가 그물질을 할 때 겉옷을 벗어놓고 간편한 복장으로 고기를 잡고 있었던 것 같습니다. 여기에서 베드로의 행동을 보면 그는 생각하기 전에 행동하는 적극적인 사람임을 알 수 있습니다. 그리고 겉옷을 입은 것은 주님께 인사드리기 위해서였습니다. 유대인들은 종교적인 행위를 할 때는 반드시 겉옷을 입어야 합니다.

저명한 신학자이며 스콜라 철학자인 토마스 아퀴나스(Thomas Aquinas, 1225~ 1274)는 "학문의 목적은 오직 하나님을 아는 지식에 충만히 이르는 것이다,"고 했습니다. 어느 날 주님께서 토마스 아퀴나스에게 나타나셔서 말씀하셨습니다. "토마스야, 너는 내게 대하여 잘 썼구나. 그것에 대하여 무슨 보수를 원하느냐?" 그때 토마스는 이렇게 대답했습니다. "아닙니다, 주님. 저는 주님 외에는 아무 보수도 원치 않습니다. 주님만으로 만족합니다." 그의 신앙심은 학문적 지식을 능가하였고, 주님 중심의 사랑은 대단했습니다. 그는 말했습니다. "보고 맛보고 만져 봐도 알 길 없고, 다만 들음으로만 믿음 든든하오니, 믿습니다, 하나님의 모든 말씀을. 진리의 말씀보다 더한 진실이 없나이다."

예수님께 순종할 때 예수님과 함께 사랑의 교제를 나누었습니다. 7제자가 바닷가에 도착했을 때 진기한 풍경이 벌어져 있었습니다. 그들이 준비할 수 없었던 아침식사가 준비되어 있었습니다. 이것은 예수님이 준비하셨던 조반이었습니다. 조반은 헬라어 '아리스테사테(ἀριστήσατε)' 인데, 이것은 하루 중의 첫 번째 식사, 또는 이른 점심이라고 봅니다. 유대인들은 하루에 두 끼를 먹었다고 합니다.

숯불이 준비되었고 떡과 고기가 준비되어 있었습니다. 부활의 주님은 일곱 제자를 위하여 아침 조반을 예비하시고 그들을 먹여주셨습니다. 피로하고 허기진 그들에게 배불리 먹게 하셨습니다.

갈릴리 바닷가에 오셔서 7제자들에게 "얘들아," 하고 부르신 주님의 복음은 오늘 아침 여러분을 부르시는 음성으로 받으시기 바랍니다. "너희에게 고기가 있느냐,"고 물으시는 주님의 이 질문이 여러분 개개인에게 하시는 질문으로 들으시기 바랍니다. 이 질문은 너희에게 진정한 믿음과 충성과 사랑과 성령의 열매와 선한 열매와 회개에 합당한 열매가 있는가를 물으시는 것입니다. 제자들은 "없나이다,"라고 솔직히 고백했습니다. 솔직히 부족을 자인하고 주께 고백해야 합니다. 주님은 "배 오른편에 그물을 던지라,"고 명령하십니다. 주님의 말씀을 듣고 순종하면 많은 축복을 받습니다. 예수님을 발견하고 만나고 교제할 수 있습니다. 육신의 문제, 가정 문제, 자신의 문제 해결을 얻습니다. 신령한 축복을 누릴 수 있습니다. 주님과 깊은 교제를 하며 은혜생활을 합시다.

제**64**장

예수님의 사랑하시는 그 제자

(요 21:1~9)

요한복음 21:1~9 "그 후에 예수께서 디베랴 호수에서 또 제자들에게 자기를 나타내셨으니 나타내신 일은 이러하니라. 시몬 베드로와 디두모라 하는 도마와 갈릴리 가나 사람 나다나엘과 세베대의 아들들과 또 다른 제자 둘이 함께 있더니, 시몬 베드로가 나는 물고기 잡으러 가노라 하니 그들이 우리도 함께 가겠다 하고 나가서 배에 올랐으나 그 날 밤에 아무 것도 잡지 못하였더니, 날이 새어갈 때에 예수께서 바닷가에 서셨으나 제자들이 예수이신 줄 알지 못하는지라. 예수께서 이르시되 얘들아 너희에게 고기가 있느냐 대답하되 없나이다. 이르시되 그물을 배 오른편에 던지라 그리하면 잡으리라 하시니 이에 던졌더니 물고기가 많아 그물을 들 수 없더라. 예수께서 사랑하시는 그 제자가 베드로에게 이르되 주님이시라 하니 시몬 베드로가 벗고 있다가 주님이라 하는 말을 듣고 겉옷을 두른 후에 바다로 뛰어 내리더라. 다른 제자들은 육지에서 거리가 불과 한 오십 칸쯤 되므로 작은 배를 타고 물고기 든 그물을 끌고 와서 육지에 올라보니 숯불이 있는데 그 위에 생선이 놓였고 떡도 있더라."

사도 요한의 별명은 '주님이 사랑하시는 그 제자' 입니다.

그는 진리에 충성하므로 사랑을 받았습니다.

그는 예수님을 사랑해서 사랑을 받았습니다.

우리도 사도 요한처럼 주님의 사랑받는 제자가 됩시다.

예수 그리스도만을 나의 구주로 믿고,

예수 그리스도의 진리에 충성하고, 예수 그리스도를 사랑합시다.

호랑이는 죽으면 가죽을 남기고 사람은 죽으면 이름을 남긴다는 옛말이 있습니다. 사람의 심리는 자기 이름을 내는 것을 좋아합니다. 그런데 왜 사도 요한은 자기를 익명으로 기록하였을까요? 그것은 사도 요한이 겸손했기 때문입니다.

요한복음에는 예수님의 제자 요한의 별명이 있습니다. 그것은 '예수님의 사랑하시는 그 제자' 라는 이름입니다. 이 별명은 요한복음 전체에서 다섯 번이나 기록되어 있습니다. 13:23에는 '그의 사랑하시는 자' 라고 했고, 19:26에는 '그 사랑하시는 제자' 라고 했으며, 20:2에는 '예수의 사랑하시던 그 다른 제자' 라고 했고, 21:7과 20절에는 '예수의 사랑하시는 그 제자' 라고 기록하고 있습니다.

신약성경의 각권마다 짧은 서문을 싣고 있는 톨레타누스(Toletanus)역본에는 요한복음의 서문이 이렇게 되어 있습니다. "주 예수께서 가장 사랑하시던 사도 요한은 마지막으로 아시아에 있는 여러 감독들의 요구에 따라 게린투스와 그 외의 이단자들에 대항하려 이 복음서를 기록하였다." 이 톨레타누스 사본도 사도 요한은 예수님의 사랑을 가장 많이 받았던 제자라고 밝혀줍니다. 어떻게 해서 사도 요한은 예수님의 사랑하시는 제자가 되었습니까? 이 별명을 얻기까지에는 사도 요한의 생애와 신앙에 특수한 점이 분명히 있을 것입니다. 어느 제자가 예수님의 사랑을 안 받았겠습니까마는 특히 사도 요한이 예수님의 사랑하는 제자라는 별명을 받은 데는 깊은 뜻이 숨어있다는 것을 얼른 짐작할 수 있습니다.

예수님을 구주로 믿은 요한

요한은 예수님을 자기의 구주로 믿었기 때문에 예수님의 사랑 받는 제자가 되었습니다. 요한복음 1:35을 참고해 보면 사도 요한은 처음에 세례 요한의 제자였습니다. 세례 요한이 자기 앞에 나타나신 예수님을 보고 "세상 죄를 지고 가는 하나님의 어린 양"이라고 가르칠 때, 사도 요한은 예수님을 추종했고 자기의 구주로 영접했습니다. 요한복음 1:39을 보면 사도 요한은 자기가 처음 예수님을 만나 예수님과 함께 한 시간을 "때가 열 시쯤 되었더라," 라고 밝혔습니다.

사도 요한은 안드레와 함께 맨 처음 예수님의 제자가 된 사람입니다. 그리고 세례요한이 가르친 대로 예수님이 인류의 죄의 해결자라고 믿었습니다. 예수님은 인간의 죄악을 용서해 주시고 인간의 모든 문제를 해결해 주시는 분임을 믿었습니다.

예수님은 세상 모든 사람을 사랑하십니다. 일반적으로 다 사랑하십니다. 빈부귀천을 가리지 않고 다 사랑하십니다. 그러나 예수님을 구주로 영접하는 자를 특별히 사랑하십니다. 예수님이 우리 인류의 죄, 나의 죄를 지고 십자가에 제물로 죽으신 것을 믿는 자를 더욱 사랑하십니다. 예수 그리스도 이름 외에 구원 얻을 만한 다른 이름을 주시지 않았다는 진리를 믿는 사람을 말입니다.

"다른 이로써는 구원을 받을 수 없나니 천하사람 중에 구원을 받을 만한 다른 이름을 우리에게 주신 일이 없음이라 하였더라." (행 4:12)

성경은 이 진리를 붙잡으라고 하였습니다. 예수님만이 인류의 유일한 구주요, 죄의 해결자라는 것을 증거 하라고 했습니다. 사도 요한이 살던 당시에는 많은 종류의 거짓 메시야의 활동이 횡행하였습니다. 많은 종교 지도자들의 교훈도 있었습니다. 민심을 동요시키는 마술적인 행위도 있었습니다. 그러나 사도 요한은 예수님만을 그리스도로 영접했고 구주로 믿었습니다.

오늘날도 예수님만 나의 구주로 모시고 믿는 자들에게 예수님의 특별한 사랑이 임합니다. 예수님의 사랑을 받는 사람은 마음이 평안하고 행복합니다. 소망과 기쁨을 가질 수 있습니다. 그러나 예수님의 사랑의 햇빛을 받지 않는 사람에게는 불행이 떠나지 않습니다. 예수님의 사랑의 광선이 스며들지 않는 사회, 국가, 가정에 불행은 가셔지지 않습니다.

진리에 충성한 요한

사도 요한은 진리에 충성하였기 때문에 예수님의 사랑 받는 제자가 되었습니다. 마가복음 10:35 이하를 보면, 야고보와 요한 형제가 예수님께 한 가지 청탁을 했습니다. 예수님께서 영광스러운 이스라엘의 왕위에 오를 때, 저희 형제를 하나는 예수님 우편에 하나는 예수님 좌편에 앉게 하여 달라는 것입니다. 이때 주님은 말씀하시기를 "너희가 내가 마시는 잔을 마시며 나의 받는 세례를 받을 수 있느냐?"고 물으셨습니다. 요한은 "할 수 있나이다,"라고 대답했습니다. 저들이 주님과 같이 고난의 쓴 잔을 감수하겠다는 대담한 대답을 할 때 주님은 저들을 조금도 나무라지 않으셨습니다. 아마도 용기 있고 대담했던 저들을 보시고 주님이 흡족하게 생각하셨을 것입니다.

예수님과 제자들이 사마리아 땅을 통과하려 할 때를 생각해 봅시다. 사마리아 인들은 예수님의 일행의 퇴로를 막고 방해했습니다. 이때 요한은 "주여, 하늘에서 불이 내려 이 마을을 흔적도 없이 쓸어버리게 하옵소서,"라고 했지요. 저들에게 호감을 보이지 않고 예수님의 길을 저지하는 사마리아 사람들에게 너무 과격하게 대처하는 야고보와 요한을 예수님은 책망하셨지만, 그러나 야고보와 요한의 충성을 무시하지는 않으셨습니다. 그리고 저들에게 '우레의 아들' 이라는 이름을 주었습니다. 예수님이 체포되었을 때 다른 제자들은 모두 예수님을 부인하고 떠나버렸지만, 사도 요한은 예수님을 떠나지 않았습니다. 주님이 재판 받는 법정까지 따라갔습니다.

갈보리 언덕, 주님이 십자가에 못 박히시는 마지막까지 따라갔습니다. 예수님은 육신의 동생들이 있었지만 어머니 마리아를 자기의 충성된 제자 요한에게 부탁하였습니다. 사도 요한은 주님을 따르는 데 충성한 사람입니다. 진리이신 주님의 뒤를 추종하는 데 충성한 제자였습니다. 그 형제 야고보는 어떻습니까? 주님과 함께 쓴 잔을 마시겠다고 하더니 헤롯의 칼에 맞아 12제자 중에서 첫 번째 순교자가 되었습니다. 요한도 그리스도의 복음을 전하다가 극심한 고난을 당했습니다. 전설에 의하면 사도 요한이 악당들에게 붙들려 펄펄 끓는 기름가마에 던져졌는데 이상하게 그 기름가마에서 요한이 튀어나오게 되었습니다. 이 모습을 본 형리들이 요한을 기름 가마솥에서 죽을 사람이 아니라고 하면서 도미티아누스 황제 때 밧모섬으로 유배를 보냈다고 합니다. 그는 죽음을 각오하고 말씀에 충성했던 제자입니다. 예수님이 승천하시므로 사도 요한을 떠났으나 주님이 주신 말씀에 충성했습니다. 그리하여 말씀을 기록했고 그 말씀을 지켰습니다.

어느 날 요한이 목욕탕에 들어갔습니다. 어떤 사람을 통하여 목욕탕 안에 이단자 케린투스(Cerinthus, 영지주의 교부)가 있다는 말을 들었습니다. 사도 요한은 급하게 물에서 튀어나와 문을 박차고 나왔습니다. 이단을 말하는 사람과 함께 목욕하는 것까지 그는 참을 수가 없었습니다. 그리고 목욕탕 안에 있는 사람들을 보고 '진리의 적인 케린투스가 저 안에 있으니 목욕탕이 무너질지도 모른다고 하면서 모두 도망하자' 고 외쳤다는 이야기가 있습니다. 그는 적그리스도를 미워했습니다. 비 진리를 용납하지 않았습니다. 이단을 멀리했습니다. 주님이 주신 진리를 수호하는 데 최선을 다했습니다. 복음의 순결성을 지키려고 온갖 노력을 기울였습니다. 요한일서 4:1 이하에서 요한은 이단을 경고합니다. 유사진리를 경계하라고 외치는 것입니다.

"사랑하는 자들아 영을 다 믿지 말고 오직 영들이 하나님께 속하였나 분별하라 많은 거짓 선지자가 세상에 나왔음이라."(요일 4:1)

사도시대에 가장 큰 이단은 영지주의였습니다. 영지주의란 그리스도의 인성을 부인한 이단입니다. 육체는 거룩한 곳이 아니므로 예수님의 육체는 임시로 깃들인 가현적인 것이라는 주장입니다. 사도 요한은 이것을 경계했습니다.

"이로써 너희가 하나님의 영을 알지니 곧 예수 그리스도께서 육체로 오신 것을 시인하는 영마다 하나님께 속한 것이요. 예수를 시인하지 아니하는 영마다 하나님께 속한 것이 아니니 이것이 곧 적그리스도의 영이니라 오리라 한 말을 너희가 들었거니와 지금 벌써 세상에 있느니라."(요일 4:2~3)

또 다른 이단이 있었는데 이들은 유대주의에서 온 것으로 예수님의 신성을 부인하고 예수는 나사렛 목수의 아들로서 한 위인에 지나지 않는다고 보았습니다. 여기에 대항해서 사도 요한은 그의 요한복음에서 예수님의 신성과 하나님이심을 강하게 변증하고 있습니다. 누가복음, 마가복음, 마태복음에서 취급되지 않은 사건들을 더 보충하면서 예수 그리스도의 신성을 밝히 드러내고 있는 것입니다.

사도 바울은 사도 요한을 일컬어 이렇게 말합니다.

"또 기둥 같이 여기는 야고보와 게바와 요한도 내게 주신 은혜를 알므로."(갈 2:9)

사도 바울은 사도 요한을 예루살렘 교회에서 기둥 같이 여기는 사람이라고 했습니다. 하나님 교회의 기둥 같은 사람은 바로 진리를 기탄없이 증거 하는 자여야 합니다. 이런 사람이 지도자입니다. 지도자의 자격을 성경에서는 이렇게 말하고 있습니다.

"율법을 다 지켜 행하고 우로나 좌로나 치우치지 말라."(수 1:7)

"여호와의 눈은 온 땅을 두루 감찰하사 전심으로 자기에게 향하는 자들을 위하여 능력을 베푸시나니."(대하 16:9)

"내 눈이 이 땅의 충성된 자를 살펴 나와 함께 살게 하리니 완전한 길에 행하는 자가 나를 따르리로다."(시 101:6)

주님께 충성하는 자가 주님의 총애를 받습니다. 우리는 얼마나 주님을 따라가는 데 충성합니까? 우리에게 무한한 신앙생활의 자유가 주어져 있지만 주님을 따라가는 데는 얼마나 불충한가 생각해 봐야 합니다. 얼마나 말씀에 이끌려 살며, 그 말씀의 지배를 받고 살고 있습니까?

현대인들의 괴상한 흥미는 성경말씀을 내 입장에 맞게 주관적으로 재해석하는 것입니다. 현대 신자들의 큰 과오는 말씀에 충성하는 입장을 떠나서 성경을 내 생활에 뜯어 맞추는 작업을 하는 것입니다. 성경을 상황 윤리적으로 해석해 버리고 인간중심으로 풀이하면서 만족해 하는 어리석은 일을 행합니다. 내가 성경을 따라가야 하는 것이 아니라 성경이 나를 따라와야 한다는 것이요, 하나님의 계시가 이성을 따라야 한다는 입장을 취합니다. 혹자는 천국으로 통하는 길은 어느 종교를 믿어도 다 가능한데, 기독교는 다만 천국 가는 지름길이라고 합니다. 그러므로 기독교는 지금까지 가졌던 독선, 배타성을 버려야 한다고 주장합니다. 이런 사상이 예수님의 제자 사도 요한의 사상과 같습니까? 예수님이 사랑하시던 그 제자, 사도 요한이 말씀에 충성한 그 입장과 같습니까?

"그리고 맡은 자들에게 구할 것은 충성이니라."(고전 4:2)

여기에서 맡았다는 것은 특히 말씀을 맡았다는 것입니다. 말씀을 전하라는 임무를 맡았다는 의미입니다. 곧 그 말씀 전파와 말씀 수호에 충성을 다해야 한다는 것입니다. 우리가 주님의 말씀을 철저히 지키면 지킬수록 예수님의 사랑을 더욱 많이 받을 수 있습니다.

예수님을 사랑한 요한

사도 요한은 예수님을 사랑했기 때문에 주님의 사랑하시는 제자가 되었습니다. 갈릴리 해변에 제자들을 찾아오신 예수님의 음성을 제일 먼저 알아듣고 "주님이시다,"라고 외쳤습니다. 그는 주님을 사랑했기 때문에 제일 먼저 그 음성을 알아들었던 것입니다. 사도 요한이 기록한 복음서와 서신에는 사랑에 대한 교훈과 사랑의 진리가 여러 번 반복되어 있습니다. 최후 만찬을 끝낸 후에 예수님이 주신 사랑의 교훈과 새 계명을 요한은 상세하게 취급했기 때문입니다.

마틴 루터가 말한 대로 요한복음 3:16은 작은 복음입니다. "하나님이 세상을 이처럼 사랑하사 독생자를 주셨으니 이는 그를 믿는 자마다 멸망하지 않고 영생을 얻게 하려 하심이라." 이 말씀은 하나님의 최고의 사랑을 기록한 것입니다. 요한일서 4:8은 '하나님은 사랑' 이라고 설명하였습니다. 사도 요한은 하나님의 사랑을 목격했고, 주님의 사랑을 체험했습니다. 주님의 일생을 통해 사랑을 읽어본 제자입니다. 그리고 주님의 사랑의 포로가 된 자입니다. 그의 연륜이 더해 가면 갈수록 예수님의 사랑이 살 속 깊이 박히고 뼈 속 깊이 흐르는 것을 절감했습니다. 그는 예수님의 사랑의 강권함을 받아서 주님을 사랑하지 않을 수 없었습니다. 그리고 주님을 사랑하는 것은 곧 이웃을 사랑하는 것이라고 믿고 얼마나 사람을 사랑했는지 모릅니다. 사람의 영혼을 사랑했습니다. 생명을 사랑하고 불쌍한 사람을 동정하고 자비를 베풀었습니다.

사도 요한이 어느 지방에 갔을 때, 유망한 청년 한 사람을 발견했습니다. 그 도시 감독에게 이 청년을 잘 지도하고 키워달라고 부탁을 했습니다. 얼마 후에 그 청년은 세례를 받고 교회에 등록했습니다. 그러나 얼마 되지 않아서 그는 나쁜 친구들과 교제하다가 마침내 산적의 우두머리가 되었습니다. 여러 해 후에 사도 요한이 감독에게 가서, "나의 주님께서 그대와 그대가 책임 맡고 있는 교회에 위탁한 자를 돌려 달라."고 했습니다. 그 감독은 사도 요한이 무슨 말을 하는지 알지 못했습니다. 사도 요한은 다시 말하기를 "내가 그대에게 부탁한 젊은이의 영혼을 요구하는 것이오."라고 했습니다. 감독은 대답하기를 "그는 죽었습니다. 하나님의 은혜에서 떨어져 나갔습니다. 그는 강도가 되어 산속에서 살고 있습니다,"라고 했습니다. 사도 요한은 즉시 산중으로 가서 일부러 자기 자신을 강도들에게 잡히게 했습니다. 그들은 사도 요한을 잡아 두목 앞에 세웠습니다. 강도의 두목은 사도 요한을 보자마자 너무 부끄러워 고개를 숙이고 있다가 견디지 못하고 도망쳤습니다. 이때 사도 요한은 강도 두목을 따라가면서 말했습니다. "나의 아들인 네가 아버지를 떠나고자 하느냐? 아직 너에게는 구원의 소망이 있다. 너를 위하여 내가 그리스도 앞에 대신 서 주리라. 너에게 나를 보내신 이는 그리스도이다." 그때 도망가던 강도 두목이 발걸음을 우뚝 멈추고는 통곡하면서 회개했다고 합니다.

우리는 여기서 사람을 사랑하되 그 영혼을 사랑하고 끝까지 사랑한 사도 요한의 모습을 볼 수 있습니다. 사랑은 사랑으로 이해할 수 있습니다. 곧 사랑을 알려고 하면 사랑해 보아야 한다는 것입니다. 주님의 사랑을 알려고 하는 사람은 예수님을 사랑해 보아야 합니다. 내 이웃을 사랑해 보아야 합니다. 원수도 사랑해 보아야 합니다. 우리가 주님을 사랑해 볼 때, 예수님이 얼마나 나를 사랑하셨는지를 확실히 느낄 수 있습니다.

어떤 청년 화가가 예수님의 상을 잘 그렸습니다. 그 화가가 그 그림을 가지고 당시 유명한 비평가인 프랑스의 삽화가이자 판화가인 도레(Paul Gustave Doré, 1832~1883)에게 가서 자기 그림을 평해 달라고 했습니다. 그때 도레는 쉽사리 대답하지 않다가 결국 한 마디 평을 했습니다. "자네는 예수 그리스도를 사랑하지 않았군. 그렇지 않았다면 더욱 잘 그릴 수 있었는데." 도레의 평은 예리했습니다. 그 화가의 심중을 찔렀습니다. 그리스도를 사랑하지 않는 사람이 그리스도의 상을 그릴 때 그것은 훌륭한 작품이 될 수 없습니다. 진정한 작품이 될 수 없습니다. 가치 있는 작품이 될 수 없습니다. 우리가 사람을 사랑하지 않으면서 진정한 크리스천의 생활을 할 수 없습니다.

사도 요한이 임종할 때 제자들이 그들에게 마지막으로 남길 말이 없느냐고 물었습니다. 사도 요한은 "어린 아들들아, 서로 사랑하라. 서로 사랑하라,"고 여러 번을 반복했습니다. 그때 제자들은 더 할 말이 없냐고 물었습니다. 사도 요한은 "그것으로 족하다. 왜냐하면 서로 사랑하라는 것은 주님의 계명이기 때문이다."라고 했습니다. 사도 요한은 죽음의 문이 내려질 때까지 사랑을 실천하고 사랑을 증거 한 사람입니다. 그래서 성령님은 사도 요한 자신이 기록한 요한복음에 간접적인 표현으로 '예수님의 사랑하시는 그 제자'라고 기록하게 하셨습니다.

사도 요한은 이렇게 사랑의 사람이었기에 요한 계시록을 쓸 수 있었습니다. 그가 주로 정치범들이 유배되었던 밧모섬 광산에 있을 때 예수 그리스도께서는 당신의 뜻과 당신자신을 스스로 계시하신 것입니다.

"예수 그리스도의 계시라 이는 하나님이 그에게 주사 반드시 속히 될 일을 그 종들에게 보이시려고 그 천사를 그 종 요한에게 보내어 지시하신 것이라."(계 1:1)

우리도 사도 요한처럼 주님이 사랑하시는 사람이 됩시다. 예수 그리스도만을 나의 구주로 믿읍시다. 예수 그리스도의 진리에 충성합시다. 예수 그리스도를 사랑합시다.

제65장

베드로의 회복

(요 21:15~17)

요한복음 21:15~17 "그들이 조반 먹은 후에 예수께서 시몬 베드로에게 이르시되 요한의 아들 시몬아 네가 이 사람들보다 나를 더 사랑하느냐 하시니 이르되 주님 그러하나이다 내가 주님을 사랑하는 줄 주님께서 아시나이다 이르시되 내 어린 양을 먹이라 하시고, 또 두 번째 이르시되 요한의 아들 시몬아 네가 나를 사랑하느냐 하시니 이르되 주님 그러하나이다 내가 주님을 사랑하는 줄 주님께서 아시나이다 이르시되 내 양을 치라 하시고, 세 번째 이르시되 요한의 아들 시몬아 네가 나를 사랑하느냐 하시니 주께서 세 번째 네가 나를 사랑하느냐 하시므로 베드로가 근심하여 이르되 주님 모든 것을 아시오매 내가 주님을 사랑하는 줄을 주님께서 아시나이다 예수께서 이르시되 내 양을 먹이라."

예수님은 베드로의 사랑을 회복시켜 주셨습니다.

세 번이나 부인했던 베드로의 사랑과 사명을 회복시켜 주셨습니다.

주의 사명을 받을 수 있는 조건이 무엇입니까?

도덕적 완전함도 아니고, 학문적인 우월성도 아닙니다.

재정적 능력도 아닙니다.

주의 사명을 받을 조건은 하나 밖에는 없습니다.

그리스도를 진심으로, 중심으로, 간절하게 사랑하는 것입니다.

수술실에서 위중한 수술을 받은 환자는 곧장 일반 병실로 옮겨지는 것이 아니라 회복실이라는 곳을 거쳐서 일반 병실로 가게 됩니다. 수술 후의 상태가 어떤지 의사와 간호사가 특별히 살펴야 하는 병실입니다. 오늘 본문의 베드로는 마치 회복실에서 의사이신 예수님의 특별 보호를 받는 것과 같은 모습입니다. 예수님이 제공하신 조반을 먹은 후에 베드로는 예수님의 진지한 말씀을 듣게 되고 그 말씀에 대하여 베드로는 진지한 반응을 보였습니다. 예수님의 말씀은 "요한의 아들 시몬아," "네가 이 사람들 보다 나를 더 사랑하느냐," "내 양을 먹이라." 는 세 부분으로 나누어 졌습니다.

베드로의 사랑을 회복시켜 주심

베드로가 주님을 만난 이 자리는 어떤 자리입니까? 그의 사랑이 식어지고 그의 마음이 예수님에게서 떠난 상태의 자리가 아닙니까? 3년간 주님의 제자로서 배우고 따르며 교훈을 받을 때 그는 실수와 실패를 거듭한 사람입니다.

가이사랴 빌립보에서 베드로가 주는 그리스도시요 살아계신 하나님의 아들이시라는 고백을 한 후에 예수님께서는 자기가 예루살렘에 올라가 장로들과 대제사장들과 서기관들에게 많은 고난을 받고 죽임을 당하고 제 삼일에 살아나야 할 것을 말씀하셨습니다. 베드로가 "주여 그리 마옵소서 이 일이 결코 주께 미치지 아니하리이다,"라 하였을 때 예수님께 사탄이라고 책망을 받았습니다. '너는 사람의 일을 생각하고 하나님의 일을 생각하지 않는 자' 라고 책망을 받았습니다. 이때 베드로는 자기의 능력과 힘으로 예수님을 위험에서 보호하겠다는 자신감을 가졌겠지요. 겟세마네 동산에서 칼로 말고의 귀를 자르며 예수님을 보호하려고 한 것으로 보아 그렇게 추측할 수 있습니다.

마지막 유월절에 예수님께서, "새 계명을 너희에게 주노니 서로 사랑하라 내가 너희를 사랑한 것 같이 너희도 서로 사랑하라."(요 13:34)는 계명을 주실 때 베드로는 무슨 말을 했습니까? "주여, 어디로 가시나이까?"라고 물었습니다. 예수님은 "내가 가는 곳에 네가 지금은 따라올 수 없으나 후에는 따라오리라,"고 하셨습니다. 베드로가 이 말씀을 듣고 겸손했어야 하는데 그는 자기가 예수님을 얼마나 사랑하는가를 알게 하려고 애썼습니다.

"베드로가 이르되 주여 내가 지금은 어찌하여 따라갈 수 없나이까 주를 위하여 내 목숨을 버리겠나이다."(요 13:37)

베드로가 자기의 결심과 능력으로 예수님을 따르겠다고, 목숨까지 버리겠다고 했을 때, 그의 생각이 잘못되었다는 것을 깨우쳐 주기 위해서 예수님은 이렇게 말씀하셨습니다.

"네가 나를 위하여 네 목숨을 버리겠느냐 내가 진실로 진실로 네게 이르노니 닭 울기 전에 네가 세 번 나를 부인하리라."(요 13:38)

이때 베드로의 생각을 우리는 추측해 볼 수 있습니다. "예수님이 나를 잘못 생각하고 계셔. 나를 이렇게 형편없이 생각하다니 그건 옳지 못해. 그것도 다른 제자들 앞에서 그렇게 무안을 준단 말이야? 난 다른 사람들이 다 예수님을 부인해도 나는 절대로 예수님을 부인하지 않을 거야." "베드로가 대답하여 이르되 모두 주를 버릴지라도 나는 결코 버리지 않겠나이다."(마 26:33)

그러나 예수님은 베드로가 당신을 부인할 것을 거듭 예언하십니다. 베드로는 계속 다짐을 합니다. "베드로가 이르되 내가 주와 함께 죽을지언정 주를 부인하지 않겠나이다."(마 26:35)

그러나 베드로는 예수님의 예언대로 예수님을 세 번이나 부인했습니다. 예수님이 대제사장에게 심문받을 때 대제사장 뜰에서 기다리던 베드로는 예수님을 모른다, 맹세하면서 모른다, 저주하면서 모른다고 했습니다. 왜 베드로는 실패했습니까? 그는 너무 자만했기 때문에 실패했습니다. 자신만만한 베드로가 어린 계집아이 앞에서 예수님을 부인하고 넘어졌습니다. 부활의 주님을 만나보고도 갈릴리 바다로 내려가 고기를 잡고 있는 한심한 자였습니다. 예수님을 떠나 사랑이 식어지고 믿음이 식어진 베드로를 예수님은 다시 한 번 회복시켜 주셨습니다.

먼저 예수님은 베드로의 이름을 부르십니다. "요한의 아들 시몬아!" 이 이름은 제자로 부름받기 전의 이름입니다. 시몬은 조약돌이라는 뜻입니다. 가볍고 견고하지 못한 것을 의미합니다.

"네가 요한의 아들 시몬이니 장차 게바라 하리라 하시니라. 게바는 번역하면 베드로라."(요 1:42)

베드로는 반석이라는 뜻입니다. 의지가 약한 베드로를 견고하고 용기 있는 믿음의 사람으로 바꾸시겠다는 말씀입니다. 예수님은 바닷가에서 조반을 마치신 후에 베드로에게 '베드로야' 라고 부르시지 않으시고 "요한의 아들 시몬아" 라고 부르셨습니다. 베드로의 연약함을 상기시키는 부름이었습니다. 연약한 시몬이 강력한 베드로가 된 것은 예수님이 힘을 주실 때만 가능한 일입니다.

우리의 장점, 능력, 의지, 힘으로 우리가 결코 강해지는 것은 아닙니다. 주님이 우리 속에 내재하시고 활동하실 때만 우리가 강해집니다. 만일 나의 힘과 지혜로 강해진다고 믿으면 주님은 우리를 넘어지게 하셔서 예수님 없이는 우리가 아무 것도 할 수 없음을 깨닫게 하실 것입니다.

예수님께서 베드로에게 하신 두 번째 중요한 말씀은 '사랑' 입니다. 우리말에는 사랑이란 단어가 하나만 있습니다. 영어에서도 마찬가지로 사랑이란 단어는 'love' 하나 밖에 없습니다. 예수님이 베드로에게 "네가 이 사람들보다 나를 더 사랑하느냐," 하실 때에 헬라어 '아가파오($\dot{\alpha}\gamma\alpha\pi\dot{\alpha}\omega$)' 를 사용하셨습니다. 이 사랑은 신약에 있어서 중요하고 위대한 말씀입니다. 하나님과의 관계에서 사용되는 말입니다. 이 단어는 다음과 같은 말씀에 쓰였습니다.

"하나님이 세상을 이처럼 사랑하사."(요 3:16) "하나님은 사랑이심이라."
(요일 4:8)

그러나 베드로의 대답은 '필레오(φιλέω)' 였습니다. 친구간의 사랑으로 사랑한다고 대답한 것입니다. 예수님은 이 말씀을 하시면서 이렇게 물으신 것입니다. "베드로야, 네가 전에는 나를 100% 사랑한다고 자부하지 않았느냐? 다른 제자는 다 나를 버릴지라도 너 만큼은 나를 버리지 않겠다고 하지 않았느냐? 나를 위해 네 생명까지도 바치겠다고 하지 않았느냐?" 베드로는 주님을 세 번이나 부인하고 난 후 달라졌습니다. 겸손해졌습니다. 자기의 사랑을 과대평가하지 않았고 자랑하지 않았습니다. 다른 사람이 예수님을 사랑하는 것보다 자신의 사랑이 더 크다고 하지 않았습니다.

베드로의 대답은 "주님 그러하니이다 내가 주님을 사랑하는 줄 주님께서 아시나이다,"고 했습니다. "내가 주님을 사랑합니다,"라고 당당하게 말한 것이 아닙니다. 전에는 예수님이 베드로 자신과 자신의 미래를 아는 지식이 잘못되었다고 말하고 생각했었는데 이제는 주님이 자기를 아시는 것을 솔직하게 인정했습니다.

예수님은 베드로에게 두 번째도 똑같이 "아가파스" 즉 "나를 사랑하느냐"고 묻습니다. 베드로는 세 번을 똑같이 "필레오"라고 대답합니다. 세 번째로 주님은 "나를 사랑하느냐"라고 물으실 때에 베드로의 수준으로 내려오셔서 "필레오"로 물으십니다. 주님의 질문의 속뜻은 이런 것입니다. '베드로야, 내가 너를 사랑하는 아가페의 사랑을 너는 할 수 없음을 내가 안다. 그러나 그런 수준에서 네가 나를 진실로 사랑하느냐? 필레오의 사랑으로 나를 진실히 사랑하느냐?' 그러자 베드로가 대답합니다.

"주님 모든 것을 아시오매 내가 주님을 사랑하는 줄을 주님께서 아시나이다."

이 대답을 들으시고 주님이 이렇게 말씀하시는 것입니다. "좋다 베드로야, 내가 너의 그 필로스의 사랑으로 일하겠다. 그 정도의 사랑을 내가 원하는 수준의 사랑으로 나는 높일 수 있다." 우리의 사랑이 부족해도, 그 사랑이 진실하면 됩니다. 주님께서는 우리의 사랑의 수준을 높여주십니다. 왜 예수님이 베드로에게 세 번이나 "네가 나를 사랑하느냐?"고 물으셨습니까? 그것은 세 번이나 예수님을 부인한 것을 상기시키기 위함이었습니다. 이것이 잔인한 방법입니까? 아닙니다. 베드로를 그대로 방치해 두는 것이 잔인한 것입니다. 회개하지 않게 무관심으로 방치해 두는 것이 더 잔인한 것입니다.

사명의 회복

예수님께서 베드로에게 "네가 나를 사랑하느냐?"라고 물으셨을 때 베드로는 "내가 주님을 사랑하는 줄 주께서 아시나이다."고 대답했습니다. 이때 주님은 베드로의 사명을 다시 회복시켜 주셨습니다. 예수님은 베드로에게 명령하십니다. "내 어린 양을 먹이라," "내 양을 치라," "내 양을 먹이라." 이것은 주님의 은혜로운 명령입니다.

주님에 대한 믿음은 구원의 조건입니다. 주님에 대한 사랑은 주의 일을 맡을 조건이며 일꾼의 조건입니다. 크리스천에게는 3가지 고백이 필요합니다. 먼저 "나는 죄인이로소이다(눅 5:8)," 라는 고백입니다. 그리고 "주는 그리스도요, 살아계신 하나님의 아들입니다(마 16:16)," 라는 고백입니다. 예수님은 이 고백이 복되다고 하셨습니다. 마지막으로 "내가 주를 사랑합니다(요 21:15~17)," 라는 고백입니다. 이 고백을 했을 때 주님은 "내 일을 맡아서 충성하라," 고 명령하셨습니다.

일찍이 베드로를 예수님이 부르신 목적이 있었습니다. "이제 후로는 네가 사람을 취하리라(눅 5:12)," 는 목적입니다. 예수님은 처음 허락하셨던 그 사명을 재확인시켜 주시고 그 사명을 가지고 일하라고 하십니다. 사명회복은 은혜의 절정입니다. 만일 예수님이 베드로를 회복시킨 다음에 '자, 베드로야! 이제 네 집으로 돌아가서 능력 있는 평신도로서 네가 할 수 있는 최선을 다하여라. 너는 내 사람 중의 하나이다. 나는 너를 거절하지 않겠다. 그러나 나는 너를 지도자로 쓸 수는 없다,' 라고 했다 하더라도 누가 예수님을 비난할 수 있겠습니까? 그러나 예수님은 그렇게 하지 않으셨습니다. 오히려 베드로에게 "내 양을 먹이라,"는 사명을 주셨습니다. 지도자로서 사명을 다시 부여해 주셨습니다. 잃었던 사명을 다시 회복시켜 주셨습니다. 무엇을 해야 하는지 가르쳐 주셨습니다.

주의 사명을 받을 수 있는 조건이 무엇입니까? 자기 자신의 도덕적 완전이 아닙니다. 학문적인 지식도 학위도 아닙니다. 돈을 모을 치부 능력도 아닙니다. 큰 예배당을 지을 금전적 능력도 아닙니다. 출중한 인물이 되는 것도 아닙니다. 다만 하나 밖에는 없습니다. 그리스도를 진심으로, 충심으로, 간절하게 사랑하는 것입니다.

사도 요한의 제자인 폴리캅(폴리카르포스, Polycarp, 주후 80~167)이 총독 앞에서 재판을 받았습니다. 총독은 그가 노인이므로 황제의 이름으로 맹세하면서 지금이라도 그리스도를 저주하면 석방하겠다고 약속했습니다. 그러나 폴리캅은 '내가 86년간 예수님을 섬겼으나 그분은 한 번도 나를 저버린 일이 없다. 어떻게 나를 구원하신 나의 왕을 저주할 수 있겠는가?' 라고 하면서 기꺼이 화형을 받아 순교했습니다.

제66장

영광스런 죽음

(요 21:18~22)

요한복음 21:18~22 "내가 진실로 진실로 네게 이르노니 네가 젊어서는 스스로 띠 띠고 원하는 곳으로 다녔거니와 늙어서는 네 팔을 벌리리니 남이 네게 띠 띠우고 원하지 아니하는 곳으로 데려가리라. 이 말씀을 하심은 베드로가 어떠한 죽음으로 하나님께 영광을 돌릴 것을 가리키심이러라 이 말씀을 하시고 베드로에게 이르시되 나를 따르라 하시니, 베드로가 돌이켜 예수께서 사랑하시는 그 제자가 따르는 것을 보니 그는 만찬석에서 예수의 품에 의지하여 주님 주님을 파는 자가 누구오니이까 묻던 자더라. 이에 베드로가 그를 보고 예수께 여짜오되 주님 이 사람은 어떻게 되겠사옵나이까. 예수께서 이르시되 내가 올 때까지 그를 머물게 하고자 할지라도 네게 무슨 상관이냐 너는 나를 따르라 하시더라."

예수님께서는 사명을 주십니다.

고난을 각오하고 예수님을 따르며 목양하라 하십니다.

우리는 우리의 모든 것에서 하나님의 영광을 돌려야 합니다.

사업에서도 하나님의 영광을,

지식으로도 하나님의 영광을,

우리의 삶의 한 순간까지도 하나님께 영광을 돌려야 하고,

우리의 죽음까지도 하나님께 영광을 돌려야 합니다

오늘의 본문을 생각하기 위해 앞에 나오는 내용을 살펴보아야 합니다. 예수님은 베드로에게 "네가 나를 사랑하느냐," 고 물으시면서 "내 양을 먹이라, 내 어린 양을 먹이라," 고 명령하십니다. 양을 맡아 돌보는 목자의 사명을 주십니다. 예수님을 사랑하면 그것이 목자에게 지혜와 힘과 능력과 권세가 된다는 것입니다. 예수님은 베드로가 지난 날 저지른 실수를 들추지 않았습니다. 지난 번 같은 실수를 되풀이 하지 않도록 유의하라는 노파심의 말씀도 없으셨습니다. 예수님은 지금 네가 나를 사랑하느냐 하시면서 내 양을 먹이시라 하십니다.

주님이 베드로에게 "내 양을 먹이라," 하시면서 '경고' 를 주시는 말씀이 오늘의 본문입니다.

고난을 각오하고 나를 따르며 목양하라 하심

예수님은 베드로에게 말씀하십니다.

"네가 젊어서는 스스로 띠 띠고 원하는 곳으로 다녔거니와."

'띠를 띠는 것' 은 일할 준비를 의미합니다(눅 17:8, 출 12:18, 왕하 4:29, 행 12:28). 예수님은 또 말씀하십니다.

"늙어서는 네 팔을 벌리리니 남이 네게 띠 띠우고 원하지 아니하는 곳으로 데려가리라."

이 말씀은 부자유하며 행동의 제한을 받는 것을 의미합니다. 피동적으로 움직이는 것, 일을 못하게 하는 것을 의미합니다. 이것은 또한 베드로의 죽음을 의미합니다. 베드로에게 비상한 결심을 요구하시는 것입니다. 주님을 따르는 길은 평탄한 길, 칭찬과 박수갈채를 받는 길이 아니고, 고생과 고난의 길, 좁은 길이라는 사실을 기억하라는 것입니다.

예수님이 우리 옆에 와 계신다면, 십자가는 내가 지고 영광은 주님이 받으시게 할 수 있어야 합니다. 베드로에게 이 경고를 주시는 것은, 전에는 베드로가 주님을 따르기는 했으나 핍박을 각오하지 못했기 때문입니다. 죽을 결심을 하지 못했기 때문입니다. 예수님이 말씀하십니다. '내가 핍박당했는데 너희가 핍박당하지 않겠는가? 내가 죽음 당했는데 네가 죽음을 당하지 않겠는가?'

가끔 사람들은 예수 믿고 복 받아서 평안히 살겠다고 생각합니다. 그러나 이것은 잘못된 생각입니다. 예수님이 베드로에게 경고하시는 것은, 베드로에게 부자유한 때가 오리라고 예고하시는 것입니다. "베드로가 어떠한 죽음으로 하나님께 영광을 돌릴 것을 가리키심이러라." 우리는 내가 잘 되고 출세해야만 하나님께 영광이 되리라고 착각하고 있지는 않습니까? 때로는 내가 손해를 봄으로 하나님께 영광이 돌아갈 수 있고, 내가 죽어야 하나님께 영광을 돌릴 수 있음을 알아야 합니다. 내가 받는 환난이나 핍박을 통하여 하나님은 영광 받으시기를 원하십니다. 구체적으로 말하자면, 내가 건강해서 하나님께 영광을 돌릴 수 있습니다. 그러나 병들어서 하나님께 영광을 더 많이 돌릴 수도 있습니다. 내가 성공해서 하나님께 영광 돌릴 수 있습니다. 그러나 실패함으로 하나님께 더욱 큰 영광을 돌릴 수도 있습니다.

사도 바울은 "살든지 죽든지 내 몸에서 그리스도가 존귀히 되기를 원한다,"고 했습니다. "내가 잘 되어서 하나님께 영광이 된다면 잘 되게 하소서. 내가 건강하여 하나님께 영광이 된다면 건강하게 하소서. 내가 가난해서 하나님께 영광이 된다면 나를 가난하게 하소서. 내가 병들어서 하나님께 영광이 된다면 나를 병들도록 하소서." 이런 믿음으로 주님을 따라야 합니다.

요한복음 21:19는 베드로의 고난을 보여줍니다. 어떤 죽음으로 하나님께 영광을 돌릴 것인가를 보여줍니다. 성도들이 하나님을 영화롭게 하는 것은 어떤 활동을 통해서 뿐만 아니라 주로 고난을 통해서 하나님이 영광을 받으신다고 아더 핑크(Arther Pink)는 말했습니다. 우리의 활동 뿐 아니라 우리의 고난을 통해서 하나님이 영광 받으시는 것입니다. 욥의 고난을 통해서 하나님은 영광을 받으셨습니다. 예수 그리스도의 십자가 고난을 통해서 가장 큰 영광을 받으셨습니다.

하나님을 영화롭게 한 것은 그의 고난을 통해서임

사도 바울은 그의 고난을 통해서 하나님을 영화롭게 했습니다.

"그가 내 이름을 위하여 얼마나 고난을 받아야 할 것을 내가 그에게 보이리라 하시니." (행 9:16)

전설에 의하면 베드로는 로마에서 십자가에 거꾸로 매달려서 순교했다고 합니다. 역사가 유세비우스(Eusebius of Caesarea, 260-340)는 말했습니다. "베드로는 복음을 본토, 갈라디아, 비두니아, 갑바도기아, 아시아에 흩어진 유대인들에게까지 전파한 것 같다. 그 후 마지막으로 로마에 돌아온 그는 머리를 거꾸로 하고 십자가에 못 박혀 죽은 것 같다. 그가 그렇게 자신이 고난 받기를 원해서였다." (유세비우스의 교회사, Ecclesiastical History 3권)

터틀리안은 "네로 황제는 로마에서 급증하는 신앙 위에 피를 뿌린 첫 번째 사람이다. 그는 베드로를 십자가에 매달아 죽였다,"고 했습니다. 쿼바디스란 영화를 보면 로마인들의 박해를 피해 베드로가 로마에서 도망치려 합니다. 다른 사람들이 베드로가 도망하는 길을 알선하고 협력합니다. 베드로가 살아서 복음을 전도하려는 길을 마련하는 것이고, 베드로도 살아서 전도하려고 도망을 갑니다. 그런데 알바 언덕에서 예수님이 베드로가 도망치는 길을 막아 서셨습니다. 그리고는 예수님은 다시 불타는 로마시내로 들어가십니다. 베드로가 황급히 예수님에게 묻습니다. "주여, 어디로 가시나이까?" 예수님은 베드로에게 말씀하십니다. "네가 벗어놓고 온 십자가를 지려고 로마로 들어간다." 그 말을 듣고 베드로는 자신의 길이 무엇인지 깨닫고는 다시 로마로 되돌아가서 십자가를 지게 됩니다.

예수님의 형제 안드레는 X형 십자가를 지고 순교했습니다. 도마는 인도에 가서 복음을 전하다가 살가죽이 벗겨져서 순교를 했습니다. 야고보는 목 베임을 당해 순교했습니다. 11제자는 모두 순교하고 핍박을 당했습니다. 왜 사랑하는 제자들에게 이런 순교의 죽음이 닥쳐 왔습니까? 이런 순교로 하나님이 영광을 받으시기 때문입니다.

우리는 진실로 하나님께 영광을 돌리는 생활을 해야 합니다. 너무 쉽게, 너무 편하게, 너무 안일하게 생활해서는 안 됩니다. 예수님은 마지막 기도를 하십니다. "아버지의 뜻대로 하소서." 죽으면 죽는 대로, 핍박 받으면 핍박 받는 대로, 고난 받으면 고난 받는 대로 불평 없이 아멘 할 수 있어야 합니다.

주님만 보고 따라야 함

베드로는 예수님에게 주님이 사랑하시는 사도 요한을 가리키며, "이 사람은 어떻게 되겠사옵나이까," 라고 묻습니다. 예수께서 베드로에게 대답하십니다. "내가 올 때까지 그를 머물게 하고자 할지라도 네게 무슨 상관이냐 너는 나를 따르라."

우리는 타인의 일에 신경을 쓰지 말아야 합니다. 남의 일에 지나치게 신경을 쓰는 사람은 자기 일을 제대로 할 수 없습니다. 가정에서도 남편이 할 일이 있고 아내가 할 일이 있습니다. 남편과 아내는 각기 자기 일만 잘 감당하면 됩니다. 신앙생활을 할 때 남의 신앙을 비판하다 보면 자기 신앙생활을 그르치는 경우가 많습니다.

베드로가 신경 쓰는 일은 예수님을 세 번이나 배신한 것입니다. 그러나 사도 요한은 그렇지 않았습니다. 베드로는 자기가 비참하게 죽을 것을 예수님이 예언하셨기에 사도 요한은 어떻게 죽을 것인지 궁금했습니다. 이런 비교 의식은 엉뚱한 결과를 낳기도 합니다. 이런 비교 의식은 어린아이들도 싫어합니다. 하나님과 수직적인 관계가 중요합니다. 주님은 내게 "너는 나를 따르라," 하시면서 다른 사람에게는 "내가 올 때까지 머물게 할지라도,"라고 하십니다.

예수님은 포도원 비유를 우리에게 주셨습니다. 포도원 주인이 일꾼을 데리고 옵니다. 이른 아침에 데려오고 9시에 데려오고, 12시에 데려오고, 오후 3시에 데려오고, 오후 5시에 데려옵니다. 그런데 품삯을 줄 때에는 똑 같이 한 데나리온을 줍니다. 그러자 먼저 와서 더 오래 일했던 일꾼들이 불평을 합니다. 자기들은 더 오래 일했는데 제일 나중에 온 사람들과 똑같은 품삯을 받느냐고 따집니다. 그때 포도원 주인은 말합니다.

"네 것이나 가지고 가라 나중 온 이 사람에게 너와 같이 주는 것이 내 뜻이니라. 내 것을 가지고 내 뜻대로 할 것이 아니냐."(마 20:14~15)

다른 사람이 은혜 받든 말든, 잘 믿든 못 믿든, 내가 판단하지 말라는 것입니다. 교회에서도 내가 할 일에 전심전력을 다하고 남의 일에 간섭하지 말아야 합니다. 내 직분과 위치에서 내 할 일을 다해야 합니다. 우리는 우리의 모든 것에서 하나님의 영광을 돌려야 합니다. 사업에서도 하나님의 영광을, 지식으로도 하나님의 영광을, 하나님께 영광을 돌려야 하고, 우리의 죽음까지도 하나님께 영광을 돌려야 합니다. 리빙스턴은 '하나님의 일을 마치기까지 죽지 않는다,' 고 했습니다.

제67장

참된 증거

(요 21:24~25)

요한복음 21:24~25 "이 일들을 증언하고 이 일들을 기록한 제자가 이 사람이라 우리는 그의 증언이 참된 줄 아노라. 예수께서 행하신 일이 이 외에도 많으니 만일 낱낱이 기록된 다면 이 세상이라도 이 기록된 책을 두기에 부족할 줄 아노라."

사도 요한은 예수님의 생애와 교훈을 직접 목격하고
직접 기록했습니다.
사도 요한의 기록을 다른 이들이 참이라고 확인했습니다.
참 되도다, 사도 요한이 기록한 하나님의 말씀이여.
진실하도다, 66권 하나님의 말씀이여.
아멘 아멘 하리로다.
우리에게 가장 큰 복으로 주신 진리의 성경 말씀이여!

진실한 인격의 소유자는 참된 것을 말합니다. 그러나 거짓된 인격을 가진 사람은 거짓말을 예사로 합니다. 사랑의 척도는 진실성에 귀착됩니다. 신랑 신부가 결혼식을 마치고 부부로서 살아갈 때에 피차 진실한 마음을 가져야 온전한 결혼생활을 할 수 있습니다. 애국의 척도도 진실성에서 평가됩니다. 참으로 나라를 사랑하고 나라를 위해서 충성하는 사람은 지위와 명예를 초월하여 애국하고 애족합니다.

우리의 신앙도 분석해 보면 하나님께 대한 정직과 진실이라고 할 수 있습니다. 하나님께 내 자신을 있는 그대로 내어놓는 것이 바로 신앙인의 모습입니다. 나의 죄를 숨기고 나의 불의를 은폐하는 것은 믿음을 가진 자의 바른 태도가 아닙니다. 우리는 성경을 진리의 말씀이라고 합니다. 곧 성경은 하나님의 말씀인 동시에 참된 말씀이라는 것입니다. 하나님은 참과 진실의 본체이시므로 하나님의 말씀, 곧 성경은 진리의 말씀입니다.

그런데 성경은 사람이 기록했고, 사람의 언어를 사용하여 기록한 것인데 왜 하나님의 말씀이라고 합니까?

"모든 성경은 하나님의 감동으로 된 것으로 교훈과 책망과 바르게 함과 의로 교육하기에 유익하니."(딤후 3:16)

성경은 하나님의 감동으로 기록했기 때문에 하나님의 말씀입니다. 하나님의 감동이란 하나님의 기운을 불어넣었다는 뜻 입니다. 사도 요한이 기록한 요한복음도 하나님의 감동으로 되었기 때문에 하나님의 말씀이요, 진리의 말씀입니다.

"이 일들을 증언하고 이 일들을 기록한 제자가 이 사람이라 우리는 그의 증언이 참된 줄 아노라."(요 21:24)

이 말씀에서 '이 일들'은 예수님의 생애와 교훈을 가리킵니다. '이 사람'은 사도 요한을 말하고 '우리'는 요한의 증거가 참되다고 공식적으로 인정하는 그리스도인 집단을 가리킵니다. 아마 그 집단은 요한이 섬기고 봉사하던 교회나 여러 다른 교회들이었을 것입니다. 사도 요한은 요한복음의 저자임을 분명히 밝히면서 예수님의 생애와 교훈을 기록할 때에 먼저 자기 자신이 어떤 사람인 것을 말하고 있습니다.

예수님의 생애와 교훈의 직접 목격자

사도 요한은 요한 자신이 예수님의 생애와 교훈의 직접 목격자라고 밝힙니다. 사도 요한은 3년 동안 예수님과 함께 살면서 예수님을 직접 보았고, 예수님의 교훈을 직접 들었으며, 예수님의 제자로 부름 받기 전에도 예수님을 직접 본 사람이었습니다. 사도 요한은 세례 요한의 제자로 있을 때 예수님을 보았습니다. 요한이 예수님의 생애와 교훈의 직접 목격자였다는 것은 대단히 중요합니다. 만약에 어떤 재판이 있을 때, 범죄를 심문하는 과정에서 소문으로 들은 사람을 증인으로 채택하는 것보다, 그 범죄사건을 직접 자기 눈으로 목격한 사람을 증인으로 세워야 그 사실이 확증됩니다.

예수님의 동정녀 탄생이 사실이냐? 예수님이 행하신 이적이 사실이냐? 예수님의 십자가 죽음과 부활이 사실이냐? 이런 문제는 기독교에서 대단히 중요한 문제입니다. 이 사실에 대해 요한은 직접 목격자라는 것입니다. 사도 요한은 예수께서 육신을 가지신 하나님이심을 증거 합니다.

"말씀이 육신이 되어 우리 가운데 거하시매 우리가 그의 영광을 보니 아버지의 독생자의 영광이요 은혜와 진리가 충만하더라."(요 1:14)

사도 요한은 예수님이 행하신 이적을 직접 증언합니다. 물로 포도주를 만드시고, 나면서부터 맹인 된 자를 고쳐주시고, 병든 자를 고쳐주시고, 죽은 자를 다시 살리신 모든 이적을 직접 증거 합니다. 사도 요한은 예수님의 십자가 죽음과 부활 사건을 직접 목격했습니다. 여인들의 보고를 받고 베드로와 요한이 직접 무덤에 가 보았습니다. 부활의 주님을 만났습니다.

이처럼 기독교는 역사적 사실에 기초한 것입니다.

"그리스도께서 다시 살아나신 일이 없으면 너희의 믿음도 헛되고."(고전 15:17)

다른 종교는 종교를 세운 설립자나 창시자들의 사상에 근거하고 있습니다. 다른 종교들은 어떤 개념들만 가지고도 명맥을 유지할 수 있습니다. 그러나 기독교는 개념의 종교가 아닙니다. 구체적인 사실과 역사적인 사실에 기초를 둔 것입니다. 사도 요한은 예수님의 생애와 교훈은 직접 '보았고,' '목격했고,' '들었다,' 고 했습니다. 곧 사도 요한은 예수님의 참된 증인이라고 했습니다.

"태초부터 있는 생명의 말씀에 관하여는 우리가 들은 바요 눈으로 본 바요 자세히 보고 우리의 손으로 만진 바라, 이 생명이 나타내신 바 된지라 이 영원한 생명을 우리가 보았고 증언하여 너희에게 전하노니 이는 아버지와 함께 계시다가 우리에게 나타내신 바 된 이시니라. 우리가 보고 들은 바를 너희에게도 전함은 너희로 우리와 사귐이 있게 하려 함이니 우리의 사귐은 아버지와 그의 아들 예수 그리스도와 더불어 누림이라."(요일 1:1~3)

예수님의 12제자 중에서 사도 요한이 제일 오래 살았습니다. 거의 1세기 말까지 살았습니다. 다른 제자들과 사도 바울은 요한보다 먼저 순교 당했습니다.

"그 후에 오백여 형제에게 일시에 보이셨나니 그 중에 지금까지 대다수는 살아 있고 어떤 사람은 잠들었으며."(고전 15:6)

사도 바울은 예수 그리스도의 부활을 증언할 때, 오백여 형제들이 예수님의 부활 사건을 보았고, 그 중에서 그 당시까지 대다수가 살아있다고 했습니다. 그러나 사도 요한이 마지막에 살았던 1세기 말에는 그들은 다 죽었습니다. 사도 요한이 아직 살아있을 당시에 예수님에 대한 목격 증인은 너무나 중요한 것이었습니다. 이단인 영지주의는 예수님의 역사적 사실을 신앙의 기초로 하는 것을 부인합니다.

예수님의 생애와 교훈을 직접 기록

사도 요한은 예수님의 생애와 교훈을 직접 기록했다고 밝힙니다.

"이 일들을 기록한 제자가 이 사람이라."(요 21:24)

사도 요한은 예수님을 직접 목격하고 예수님의 교훈을 직접 들었을 뿐 아니라 자기 자신이 친필로 직접 예수님의 생애와 교훈을 기록했습니다. 우리는 사도 요한의 이 말을 그대로 받고 믿습니다. 그러나 성경을 잘못 연구하는 사람들 중에는 "사도 요한이 예수님의 목격자로서, 예수님의 생애와 교훈을 직접 기록했다고 받아들이지 않는다,"고 하기도 합니다.

독일의 신학자 루돌프 불트만(Rudolf Bultmann)은 이렇게 말합니다. "어떤 기간 동안 예수님에 대한 이야기가 교회 안에 유포되었고, 교회가 예수님에 대한 생애와 교훈을 만들어냈으며, 채색을 했다고 본다." 요한복음은 사도 요한이 쓴 것이 아니라 교회의 산물이라고 말하는 것입니다. 신약은 사도들의 산물이 아니라 교회의 산물이요, 예수님이 존재한 것만은 사실이나, 예수님에 대한 역사적인 정보를 얻을 수 없다고 주장합니다.

그러나 성경은 "이 일을 기록한 제자가 이 사람이다,"고 분명히 말합니다. 사도 요한이 성령의 감동을 받아 요한복음을 기록했다고 확실하고 분명하게 말하고 있습니다. 예수님의 생애와 교훈은 사도 요한이 직접 기록했으므로 참 됩니다.

사도 요한의 기록을 다른 이들이 확인

사도 요한이 예수님을 직접 목격하고 예수님의 생애와 교훈을 기록했다고 다른 사람들이 확인합니다. "우리는 그의 증언이 참된 줄 아노라."(요 21:24)

여기에서 '우리'는 요한이 섬기던 교회이고, 공식적인 집단이고, 요한이 살던 그 당시의 교회들의 집단입니다. 요한 당시의 교회는 "사도 요한이 예수님을 직접 목격하고 예수님의 생애와 교훈을 직접 기록했다,"고 확인한 것입니다. 이 말씀은 사도 요한이 예수님을 직접 목격하고 다른 사람에게 그것을 전하여 다른 사람들이 받아쓰게 했다는 것이 아니라, 사도 요한이 직접 기록했다는 것입니다. 그리고 사도 요한이 기록한 예수님의 생애와 교훈이 "참"이라고 확인하였습니다.

왜 초대교회가 이런 진술을 했습니까? 그가 증거 한 것이 참이라는 진술을 했습니까? 이론적으로 생각해 봅시다. 어떤 사람이 예수님의 생애와 교훈을 쓸 때에 자기가 예수님을 직접 목격한 것을 제외하고 다른 것을 쓰려고 결심할 수도 있습니다. 예수님을 비판만 했던 서기관이나 바리새인들이 쓴다면, 예수님의 인격에 먹칠을 하는 글을 쓸 수 있을 것입니다. 예수님을 찬양만 하던 사람들은 자기 문학적 표현으로 돋보이게 하려는 결심을 했을 가능성이 큽니다. 예수님의 생애와 교훈을 액면 그대로 쓰지 않고 자기 생각을 주입시켜 예수님의 이미지를 선양할 만한 이야기와 교훈들을 만들어 낼 수도 있습니다. 그러나 사도 요한은 이런 작가가 아니라는 것입니다. 초대 교회는 '사도 요한의 증거가 참이라,'고 하였습니다. 믿어야 한다는 것입니다. 목격자 중 많은 사람들이 예수님을 위하여 순교하였고, 목격자들이 쓴 성경을 보고 순교한 것은, 예수님의 교훈과 생애가 참된 기록으로 전해 내려왔기 때문입니다.

사도 요한은 말합니다.

"예수께서 행하신 일이 이 외에도 많으니 만일 낱낱이 기록된다면 이 세상이라도 이 기록된 책을 두기에 부족할 줄 아노라."(요 21:25)

사도 요한은 예수님이 행하신 놀랍고도 수많은 일들을 다 기록하기에는 기록자로서, 저자로서 요한 자신의 힘이 너무 부족하다고 하는 것입니다. 예수님의 삶을 통하여 계시된 복음은 몹시도 심원하므로 사람들의 마음에 다 둘 수 없다는 것입니다.

> 내가 이 두루마리의 예언의 말씀을 듣는 모든 사람에게 증언하노니 만
> 일 누구든지 이것들 외에 더하면 하나님이 이 두루마리에 기록된 재앙
> 들을 그에게 더하실 것이요
> 만일 누구든지 이 두루마리의 예언의 말씀에서 제하여 버리면 하나님
> 이 이 두루마리에 기록된 생명나무와 및 거룩한 성에 참여함을 제하여
> 버리시리라
>
> (계 22:18-19)

21세기에 다시 읽는
요한이 전한 영생의 말씀
요한복음 제3권

"다 이루었다"

■
초판 1쇄 인쇄 / 2015년 6월 30일
초판 1쇄 발행 / 2015년 7월 6일

■
지은이 / 강 영 석
펴낸이 / 민 병 문
펴낸곳 / 새한기획 출판부

편집처 / 아침향기
편집주간 / 강 신 억

■
100-230 서울 중구 수표동 47-6 천수빌딩 1106호
☎ (02) 2274 - 7809 • 070-4224-0090
FAX • (02) 2279 - 0090
E.mail • saehan21@chollian.net

■
미국사무실 • The Freshdailymanna
2640 Manhattan Ave. Montrose, CA 91020
☎ 818-970-7099
E.mail • freshdailymanna@hotmail.com

■
출판등록번호 / 제 2-1264호
출판등록일 / 1991. 10. 21

값 20,000원

ISBN 978-89-94043-86-9 94230

Printed in Korea